生产与运作管理

主　编 ⊙ 习　波　刁爱华　熊　璐
副主编 ⊙ 方　羽　裴新明　罗羿寒
　　　　　黄紫清　吴莹莹　邓家飞

SHENGCHAN YU YUNZUO GUANLI

中南大学出版社
www.csupress.com.cn
·长沙·

前　言

生产是人类最基本的活动之一，是社会财富的源泉，没有生产就没有人类文明。生产与运作是现代企业的基本活动之一，因为人们日常消费的各种商品，都是各种各样的工厂制作出来的。生产是我们赖以生存的基础，良好的生产与运作管理系统是为消费者提供安全、高效、价廉的产品的保障。

《中国制造2025》中明确提出把智能制造作为"两化"深度融合的主攻方向。生产与运作是智能制造企业生产运营过程中的一个关键环节，其能否高效运作与管理，取决于人才能否满足企业的需要。作为高技能人才培养的主阵地，高职院校的工商企业管理专业核心课"生产与运作管理"可以有效为智能制造企业培养合格的生产运作与管理人才。该门课程的理论知识来自企业的生产经营实践，内容对应着智能制造生产企业的日常生产与管理业务，如生产计划的设定、库存管理、质量管理等。但该门课程的实践性较强，教学内容具有工程学科、管理学科的混合特点，一直被老师们认为"难教"、被学生们认为"难学"。

鉴于这种情况，本教材全方位地导入课程思政内容，深入挖掘契合生产与运作管理的思政教学资源，让学生清楚该门课程的培养目标是为智能制造企业培养高技能复合型管理人才、为我国实施制造强国战略提供人才保障，从而让学生带着目标、带着兴趣去学习，克服畏学情绪。通过专业教育与思政教育的有效融通，可以解决目前生产与运作管理教学过程中存在的问题，有效地培养出适合智能制造企业发展需求、符合国家经济社会发展要求的生产与运作管理人才，从而为我国的制造强国战略做出贡献。同时，本教材充分适应"互联网+"的职业教育需求，建成了集新形态教材和数字化教学资源为一体的课程式立体化教材，以适应线上线下混合教学形态，促进学生的自主化、个性化学习。本教材中的视频和微课均为原创，其中部分微课获得了广西壮族自治区职业院校信息化教学大赛的各级奖项,可以为同行提供些许借鉴。

　　本教材由长期从事生产与运作管理教学与企业培训的教师共同编写。广西机电职业技术学院的习波副教授、刁爱华教授及广西农业职业技术大学的熊璐副教授担任本教材的主编,并负责全书的定稿工作和思政元素的挖掘工作。本教材的具体编写分工如下:绪论由习波编写,项目一由广西机电职业技术学院的黄紫清编写,项目二由刁爱华编写,项目三、四由熊璐编写,项目五由广西国际商务职业技术学院的罗羿寒编写,项目六由广西机电职业技术学院的裴新明编写,项目七、八由广西机电职业技术学院的方羽编写,项目九由广西机电职业技术学院的吴莹莹编写,上海浦佰慧企业管理咨询有限公司的总经理邓家飞为本教材提供了技术指导。

　　在编写过程中,我们借鉴、参考了大量国内外的相关文献,在此谨向所有作者表示诚挚的感谢。虽然我们为本教材的编写做了很多努力,但作者水平有限,书中难免存在纰漏或不当之处,敬请各位读者朋友批评指正。

编者

2022 年 5 月

目 录

认识生产与运作管理

学习目标

1. 理解生产与运作管理的基本概念；
2. 掌握生产运作管理的类型；
3. 了解生产运作管理的产生和发展；
4. 掌握生产类型的划分方法。

❀ 先导案例

中国制造 2025

一、中国制造业现状

新中国成立以后，中国开始了追赶西方国家工业化、努力实现现代化的征程，这也是以实现国家工业化为核心的新的发展历程。中国的工业化进程大致可以被分成两个重要时期：一是借鉴苏联的传统社会主义工业化道路；二是改革开放以来的工业化道路。

制造业是一个国家经济实力的重要体现，现如今我国正积极推动制造业的发展和变革。中国自 2001 年加入世界贸易组织以来，以自身的人口与资源优势在国际市场中占据了一席之地，"中国制造"在国际上也成为物美价廉的代名词，但长期依赖人口与资源红利会使中国始终围于全球价值链的中低端。我国制造业"大而不强"，难以谋取更优质的发展，为此我国亟须推动制造业的发展和变革。在这样的背景下，《中国制造 2025》应运而生。

二、"中国制造 2025"的提出

2015 年 5 月 8 日，国务院印发《中国制造 2025》，部署全面推进实施制造强国战略，这也是我国强国战略的第一个十年行动纲领。《中国制造 2025》是立足于增强我国综合国力、提升国际竞争力、保障国家安全的战略高度做出的重大战略部署，其核心是加快推进制造业创新发展、提质增效，实现从制造大国向制造强国转变。知识产权是制造业创新发展的根本保障，也是提高我国核心制造业国际竞争力的根本要素。《中国制造 2025》确定了制造业发展的基本知识产权政策。实施《中国制造 2025》，建设世界制造强国，是我国吸取错失前两次工业革命的历史教训，主动应对新一轮科技革命和产业变革的重大战略选择。

中国制造 2025 可以概括为"一二三四五五十"的总体结构："一"，就是从制造业大国向制造业强国转变，最终实现制造业强国的一个目标。"二"，就是通过"两化"融合发展来实现这一目标。党的十八大提出用信息化和工业化"两化"深度融合来引领和带动整个制造业的发展，这也是我国制造业所要占据的一个制高点。"三"，就是要通过"三步走"的一个战略，大体上每一步用十年左右的时间来实现我国从制造业大国向制造业强国转变的目标。"四"，就是确定了四项原则。第一项原则是市场主导、政府引导。第二项原则是既立足当前，又着眼长远。第三项原则是全面推进、重点突破。第四项原则是自主发展和合作共赢。"五五"，就是有两个"五"。第一就是有五条方针，即创新驱动、质量为先、绿色发展、结构优化和人才为本。还有一个"五"就是实行五大工程，包括制造业创新中心建设的工程、强化基础的工程、智能制造工程、绿色制造工程和高端装备创新工程。"十"，就是十大领域，包括新一代信息技术产业、高档数控机床和机器人、航空航天装备、海洋工程装备及高技术船舶、先进轨道交通装备、节能与新能源汽车、电力装备、农机装备、新材料、生物医药及高性能医疗器械等十个重点领域。

（来源：摘自"百度百科"，2015 年 05 月 19 日）

思政导言

制造业是国民经济的主体，是立国之本、兴国之器、强国之基。18 世纪中叶开启工业文明以来，世界强国的兴衰史和中华民族的奋斗史一再证明，没有强大的制造业，就没有国家和民族的强盛。打造具有国际竞争力的制造业，是我国提升综合国力、保障国家安全、建设世界强国的必由之路。

任务一　解读生产与运作管理的定义

生产与运作管理的基础认知

生产是人类社会赖以生存发展的基本活动。生产管理是一切其他管理的基础。没有生产，一切管理活动都没有存在的必要。在现代社会中，产品生产过程是怎样的，如何按分工、协作的原则建立生产系统并使之稳定、高效地运转都是生产运作管理涉及的内容。

随着经济的发展、技术的进步以及社会工业化、信息化的深入，社会构造越来越复杂，分工越来越细，原来附属于生产过程的一些业务、服务过程相继分离并独立出来，形成了专门的商业、金融、房地产等服务行业。此外，人们对美好生活的要求也在提高，相关的行业也在不断扩大。因此，对所有这些提供无形产品的运作过程进行管理和研究的必要性越来越明显。

一、生产与运作管理的含义

（一）生产与运作管理的概念

1. 生产与运作管理

生产与运作管理是指对生产与运作活动的计划、组织和控制。生产与运作的实质是一种生产活动。人们习惯把提供有形产品的活动称为制造型生产，而将提供无形产品即服务的活动称为服务型生产。过去，西方国家的学者把有形产品的生产称作"production"（生产），而将提供服务的生产称作"operations"（运作）。而近几年来更为明显的趋势是把提供有形产品的生产和提供服务的生产统称为"operations"，都看成是为社会创造财富的过程。生产与运作概念的发展，如图 0-1 所示。

2. 生产与运作活动的过程

把输入资源按照社会需要转化为有用输出，实现价值增值的过程就是运作活动的过程。表 0-1 列出了不同行业、不同社会组织的输入、转换、输出的主要内容。其中，输出是企业对社会做出的贡献，也是它赖以生存的基础；输入则由输出决定，生产什么样的产品决定了需要什么样的资源和其他输入要素。一个企业的产品或服务的特色与竞争力，是在转化过程中形成的。因此，转化过程的有效性是影响企业竞争力的关键因素之一。

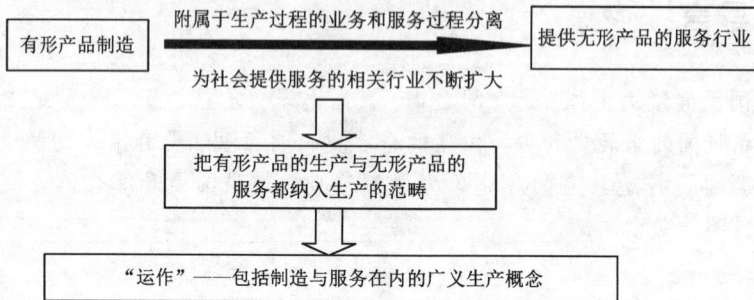

图 0-1 生产与运作概念的发展

表 0-1 输入—转换—输出的典型系统

系统	主要输入资源	转换	输出
汽车制造厂	钢材、零部件、设备、工具	制造、装配汽车	汽车
学校	学生、教师、教材、教室	传授知识、技能	受过教育的人才
医院	病人、医师、护士、药品、医疗设备	治疗、护理	健康的人
商场	顾客、售货员、商品、库房、货架	吸引顾客、推销产品	顾客的满意
餐厅	顾客、服务员、食品、厨师	提供精美食物	顾客的满意

3. 制造生产与服务运作的区别

有形产品的制造过程和无形产品的服务过程都可以看作是一个"输入—转换—输出"的过程，但这两种不同的转换过程以及它们的产出结果有很多区别，具体如表 0-2 所示。主要表现在以下五个方面：

(1)产品物质形态不同。

制造生产的产品是有形的，可以被储藏、运输，以用于未来的或其他地区的需求。因此，在有形产品的生产中，企业可以利用库存和改变生产量来调节与适应需求的波动。而服务生产提供的产品是无形的，是不能预先生产出来的，也无法用库存来调节顾客的随机性需求。

(2)顾客参与程度不同。

制造生产过程基本上不需要顾客参与，而服务则不同，顾客需要在运作过程中接受服务，有时顾客本身就是运作活动的一个组成部分。

(3)对顾客需求的响应时间不同。

制造业企业所提供的产品可以有数天、数周甚至数月的交货周期，而对于许多服务业企业来说，必须在顾客到达的几分钟内做出响应。由于顾客是随机到达的，就使得短时间内的需求有很大的不确定性。因此，服务业企业要想保持需求和能力的一致性，难度是很大的。从这个意义上来讲，制造业企业和服务业企业在制定其运作能力计划及进行人员和设施安排时，必须采用不同的方法。

表 0-2　制造业与服务业的区别

特性	制造业	服务业
输出品的形态	有形的产品	无形的服务
产品/服务的储藏	可库存	无法储藏
生产/运作设施规模	大规模	小规模
生产/运作场地数	少	多
生产资源的密集度	资本密集	劳动密集
生产和消费	分开进行	同时进行
与顾客的接触频度	少	多
受顾客的影响度	低	高
顾客要求反应时间	长	短
质量/效率的测量	容易	难

（4）运作场所的集中性和规模不同。

制造业企业的生产设施可远离顾客，从而可服务于地区、全国甚至国际市场，比服务业企业更集中、设施规模更大，自动化程度更高和资本投入更多，对流通、运输设施的依赖性也更强，而对服务业企业来说，服务不能被运输到异地，其服务质量的提高有赖于与最终市场的接近与分散程度。设施必须靠近其顾客群，从而使一个设施只能服务于有限的区域范围，这导致服务业的运作系统在选址、布局等方面有不同的要求。

（5）在质量标准及度量方面不同。

由于制造业企业所提供的产品是有形的，所以其产出的质量易于度量。而对于服务业企业来说，大多数产出是不可触的，无法准确地衡量服务质量，顾客的个人偏好也影响对质量的评价。因此，对质量的客观度量有较大难度。

（二）生产与运作管理的基本内容

生产与运作系统的设计包括产品或服务的选择和设计、运作设施的地点选择、运作设施的布置、服务交付的系统设计和工作的设计。生产与运作系统的运行，主要是指在现行的运作系统中如何适应市场的变化，按用户的需求生产合格产品和提供满意服务。生产与运作系统的运行主要涉及生产计划、组织与控制三个方面。

人们最初开始的是对生产制造过程的研究，主要研究有形产品生产制造过程的组织、计划和控制，被称为"生产管理学"。随着经济的发展、技术的进步以及社会工业化、信息化的深入，社会构造越来越复杂，社会分工越来越细。原来附属于生产过程的一些业务、服务过程相继分离并独立出来，形成了专门的商业、金融、房地产等服务业。此外，人们对教育、医疗、保险、娱乐等方面的要求不断提高，相关行业也在不断扩大。因此，很有必要对这些提供无形产品的运作过程进行管理和研究。人们开始把有形产品和无形产品的生产和提供都看作"投入—变换—产出"的过程。从管理的角度来看，这两种变换过程实际上是有许多不同之处的，但从语言习惯上将生产与运作两者称为生产运作。其特征主要表现为：①能够满足人们某种需要，即有一定的使用价值；②需要投入一定的资源，经过一定的变换过程才能实现；③在变换过程中需投入一定的劳动，实现价值增值。生产系统运转程序如图 0-2 所示。

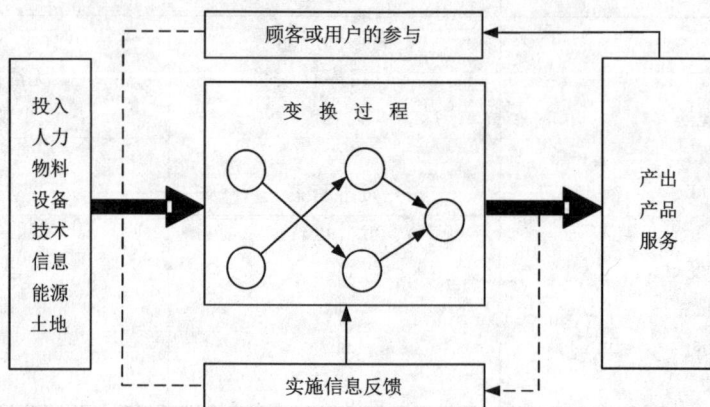

图 0-2　生产系统运转程序图

(三)生产与运作管理的研究对象

生产与运作管理学的研究对象是生产与运作系统。如上所述,生产与运作过程是一个"投入—变换—产出"的过程,是一个劳动过程或价值增值过程。所谓生产与运作系统,是指使上述的变换过程得以实现的手段。它的构成与变换过程中的物质转化过程和管理过程相对应,也包括一个物质系统和一个管理系统。

物质系统是一个实体系统,主要由各种设施、机械、运输工具、仓库、信息传递媒介等组成。例如,一个机械工厂,它的实体系统包括车间,车间内的各种机床、天车等工具,车间与车间之间的在制品仓库等。一个化工厂,它的实体系统可能主要是化学反应罐和形形色色的管道;一个急救系统或一个经营连锁快餐店的企业,它的实体系统可能又大为不同,不可能集中在一个位置,而是分布在一个城市或一个地区内各个不同的地点。

管理系统主要是指生产与运作系统的计划和控制系统,以及物质系统的设计、配置等问题。其主要内容是信息的收集、传递、控制和反馈。

二、生产与运作管理内容

1.生产与运作战略制定

生产与运作战略决定产出什么,如何组合各种不同的产出品种,为此需要投入什么,如何优化配置所需要投入的资源要素,如何设计生产组织方式,如何确立竞争优势等。其目的是为产品生产及时提供全套的、能取得令人满意的技术经济效果的技术文件,并尽量缩短开发周期,降低开发费用。

2.生产与运作系统(设计)构建管理

生产与运作系统(设计)构建管理包括设施选择、生产规模与技术层次决策、设施建设、设备选择与购置、生产与运作系统总平面布置、车间及工作地布置等。其目的是以最快的速度、最少的投资建立起最适宜企业的生产系统主体框架。

3. 生产与运作系统的运行管理

生产与运作系统的运行管理是对生产与运作系统的正常运行进行计划、组织和控制。其目的是按技术文件和市场需求，充分利用企业资源条件，实现高效、优质、安全、低成本生产，最大限度地满足市场销售和企业盈利的要求。生产与运作系统的运行管理包括三个方面的内容，即计划编制，如编制生产计划和生产作业计划；计划组织，如组织制造资源，保证计划的实施；计划控制，如以计划为标准，控制实际生产进度和库存。

4. 生产与运作系统的维护与改进

生产与运作系统只有通过正确的维护和不断的改进，才能适应市场的变化。生产与运作系统的维护与改进包括设备管理与可靠性、生产现场和生产组织方式的改进。生产与运作系统运行的计划、组织和控制，最终都要落实到生产现场。因此，要加强生产现场的协调与组织，使生产现场做到安全、文明生产。生产现场管理是生产与运作管理的基础和落脚点，加强生产现场管理，可以消除无效劳动和浪费，排除不适应生产活动的异常现象和不合理现象，使生产与运作过程的各要素更加协调，不断提高劳动生产率和经济效益。

生产与运作管理内容如图 0-3 所示。

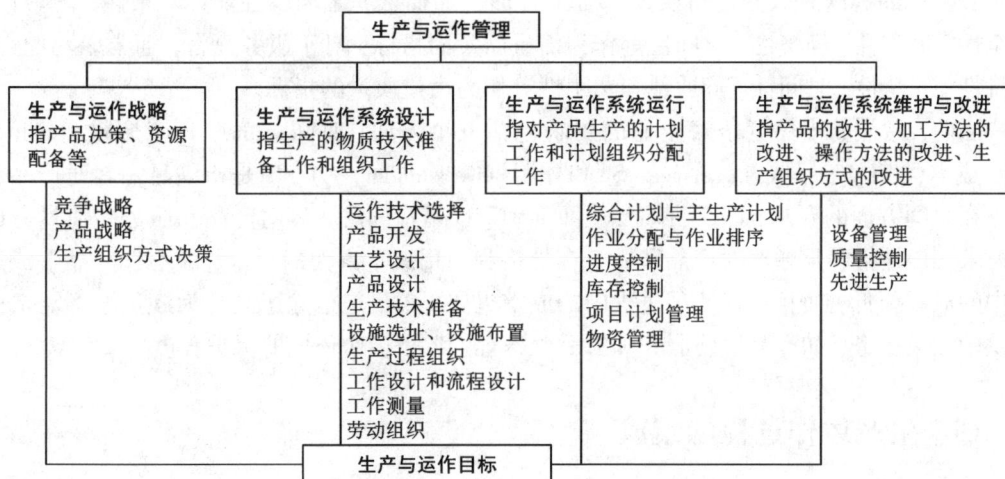

图 0-3　生产与运作管理内容图

三、生产与运作管理的目标

生产与运作管理所追求的目标是通过构造一个高效、适用能力强的生产运作系统，帮助企业生产有竞争力的产品，这集中体现在达到顾客满意和实现经济效益两个方面。事实上，这两个方面是相辅相成的，顾客满意是前提，经济效益是目的，生产运作管理的目标可以用一句话来概括：高效、灵活、准时、清洁地生产合格产品和提供满意服务。

1. 高效

高效是指以最少的人力、物力和财力消耗,迅速地生产满足用户需要的产品和提供优质服务。低耗带来低成本,进而产生价格方面的竞争优势,能争取更多的用户。

2. 灵活

灵活是指能很快地适应市场的变化,生产不同的品种或提供不同的服务和开发新品种或新服务。这就需要提高生产系统的柔性,即处理环境变化的能力。

3. 准时

准时是指在需要的时间和地点,生产必要数量和完美质量的产品和零件或服务,以杜绝超量生产,消除无效劳动和浪费,达到用最小的投入实现最大的产出的目的。

4. 清洁

清洁是指在生产过程中,节约原材料和能源,淘汰有毒原材料,减少、降低所有废弃物的数量和毒性,减少从原材料提炼到产品处理的全生产周期的不利影响,即在产品生产、使用和报废处理过程中,对环境的污染和破坏最小。

5. 合格产品和满意服务

合格产品和满意服务是指质量。对于有形产品而言,通常以性能、可靠性、维修性、安全性、适应性、经济性、时间性等作为衡量质量的指标;对于服务而言,通常以功能性、经济性、安全性、时间性、舒适性和文明性等作为衡量质量的指标。

当前,激烈的市场竞争对企业的要求包括五个方面:时间(time,T)、质量(quality,Q)、成本(cost,C)、服务(service,S)和环境(environment,E)。T是指满足顾客对产品和服务在时间方面的要求,即交货期要短而准确。Q是指满足顾客对产品和服务在质量方面的要求。C是指满足顾客对产品和服务在价格和使用成本方面的要求,即不仅产品形成过程中的成本要低,而且用户使用过程中的成本也要低。S是指除产品外为满足顾客需求而提供的相关服务,如产品售前服务和售后服务等。E是指对环境的保护程度要高。

四、生产运作过程的组成

生产运作过程包括一系列相互联系的劳动过程和自然过程。劳动过程是指劳动者利用劳动工具,直接或间接地作用于劳动对象以出产产品或提供服务的过程。自然过程是指借助自然力的作用使劳动对象发生物理、化学等变化的过程。其中,工艺过程是生产运作过程的最基本部分,而工序则是其最基本的组成单位。狭义的生产运作过程是指从原材料投入、生产运作开始直至生产出成品或完成服务为止的全部过程;广义的生产运作过程是指从生产运作技术准备开始到生产出成品或完成服务为止的全部过程。这里主要从广义上来分析生产运作过程。按照性质和作用,生产运作过程一般由以下几个组成部分。

1. 基本生产运作过程

基本生产运作过程是生产运作过程的核心部分,是指将劳动对象直接加工成为企业主要产品的过程,如机械制造企业的毛坯准备、零部件加工、装配过程。

2. 生产运作技术准备过程

生产运作技术准备过程是指产品投产前所进行的一系列生产运作技术准备工作的过程，如产品与工艺设计、工艺装备设计与制造、新产品的试制和试验等。

3. 辅助生产运作过程

辅助生产运作过程是指为保证基本生产运作过程正常进行而向其提供辅助产品或服务的辅助性生产运作活动过程，如机械制造企业的动力供应、设备维修、工具制造等。

4. 生产运作服务过程

生产运作服务过程是指为基本生产运作和辅助生产运作提供生产性服务活动的过程，如材料供应、工具保管、理化检验等。

任务二 识别生产与运作管理的类型

一、生产与运作管理的地位

生产与运作管理是对企业生产活动的管理，主要解决企业内部的人、财、物等各种资源的最佳结合问题。生产与运作管理是把企业的经营目标通过产品的制造过程而转化成为现实。然而，在市场经济条件下，尤其是生产制造技术飞速发展的今天，现代生产与运作管理同传统生产与运作管理相比，无论是在内容上，还是在管理方式上都得到了充实、发展与完善，形成了新的特点。

生产与运作管理在企业管理中的地位，首先表现为生产与运作管理是企业管理的一部分，从企业管理系统分层来看，生产与运作管理处于经营决策（领导层：上层）之下的管理层（中层），它们之间是决策和执行的关系，生产与运作管理在企业管理中起保证作用，处于执行的地位。其次，生产与运作管理活动是企业管理一切活动的基础。企业管理不好生产活动，就很难按品种、质量、数量、期限和价格向社会提供产品，满足用户要求，增强企业自身的竞争力。在这种情况下，企业就无法实现其经营目标。所以，在市场经济条件下，企业在重视经营管理的同时，决不能放松生产与运作管理。相反，应更重视它，使经济效益的提高建立在可靠的基础之上。

二、生产与运作管理和其他职能管理的关系

生产运作管理与其他职能管理的关系归纳如下：

1. 生产与运作职能是企业管理的三大基本职能之一

企业管理有三大基本职能：运作、理财和营销。运作就是创造社会所需的产品和服务，组织好运作活动，对提高企业的经济效益有很大作用。理财就是为企业筹措资金并合理地运用资金。只要进入的资金多于流出的资金，企业的财富就不断增加。营销就是发现

与发掘顾客的需求，让顾客了解企业的产品和服务，并将这些产品和服务送到顾客手中。无论是制造业企业还是服务业企业，生产与运作活动是企业的基本活动之一，生产与运作管理是企业管理的一项基本职能。

2. 生产与运作管理和市场营销的关系

生产与运作管理与市场营销处在同一管理层次上，相对独立，又有着十分紧密的协作关系。生产与运作管理为营销部门提供满足市场消费、适销对路的产品和服务，搞好生产与运作管理对开展营销管理工作、提高产品的市场占有率和增强企业活力有着重要的意义。所以说，生产与运作管理对市场营销起到保障作用，同时市场营销为生产提供市场信息，是生产与运作管理的产品价值实现的保证。

3. 生产与运作管理和财务管理的关系

生产与运作管理和财务管理处在同一管理层次上，彼此之间既独立又有着联系。企业的生产与运作活动是伴随着资金运动同时进行的。财务管理是以资金运动为对象，利用价值形式进行的综合性管理工作。企业为保障生产与运作活动，会通过借贷、筹集等方式获得资金，先以货币资金形式存在于企业，当企业采购生产所需的原材料、燃料等实物后，货币资金转化为储备资金；在生产过程中，储备资金又转化为生产资金；当转化过程结束后，原材料加工成为成品，生产资金转化为成品资金；产品在市场销售后，其价值得以实现，成品资金转化为货币资金。

在上述资金运动过程中，资金流动与实物流动交织在一起，资金流动对实物流动起着核算、监督和控制的作用。从财务管理的角度看，企业财务管理系统既要为生产与运作活动所需的物资及技术改造、设备更新等提供足够的资金，又要控制生产与运作中所需的费用，加快资金周转，提高资金利用效果。

从生产的角度来看，生产与运作管理所追求的高效率、高质量、低成本和交货期，又可以在各方面降低消耗、节约资金，提高资金利用效率，增加企业经济效益。

4. 生产与运作管理和企业管理系统的关系

企业管理的目的是在充分发挥市场营销、生产与运作以及财务管理等职能作用的基础上，实现企业系统的整体优化，创造最佳经济效益。在企业管理系统中，三大职能互相影响、互相制约。如果企业营销体系不健全、营销政策不完整、销售渠道不畅，那么即使企业拥有竞争力很强的产品，也难将产品销售出去，更谈不上取得市场地位、获得竞争优势。如果企业生产与运作系统设计不合理，不能保产品质量证，那么就算有再完善的营销体系也很难将产品销售出去。假如企业上述两项都不错，但财务管理系统较弱，资金筹措和资金运作能力很低，企业最终也会因为没有足够的资金支持和资金使用效果差，而不能在市场竞争中把企业做大做强。因此，对于企业这样一个完整的有机系统，想要提高企业管理水平，必须从系统的角度全面提高企业各职能的管理水平。

三、生产与运作管理的作用

1. 生产与运作是企业价值链的主要环节

从人类社会经济发展的角度来看，物质产品的生产制造是除了天然合成（如粮食生产)之外,人类最主要的能动地创造财富的活动。工业生产制造直接决定着人们的衣食住行方式,也直接影响着农业、矿业等社会其他产业技术装备的能力。在今天,随着生产规模的不断扩大,产品和生产技术的日益复杂,市场交换活动的日益活跃,一系列连接生产活动的中间媒介活动变得越来越重要。因此,与工业生产密切相关的金融业、保险业、对外贸易业、房地产业、仓储运输业、技术服务业和信息业等服务行业,在现代社会生活中所占的比重越来越大,在人类创造财富的整个过程中起着越来越重要的作用,是人类创造财富的必要环节。而作为构成社会基本单位的企业,其生产与运作活动是人类最主要的生产活动,也是企业创造价值、服务社会和获取利润的主要环节。

2. 生产与运作管理是企业市场链的主要活动

企业生产经营有五大活动:财务、技术、生产、营销和人力资源管理。这五大活动是有机联系的一个循环往复的过程(图0-4)。企业为了实现自己的经营目的,首先要制定一个经营方针,决定经营什么、生产什么;然后需要准备资金,即进行财务活动;其次需要研制和设计产品以及工艺——进行技术活动;设计完成后,需要购买物料和加工制造——进行生产活动;产品生产出来以后,需要通过销售使价值得以实现——进行营销活动;销售以后将得到的收入进行分配,其中一部分作为下一轮的生产资金,又一个循环开始。而能使这一切运转的,是人——企业的人力资源管理活动。

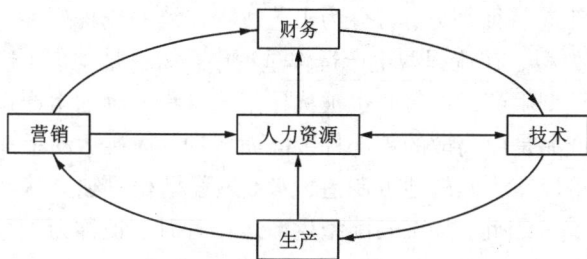

图 0-4 企业经营的活动过程

企业要实现自己的经营目的,以上五大活动缺一不可。例如,没有资金,生产活动就无法开始,也就谈不上创造价值;又如,生产出来的有价值的产品,如果销售不出去,价值也就无从实现。而其中生产活动(包括"技术"活动在内)的重要意义在于它是真正的价值创造过程,是产生企业利润的源泉。

3. 生产与运作管理是构成企业核心竞争力的关键内容

在市场竞争条件下,企业竞争到底靠什么?不同的企业有各自不同的战略和各自不同的成功经验,归纳起来,最终都体现在企业所提供的产品上,体现在产品的质量、价格和适时性上。哪个企业的产品质量好、价格低,又能及时推出,就能在竞争中取胜。一个企业也许面临着许多问题,如体制问题,资金问题,设备问题,技术问题,生产问题,销售问题,人员管理问题,企业和政府、银行、股东的关系问题等,任何一个方面的问题,都有可能影响整个企业的正常生产和经营。但消费者和用户只关心企业所提供的产品对他们的效用。因此,企业之间的竞争实际上是企业产品之间的竞争,而企业产品的竞争力,在很高程度上取决于企业生产与运作管理的绩效,即如何保证质量、降低成本和把握时间。

从这个意义上来说，生产与运作管理是企业竞争力的真正源泉。在市场需求日益多样化、顾客要求越来越高的情况下，如何适时、适量地提供高质量、低价格的产品，是现代企业经营管理领域中最富有挑战性的内容之一。在20世纪80年代，美国工商企业界的高层管理者们曾经把兴趣更多地偏向资本运营、营销手段的开发等，而对集中了企业绝大部分财力、设备、人力资源的生产系统缺乏应有的重视，结果导致整个生产活动与市场竞争的要求相距越来越远。而后起的日本企业，则靠它们卓有成效的生产与运作管理技术和方法，使其产品风靡全球，不断提高其全球竞争力。日美汽车工业之间的竞争是这方面最好的一个例子。当今，绝大多数企业已经意识到了生产与运作管理对企业竞争力的重要意义，开始重新审视生产与运作管理在整个企业经营管理中的地位和作用，大力通过信息技术的应用等手段来加强生产与运作管理。

四、生产与运作管理的类型

生产与运作管理的类型

生产与运作管理的类型，是按照生产运作过程的基本性质和特征对生产运作系统所做的分类。生产与运作管理的类型可按照不同的标准进行分类，常见的有如下几类。

1. 按产品生产运作工艺特征划分

按产品生产运作工艺特征划分，可分为工艺过程连续的流程型和工艺过程离散的加工装配型两种生产运作类型。在流程型生产运作过程中，物料是均匀、连续地按一定工艺顺序运动的。因此，流程型生产运作有时也被称作工艺过程连续的生产运作。而在加工装配型生产运作过程中，产品是由离散的零部件装配而成的，物料运动呈离散状态。零部件作为构成产品的元件，可以在不同的地方制造，加工过程呈相对独立状态。零部件的不同组合可以构成不同的产品。因此，加工装配型生产运作有时也被称为工艺过程离散的生产运作。两者的特征比较如表0-3所示。

表0-3　流程型和加工装配型的特征对比

特征	流程型	加工装配型
顾客数量	较少	较多
产品品种数	较少	较多
产品差别	有较多标准产品	有较多顾客要求的产品
营销特点	依靠产品的价格与可获性	依靠产品特点
资本、劳力、材料密集	资本密集	劳力、材料密集
自动化程度	较高	较低
设备布置的性质	流水式生产运营	批量或流水式生产运营
设备布置的柔性	较低	较高
生产运营能力	可明确规定	模糊的

续表0-3

特征	流程型	加工装配型
扩充能力的周期	较长	较短
对设备可靠性要求	高	较低
维修的性质	停产检修	多数为局部修理
原材料品种数	较少	较多
能源消耗	较高	较低
在制品库存	较低	较高
副产品	较多	较少

2.按生产运作组织方式划分

按生产运作组织方式划分，生产运作类型可分为备货型(make-to-stock，MTS)和订货型(make-to-order，MTO)生产运作。备货型是指在没有接到顾客订单时按已有的标准产品或产品系列进行的生产运作，目的是补充库存，通过成品来满足顾客随时的需要。订货型是指按顾客订单进行的生产运作，顾客可能对产品提出各种各样的要求，经过协商和谈判，以协议和合同的形式确认对产品性能、质量、数量和交货期的要求，然后组织设计和制造。两者的特征比较如表0-4所示。

表0-4 备货型和订货型的特征比较

特征	备货型	订货型
产品	标准产品	按顾客要求生产运营，无标准产品，大量的变型产品与新产品
对产品的要求	可以预测	难以预测
特征	备货型	订货型
价格	事先确定	订货时确定
交货期	不重要，主成品库存随时供货	很重要，订货时决定
设备	多采用专用高效设备	多采用通用设备
人员	专业化人员	多种操作技能人员

3.按生产产品的品种和数量划分

按生产产品的品种和数量划分，可分为大量大批、成批和单件小批三种生产运作类型，其特征比较如表0-5所示。

表 0-5 大量大批、成批和单件小批运作的特征比较

特征	大量大批	成批	单件小批
产品品种	少、稳定	较多、较稳定	繁多、不稳定
产量	大	较多	单件或少量
工作的专业化程度	重复生产运营	定期轮番	基本不重复
设备布置	对象原则，流水线或自动线	混合原则，对象或成组生产运营单元	工艺原子，机群式布置
劳动分工	细	中	粗
工人技术水平	专业操作	专业操作（多二序）	多面手
生产运营效率	高	中	较低
成本	低	中	较高
适应性	差	较差	强

任务三　了解生产与运作管理的发展

一、生产与运作管理的产生

生产与运作管理的产生与发展

工厂制度刚出现时，经济学家亚当·斯密在 1776 年撰写的《国富论》一书中，最早注意到了生产经济学。他揭示出劳动分工的三个基本优点：重复完成单项作业会使技能或熟练程度得到发展；变换工作会损失时间；当人们在一定范围内努力使作业专门化时，通常会发明出机器工具来。在工厂制度下，由于大量生产需要集中大量的人员，劳动分工作为一个具有普遍意义的方法发展起来，协作的方法是有效的。亚当·斯密观察到这个现象，注意到了它三方面的优点，并把它写进了《国富论》中。《国富论》是生产经济学发展中的一个里程碑，生产与运作管理这门学科，从完全叙述的阶段，发展到了具有一门应用科学特征的阶段。

在亚当·斯密之后，查尔斯·巴贝奇扩大了斯密的观察范围，提出了许多关于生产组织和经济学方面带有启发性的观点。他的思想在 1832 年所写的《论机器和制造业的经济》一书中概述出来。巴贝奇同意亚当·斯密关于劳动分工的三个优点，但是他注意到亚当·斯密忽略了一个重要的优点。例如，巴贝奇引用了那个时候制针业的调查结果，专业化分工导致制针业有七个基本操作工序：①拉线；②直线；③削尖；④切断顶部；⑤作尖；⑥镀锡或镀白；⑦包装。巴贝奇注意到这些不同工序的费用，指出如果工厂按照每个人完成全部工序来重新组织，就要按最难的或最好的技巧来支付工资。实行劳动分工就可以按每种工序恰好所需的数量来雇佣劳动力。在亚当·斯密和查尔斯·巴贝奇之后，劳动分工继

续发展，并且在 20 世纪前半叶里发展更快了。弗雷德里克·W.泰罗为生产与运作管理的发展做出巨大的贡献，泰罗认为：科学的方法能够而且也应当应用于解决各种管理中的难题，完成工作所用的方法应当通过科学的调查研究，由企业的管理部门来决定。他列举出管理部门的四条新的职责，概述如下：

（1）研究一个人工作的各个组成部分，以替代传统的凭经验的做法；

（2）对员工进行科学的选拔、培训和提高，以此替代允许员工选择自己的工作和尽他自己的能力来锻炼自己的传统做法；

（3）在员工和管理部门之间形成诚心合作的精神，以保证工作在科学的设计程序下进行；

（4）在员工和管理部门之间按几乎是均等的份额进行工作分工，各自承担最合适的工作，以替代过去员工负担绝大部分工作和责任的状况。

这四条职责使人们对管理组织有了许多的考虑，几乎完全是现代组织实践的基本组成部分，并在工程方法与劳动测量领域中得到了发展。泰罗还做了许多著名的开创性的实验。这些实验涉及各个领域，包括基层生产组织、工资付酬理论，以及当时钢铁工业部门中常有的金属加工、生铁搬运和铲掘作业的基本步骤的制定。

在很长的一段时间里，泰罗的基本观点很少变化，他所设想的本来意义上的生产管理科学发展极为缓慢。发展缓慢的原因有很多，如还没有可以运用的、合适的知识与工具。在泰罗以后的时期中，困扰着人们的另一个重大困难是：大规模问题的复杂性出现了，任何问题的所有可变因素似乎完全是相互依存的。今天，统计和概率论被普遍认识并被应用于生产，再加上计算机的运用，现在的生产系统模型比以往更加接近现实了。

二、生产与运作管理的发展

生产与运作管理的发展分为四个阶段：19 世纪末以前的早期管理思想阶段；19 世纪末到 20 世纪 30 年代，以泰罗科学管理和法约尔一般管理思想为代表的古典管理思想阶段；20 世纪 30 年代到 20 世纪 40 年代中期以梅奥的人际关系理论和巴纳德的组织理论为代表的中期管理思想阶段；20 世纪 40 年代中期以后一系列以管理学派（管理科学派、行为科学派系统管理学派等）为代表的现代管理思想阶段。其中一个重大的发展就是引用了线性规划，计算机的发展使大规模线性规划问题的解决成为可能。计算机技术推动了生产与运作管理的发展，如生产方式的变更、自动化的实现。20 世纪以来生产与运作管理发展演进的重大事件如表 0-6 所示。

表 0-6 20 世纪以来生产与运作管理发展演进的重大事件

年份/年	概念和方法	发源地
1917	科学管理原理、标准时间研究和工作研究	美国
1931	工业心理学	美国
1927—1933	流水装配线	美国

续表0-6

年份/年	概念和方法	发源地
1934	作业计划图(甘特图)	美国
1940	库存控制中的经济批量模型	美国
1947	抽样检验和统计图技术在质量控制中的应用	美国
1950—1960	霍桑试验、人际关系学说	美国
	工作抽样分析	英国
	处理复杂系统问题的多种训练小组方法	英国
1970	线性规划中的单纯形解法	美国
1980	运筹学快速发展,如模拟技术、排队论、决策论、计算机技术	美国和欧洲
1990	车间计划、库存控制、工厂布置、预测和项目管理、MRP 和 MRP Ⅱ 等	美国和欧洲
	JIT、TQC、工厂自动化(CIM、FMS、CAD、CAM、机器人等)	美国、日本和欧洲
	TQM 普及化、各国推行 ISO9000、流程再造(BPR)、企业资源计划(ERP)、并行工程(CE)、敏捷制造(AM)、精益生产(LP)、电子商务、因特网、供应链管理	美国、日本和欧洲

三、现代生产与运作管理

1.传统生产管理模式及其弊端

20 世纪 20 年代开始出现了"第一次生产方式革命",即单一品种(少品种)大批量生产方式替代手工制造单件生产方式,随后代之以"多品种、小批量生产方式",即"第二次生产方式革命"。我国传统的生产管理模式,是在 20 世纪 50 年代学习苏联的基础上创立发展起来的,与单一品种(少品种)大批量生产方式相适应,以产品为中心组织生产,使得整个经济处于投入多、产出少、消耗高、效益低的粗放型发展状态,形成生产单一产品的"大而全""小而全"的工业生产体系。从而可以看出,我国传统的生产管理模式是"以产品为中心"的组织生产,"以生产调度为中心"控制整个生产,与单一品种大批量生产方式相适应的生产管理模式。

与现代企业的生产与运作管理相比,我国企业传统的生产管理模式存在着以下的一些问题。

(1)企业生产缺乏柔性,对市场反应能力低。

所谓"柔性",就是加工制造的灵活性、可变性和可调节性。现代企业的生产组织必须适应市场需求的多变性,要求在短时期内,以最少的资源消耗,从一种产品的生产转换为另一种产品的生产。但传统生产管理模式是以产品为单位,按台份编制生产计划的。投入产品与调整产品对整个计划影响较大,再加上企业生产的反馈信息比较慢,下月初才有上月末的生产统计资料,无法实现动态调整,生产严重滞后,导致生产系统速度慢。

（2）企业的"多动力源的推进方式"使库存大量增加。

所谓"多动力源的推进方式"，是指各个零部件生产阶段，各自都以自己的生产能力、生产速度生产，而后推到下一个阶段，由此逐级下推形成"串联"，平行下推形成"并联"，直到最后的总装配，构成了多级驱动的推进方式。由于生产是"多动力源"的多级驱动，加上没有严格有效的计划控制和全厂的同步化均衡生产的协调，各生产阶段的产量必然会形成"长线"和"短线"。长线零部件"宣泄不畅"进入库存，加大库存量，而短线零部件影响配套装配，形成短缺件。然后，当"长线"越长、"短线"越短时，各种库存不但不能起到协调生产、保证生产连续性的作用，反而适得其反，造成在制品积压，流动资金周转慢，生产周期长，给产品的质量管理、成本管理、劳动生产率以及对市场的反应能力等方面带来极其不利的影响。

（3）单一产品的"大而全""小而全"生产结构。

现代化大生产是充分利用发达的社会分工和协作，组成专业化和多样化相结合的整机厂和专业化的零部件厂。然而，随着时代的变迁、科学技术的不断进步和人们生活条件的不断改善，消费者的价值观念变化很快，消费需求多样化，从而引起产品的寿命周期相应缩短，为适应市场需求环境的变化，多品种、中小批量混合生产必将成为企业生产方式的主流。长期以来，我国"大而全""小而全"的生产结构方式，不仅是一种排斥了规模经济效益的、效率低下的生产方式，而且也排斥了多样化经营，靠增大批量降低成本生产，这样非常不利于企业分散风险、提高效益、促进企业顺利成长。

（4）企业生产计划与作业计划相脱节，计划控制力弱。

传统生产管理模式在生产计划的编制过程中，是以产品为单位进行的，但又由于各生产阶段内部的"物流"和"信息流"是以零件为单位的，因此，厂一级的生产计划只能以产品为单位，按台份下达到各生产阶段，即有关车间，而不能下达到生产车间内部。生产车间内部则根据厂级生产计划，以零件为单位自行编制本车间的生产作业计划，由于各生产车间的工艺、对象和生产作业计划的特殊性和独立性，致使各生产车间产量进度不尽相同。而厂级计划是以产品为单位编制的，对各车间以零件为单位的生产作业计划不能起到控制作用。

2. 传统生产管理模式更新的内容

虽然面对着严峻的挑战和严酷的现实，但我国企业应该清楚地看到，这也是很好的契机。如果能抓住机遇，彻底改变传统的生产管理观念，采用先进的生产方式，构造新的适合我国国情的生产与运作管理模式，"跳跃"过"第一次生产方式革命"的阶段，直接迎接"第二次生产方式革命"的挑战。那么，我国企业必然会产生翻天覆地的根本性变化，带动整个国民经济的腾飞。所以，更新我国传统的生产管理模式，对促进我国企业生产与运作管理以及社会经济的发展，有着十分重要的意义。

（1）在生产方式上，从粗放式生产转变为精益生产。

按照精益生产的要求，企业在围绕市场需求来组织生产，其具体形式是拉动式生产，即企业的生产以市场需求为依据，准时地组织各环节的生产，一环拉动一环，消除整个生产过程中的一切松弛点，从而最大限度地提高生产过程的有效性和经济性，尽善尽美地满足用户需求。拉动式生产彻底地改变了过去那种各环节都按自己的计划组织生产，靠大量的在制品储备保任务、保均衡的做法，使社会需要的产品以最快的速度生产出来，减少储存，最终做到生产与市场需要同步。

（2）在生产组织上，从"以产品为中心"组织生产转变为"以零件为中心"组织生产。

所谓"以产品为中心"组织生产，是指在整个企业生产过程中，各生产阶段之间的"物流"和"信息流"都是以产品为单位流动和传递的，各生产阶段内的"物流"和"信息流"则是以零件为单位流动和传递的。尽管生产一个产品，要把一个个零件设计出来，再把一个个零件加工出来，即实际工作是以零件为单位进行的，但它并不能改变整个生产过程以产品为单位的特性。也因为各生产阶段内部的单位口径不一致，产生了传统生产管理模式的特性。现代生产管理要求"以零件为中心"组织生产，即在整个生产过程中，工艺设计、计划编制、生产组织实施等各个环节都以零件为单位组织安排，不仅生产阶段内部"物流"和"信息流"的传递是以零件为单位的，而且各阶段之间的"物流"和"信息流"也是如此。这样，可使生产计划与生产作业计划成为"一揽子"计划，它克服了"以产品为中心"方式因其单位口径不一致造成的"物流"和"信息流"的割裂和脱节，使得生产计划和生产作业计划之间的信息传递无障碍，从而使各生产阶段之间及其内部的"物流"和"信息流"都能受控于统一的控制中心，即整个生产过程受到严格、有序的控制。

（3）在生产与运作管理手段上，从手工管理转变为计算机管理。

管理现代化的目标之一是手段的计算机化、办公自动化。目前，大多数企业处于从手工管理向计算机管理的过渡时期，计算机已应用于人事档案、劳动工资、材料库存和成本管理等单项管理。对于市场预测、决策、生产计划、生产作业计划的编制和控制、产品设计、工艺工装和产品的生产制造等方面，仍然没有普遍采用计算机辅助设计（CAD）、计算机辅助工艺过程设计（CAPP）、计算机辅助制造（CAM）、制造资源计划（MRPⅡ）、成组技术（GT）和柔性制造技术（FMS）技术等计算机管理的方法。

近 20 年发展起来的计算机集成制造系统（CIMS）技术，使企业的经营计划、产品开发、产品设计、生产制造以及营销等一系列活动有可能构成一个完整的有机系统，从而更加灵活地适应市场环境变化的要求。计算机技术具有巨大的潜力，它的应用和普及将给企业带来巨大的效益。但是，这种技术的巨大潜力在传统的管理体制和管理模式下是无法充分发挥的，必须建立能够与之相适应的生产经营综合管理体制与模式，并进一步朝着经营与生产一体化、制造与管理一体化的高度集成方向发展。

（4）在生产品种上，从少品种、大批量转变为多品种、小批量生产。

我国传统生产管理模式是"以产品为中心"组织生产，"以调度为中心"控制进度的管理方式，是与少品种、大批量生产方式相适应的。但是当下，一方面，在市场需求多样化面前，这种生产方式逐渐显露出其缺乏柔性、不能灵活适应市场需求的弱点；另一方面，飞速发展的电子技术、自动化技术和计算机技术等，使生产工艺技术以及生产方式的灵活转换成为可能。而当今的企业必须面向用户、适应市场，并依据市场和用户的需求变化不断地优化产品结构，最大限度地满足用户对产品品种、质量、价格与服务的需求，这也是市场经济高度发展的客观要求。可以肯定地说，多品种、小批量生产将越来越成为主流。

（5）在管理制度上，从非制度化、非程序化、非标准化转变为制度化、程序化和标准化

我国企业的基础管理工作是一个薄弱环节，非制度化、非程序化和非标准化成为我国传统生产管理模式的特征之一。它反映在管理业务、管理方法、生产操作、生产过程、报表文件、数据资料等各个方面，特别是在生产现场：生产无序，管理混乱，"跑、冒、滴、

漏"以及"脏、乱、差"等现象比比皆是。生产与运作管理的制度化、程序化和标准化是科学管理的基础，现代生产与运作管理要求是科学化的管理。在管理工作中，要完全按照各种规章制度、作业标准、条例等执行，一切都做到有据可依、有章可循，按制度办事、按作业标准操作、按程序管理。

3. 现代生产与运作管理的特征

现代生产与运作管理的概念及内容和传统生产与运作管理已有很大不同。随着现代企业经营规模的不断扩大，产品的生产过程和各种服务的提供过程日趋复杂。随着市场环境的不断变化，生产与运作管理学本身也在不断地发生变化，特别是信息技术突飞猛进的发展和普及，更为生产与运作管理增添了新的有力手段，也使生产与运作管理学的研究进入了一个新的阶段，使其内容更加丰富，体系更加完整。企业环境变化促进了生产与运作管理的发展，为其注入了新的内容，从而形成了现代生产与运作管理的一些新的特征。

(1) 现代生产与运作管理的范围比传统的生产与运作管理更广。

传统的生产与运作管理着眼于生产系统的内部，主要关注生产过程的计划、组织和控制等。因此，也被称为制造管理。随着社会经济的发展和管理科学的发展，以及整个国民经济中第三产业所占的比重越来越大，生产与运作管理的范围已突破了传统的制造业的生产过程和生产系统控制，扩大到了非制造业的运作过程和运作系统的设计上，从而形成对整个企业系统的管理。

(2) 生产与运作管理和经营管理联系更加紧密，并相互渗透。

随着市场经济的发展，企业的生存与发展更加依赖于企业经营管理，特别是制定正确的经营决策，而经营决策的实现需要加强企业的生产与运作管理。这是由于产品质量、品种、成本、交货期等生产与运作管理的指标结果直接地影响到产品的市场竞争力。此外，为了更好地适应市场需求，生产战略已成为企业经营战略的重要组成部分，同时生产系统的柔性化要求经营决策的产品研究与开发、设计与调整与之同步进行，以便使生产系统运行的前提能够得到保障。由此可见，在现代生产与运作管理中，生产活动和经营活动，生产与运作管理和经营管理之间的联系越来越密切，并相互渗透，朝着一体化方向发展。

(3) 多品种、小批量生产以及个性化服务将成为生产与运作方式的主流。

在市场需求多样化的背景下，大批量生产方式正逐渐丧失其优势，而多品种、小批量生产方式将越来越成为生产的主流。生产方式的这种转变，使生产与运作管理面临着多品种、小批量生产与降低成本之间相悖的新挑战，从而给生产与运作管理带来了从管理组织结构到管理方法上的一系列变化。

(4) 计算机技术在生产与运作管理中得到广泛运用。

近 20 年来，计算机技术已经给企业的生产经营活动以及包括生产与运作管理在内的企业管理带来了惊人的变化，给企业带来了巨大的效益。如 CAD、CAPP、CAM、MRP Ⅱ、GT、FMS、CIMS、MES 等，这些技术的潜在效力，是传统的生产管理无法比拟的。

总而言之，在技术进步日新月异、市场需求日趋多变的今天，企业的生产经营环境发生了很大的变化，相应地给企业的生产与运作管理也带来了许多新课题。这就要求我们从管理观念、组织结构、系统设计、方法手段和人员管理等多方面进行探讨和研究。

任务四　ITMC 企管沙盘中生产运作战略的制定

一、生产运作战略

(一) 战略与企业战略

战略一词最早来源于希腊语"strategos"，其含义是"将军指挥军队的艺术"，是一个军事术语。在我国，"战略"一词先是"战"与"略"分别使用，"战"指战斗、战争，"略"指筹略、策略、计划。《左传》中已使用"战略"一词。"战略"一词被引入企业管理中只有几十年时间，最早出现在巴纳德的著作《经理的职能》中，但应用并不广泛。1965 年，美国经济学家安索夫的著作《企业战略论》的问世，标志着"企业战略"一词开始广泛应用。

关于"战略"的含义，不同的学者从不同的角度给出了不同的表述，这里介绍几种有代表性的观点：

(1) 钱德勒：战略是决定企业的长期基本目标与目的，选择企业达到这些目标所遵循的途径，并为实现目标与途径而对企业重要资源进行分配。

(2) 魁因：战略是一种模式或计划，是将一个组织的重要目的、政策与活动，按照一定的顺序结合成为一个紧密的整体。

(3) 明茨博格：战略可以从五个不同的方面定义，即计划、计谋、模式、定位、观念。这五个方面的定义从不同的角度对战略进行了阐述，有助于对战略管理及其过程的深刻理解。

综上所述，我们可以对战略做如下解释：战略是组织对其发展目标，达成目标的途径、手段等关乎全局的重大问题的筹划和谋策。

把战略的含义与不同领域相结合、运用，就形成了不同领域的战略，运用于企业就形成了企业战略，因此我们可以把企业战略表述为：企业为不断获得竞争优势，以实现企业的长期生存和发展而对其发展目标、达成目标的途径和手段等重大问题的总体谋划。

(二) 企业战略的层次划分

一个企业的战略为了与组织层次相适应，必须划分为不同的层次，一般而言，企业战略可以划分成三个层次，具体如图 0-5 所示。

1. 公司战略

公司战略是企业的总体战略，从总体上设定了企业的发展目标、实现目标的基本途径，侧重于两个方面的问题：一是选择企业所从事的经营范围和领域；二是在各事业部之间进行资源配置。一般企业的总体战略有三种类型：增长型战略、稳定型战略、紧缩型战略。

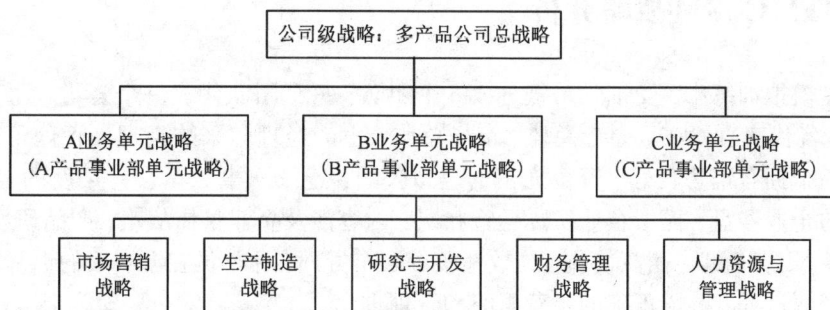

图 0-5 企业战略系统

2. 业务战略

业务战略即企业的竞争战略，是指企业的各个业务单位如何在公司战略的指导下，通过自身所制定的业务战略，取得超过竞争对手的的竞争优势。在这一层次中，竞争优势构成要素显得尤为重要。按照哈佛商学院迈克尔·波特的观点，企业的竞争战略包括成本领先战略、差异化战略和集中化战略。

3. 职能战略

职能战略是主要职能部门以业务战略为指导，分别制定的本部门的发展目标和总体规划，其目的是公司战略和竞争战略的实现，职能战略主要包括生产运作战略、市场战略、财务战略和人力资源战略等。

公司战略、业务战略和职能战略之间是相互作用、相互影响的，企业要获得长期发展，必须实现三个层次战略的有机结合。上一层次战略构成下一层次战略实施的战略环境，下一层次战略为上一层次战略目标的实现提供支撑。

如果企业的规模较小，只从事单一业务，那么此时企业的公司战略和竞争战略就处于同一层次，企业的战略结构就划分成两个层次。

(三) 生产运作战略的概念

生产运作战略是职能战略中的一种，是企业战略的重要组成部分。我们可以把它的概念简单表述为：企业为了实现总体战略而对生产运作系统的建立、运行，以及如何通过生产运作系统来实现组织目标所做的总体规划。它可以在企业总体发展目标的指导下，具体规定企业在生产运作领域如何操作，以保证生产系统的有效性，顺利地进行生产运作活动。

由于生产运作战略处于企业战略的第三层次，属于职能战略。因此，即使在同一企业总体战略下，不同部门由于所选择的业务战略不同，也必须制定与之相适应的生产运作战略。

二、ITMC 沙盘战略分析

在沙盘模拟训练中，受训学员被分成 6 个团队，每个团队代表一个公司。每个团队至少有 5 人，各代表着 CEO、财务总监、市场总监、生产经理和采购经理等管理角色。每个团队经营一个拥有销售良好、资金充裕的虚拟公司，连续从事数个会计年度的经营活动。通过直观的企业沙盘，模拟企业实际运行状况，内容涉及企业整体战略、产品研发、生产、市场、销售、财务管理、团队协作、绩效考核等多个方面，让学员在游戏般的训练中体验完整的企业经营过程，感悟正确的经营思路和管理理念。

(一) 虚拟公司背景

本企业长期以来一直专注于某行业 P 产品的生产与经营，目前生产的 P1 产品在本地市场知名度很高，客户也很满意，同时企业拥有自己的厂房，生产设备齐备，状态良好。最近，一家权威机构对本行业的发展前景进行了预测，认为 P 产品将会从目前的相对低水平发展为一个高技术产品。为此，公司董事会及全体股东决定将企业交给一批优秀的新人去发展，希望他们——

投资新产品的开发，使公司的市场地位得到进一步提升；

开发本地市场以外的其他新市场，进一步拓展市场领域；

扩大生产规模，采用现代化生产手段，努力提高生产效率。

(二) 产品市场预测

市场需求总量预测图如图 0-6 所示。

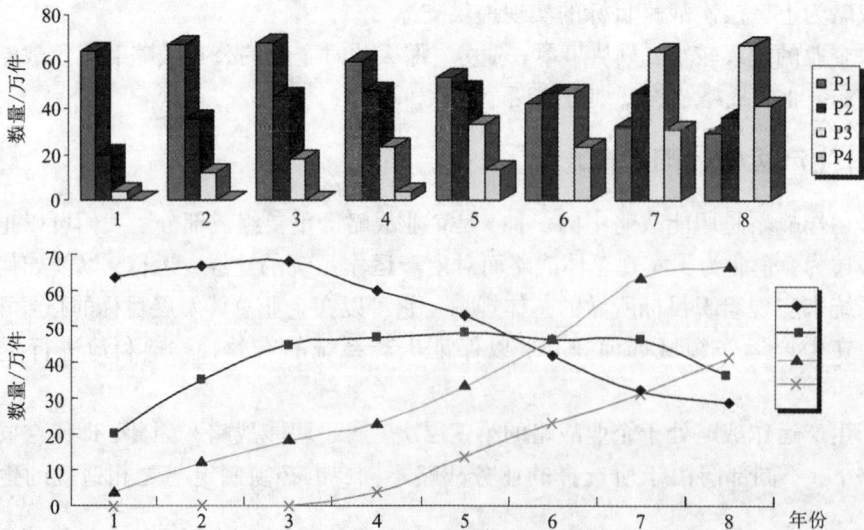

图 0-6　市场需求总量预测图

P1 产品由于技术水平低，虽然近几年需求较旺，但未来将会逐渐下降。

P2 产品是 P1 的技术改进版，虽然技术优势会带来一定增长，但随着新技术的出现，需求最终会下降。

P3、P4 为全新的技术产品，发展潜力很大。

P 系列产品需求预测如图 0-7 所示。

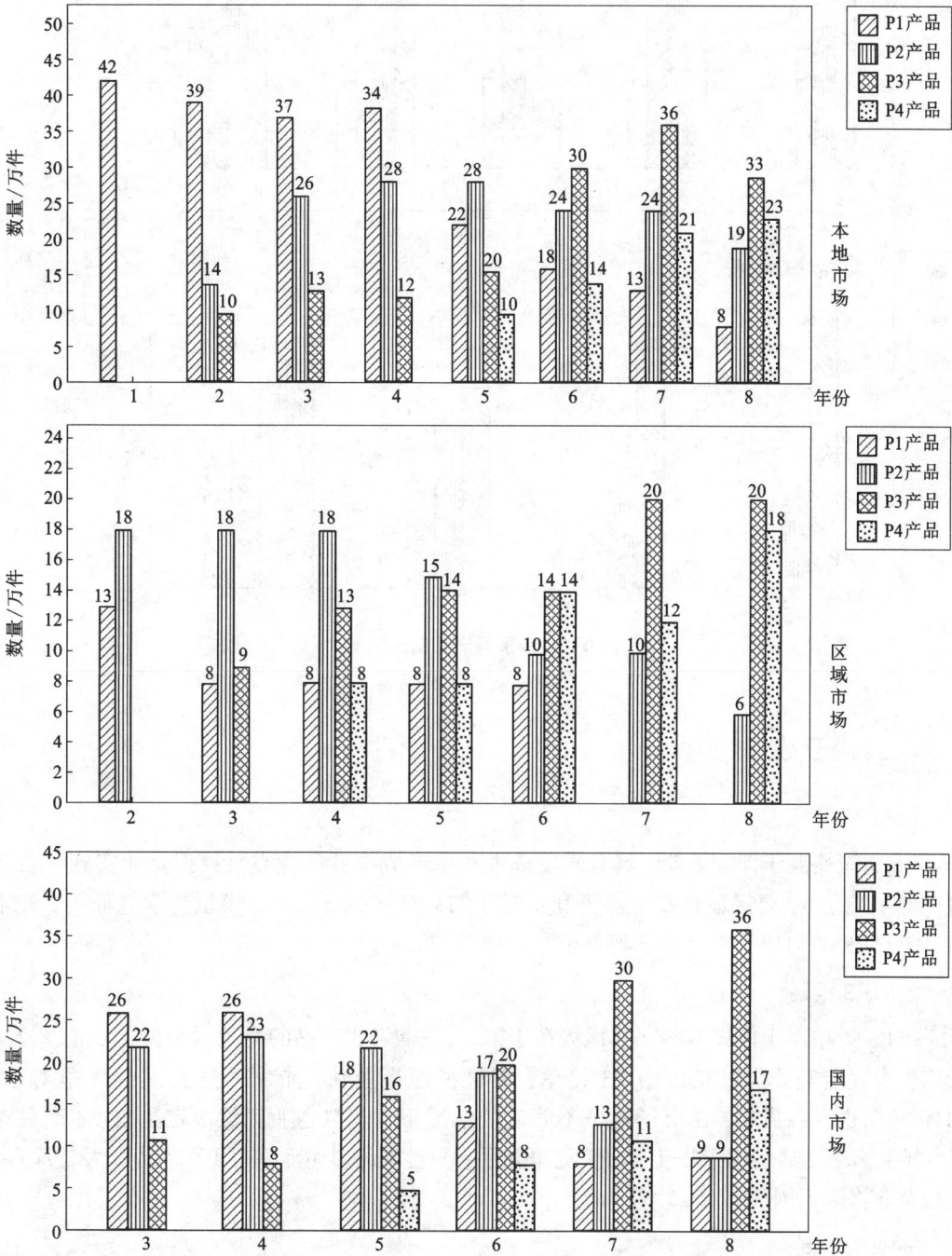

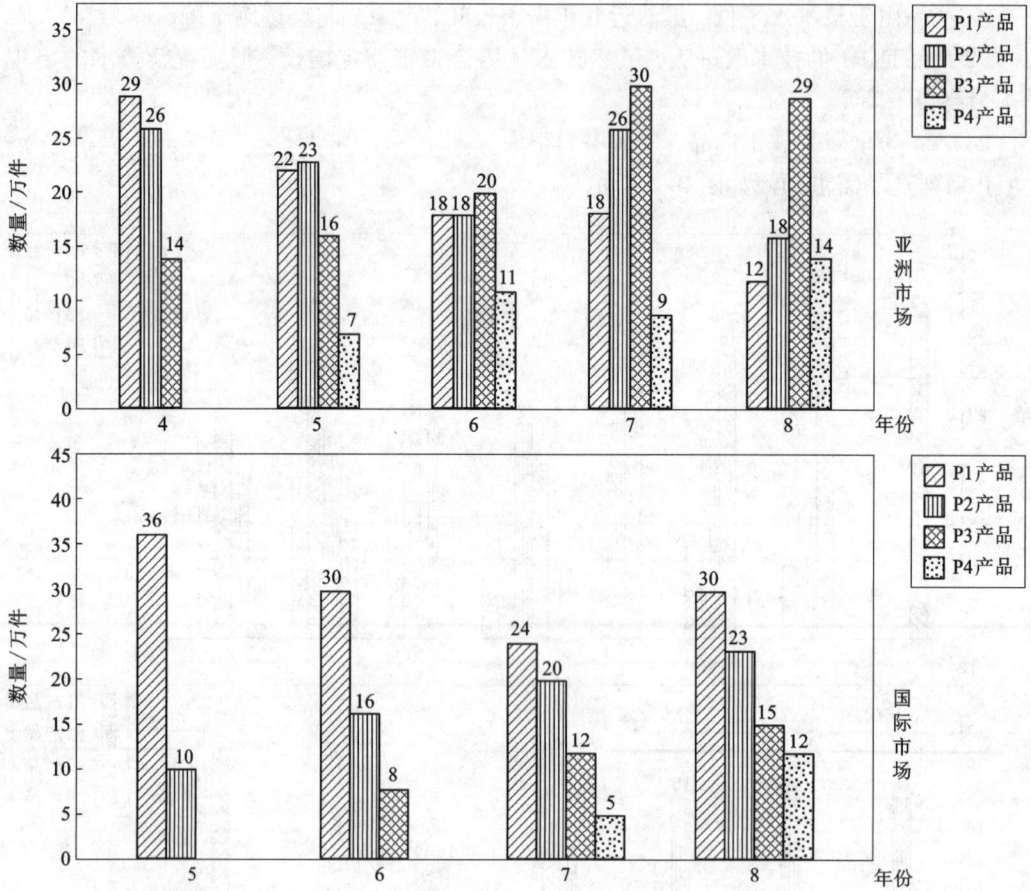

图 0-7　P 系列产品需求预测

注：预测销售量不一定完全与实际需求量相符。

(三) 经营战略

1. P1P2 策略

P1P2 策略属于保守策略，具有研发成本和生产成本低的优点。模拟企业实施经营策略，经营风险小，要保证企业能够营利。对于 ITMC 企业经营沙盘模拟初学者而言，先学好 P1P2 策略，可以为以后的学习奠定坚实的基础。

2. P1P3 策略

P1P3 策略属于保守策略。其优势在于第二、三年 P3 产品的竞争对手少，可能以较小的广告投放金额，获取充足的 P3 订单，促进模拟企业快速扩张，领先其他竞争对手。P1P3 策略也存在劣势，在市场竞争不明确的情况下，模拟企业毅然决定主攻 P3 产品市场，如果第三年遇到四组以上的 P3 竞争对手，只能获取少量订单，P3 产品有大量库存，模拟企业将陷入困境。

3. P2P3 策略

P2P3 策略属于权变策略。在企业经营沙盘模拟中，模拟企业采取 P2P3 策略，根据市场变化，机动灵活地经营企业，最终获取高得分。如果大部分模拟企业都在采取 P2P3 策略，市场竞争会异常激烈，造成部分模拟企业破产的局面。

4. P1P2P4 策略

P1P2P4 策略，有利于模拟企业避开 P3 产品的激烈竞争。模拟企业另辟蹊径打入 P4 产品市场，以小额广告获取大量订单，从而取得市场竞争的优势。模拟企业先经营好 P1、P2 产品，根据市场变化情况，决定主攻 P3 或 P4 产品。

要点巩固

参考答案

一、判断题

1. 生产运作是一切社会组织都要从事的活动。（　　　）
2. 不论规模大小，汽车制造厂的生产系统都是一样的。（　　　）
3. 服务业的兴起使得传统的生产概念得以扩展。（　　　）
4. 运作、营销和财务三大职能在多数组织中都互不相干地运作。（　　　）
5. 加工装配式生产是离散性生产。（　　　）
6. 大学专教育是大量大批运作。（　　　）

二、选择题

1. 生产运作管理不包括哪个内容？（　　　）

A. 融资　　　　　　　B. 计划　　　　　　　C. 组织　　　　　　　D. 控制

2. 下列哪些不属于大量运作？（　　　）

A. 中小学教育　　　B. 飞机制造　　　　C. 汽车制造　　　　D. 快餐

3. 用来生产高度标准化的产品的流程是（　　　）。

A. 生产　　　　　　B. 批量生产　　　　C. 连续流程　　　　D. 简短流程

4. 单件小批生产的好处是（　　　）。

A. 生产周期短　　　　　　　　　　　B. 效率高

C. 成本低　　　　　　　　　　　　　D. 可"以不变应万变"

5. 企业创造价值的主要环节是（　　　）。

A. 营销　　　　　　B. 财务　　　　　　C. 生产运作

6. 下列生产属于加工装配型生产是（　　　）。

A. 饮料　　　　　　B. 造纸　　　　　　C. 汽车　　　　　　D. 烟草

三、思考题

1. 制造业的运作和服务业的运作有什么区别？
2. 现代企业在产品竞争方面有哪些特点？
3. 什么是企业战略和战略管理？它们之间有什么联系与区别？
4. 制定企业战略要考虑哪些外部因素和内部条件？
5. 企业战略可以分为几个层次？

设施选址与布置

学习目标

1. 了解设施选址的概念和影响因素；
2. 掌握设施选址的步骤和选址决策的评价方法；
3. 理解设施布置的概念；
4. 掌握设施布置类型与设施布置的方法。

先导案例

火神山和雷神山医院选址问题探析

在疫情肆虐的时候，武汉火神山医院和雷神山医院被迅速建成，数千万网友为"中国速度"所感动。以火神山医院为例，工作人员 24 个小时拿出最终设计图，30 个小时安装好所有的排水管道，36 个小时内建成一座 5G 基站，3 天安装完成 2000 个板房……从 2020 年 1 月 24 日晚进行场地平整，到 2020 年 2 月 2 日完工交付，数千名建设者夜以继日，仅用 10 天时间，便建成一座拥有 1000 张床位的大型传染病医院。

武汉规划研究院调集精干力量，赶制规划方案，为设计施工图制作及开工建设提供有力的先导性保障；武汉市某科技工程有限公司，在火神山医院施工现场，用我国自主研发的北斗高精度定位技术进行放线测量工作，出色而迅速地完成了测量任务；南方测绘武汉分公司，把现场急需的基础测绘定位仪器交付给雷神山医院建设工地等。

我们如何从地理区位视角看火神山医院和雷神山医院的建设呢？

①地形地质条件。地形平坦开阔便于医院建设、病人就诊；地质条件稳定，有利于结构安全与抗震；地势较高，洪涝灾害的威胁较小。

②大气条件。位于空气洁净的郊区，地处较小风频的、上风向位置（盛行风的下风向）。

③河湖条件。临近湖泊，通风条件良好；有利于封闭与隔离；景观优美，利于疗养。

④人口条件。位于武汉郊区，既接近疫区便于救治病患，又与高密度的人口居住区保持一定距离，避免交叉感染。

⑤交通条件。临近交通干线，交通便利。方便患者和救护车快速出入；及时供给医护人员和病人所需的物品、食品和药品等；为紧急情况下的快速施工建设提供了保障。

⑥基础设施条件。临近原有的武汉职工疗养院与军运村，基础设施较好，可以保障医疗工作的顺利开展；提供生活保障和社会服务。

⑦土地条件。地处郊区，未利用土地比较充足，地块面积较大，有利于工程开展和大型医院的布局。

⑧环境条件。地处郊区，与人口密集区有一定距离；对周边环境污染较小。

（来源：摘自《教学考试》，2020 年 07 月 29 日）

思政导言

火神山和雷神山医院的快速建成，一需要对国家相关政策的了解，如新建传染病医院选址应符合当地城镇规划，二需要对火神山传染病医院选址的有利条件的专业评估和综合考虑，三需要具有伟大的爱国主义精神和奉献精神。

理论精讲

任务一　设施选址

选址基础认知

一、设施选址的基本概念及其重要性

(一)设施选址的基本概念

设施是生产与运作过程得以进行的硬件条件,通常由厂房、办公楼、设备、仓库等物质实体构成。所谓设施选址,是指运用科学的方法决定设施的地理位置,确定在何处建厂或建立服务设施,使之与企业的整体经营运作系统有机结合,完成对供应基地、制造基地、仓储中心和配送中心的综合布局优化,以便有效、经济地达到企业的经营目的。

设施选址包括两层含义:一是选位,即选择在什么地区(区域)设置设施,如在沿海还是内地、南方还是北方、国内或国外等。二是定址,地区选定之后,具体选择在该地区的什么位置设置设施,也就是说,在已选定的地区内选定具体的地址作为设施的具体位置。

(二)设施选址的重要性

设施地址关系到生产和服务项目的成败,对生产型企业和服务型企业都至关重要。对于一个新建的企业来说,设施选址是建立和管理企业的第一步,也是扩大事业的第一步。一个产品从原材料制成零件、组成部件到产品总装,再经过分销、零售,最后到达消费者手中,要经过不同企业的劳动,克服地域和时间的限制,才能达到消费的目的。这本身就是一个系统,选址问题就是在这样一个系统的基础上加以优化的。现代的企业运作,不仅要关注本企业的业务流程,而且要考虑整个供应链系统,选址的意义早已扩展到合作伙伴那里。

选址是一个永久性投资,一旦在工厂或者商店已经建成后发现地址选择错误,则为时已晚,难以补救。因为新建的厂房既然不利于经营,那么出售亦必无人问津;将厂房移动是不可能的,将设备搬迁而易地重建,则耗资巨大;如果继续维持下去,投资大、成本高、职工队伍不稳,企业将永远处于不利地位,一旦遇到市场冲击,很可能就要倒闭。因此可以说,选址不当,将"铸成大错",也就决定了企业失败的命运。它不仅关系到设施建设的投资和建设的速度,而且在很大程度上决定了所提供的产品和服务的成本,从而影响到企业的生产管理活动和经济效益。此外,选址的问题还影响着员工的情绪、相互之间的关系以及公共关系等。

二、设施选址的影响因素

影响厂址选择的因素很多，需要考虑的主要因素有以下几个方面。

1.劳动力资源的供应条件

劳动力是制造、加工、装配、配送选址的首要考虑因素。不同地区劳动力的工资水平和受教育程度是不同的，是否容易获得企业所需要的合格劳动力，是选址时要考虑的重要问题。对于劳动密集型企业而言，人工费用占产品成本的大部分，必须考虑劳动力的成本。在劳动力资源丰富、工资低廉的地区设厂，可以降低人工成本。当前全球化生产的动力之一就是企业转移到劳动力成本更低的地区而获得成本优势。一些发达国家的公司纷纷在经济不够发达的国家设厂，一个重要目的是降低人工成本。凡使用粗工的企业，工人易于训练，可以随时招用，劳动力的可获性不成为选址的条件。但是，随着现代科学技术的发展，只有受过良好教育的职工才能胜任越来越复杂的工作任务，单凭体力干活的劳动力越来越不受欢迎。对于大量需要具有专门技术员工的企业，人工成本占制造成本的比例很高，而且，员工的技术水平和业务能力又直接影响产品的质量和产量，劳动力资源的可获性和成本就成了选址的重要条件。

2.原材料、燃料、动力的供应条件

没有燃料(煤、油、天然气)和动力(电)，企业就不能运转。出于供应方便、及时性和采购成本方面的考虑，原材料、燃料消耗量大，依赖性强的企业必须认真考虑此项。对原材料依赖性较强的企业应考虑尽可能接近原材料供应地，特别是与产品相比，原材料的重量和体积更大的情况下，应尽量靠近供应地设置设施。如火电站希望靠近煤炭基地建立坑口电站；大型钢厂则希望靠近铁矿山；电解铝厂用电量大，希望选在电力资源充足、电费便宜的水电站附近。

3.自然资源条件

自然资源条件包括土地的价格、水资源的供应潜力和水质情况、当地的气候条件等。

某些用水量大的企业，如造纸、制糖、化工等企业，必须优先考虑该地区的水资源供应的情况。水质情况对于酿酒的品质有重大影响，所以酿酒厂必然关心工厂所在地的水质情况。气候条件包括温度、湿度、气压、风向等。气候因素与产品制造、库存和工人的工作条件直接相关。许多产品不适合在非常潮湿或寒冷的气候条件下生产，所以气候条件也是选址时必须考虑的重要因素之一。气候条件也将直接影响职工的健康和工作效率。气温过高或过低，都会影响工作效率。气温的高低关系着厂房和办公室的建筑设计。通过空调来保持适宜的温度，不仅作用范围有限，而且耗费能源，增加成本。英国的曼彻斯特是世界著名的纺织业区，温度及湿度合适是一个主要原因。电影制片厂之所以集中在好莱坞，是因为该地终年温和而干燥，适于室外拍片活动。

4.交通运输条件

企业一切生产经营活动都离不开交通运输。在企业输入和输出过程中，有大量的物料进出。有的企业输入运输量大，有的企业输出运输量大。原材料、工具和燃料进厂，产品和废物出厂，零件协作加工，都有大量的物料需要运输。交通便利能使物料和人员准时到

达需要的地点，使生产活动正常进行，还可以使原材料产地与市场紧密联系。在选址时，要考虑是接近原材料供应地，还是接近消费市场。对于一些对原材料依赖性强的企业而言，能否保证原材料供应，能否尽可能低的成本保证供应尤其重要。如水果加工、油田、煤矿、铁矿等生产企业都必须在资源所在地建设生产系统。服务型企业要靠近市场，如商店、医院都靠近市场而建。长途运输不方便的啤酒、食品的加工生产也要靠近市场。大城市是人口密集的地方，市场潜力巨大，服务需求巨大。服务系统多数都建设在大城市或者繁华的小城市，大城市的卫星城也是可供选择的好地方。

5. 法律、法规和政策条件

不同国家和地区有不同的法律、法规和政策，这是当今跨国公司在全球范围内选址时应考虑的重要因素。一些国家为吸引外资，对外资企业来本国设厂给予许多优惠的待遇，如外资企业在我国的经济特区、工业园区和高新科技园区内设厂就有很多优惠。其中税收制度是企业建厂主要考虑的问题。一些国家和地区靠优厚的税收条件吸引投资。即使在同样的税收条款下，各地政府和税务部门掌握的宽严程度也不相同。各地区税收的宽严程度是个学问，掌握宽松些，吸引大量的企业入驻，税收总量可能会增加；从严掌握，暂时多收了一些税，会使企业到别处建厂，损失可能是惨重的。

三、设施选址的步骤

设施选址是一项比较复杂的系统工程，包括选位和定址，选位是选址的大方向，即在若干个区域选择大方向；定址是选择具体的地点，在选定的大区域内选择具体的位置。设施选址由有关部门和各种专业人员协同进行，通常包括以下步骤：

1. 确定选址总目标

根据企业发展战略规划中企业的产品方案、生产规模以及企业的职工人数、生产部门和车间构成等因素，确定厂区的建筑面积和总面积；根据生产工艺和对外协作方案，计算进货和出货运输量，并根据设计出厂区的运输线路；提出地质和水文条件的具体要求；分析"三废"的性质，确定排放标准，并制定处理的方案等。

2. 建立相应的评价指标体系

根据具体情况确定选址的标准以及选址的方法。要确定在新地点设置新设施符合企业的发展目标和生产运作战略的需要，能为企业带来尽量多的收益。

3. 提供候选方案

由设计单位和企业单位组成选址勘察小组，对所选址进行现场勘察和调查，收集所需的各种资料，围绕评价体系将调查结果整理成初步方案，报当地城建和环保部门审查，听取他们的意见。最后将勘察的厂址方案整理成厂址方案汇总比较表，以便进行评选。

4. 评选和确定方案

对候选的厂址方案，要从企业经济效益和社会效益、近期效益和长远效益出发，采用定性和定量分析方法对各种评价指标进行分析，加以量化，进行比较，全面地综合评价，最后确定最佳方案。

选址流程如图 1-1 所示。

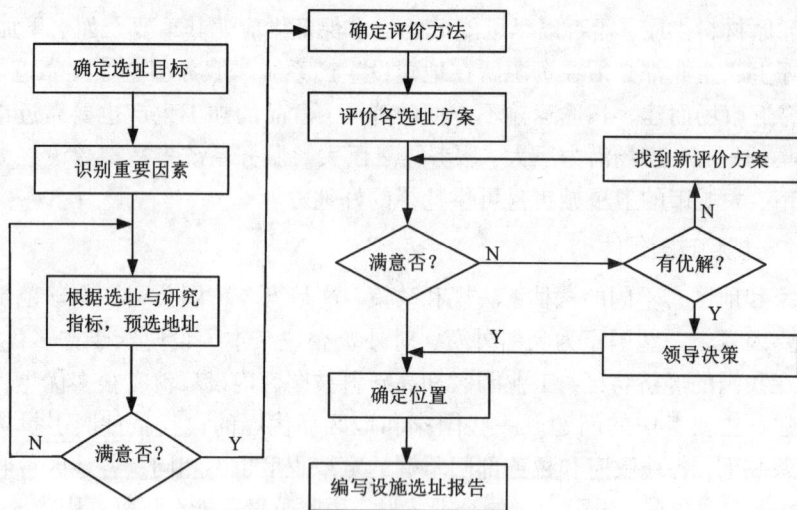

图 1-1 选址流程图

任务二 选址的评价方法

选址的评价方法

▶【同步业务 1-1】如何选址开店?

业务分析:

你想过开店吗?知道开店应怎样选址吗?对经营小型商铺的创业者来说,如何选择店铺的位置显得尤为重要。如果想开店,那么该如何做好商铺选址呢?

业务流程:

1. 根据市场调研做出有效的商圈分析

想开一家好的店铺,首先要做好市场调研。从专业角度上称其为商圈分析,通俗来说就是调查分析店铺的销售范围、来店顾客的特性及其他环境因素。不同地理位置的商铺,适合经营的种类也有所不同。因此,投资者在选址时,要细心地观察商圈的情况,如商圈内的客流量与车流量有多大,商圈内的竞争对手有多少等。一般来说,客流量较大的场所有城市的商业中心、火车站、长途汽车站、公交站点附近、商业步行街、大学校园门口、人气旺盛的旅游景点、大型批发市场门口和大中型居民区等,这些地方属于商业集中地段。在车水马龙、人流熙攘的热闹地段开店,成功的概率往往比普通地段高出许多。但在具体选择铺位时,应注意商圈内的竞争对手不宜过多,最好同类商品专营商店不超过三家。

2. 根据主营商品确定地址

营业地点的选择与主营商品和潜在客户群息息相关,各行各业均有不同的特性和消费对象，商业繁华区并不是唯一的选择。经营者在选址时，要对自营的产品及目标消费群体有一个清醒的认识，知己知彼方可制胜。比如便利店和中小型发廊适宜开在社区居民区附近，而酒吧和茶坊则可以开在闹市区附近。

3. 了解地铁站口、十字路口等处的明显优势

十字路口的拐角，或一些交通便利与过街天桥、过街地下通道、公交汽车站、地铁站口和轻轨站口等公共交通设施相邻的地方，一般人流量都比较大。同一楼层、不同位置的商铺售价不尽相同，而可视性较好、前无遮挡物的商铺相对租金也比较高，在市场上也是一铺难求。

4. 与房东签订明晰的店铺产权关系

一般店铺产权至少可使(租)用5年，为了达成压低房租的目的，至少应签订5年甚至更长的租赁期限。除了谈妥租金外，还要注意谈妥有关的附加条件，以便节省开支，如是否可正常供暖、通水、通电和通电话，是否可对店面的房顶、地板和墙壁等做基本的修缮，添置或维修水电设施等。应在合同中事先约定关于基础设施等的内容，避免未来与房东产生不必要的纠纷。

5. 选择适宜的商铺面积

商铺投资与一般物业投资有所不同，各种业态的租户对商铺的面积需求不一样。以服装和餐饮为例，一般来说，一家小型服装店的经营面积达到30平方米即可，而一家小型餐饮店的经营面积则需要50平方米左右。如果一味追求小面积，那么商铺所能承受的业态将相当有限，商铺使用的灵活性会大打折扣，无形中为将来商铺出租或转租增加一定难度。如果商铺没有合适的租户，租金回报自然无从谈起。

一、商圈分析法

商圈是以服务设施所在地点为中心，在商业集聚的基础上逐步形成与发展起来的，沿着一定的方向和距离扩展，形成吸引顾客的辐射范围。一般情况下，顾客离某服务设施越远，他们光顾该服务设施的可能性就越小，反之光顾的可能性就越大。根据这种"距离递减功能"现象，可按顾客距离服务设施的距离，将一个商圈分为三个距离带：核心商圈、次级商圈及边缘商圈。核心商圈是最靠近服务设施的区域，在这一区域内的顾客来店方便，与其他区域相比，服务设施在这一区域具有竞争优势。这一区域的顾客占服务设施顾客总数的比例最高，会高达55%~70%，商店从这里吸引到主体客流并实现其大部分业务。次级商圈是环绕在核心商圈外围的距离带，占服务设施顾客总数的10%~25%。边缘商圈辐射剩余的极小一部分顾客，这类顾客往往是分散的、次要的。他们之所以成为该服务设施的顾客，可能是偶然来到这里，也可能是他们对该服务设施的忠诚或个性所致。

商圈分析的内容概括起来主要包括外部环境因素、内部因素、消费者因素以及竞争对手因素四个方面。任何一家服务设施都拥有自己的商圈，但商圈的形态与规模却各不相同。

下面以肯德基的选址为例，展示商圈分析方法。肯德基对选址是非常重视的，选址决策一般经历两级审批制，通过两个委员会的同意，一个是地方公司，另一个是总部。其选址成功率几乎是百分之百，是肯德基的核心竞争力之一。

1. 商圈的划分与选择

（1）划分商圈。

肯德基在计划进入某城市前，会通过有关部门或专业调查公司收集这个地区的资料。有些资料是搜集的，有些资料需要花钱去买。资料齐了，就开始规划商圈。规划商圈采取的是计分的方法，例如，这个地区有一个大型商场，商场营业额为1000万元算1分，5000万元算5分，有一条公交线路加多少分，有一条地铁线路加多少分。这些分值标准是多年平均下来的一个较准确的经验值。

通过打分把商圈分成好几类，以北京为例，有市级商业型（西单、王府井等）、区级商业型、定点（目标）消费型，还有社区型、旅游型等。

（2）选择商圈。

选择商圈即确定目前重点在哪个商圈开店，主要目标是哪些。在商圈选择上，一方面要考虑店铺自身的市场定位，另一方面要考虑商圈的稳定度和成熟度。店铺的市场定位不同，吸引的顾客群不一样，商圈的选择也就不同。

肯德基与麦当劳市场定位相似，顾客群基本上重合，所以在商圈选择方面也是一样的。可以看到，有些地方同一条街的两边，一边是麦当劳，另一边是肯德基。

商圈的成熟度和稳定度也非常重要。如规划局说要开某条路，将来这里有可能成为成熟商圈，但肯德基一定要等到商圈成熟稳定后才进入。如果说这家店3年以后效益会很好，但是对现今没有帮助，这3年要亏损，那么肯德基肯定不冒这种险，一定是采取比较稳健的原则，保证开一家成功一家。

2. 聚客点的测算与选择

（1）要确定这个商圈内最主要的聚客点在哪。

例如，上海的淮海路是很成熟的商圈，但不可能淮海路上任何位置都是聚客点，肯定有最主要的聚集客人的位置。肯德基开店的原则是：努力争取在最能聚客的地方和其附近开店。

古语说"一步差三市"。开店地址差一步就有可能差三成的买卖，这跟人流动线（人流活动的线路）有关，这些在选址时都要考虑进去。

人流动线是怎么样的，在这个区域里，人从地铁出来后是往哪个方向走等，都需要派人去测量，有一套完整的数据之后才能确定地址。

（2）选址时一定要考虑人流动线会不会被竞争对手截住。

例如，某个社区的马路边有一家肯德基店，客流主要自东向西走。如果往西一百米，竞争对手再开一家西式快餐店就不妥当了，因为主要客流是从东边过来的，再在西边开，大量客流就会被肯德基截住，效益就不会好。

二、盈亏分析法（量本利分析法）

盈亏分析法是选址决策的一种基本方法，它根据销售量、成本和利润三者之间的相互依赖关系，对企业的盈亏平衡点和盈利情况的变化进行分析，又称量本利分析法。盈亏分析法可以从经济上评价不同的选址方案。其步骤是：

①确定每个选址的固定成本和变动成本，所谓固定成本是指不随销售量变化的那部分成本，如折旧费、设备大修理费、办公费、新产品研制费等。变动成本则是指随销售量变化而变化的那部分成本，如原材料、工时费、燃料和动力费等。

②在图形上画出每个选址的成本曲线，以纵轴表示成本，以横轴表示年销售量，具体如图 1-2 所示。

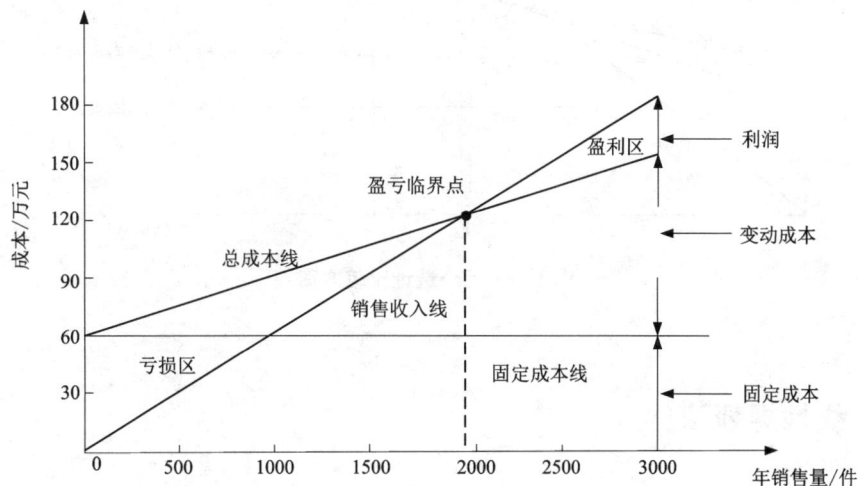

图 1-2　盈亏平衡图

一般说来，企业收入=成本+利润，如果利润为零，则有收入=成本=固定成本+变动成本，而收入=销售量×价格，变动成本=单位变动成本×销售量，这样由销售量×价格=固定成本+单位变动成本×销售量，可以推导出盈亏平衡点的公式：

盈亏平衡点=固定成本/（1-变动成本/销售收入）

③在期望产量一定的情况下，选择总成本最低的地点。图 1-3 表示两种不同的选址方案的成本和收入随产量变化的情况。

例：选址决策时有两个方案如下，试进行选择。

	方案固定成本总额/万元	单位变动成本/万元	年销售量/万台
方案 A	2000	45	200
方案 B	1500	50	20

利润=（单位收入-单位变动成本）×销售量-固定成本总额

方案 A：$P_1=(X-45)\times200-2000$

方案 B：$P_2=(X-50)\times20-1500$

当单位收入大于等于 47.2 时选择方案 A；当单位收入小于 47.2 时选 B 方案。

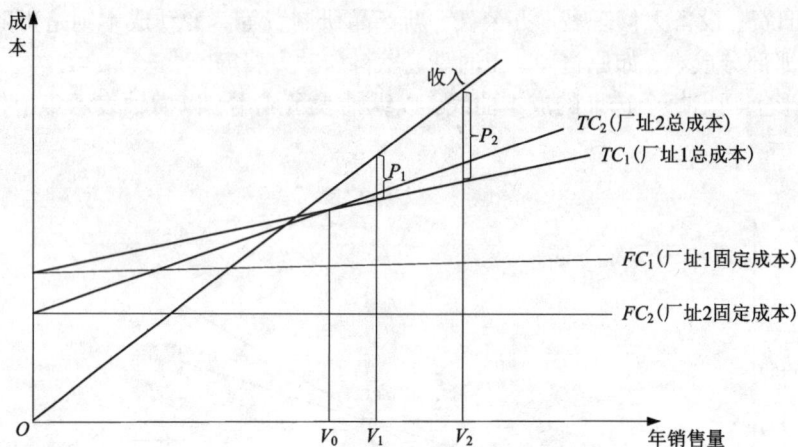

图 1-3　两个选址比较方案

三、线性规划法

选址决策中，运输是重要的影响因素之一。线性规划的运输问题可以用来解决选址问题。如果一个工厂或一个服务设施仅有一个原材料供应点，则只要将供应点的原材料生产成本加上从原材料供应点到该工厂或设施的运输成本，就可以计算供应成本。通过计算所有备选设施选址的供应成本，经过比较，就可以得出最优的选址方案。如果一个工厂或一个服务设施有多个原材料供应点，那么问题就复杂得多。需要应用线性规划法解决这个问题。

例 1-1：某公司已经有两处生产厂 A、B，现在扩大生产能力，需要新建厂，在可选的 C、D 两处选择一处。假设公司的产品全部运往铁路货站和港口，各厂的生产能力已知，生产厂以及备选厂到货站、港口的运费已知，运量已知，详见表 1-1。

表 1-1　厂址选择基础数据表

生产厂	货站运费	港口运费	生产能力
现有厂 A	50	100	600
现有厂 B	60	120	600
拟建厂 C	80	100	600
拟建厂 D	70	120	600
需求量	600	1200	600

解决问题的思路如下：将拟建厂 C 和已有的 A、B 共同组成生产运输系统，用线性规划法找到最好的调运方案，再将拟建厂 D 和已有的 A、B 共同组成生产运输系统，用线性

规划法找到最好的调运方案，比较两个调运方案，选择使运输费用最低的方案。具体方案见表 1-2 和表 1-3。

表 1-2　选择 C 厂调运方案运费

生产厂	货站	港口	生产能力
现有厂 A	50	100	600
现有厂 B	60	120	600
拟建厂 C	80	100	600
需求量	600	1200	

表 1-3　选择 D 厂调运方案运费

生产厂	货站	港口	生产能力
现有厂 A	50	100	600
现有厂 B	60	120	600
拟建厂 D	70	120	600
需求量	600	1200	

适用线性规划运输问题的最小元素法求解这两个调运方案，得到表 1-4 和表 1-5 的结果。

表 1-4　选择 C 厂调运方案

生产厂	货站	港口	生产能力
现有厂 A	600	0	600
现有厂 B	0	600	600
拟建厂 C	0	600	600
需求量	600	1200	

表 1-5　选择 D 厂调运方案

生产厂	货站	港口	生产能力
现有厂 A	600	0	600
现有厂 B	0	600	600
拟建厂 D	0	600	600
需求量	600	1200	

计算两个调运方案的总费用：

C＝50×600+120×600+100×600=162000

D＝50×600+120×600+120×600=174000

显然，C方案好一些。

仔细分析两个备选厂的数据，方案 C 运往货站的费用为 80，运往港口的费用为 100；方案 D 运往货站的费用为 70，运往港口的费用为 120，也就是说，单独考虑运往货站，D 好于 C；单独考虑运往港口，C 好于 D。对于这种互相矛盾的事情，定性分析也能解决，根据调运常识，货站需要的量很少，原来的 A 厂就能满足，新厂只能运往港口，要选其中距离港口近的一个。当然，这里的例子是简单的，实际的情况可能很复杂，如有多个备选厂，运到多个目的地。这时，用线性规划会得出满意的结果。下面补充线性规划运输问题的最小元素法的求解过程。

求解过程第一步见表 1-2。可见，三个厂的生产能力都是 600，总共 1800，就是供应量是 1800，货站的需求 600，港口的需求 1200，总共也是 1800，供求相等，这是个平衡运输问题。运输方案安排工厂和货站、港口之间的 6 条运输路线的运量，使得总的运输费用最少。最小元素法的基本原理是，6 条线路中哪条线路的费用最少，尽量多运，满负荷后，再找次最小的线路，这样下去，直到将所有的供货都运到需求地点为止。

第一步，在所有的运输费用中选最小，即 $\min\{50, 60, 80, 100, 120, 100\} = 50$，对应的运输线路是 A 厂运到货站，满足它，给 600 运量，刚好 A 厂生产 600，货站需求也是 600。满足了需求就画去一列，满足了供方就画去一行，进入下一步。

第二步，剩下的再选最小，参见表 1-6，这时第一列已经画掉，第一行已经画掉，只有 120 和 100 两个数字，最小是右下角的 100，对应的地方给出最大运量 600，第三行已经满足，画去这一行，进入下一步。

表 1-6 选择 C 厂调运方案求解过程（第二步）

生产厂	货站	港口	生产能力
现有厂 A	(600)		600
现有厂 B		120	600
拟建厂 C		100(600)	600
需求量	600	1200	

表 1-7 选择 C 厂调运方案求解过程（第三步）

生产厂	货站	港口	生产能力
现有厂 A	(600)		600
现有厂 B		120(600)	600
拟建厂 C		(600)	600
需求量	600	1200	

任务三　设施布置决策

一、设施布置概述

1.设施布置的含义

生产和服务设施布置,指合理安排企业或某一组织内部各个生产作业单位和辅助设施的相对位置与面积、车间内部生产设备的布置。

2.设施布置的基本问题

设施布置是企业组织中的空间组织问题,目的是使企业的物质设施有效组合,获得最大经济效益。一是根据企业的产品、工艺设计要求、企业规模、企业的生产专业化水平与协作化水平等多种因素考虑设施布置应包括哪些经济活动单元;二是合理安排不同设施之间的位置关系以及每个活动单元的设施需要多大面积;三是每个经济活动单元的形状、物料搬运路线是否合理,是否节省运费与时间,以及通信联络是否便利。如,一个加工单元,应包含几台机器,这几台机器应如何排列,占用多大空间,需要综合考虑。如空间已限定,只能在限定的空间内考虑是一字排开,还是三角形排列等。若根据加工工艺的需要,必须是一字排开或三角形排列,则必须在此条件下考虑需多大空间以及所需空间的形状。在办公室设计中,办公桌的排列也是类似的问题。

二、设施布置的目标

设施布置的好坏影响到生产运作的效率和效果。它决定了生产系统的生产能力、生产工艺、生产的灵活性、生产成本以及产品质量,而且投资大,因此生产系统决定着企业的竞争力。因此,生产和服务系统布置是百年大计,需要细致认真对待。设施布置需要达到以下目标:

1.高效利用空间、设备和人员

组织所能获得的空间都是有限的,利用好了,在同样的生产能力下,厂区有更多的草坪,厂房内的道路更宽敞。设备的利用主要是指公共设施,如用水多的车间靠近水源,用热多的车间靠近锅炉,液动力、气动力集中统一考虑等。

2.顺畅的信息流、物流、人流

生产和服务系统的正常运转依靠信息流、物流、人流的有序流动,特别是物流,布置不好会占用较多空间和工时,造成浪费。生产系统布置时要重点考虑物流。

3.舒适人性化的工作环境

生产和服务系统是人员工作的地方,要尽量营造舒适的、人性化的工作环境。当然,生产车间机器噪声、各种污染是常有的,要采取必要的通风、降尘措施,将环境污染控制在允许的范围内。

4. 良好的与顾客交互的环境

服务系统要求与顾客建立良好的交互环境。现代服务窗口有降低窗台的趋势。例如，美国银行业发达，顾客流较少，营业室一般不设窗口，顾客在等待区等待，轮到接受服务时先被引到接待室，说明服务要求后，服务人员去办理，顾客在接待室等待，服务员办好后将顾客送走。

5. 方便维护，易于改造和增添设备

随着需求的变化，生产和服务系统需要经常改造，扩大生产能力，或者增加新的服务项目。生产和服务系统的设计要充分考虑这一点，设计时留有余地，方便改造、扩建。

三、生产单位设施布置的专业化原则

设置生产单位的专业化原则，一般包括工艺专业化原则和对象专业化原则。

1. 工艺专业化原则和工艺专业化车间

工艺专业化原则就是将完全相同的设备布置在一个单位内来完成相同的工艺内容的不同产品的加工，工艺方法是相同的，而加工对象是不同的、多样的。按照工艺专业化特征建立生产单位，形成工艺专业化车间。工艺专业化形式（图1-4）的生产单位内集中了工艺完成相同的设备和工人，可以完成不同产品上相同工艺内容的加工。如制造企业中的机械加工车间、锻造车间、车工车间、锻工车间、喷漆车间、电镀车间、热处理车间等。

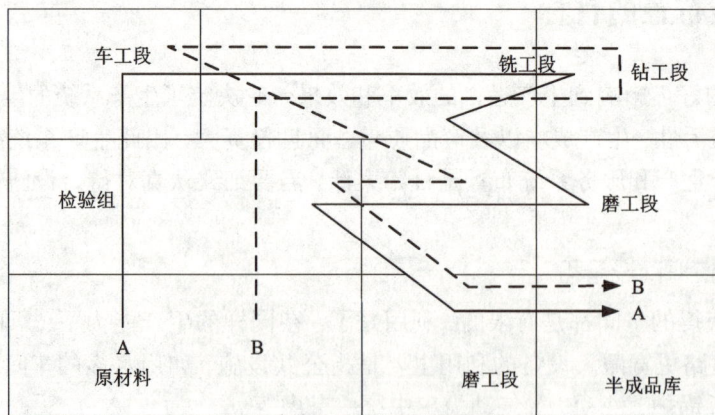

图1-4 工艺专业化形式示意图

工艺专业化车间有两种常见的形式。第一种，完成一个工艺阶段的全部工种作业的专业化车间，如铸造车间、锻工车间、机械加工车间和装配车间。这是工艺专业化程度较低的形式。第二种，完成一个工艺阶段的部分工种或某一工种的工艺专业化车间，如车工车间、铣工车间、磨工车间等，这是工艺专业化程度较高的形式。

（1）工艺专业化的优点。工艺专业化可充分利用设备资源，对产品品种的变换有较强的适应性，当加工对象改变时，不必重新布置设备；由于同种设备集中在一起，便于充分利用设备和生产面积，提高负荷系数；由于进行同一种工艺加工，便于工艺管理，有利于工人技术水平的提高。

（2）工艺专业化的缺点。由于工艺专业化车间只能完成某一种或几种工艺加工，因而加工对象必须经过工艺专业化不同的几个车间才能制造出来，这就必然造成大批半成品由一个车间转到另一个车间，而且交叉运输和往返运输很多，使加工路线延长，运输工具、运输工人和中间仓库增多，厂内运输费用增加；当半成品大批地由一个车间转到另一个车间时，大量时间花在运送途中，且停放时间长，延长了生产周期，积压了在制品，使流动资金占用量很大；车间之间的生产联系和协作关系复杂，从而不利于计划管理、在制品管理、质量管理等工作。

2.对象专业化原则和对象专业化车间

对象专业化原则是按照产品（或零件、部件）建立生产单位，形成对象专业化车间。对象专业化形式的生产单位（图1-5）内集中了完成同一产品生产所需的设备、工艺装备和工人，可以完成相同产品的全部或大部分的加工任务，如汽车制造厂的发动机车间、曲轴车间、齿轮工段等生产单位。对象专业化车间可以按加工对象的要求集中工艺要素，例如在对象专业化车间中，把加工对象的全部或大部分工艺过程集中在一个生产单位中，一般而言，它集中了不同种类的机器设备和不同工种的工人，对同类加工对象进行不同的工艺加工。

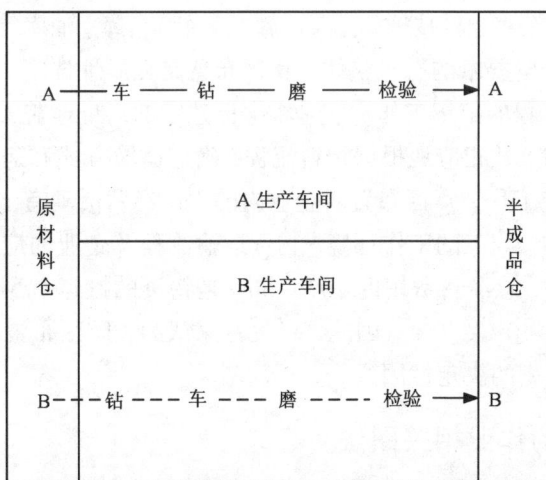

图1-5　对象专业化形式的生产单位示意图

按对象专业化原则建立的对象专业化车间，有两种主要形式。第一，以产品或部件为对象的和以同类零件为对象的，如汽车厂的底盘车间和发动机车间、飞机发动机厂的涡轮转子车间等。第二，以同类零件为对象建立的专业化车间，如汽轮机厂的叶片车间、机床厂的齿轮车间、轴承厂的滚子车间等。

（1）对象专业化的优点。对象专业化可以大大缩短产品加工路线，节约运输等辅助劳动量，减少仓库和生产面积的占用；可以减少产品的运输时间和停放时间，提高生产过程的连续性，缩短生产周期，减少生产中的在制品占用量，节约流动资金；可以减少车间之间的生产联系，从而简化计划管理与生产核算工作，加强在制品管理、质量管理工作。

（2）对象专业化的缺点。对象专业化原则多采用高度专业化的设备和装备，是按固定少数几种加工对象的需要而设置的，因而适应性较差。

任务四　典型设施布置形式

设施布置包括厂区布置、车间布置，以及办公室和仓库等的布置。

一、厂区典型布置

（一）厂区布置形式的意义

厂区布置就是在已选定的厂区内，对工厂的生产厂房和各种建筑，如基本生产车间、辅助生产车间、行政办公楼、科技楼、公共设施、仓库、车库、油库等进行规划和布置，使之构成一个符合生产经营要求的有机整体。厂区布置是在厂址选定、生产单位确定之后进行的一项重要的生产过程的组织工作。它是根据已选定的厂址地貌，确定组成企业的各个部分的平面或空间位置，并相应地根据物料流程，确定运输方式和运输路线。厂区布置是一项复杂而庞大的系统工程。厂区布置对企业内的生产经营活动有十分重要的影响，它影响企业的生产经营成本、职工的工作环境、物资运输流程及企业的应变能力等。有关统计资料表明，在制造业中，总经营费用的 20%~50% 是物资的搬运费用，而优良的厂区平面布置可使这一费用减少 10%~30%。因此，有关专家认为，厂区布置是生产领域最重要的工作之一，也是生产效率的决定性因素。

（二）厂区布置的作业相关图法

工厂的总平面布置可以采用多种方法进行，下面介绍一种常用的方法——生产活动相关图法。生产活动相关图法是用图表的方法先判断各单元在生产经营活动中的相互关系，根据彼此关系的密切程度进行布置，寻求最佳的布置方案。此方法通常用 6 个等级来区分各组成单位相关关系的密切程度，并用一组数字来表示关系密切的原因，详见表 1-8 和表 1-9。

表 1-8　关系密切程度分类表

代号	关系密切程度	评定分值/分
A	非常密切	6
E	很密切	5
I	密切	4
O	一般	3
U	不密切	2
X	无关紧要，不必考虑	1

表 1-9　关系密切程度的原因分类表

代号	关系密切程度的原因
1	便于物资运输
2	便于信息沟通和信息传递
3	便于工作联系
4	便于管理
5	便于利用环境
6	便于人员流动

　　例 1-2：有一个小型企业由 8 个部门组成，各部门在生产经营活动中的相关关系如图 1-6 所示。

　　图左边部分列出了该企业的 8 个组成部门，右边有许多菱形小方块，每一小方块都表示两个部门之间的联系关系。上面的英文字母按表 1-8 给出的含义，表示两个部门的紧密程度。根据图 1-6 编制关系密切程度及积分统计表(见表 1-10)。由表 1-10 可知，机械加工车间得分最高，布置时应首先确定它的位置。毛坯车间、装配车间、中间零件库与机械加工车间都是 A 级关系，所以应围绕机械加工车间进行布置，并尽量靠近。成品库和中间零件库与装配车间是 A 级和 E 级关系，应把它们布置在一起。原料库与毛坯车间是 A 级关系，两者应相邻。办公室和餐厅可稍远离车间，不放在生产区。根据以上要求可大体确定各单位的相对位置，如图 1-7 所示。

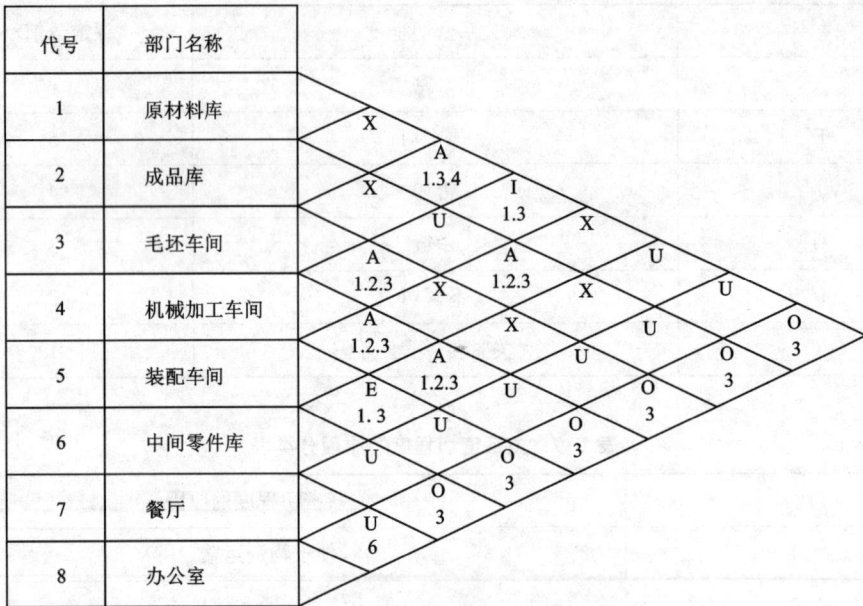

图 1-6 某小企业各部门生产活动相关图

代号	部门名称
1	原材料库
2	成品库
3	毛坯车间
4	机械加工车间
5	装配车间
6	中间零件库
7	餐厅
8	办公室

表 1-10 关系密切程度及积分统计表

1原材料库 关系	积分	2成品库 关系	积分	3毛坯车间 关系	积分	4机械加工车间 关系	积分	5装配车间 关系	积分	6中间零件库 关系	积分	7餐厅 关系	积分	8办公室 关系	积分
A.3	6	A.5	6	A.1.4	12	A.3.5.6	18	A.3.4	12	A.4	6			O.1.2.3.4.5.6	18
I.4	4	O.8	3	O.8	3	I.1	4	I.6	5	E.5	5	U.1.2.3.3.5.6.8	14		
O.8	3	U.4.7	4	U.7	2	O.8	3	O.8	3	O.8	3				
U.6.7	4	X.1.3.6	3	X.2.5.6	3	U.2.7	4	U.7	2	U.1.7	4				2
X.2.5	2							X.1.2	2	X.2.3	2				
合计	19	合计	16	合计	20	合计	29	合计	24	合计	20	合计	14	合计	20

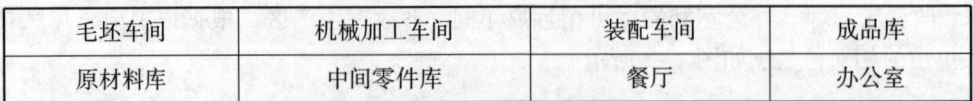

毛坯车间	机械加工车间	装配车间	成品库
原材料库	中间零件库	餐厅	办公室

图 1-7 平面布置图初始方案

　　根据图 1-7 各单位的相对位置，再按各单位的面积和厂区出入口对运输路线的要求，按一定比例，可画出工厂的平面布置草图，如图 1-8 所示。

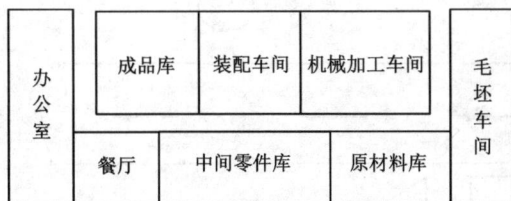

图 1-8 平面布置草图

二、车间布置

(一) 常见车间布置形式

1. 固定布置

固定布置是指加工对象位置固定,生产工人和设备都随加工产品所在的某一位置而转移,例如内燃机车的装配、造船装配等,这种布置形式适用于大型产品的装配过程。由于某些产品体积庞大笨重、不容易移动,所以可保持产品不动,将工作区按产生产品的要求来布置,具体如图 1-9 所示。例如大型飞机、船舶、重型机床等,就是如此,对于这样的项目,一旦基本结构确定下来,其他一切功能都围绕着产品而固定下来,如机器、操作人员、装配工具等。

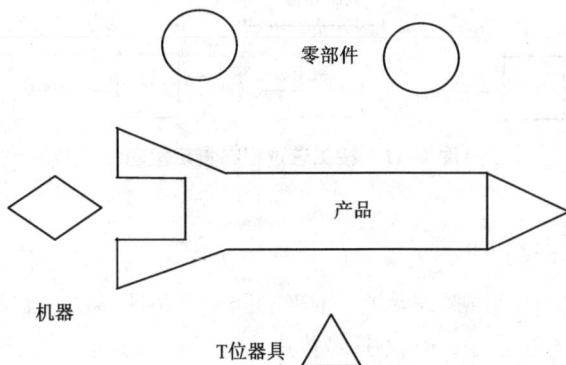

图 1-9 固定布置示意图

2. 按产品布置

按产品布置就是按对象专业化原则布置有关机器和设施,最常见的如流水生产线或产品装配线,具体如图 1-10 所示。

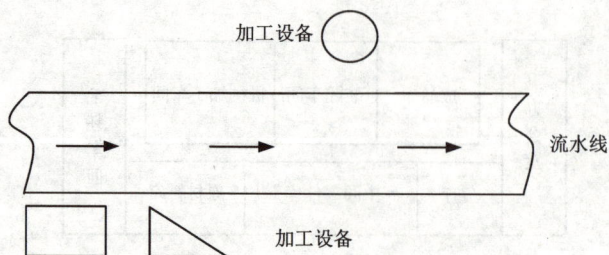

图 1-10　按产品(对象)布置示意图

3.按工艺过程布置

按工艺过程布置又称工艺专业化布置,就是按照工艺专业化原则将同类机器集中在一起,完成相同工艺加工任务,具体如图 1-11 所示。

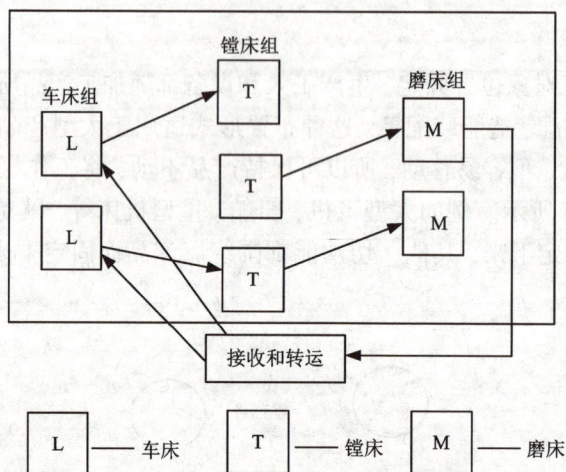

图 1-11　按工艺过程布置示意图

4.按成组制造单元布置

按工艺专业化布置生产和服务设施,带来的问题是很明显的。它容易造成被加工对象在生产单位之间交叉往返运输,不仅引起费用上升,而且延长了生产周期。人们经过研究,通过实践,创造了按成组制造单元布置的形式。其基本原理是,首先根据一定的标准将结构和工艺相似的零件组成一个零件组,确定出零件组的典型工艺流程,再根据典型工艺流程的加工内容选择设备和工人,由这些设备和工人组成一个生产单元,具体如图 1-12 所示。成组制造单元类似对象专业化形式,因而也具有对象专业化形式的优点。但成组制造单元更适合于多品种的批量生产,因而又比对象专业化形式具有更高的柔性,是一种适合多品种中小批量生产的理想生产方式。

与生产系统相比,办公室布置相对简单,但办公室布置影响工作效率甚至是公司生意,因此也不容忽视。

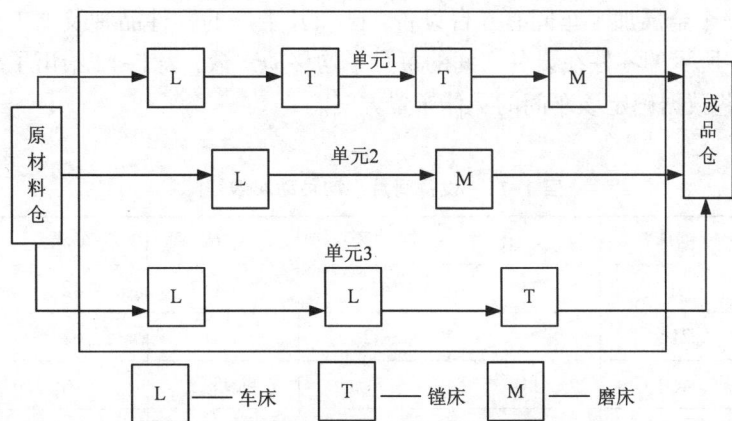

图 1-12　按成组制造单元布置示意图

(二)车间布置决策的从至表方法

从至表是指从一个工作地到另一个工作地搬运次数的汇总表。表的列为起始工序，行为终止工序，对角线右上方数字表示按箭头前进的搬运次数之和，对角线左下方数字表示按箭头后退的搬运次数之和。从至表是一种矩阵式图表，因其表达清晰且阅读方便，得到了广泛的应用。从至表法是一种常用的车间设备布置方法。

1.从至表的类型

从至表根据其所含数据元素的意义不同，分为三类：

(1)表中元素表示从出发设备至到达设备距离的叫作距离从至表；

(2)表中元素表示从出发设备至到达设备运输成本的叫作运输成本从至表；

(3)表中元素表示从出发设备至到达设备运输次数的叫作运输次数从至表。

当达到最优化时，这三种表所代表的优化方案分别可以实现运输距离最小化、运输成本最小化和运输次数最小化。

2.使用从至表的基本步骤

从至表比较适合于多品种、小批量生产的情况。其基本步骤如下：

(1)根据综合工艺路线图，编制零件从至表。

表中每一方格的数字代表零件从某一工作移到另一工作地的次数。因而，这一从至表是次数从至表，表中数据距离对角线的格数表示两个工作地间的距离单位数，因而，越靠近对角线的方格，两个工作地间的距离越小。

(2)改进零件从至表，求最佳设备排列顺序。

最佳排列顺序应满足如下条件，从至次数最多的两台机床应该尽可能地靠近，这需要使从至表中越大的数字越靠近对象线。

(3)通过计算，评价优化结果。

数据方格距对角线的距离表示两个工作地间的距离，而数据表示零件在两个工作地间的移动次数，所以，可以用方格中数据与方格距对角线的距离之积的和，来表示零件的总

47

的移动距离。

　　例1-3：一个金属加工车间有6台设备，已知其生产的零件品种及加工路线，并据此给出如表1-11所示的零件在设备之间的每月平均移动次数，表1-12给出了单位距离运输成本。请用这些数据确定该车间的最佳布置方案。

表1-11　设备间月平均移动次数矩阵

	锯床	磨床	冲床	钻床	车床	插床
锯床		217	418	61	42	180
磨床	216		52	190	61	10
冲床	400	114		95	16	68
钻床	16	421	62		41	68
车床	126	71	100	315		50
插床	42	95	83	114	390	

表1-12　单位距离运输成本(元)矩阵

	锯床	磨床	冲床	钻床	车床	插床
锯床		0.15	0.15	0.16	0.15	0.16
磨床	0.18		0.16	0.15	0.15	0.15
冲床	0.15	0.15		0.15	0.15	0.16
钻床	0.18	0.15	0.15		0.15	0.16
车床	0.15	0.17	0.16	0.2		0.15
插床	0.15	0.15	0.16	0.15	0.15	

　　解：将运输次数矩阵与单位距离运输成本矩阵中相同位置的数据相乘，得到从一台机器到另一台机器的每月运输成本，如表1-13所示。然后，再将按对角线对称的成本元素相加，得到两台机器间的每月总的运输成本，如表1-14所示。

表1-13　单位距离每月运输成本(元)

	锯床	磨床	冲床	钻床	车床	插床
锯床		32.6	62.7	9.8	6.3	28.8
磨床	38.9		8.3	28.5	9.2	1.5
冲床	60	17.1		14.3	2.4	3.2
钻床	2.9	63.3	9.3		6.3	10.9
车床	18.9	12.1	16	63		7.5
插床	6.3	14.3	13.3	17.1	58.5	

表1-14 单位距离每月总运输成本(元)

	锯床	磨床	冲床	钻床	车床	插床
锯床		71.5③	122.7①	12.7	25.2	35.1
磨床			25.4	91.7②	21.3	15.8
冲床				23.6	18.4	16.5
钻床					69.2④	28
车床						66⑤
插床						

接着,确定紧密相邻的系数,其确定依据是总运输成本的大小。按总运输成本的大小,从大到小降序排列,就得到了机器(或部门)之间的紧密相邻程度。根据表1-14中的①②③④⑤的顺序,应将锯床与冲床相邻布置,磨床与钻床相邻布置,锯床与磨床相邻布置,钻床与车床相邻布置,车床与插床相邻布置。最后结果如图1-13所示。

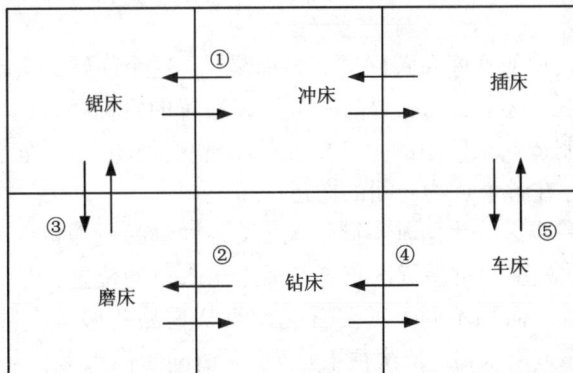

图1-13 最佳布置方案

三、仓库布置

一般情况下,企业都有不同类型的仓库,储存不同种类的物资。生产或服务过程中经常会有物资运进搬出,工作量很大。如果仓库布置不合理,也会影响生产成本。

仓库类似于制造业的工厂,因为物品也需要在不同地点(单元)之间移动。因此,仓库布置也可以有多种不同的方案。下面举一个简单的例子说明。

例1-4: 有一个家电用品仓库,共有 M 个货区,分别储存 7 种家电。仓库有一个出入口,进出仓库的货物都要经过该口(图1-14)。该仓库每种物品每周的存取次数如表1-15所示,应该如何布置不同物品的货区,才能使总搬运量最小?

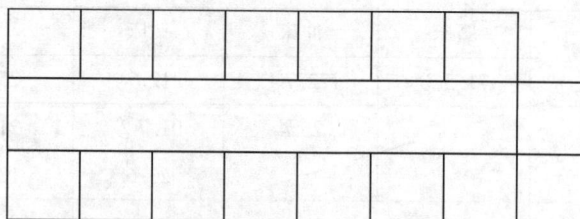

图 1-14　仓库平面示意图

表 1-15　家用电器仓库的储存信息

储存物品	搬运次数(每周)	所需货区	储存物品	搬运次数(每周)	所需货区
1 电烤箱	280	1	5 电视	800	4
2 空调	160	2	6 收音机	150	1
3 微波炉	360	1	7 其他	100	2
4 音响	375	3			

　　这实际上是一个典型的仓库布置问题。显而易见,这个问题的关键是寻找一种布置方案,使得总搬运量最小。这个目标函数与一般设施布置的目标函数是一致的。实际上,这种仓库布置的情况比制造业工厂中的生产单元的布置更简单,因为全部搬运都发生在出入口和货物之间,而不存在各个货物之间的搬运。

　　这种仓库布置进一步区分为两种不同情况:①各种物品所需货区面积相同,在这种情况下,只需把搬运次数最多的货品货区布置在靠近出入口的位置,即可得到最小的总负荷数;②各种物品所需货区面积不同。需要首先计算某物品的搬运次数与所需货区数量之比,取该比值最大者靠近出入口,依次往下排列。(请同学们思考,为什么?)如在上例中,各种物品的该比值从大到小的排列顺序为(括号中为比值数):3(360)、1(280)、5(200)、6(150)、4(125)、2(80)、7(50)。图 1-15 是根据这种排列所做出的布置方案。

图 1-15　布置方案

　　上面是以总负荷数最小为目标的一种简单易行的仓库货区布置方法。在实践中,根据情况的不同,仓库布置可以有多种方案、多种考虑目标。例如,不同物品的需求经常是季节性的,因此,在上例中,也许在元旦、春节期间应把电视、音响放在靠近出入口处,而在春夏之季将空调放在靠近出入口处。又如,空间利用的不同方法也会带来不同的仓库布置要求,在相同的面积内,高架立体仓库可存储的物品要多得多。拣运设备、存储记录方式等的不同，也会带来布置方法上的不同。再如，新技术的引入会带来更多有效方案：计算机仓储信息管理系统可使得拣运人员迅速知道每一件物品的准确仓储位置，并为拣运人员设计一套汇集不同物品于同一货车的最佳拣货行走路线，自动分拣运输线可使仓储人员分区工作，而不必跑遍整个仓库，等等。总而言之，根据不同的目标、不同的技术以及仓储设施本身的特点，仓库的布置方法有多种。

四、办公室布置

当下，办公室工作人员在整个就业人员中所占的比重越来越大，因此，办公室布置的问题显得越发重要。如何通过合理、有效的办公室布置提高工作效率、提高"白领"的劳动生产率也日益成为一个重要问题。

(一)办公室布置的特点

首先，办公室工作的对象主要是信息以及组织内外的来访者，因此，信息的传递和交流方便与否，来访者办事是否方便、快捷，是主要的考虑因素。

其次，在办公室，工作效率的高低往往取决于人的工作速度，而办公室布置又会对人的工作效率产生极大的影响。

最后，在办公室布置中，同一类工作任务可选用的办公室布置有多种，包括房间的分割方式、每人工作空间的分割方式、办公家具的选择和布置形式等。此外，组织结构、各个部门的配置方式、部门之间的相互联系和相对位置的要求对办公室布置有更重要的影响作用，在办公室布置中要予以更多的考虑。

在办公室布置中，也有一些原则与生产制造系统是相同的，例如，按照工作流程和能力平衡的要求划分工作中心和个人工作站，使办公室布置保持一定的柔性，以便于未来的调整和发展等。

(二)办公室布置考虑的因素

办公室布置的主要考虑因素可以说有两个：信息的传递与交流；人员的劳动生产率。其中信息的传递与交流既包括各种书面文件、电子信息的传递，也包括人与人之间的信息传递和交流。对于需要跨越多个部门才能完成的工作，部门之间的相对地理位置也是一个重要问题，这一点与生产系统相似。前面所述的各种图表分析技术也同样可以应用于办公室布置。

办公室布置中要考虑的另一个主要因素是办公室人员的劳动生产率。当办公室人员主要是由高智力、高工资的专业技术人员所构成时，劳动生产率的提高就具有更重要的意义。而办公室布置会在很大程度上影响办公室人员的劳动生产率。所以，也必须根据工作性质的不同、工作目标的不同来考虑什么样的布置更有利于生产率的提高。

例如，在银行营业部、贸易公司等单位，开放式的大办公室布置使人们感到交流方便，能促进工作效率的提高；而在一个出版社，这种开放式的办公室布置可能会使编辑们受到无端的干扰，无法专心致志地工作。

（三）办公室布置的模式

尽管办公室布置根据行业的不同、工作任务的不同有多种模式，但仍然存在几种基本的模式：

非制造业的设施布置

1. 传统的封闭式办公室

办公楼被分割成多个小房间，伴之以一堵堵墙、一个个门和长长的走廊。显然，这种布置可以保持工作人员拥有足够的独立性，但却不利于人与人之间的信息交流和传递，使人与人之间产生疏远感，也不利于上下级之间的沟通。而且，几乎没有调整和改变布局的余地。

2. 开放式办公室布置

在一间很大的办公室内，可同时容纳一个或几个部门的十几人、几十人甚至上百人共同工作。这种布置方式不仅方便了同事之间的交流，也方便了部门领导与一般职员的交流，在某种程度上消除了等级的隔阂。但这种方式有一个弊病，有时会相互干扰，职员之间容易闲聊等。因此，后来进一步发展起来的一种布置是带有半截屏风的组合办公模块。这种布置既利用了开放式办公室布置的优点，又避免了开放式布置情况下的相互干扰、闲聊等弊病。而且，这种模块式布置有很大的柔性，可根据情况的变化进行调整和布置。有人曾估计过，采用这种形式的办公室布置，建筑费用能比传统的封闭式办公建筑节省40%，改变布置的费用也低得多。实际上，在很多组织中，封闭式布置和开放式布置都是结合使用的。

3. "活动中心"的新型办公室布置

在一个活动中心中，有会议室、讨论间、电视电话室、接待处、打字复印室、资料室等进行一项完整工作所需的各种房间。楼内有若干个这样的活动中心，每一项相对独立的工作集中在这样一个活动中心进行，工作人员根据工作任务的不同在活动中心中移动，但每人仍保留有一个小小的传统式个人办公室。

4. "远程"办公方式

20世纪90年代以来，随着信息技术的迅猛发展，这种更加新型的办公形式也正在从根本上冲击着传统的办公布置方式。所谓"远程"办公，是指利用信息网络技术，将处于不同地点的人们联系在一起，共同完成工作。例如，人们可以坐在家里办公，也可以在出差地的另一个城市或飞机、火车上办公等。可以想象，当信息技术进一步普及，其使用成本进一步降低后，办公室的工作方式、对办公室的要求以及办公室布置等，均会发生很大的变化。

▶ **要点巩固**

一、选择题

1. 下列哪个因素是影响选址决策的经济因素？（　　　）

A. 运输条件　　　　B. 生活习惯　　　　C. 气候条件

D. 宗教信仰　　　　E. 法治状况

参考答案

2. 应该建在靠近原材料产地的企业是(　　)。

A. 汽车制造厂　　　　B. 餐馆　　　　　　　C. 空调制造厂　　　D. 水泥厂

E. 超市

3. 应该建在靠近消费市场的企业是(　　)。

A. 砖瓦厂　　　　　　B. 钢铁厂　　　　　　C. 商场　　　　　　　D. 木材厂

E. 造船厂

4. 服务设施选址的特殊性表现在(　　)。

A. 重点考虑客流量　　　　　　　　　　B. 要确定仓库的位置

C. 强调运输成本最小化　　　　　　　　D. 要进行物流网络优化

E. 靠近大学和研究所

5. 能够考虑众多因素来评价不同选址方案的方法是(　　)。

A. 量本利分析法　　　B. 评分法　　　　　　C. 重心法

D. 线性规划运输问题算法　　　　　　　E. 以上都是

6. 以下哪个条件要求厂址应该接近消费市场?(　　)

A. 原料易变质　　　　B. 原料笨重　　　　　C. 产品运输不便　　　D. 原料运输不便

E. 以上都不是

7. 能够取得均衡而快速的大量生产的布置类型是(　　)。

A. 按工艺布置　　　　B. 按产品流水线布置　　C. 按固定位置布置

D. 按制造单元布置　　　　　　　　　　E. 以上都是

8. 按加工工艺的相似性将机器设备布置在一起,称为(　　)。

A. 按工艺布置　　　　B. 按产品流水线布置　　C. 固定位置布置

D. 按制造单元布置　　E. 以上都不是

9. 工人、物料和设备按生产需要移动到加工的产品处的布置类型是(　　)。

A. 按工艺布置　　　　B. 按产品流水线布置　　C. 固定位置布置

D. 按制造单元布置　　E. 以上都不是

10. 按零件组将加工所需要的机器设备编组的布置是(　　)。

A. 流水线布置　　　　B. 制造单元布置　　　　C. 功能布置

D. 固定位置布置　　　E. 工艺布置

二、简答题

1. 影响选址决策的主要因素有哪些?

2. 哪些因素导致生产服务设施应该靠近原材料供应地?

3. 工艺原则和对象原则的优缺点是什么?

三、案例分析题

星巴克的选址

星巴克咖啡公司计划每天在全球开设 3 家新店,其秘密不在于其使用的咖啡豆,而在于公司的选址。星巴克使用的选址软件增强了公司的战略决策流程,直接促进了公司的飞速发展。其分析过程如下:如果一个选址不可能在特定的投资回报率(ROI)参数范围内,那么公司就不会在这个选址上浪费时间。

　　每个选址决策都会对人口和消费者统计数据进行评估。在美国，这是很简单的。来自地理信息系统的数据会提供一定区域的人口、年龄分布、购买力、交通流量以及每个街区的竞争情况。规划者能够迅速看到周围所有的商店、规划地点和竞争者所处的位置。当星巴克公司进军日本和中国市场时，无法获得这些数据，这成为它遇到的最大挑战。

　　"在美国，如果你看到一家购物中心，两年后它可能还在那里。"星巴克亚太区的副总裁欧内斯特·路克说道，"而在中国的某个地方，一年后你几乎认不出周围的道路了。"所以，"热点"搜寻者们会追踪潜在顾客生活、工作和娱乐的地方。虽然星巴克勉强称得上是一个奢侈消费场所，人们来这里并不只是为了喝咖啡，人们有时候来这里是为了与客户谈工作。

　　星巴克在日本已经开设了500多家咖啡馆，在东京等一些重要城市已经达到了饱和。因此，星巴克及其竞争者都正在寻找新的选址地点。在日产汽车展示厅、办公楼大厅以及超市里见到新的星巴克咖啡馆使我们联想到，所有的事情都归结为选址、选址、再选址，而这都是由最新的选址方法决定的。

　　资料来源：海泽，伦德尔.运作管理[M]. -10版.陈荣秋，张祥，等译.北京：中国人民大学出版社，2012.

　　讨论：

　　如何理解星巴克的成功在于选址？

即学即用

　　撰写一份家乡或者学校所在城市的某企业/店铺的选址分析报告。

　　一、题目

　　关于××××企业店铺的选址分析报告

　　二、内容要求

　　1.企业/店铺概况(主要包括地理位置、所处的商圈或工业区、服务范围或主要产品、人员规模和占地面积、市场定位等)；

　　2.客户分析；

　　3.对企业/店铺选在该区域、选在该地点的原因进行分析；

　　4.结合企业/店铺竞争对手的选址情况，采用因素评分法，进行对比分析；

　　5.选址分析报告撰写过程中的心得体会。

产品开发与工艺选择

学习目标

1. 了解新产品开发的理论；
2. 掌握 R&D 与组织产品开发；
3. 掌握设计与选择生产流程。

先导案例

冰墩墩彻底火了

2022 年，北京冬奥会吉祥物"冰墩墩"彻底火了，成为冬奥会名副其实的顶流，不仅网上发售秒光，线下门店更是排起长队，实力演绎"一墩难求"！

风靡的"冰墩墩"，由硅胶外壳和毛绒熊猫两部分组装而成。在玩具行业，生产毛绒熊猫工艺并不难，难度较大的部分在硅胶外壳上。那么，你知道硅胶外壳的生产工艺吗？

"冰墩墩"对硅胶外壳的透明度要求极高，这种材质手感好，可达环保食品级。硅胶外壳的生产流程总体是：3D 建模→加工模具→炼胶→成型→热转印。

硅胶外壳的规模化生产，自然离不开精良的模具，而"冰墩墩"模芯 3D 型面复杂，它的制造需要数控五轴联动加工，模具型面需要高光抛光处理。"冰墩墩"硅胶外壳制作工艺属于模压成型的一种。模压成型可用固态或液态生产工艺进行加工。

固态硅胶成型工艺的原料是固体，通过混炼机混炼后裁成合适大小及厚度的备料后放入模具，在压力成型机的一定温度下模压成型；液态硅胶成型工艺的原料是注射成型液体硅橡胶，硫化设备为注射成型机。

位于广东东莞的众盛硅胶公司是"冰墩墩"硅胶外壳的生产商之一。"冰墩墩"硅胶外壳尺寸较大，有别于其他小产品一模能出几十个产品，一套"冰墩墩"的模具一次只能生产两个硅胶外壳。硅胶外壳制作难度最大的工艺当属外壳上的"冰丝带"。由于"冰丝带"五色环绕，而印刷一般是平面进行，要将冰丝带准确无误地印到对应位置，难度不小，后经不断打磨才确定使用比较成熟的热转印技术。

"冰墩墩"的火爆程度完全超出了制造商的预期。全国的冬奥会吉祥物冰墩墩生产厂家共有三家，这三家厂家正马不停蹄地为全民"冰墩墩"热潮续力生产。

为了加快"冰墩墩"生产出货速度，必须确保"冰墩墩"硅胶外壳的供给。硅胶外壳制造商也正紧锣密鼓地谋划增加模具和扩大产能。

据悉，为晋江恒盛供应硅胶外壳的东莞众盛硅胶，最初只是配备了 2 套模具，每天只能生产 800~1000 件硅胶外壳。在接到补货订单后，工厂员工春节期间迅速返岗筹备生产，新开几十套模具，将"冰墩墩"外壳的日产量逐步提高到 1 万件乃至更高，同时考虑采取新的工艺，如开液态模具等。这种大规模的模具生产一般要 15 天至 20 天，而工厂经过技术升级后，把模具的生产时间压缩至 8 天到 10 天。

"冰墩墩"硅胶外壳订单暴增，也带火了有机硅原材料。

相信中国制造速度，"一户一墩"就在眼前了！

（来源：澎湃网，2022 年 02 月 7 日）

思政导言

"冰墩墩"成功出圈，既是对北京冬奥会的有力宣传，也展现了中国强大的综合国力。一是精心打造产品。"冰墩墩"产品形象，从设计征集到定稿，历时两年时间，从5816件作品中精选出现在的这个作品。在产品生产环节,更是用尽了心思,晶莹剔透的"冰墩墩"外壳采用了食用级硅胶,与婴儿奶嘴的材质相同。二是精心维护渠道。全国只有三家"冰墩墩"的生产厂家,而其销售,则由奥组委授权的特许经营商家进行,包括线上与线下。三是精心维护形象。"冰墩墩"品牌现象的使用仅限于表情包、特许商品、火星车、邮票、飞机、雕塑、漫画,没有出现其他大型活动吉祥物被滥用的现象。这样的严格限制,在很大程度上维护了"冰墩墩"的品牌形象。

理论精讲

任务一　认识新产品开发

产品研发的必要性
和新产品分类

一、新产品的概念与分类

(一)新产品的概念

新产品是指与老产品相比,在产品结构、性能、材质等方面(或仅一方面)具有新的改进的产品。新产品是一个相对的概念,在不同的时间、地点和条件下具有不同的含义。为了加强对新产品的管理,我国政府根据管理上的需要,对新产品的条件、范围做了相应的规定。新产品必须同时满足以下四个条件:①产品在结构、性能、材质和技术特征等某一方面或几方面比老产品有显著改进和提高;②具有先进性、实用性,能提高经济效益,有推广价值;③在一个省、自治区、直辖市范围内第一次试制成功;④经过有关部门鉴定确认。产品的结构、性能没有改变,而只是在花色、外观、表面装饰、包装装潢等方面有改进提高的,不能算作新产品。

新产品具有相对性、时间性和空间性等特性。相对性是相对于老产品而言的,即除了开发新产品外,还包括改进老产品;时间性是指某个新产品只存在于一个特定的时间;空间性是相对于一个地区而言的,即必须是在一个省、自治区、直辖市范围内第一次试制成功的产品,并经有关部门鉴定确认。

(二)新产品的分类

常见的新产品分类方法主要有以下几种:

1. 按新产品的新颖程度划分

按新产品的新颖程度可分为全新产品、改进产品和换代新产品。全新产品是指采用科学技术的新发明所生产的,与原有产品不同的产品,一般具有新原理、新结构、新技术和新材料等特征;改进新产品是指对原有产品性能、型号和花色进行局部改进而制成的产品，包括在基型产品基础上派生出来的变型产品，改进新产品因开发难度较低而成为企业常用的新产品开发方式；换代新产品是指产品的基本原理不变，部分地采用新技术、新结构或新材料，从而使产品的功能、性能或经济指标有显著改变的产品。

2. 按新产品的地域特征划分

按新产品的地域特征可分为国际新产品、国家新产品、地区性新产品和企业新产品。国际新产品是指在世界范围内首次生产和销售的产品；国家新产品是指国外已有，但在国内是首次生产和销售的产品；地区性新产品或企业新产品是指国内已有而本地区或本企业首次生产和销售的产品。

二、新产品的开发管理

新产品开发的策略

(一) 新产品的开发方向

新产品的开发要从适应国民经济发展和提高人民生活水平的需要出发，在把握科学技术发展趋势的基础上，努力做到市场上需要、技术上适宜、生产上可行、经济上合理、时间上及时。企业不论采用何种方式开发新产品，都要把握住新产品开发的方向。具体来说，新产品开发有如下可供选择的方向：

(1) 多能化。多能化是指提高产品的性能，增加产品的功能，由单功能发展成为多功能，达到一物多用，一机多能。

(2) 高能化。高能化是指开发性能高的，即高效率、高精度的产品。

(3) 小型化。小型化是指要开发小巧轻便的，即体积、重量比同类产品小(轻)的产品。

(4) 简化。简化是指要开发在结构等方面简化的产品，减少产品基型、系列，生产产品品种过多的企业，也应通过新产品开发加以简化。

(5) 多样化。多样化是指要开发多品种、型号的产品，以满足多方面的需要。

(6) 标准化。标准化是指产品的结构、零件要实行标准化，以减少专用件的种数，加速产品的设计和发展。

(7) 节能化。节能化是指要开发节能的新产品。

(8) 美化。美化是指产品设计要注意美化，外形要美观大方，色调要柔和，款式要新颖。

(9) 环保化。环保化是指产品符合环保的要求。

这"九化"是新产品开发的方向，企业要根据自己的条件，选择某"一化"或"几化"作为方向，制定出有阶段目标、长远要求的新产品开发规划，以指导行动。

(二) 新产品的开发方式

针对不同的新产品以及企业的研究和开发能力，可以选择不同的开发方式。一般有以下几种可供选择的开发方式：

1. 自行研制

这是一种独创性的研制，采用这种方式开发的产品一般是更新换代或者全新的产品，具有三种情况：一种是从基础理论研究到应用技术研究，再到产品开发研究，全部过程都靠自己；另一种是利用社会上的基础理论研究成果，自己只进行应用技术研究和产品开发研究；还有一种就是利用社会上应用技术的研究成果，自己只进行产品的开发研究。

2. 技术引进

它是指工业企业在开发某种主要产品时，在国际市场上已有成熟的制造技术可供借鉴，为了节约时间，迅速掌握这种产品的制造技术，尽快地把产品制造出来以填补国内空白，而通过与外商进行技术合作、"三来一补"、购买专利或购买关键设备等从国外引进制造技术，复制图纸和技术文件的一种方式。

3. 自行研制与技术引进相结合

它是在对引进技术的充分消化和吸收的基础上，结合本企业科研能力，进行产品开发。其有两种情况：一种是通过对引进技术的学习、消化和进一步研究，创造出符合我国国情的别具一格的新产品；另一种是直接把引进技术和我国的研究成果结合起来，创造出新的产品。

（三）新产品的开发程序

新产品的开发程序，是指从新产品的总体设想、调查研究、设计、工艺、试制、鉴定到正式投产销售所经历的阶段和步骤，具体如图 2-1 所示。

新产品开发流程

由于新产品的种类、行业和企业生产类型等不同，尤其是所选的新产品开发的方式不同，新产品开发程序不可能完全一样，但一般来说新产品开发可归纳为四个阶段。

1. 调查研究和前期开发阶段

这一阶段的主要任务是进行新产品开发决策，其工作内容主要有产品开发创意、调查和预测、提出方案和方案的评价选择。

①产品开发创意。产品开发创意是企业根据市场需求和本身条件，在一定范围内首次提出发展新产品的设想或构思。创意是新产品诞生的开始，如方便面就是源于"开水一冲可食用"的创意设想开发而来的。新产品要新，就必须有打破常规的创意，创意的过程就是创造性思维的过程。企业新产品构思创意主要来自两个方面：第一，企业的外部，即政府、学校、科研部门、专利机构、竞争对手和顾客。第二，企业的内部，即内部的企业员工、干部、技术人员、管理人员、财务人员和推销人员等。

②调查和预测。企业在收集了各种创意后，通过去粗取精从多个创意中选择出具有开发价值的产品。为此必须进行调查和预测，它包括以下三个方面内容：第一，技术调查和预测，即了解产品的技术发展状况、本企业达到的水平、国内和国际先进水平以及预测技术发展趋势。第二，市场调查和预测，即了解对老产品的改进意见和对新产品品种、质量、数量、价格和规格等方面的要求，进行市场预测。第三，行业调查和预测，了解本行业的生产现状、发展趋势以及竞争对手的情况等。

③提出方案和方案评价选择。在调查和预测的基础上，提出切实可行的方案并对方案进行评价和选择。方案评价是指对所提出的方案进行技术经济评价。对新产品是否可行，其先进性、性能用途是否为用户欢迎，新产品的价格是否合理等问题进行评价。把一些不合理的条件、未成熟的方案筛掉，这一步是新产品开发的关键。

④编制新产品开发技术建议书。新产品开发技术建议书的内容要比产品开发方案具体，它应包括新开发产品的结构、特征和技术规格，产品的性能、用途和使用范围，与国内外同类产品的分析比较，开发这一产品的理由和根据等。这是决策性的文件。

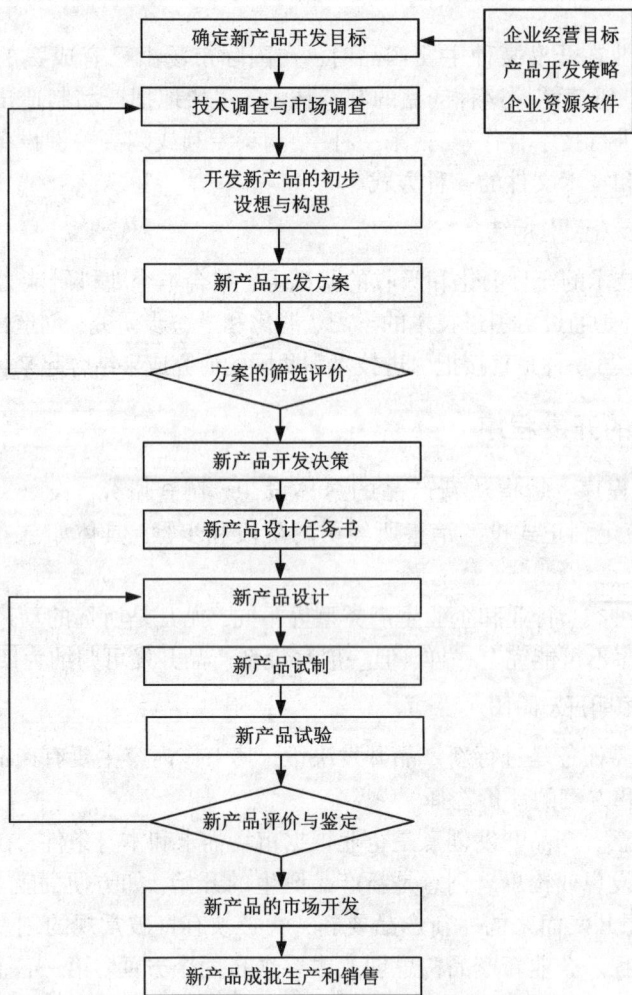

图 2-1　新产品开发程序图

2. 新产品设计、评价、鉴定和试制阶段

新产品设计分为初步设计、技术设计和工作图设计三个阶段。新产品设计出来后，在正式生产前进行试验性生产，目的是避免将存在缺陷的设计和工艺投入正式生产而造成人、财、物的浪费，保证新产品开发尽快获得成功。新产品试制一般分为样品试制和小批试制。通过各种试验，不断进行改进直到鉴定，目的是从技术、经济和生产准备等方面对新产品做出全面评价，并确定是否进行下一阶段开发工作。产品鉴定能及时发现问题，采取措施解决问题，以避免造成损失。

3. 新产品的市场开发阶段

产品的市场开发既是新产品开发进程的终点，又是下一代新产品再开发的起点。通过市场开发，可确切地了解开发的产品是否适应需要以及适应程度，分析新产品市场需求情况及开发产品有关的市场情况，为开发决策提供依据。新产品的市场开发工作主要有市场分析、样品试用、市场试销和产品投放市场。

4. 正式生产和销售阶段

经过小批试产试销后，确认有市场，就可进行正式生产和销售了，在正式投入销售前要做以下几项工作：第一，准备必备的生产条件（技术、工艺和设备等）；第二，确保切实可靠的原材料、动力和外协配套的供应；第三，拓展销售渠道和市场。

（四）新产品开发的组织计划管理阶段

强有力的组织领导是新产品开发的保证。产品设计的组织形式有以下几种：

（1）单线式。它是按产品成立设计组，在一名主任设计师领导下负责全部设计工作，并参与试制、试验活动。

（2）复线式。这种组织形式把新产品设计分成两类：一类是独立开发性，一类是一般性，分别组织设计组进行设计。

（3）矩阵式。这种组织形式既按产品设置综合设计组，又按不同专业设有很多专业设计组，每个专业设计组都要承担不同产品的相同或相似的设计任务。

（4）项目中心式。这种组织形式按新产品开发项目将车间（分厂）里的设计、工艺和试验等有关人员都集中起来，与企业产品设计人员一起组成开发中心。

一个企业采取哪种产品设计组织形式，要依开发的新产品多少、复杂程度以及设计人员的素质等而定。新产品开发涉及很多部门，是一个复杂的过程，有的产品开发过程要延续多年。因此，企业需要制定新产品开发计划，用计划把开发活动从空间和时间上协调起来，以取得预期成效。

新产品开发计划工作主要包括以下各项内容：

（1）搜集资料。搜集的资料包括国家有关技术政策和法令；计划期内市场对新产品的需求情况、销售价格和功能要求等方面的预测分析资料；企业内部人力、物力、财力和技术状况分析资料；材料、设备和协作配套件等的供应前景分析资料；国内外同行业技术、产品发展动向等的分析资料等。

（2）制定目标。制定目标即制定新产品开发的计划目标，企业预定计划期内新产品开发应当达到的目标包括：①产品目标，即在计划期内要研制成功多少、试制多少、预研多少，以及这些产品要达到的技术水平等；②销售目标，即在计划期内要有多少种新产品投入市场，要达到多大销售量；③利润目标，即在计划期内要从新产品开发中获得多少收益。

（3）提出措施。实现计划目标需要增加多少设计、生产和销售人员；需要增添多少设备、仪器和其他物质条件；需要多少资金；解决各类问题的途径和办法。

（4）开发方式。在计划中要规定出新产品开发方式，即在开发方式上是采取技术引进、引进和自行研制相结合，还是独立研制；在组织形式方面是与外单位联合开发，还是本企业独立开发；在开发手段上，所需仪器设备是自制，还是外购等。

（5）安排进度。按产品安排各开发阶段的日程进度，以及围绕着新产品开发进度对其他工作进行进度安排。

（6）明确责任。针对每个待开发的产品，在产品开发过程中确定进行的每项独立工作、每项重要措施的负责单位和个人。

三、新产品开发策略

新产品开发策略就是把有限的资源有效地运用到最适宜的产品上去，以求得最佳经济效益。

开发产品要消耗和占用企业资源。产品生产出来后投放市场，各种资源可以用于不同的产品，各种产品亦可投入不同的目标市场。把资源、产品和市场组合起来，就形成一系列产品发展策略，企业管理部门的任务是根据多种产品发展策略做出最佳决策。

(一) 产品线策略

一个企业生产具有相同的使用性能但规格不同的一组产品，构成一条产品线。一条产品线包含的同类产品数目称为产品线的深度，一个企业拥有产品线的数目称为产品线的宽度。产品线的深度与宽度构成企业产品的组合。产品组合又称为产品线的组合，从纵向分为产品线的宽度，从横向分为产品的深度。产品的深度和宽度如图 2-2 所示。

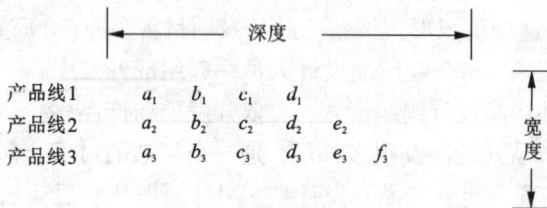

图 2-2 产品的深度和宽度

由于科学技术的进步和商品生产的高度发展，以及社会需求的多样化，企业需要科学地分析影响产品结构的因素，采取相应的策略，影响企业组成何种产品结构的因素有①社会需要及企业经营环境的相对稳定；②竞争对手及企业实力的对比；③资源条件、资金筹集及盈利多少的分析。

产品线策略分为产品线宽度策略和产品线深度策略。

(1)产品线宽度策略。产品线宽度策略分为产品线扩充策略和产品线简化策略。产品线扩充策略是指增加产品线；产品线简化策略是减少产品的种类，放弃一些疲软的产品。

(2)产品线深度策略。产品线深度策略分为向上延伸、向下延伸和上下延伸三种策略。向上延伸策略是指原来生产的是中、低档产品，现在发展成也生产高档产品；向下延伸策略是原来生产高档产品，现在发展成也生产中、低档产品；上下延伸策略，是指原来生产中档产品，现在发展成也生产高档和低档产品。

(二) 新产品的价格策略

1. 质量定价组合策略

质量定价组合策略即综合考虑产品质量与价格的关系，分别制定不同的价格策略。质量定价组合策略如表2-1所示。

表2-1　质量定价组合策略表

策略　　价格 质量	高	中	低
高	优质优价	渗透	倾销
中	高价投放	常规	进占
低	侥幸	试探	常规

2.价格促销组合策略

产品在导入期,可以采用如图2-3所示的价格与促销组合策略。

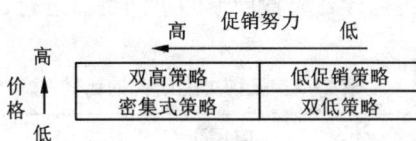

图2-3　价格与促销组合

(三)提高竞争力的策略

在市场经济条件下,影响产品竞争力的因素包括产品品种、质量、交货期、价格和服务等。这些因素构成一个统一的有机整体,并保持着动态平衡。产品竞争因素如图2-4所示。

为了提高新产品的竞争能力,企业可采用以下策略:

(1)抢先策略。抢先策略是指企业开发新产品,要在其他企业开发成功或投入市场前抢先开发、抢先投入市场,使企业的某些产品处于领先地位。

(2)紧跟策略。紧跟策略是指企业发现市场上有竞争力量强的产品,或者发现刚露脸的畅销产品,就不失时机地进行仿制,并迅速地将仿制的新产品投放到市场之中。

图2-4　产品竞争因素

(3)最低成本策略。最低成本策略是指企业大力降低新产品成本,使新产品的价格具有竞争力。

(4)周到服务策略。周到服务策略是指提高新产品的售前和售后服务质量,提高产品的竞争力。

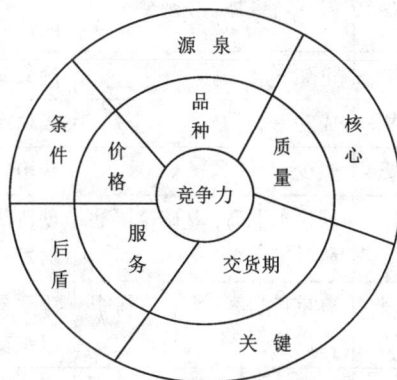

任务二 R&D 与组织产品开发

一、企业 R&D

(一) 企业 R&D 的分类

研究与开发(research and development，R&D)包括基础研究、应用研究和技术开发研究。基础研究进行的是探索新的规律、创建基础性知识的工作；应用研究是将基础理论研究中的新知识、新理论应用于具体领域；技术开发研究是将应用研究的成果经设计、试验而发展为新产品、新系统和新工程的科研活动。为了更好地理解这三类不同工作，我们将它们的目的、性质、内容及其他计划与管理上的不同特点进行比较，详见表 2-2。

表 2-2 三种类型研究的比较

	基础研究	应用研究	技术开发研究
目的	寻求真理，扩展知识	探讨新知识应用的可能性	将研究成果应用于实践
性质	探求发现新事物、新规律	发明新事物	完成新产品、新工艺，使之实用化、商品化
内容	发现新事物、新现象	探求基础研究应用的可能性	运用基础研究、应用研究成果从事产品设计、产品试制、工艺改进
成果	论文	论文或专利	专利设计书、图纸、样品
成功率	成功率低	成功率较高	成功率高
经费	较少	费用较大，控制松	费用大，控制严
人员	理论水平高，基础雄厚的科学家	创造能力强、应用能力强的发明家	知识和经验丰富、动手能力强的技术专家
管理原则	尊重科学家意见，支持个人成果，采用同行评议	尊重集体意见，支持研究组织在适当时候做出评价	尊重和支持团体合作
计划	自由度大，没有严格的指标和期限	弹性，有战略方向，期限较长	硬性，有明确目标，较短期限

(二) 企业 R&D 的意义

进入 21 世纪，科学技术的发展突飞猛进，市场需求的变化日新月异，消费需求的多样化和个性化特征越来越明显。R&D 能力决定了企业的兴衰成败，R&D 的效率影响了企业抢占市场的能力，R&D 的质量决定了企业产品质量，R&D 的成果影响产品成本。为了在激烈的市场竞争中生存和发展，企业必须有足够的能力不断推出新产品、开发新技术，以满足不断变化的消费需求,可见,R&D 在企业经营中具有十分重要的意义。

二、产品开发过程

产品开发过程包括产品构思、产品设计和工艺设计等一系列活动。产品设计过程包括新产品的需求分析、产品构思、可行性论证、结构设计(包括总体设计、技术设计和详细设计等)以及工艺设计过程。工艺设计是指按产品设计要求,安排或规划从原材料加工成产品所需要的一系列加工过程、工时消耗、设备和工艺装备需求等的说明。

三、企业 R&D 技术系统

企业 R&D 技术系统由两部分组成:一部分是工程技术,另一部分是管理技术。工程技术从事由产品构思到产品实施过程中的工程制造技术活动,是企业中技术构成的主要内容;管理技术从事由产品构思到产品实施过程中的生产指挥活动,是企业中组织构成的主要内容。企业 R&D 系统的结构可以用图 2-5 所示的"Y"模型来描述。

产品设计过程主要体现在"Y"模型中工程技术的前段,即产品形成的信息流程之中,最终提供给制造分系统的是产品方案。

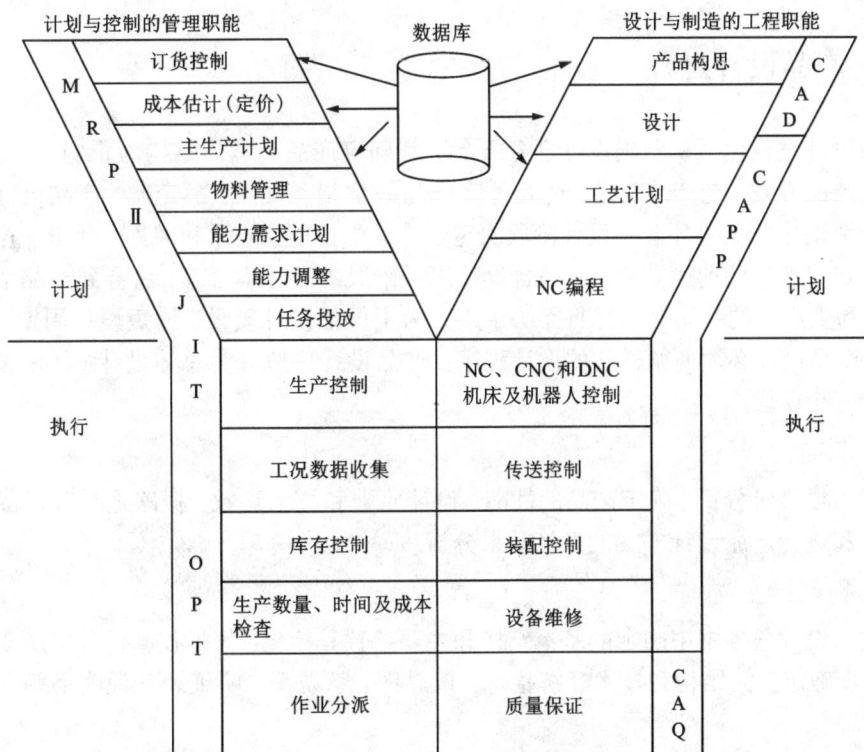

图 2-5 企业 R&D 系统结构模型

65

由企业系统结构及 R&D 的特征可以看出，企业技术活动主要属于 R&D 中的技术开发范畴。在整个企业系统中，承担技术开发任务的子系统称为技术系统，是企业系统中的一个重要组成部分。

技术系统的任务是在企业内部储备技术创新的潜力，并不失时机地将这种潜力转化为有竞争力的新产品，因此有时也称为新产品开发或产品创新活动。

技术系统与制造系统、经营系统和组织系统共同构成了企业系统。技术系统与其他系统存在着如下关系：

①制造分系统是技术系统的基础和依据，是技术分系统运转时必须考虑的资源约束条件，技术分系统的活动确定了制造分系统的行为。

②经营分系统反映市场的需求导向，为技术分系统确定了工作的目标和任务，技术分系统中的 R&D 的研究依赖于经营分系统中的市场预测，新产品开发直接影响着企业的经营发展策略。

③组织分系统贯穿于各分系统之中，是技术分系统有效运转的保障，也是企业系统中软柔性的关键所在。

企业技术活动在产品的整个生命周期过程中起着关键作用。一方面，要通过产品设计和工艺设计来满足产品的功能，对外满足顾客需求；另一方面，产品设计和工艺设计直接决定着产品质量、成本等因素，同时也影响着物资供应、生产组织调整等一系列生产技术准备活动，以及产品投产后的生产活动。

四、产品设计过程

产品设计过程包括从明确设计任务开始，到确定产品的具体结构为止的一系列活动。无论是新产品开发、老产品改进，还是外来产品的仿制、顾客产品定制，产品设计始终是企业生产活动中的重要环节。设计阶段决定了产品的性能、质量和成本。因此，产品的设计阶段决定了产品的前途和命运，一旦设计出了错误或设计不合理，将导致产品的先天不足，工艺和生产上的一切努力都将无济于事。为了保证设计质量，缩短设计周期，减低设计费用，产品设计必须遵循科学的设计程序。产品设计一般分为总体设计、技术设计和工作图设计三个阶段。

1.总体设计

通过市场需求分析，确定产品的性能、设计原则和技术参数，概略地计算产品的技术经济指标和进行产品设计方案的经济效果分析。

2.技术设计

将技术设计任务书中确定的基本结构和主要参数具体化，根据技术任务书所规定的原则，进一步确定产品结构和技术经济指标，以总图、系统图、明细表和说明书等形式表现出来。

3.工作图设计

根据技术设计阶段确定的结构布置和主要尺寸，进一步做结构的细节设计，逐步修改和完善，绘制全套工作图样，编制必要的技术文件，为产品制造和装配提供确定的依据。

产品设计是一个递阶、渐进的过程。产品设计从产品要实现的总体功能出发，系统构思产品方案，然后逐步细化，划分成不同的子系统、组件、部件和零件，最后确定设计参数。

五、产品设计原则和经济效益评价

对产品设计方案的评价、选择必须从技术方面和经济方面来衡量，即产品在功能和质量上应具备有效的技术，在制造成本和使用费用上应具有经济性。能满足预定的技术要求和达到期望的经济要求的产品设计就是具有技术经济效益的满意设计。

为了满足同一使用目的与要求，可设计出多种产品；为实现同一功能，可设计出多种结构。由此，可以获得在技术上等效、在经济上不等价的各种方案。因此，要通过对设计方案的技术经济效益分析，进行最佳方案的评价和选择。

1.产品设计和选择的原则

选择一个真正能为企业带来效益的产品并不容易，关键看产品设计人员是否真正具备市场经济的头脑。一方面，新技术的不断出现对新产品的形成有重要影响，另一方面，主要看企业是否真正把用户放在第一位。产品设计和选择应该遵循以下几条原则：

(1)必须贯彻国家的技术经济政策；

(2)设计用户需要的产品(或服务)；

(3)设计出制造性强的产品；

(4)设计出绿色产品。

2.技术经济效益分析的指标体系

产品设计的效果可以用数量指标和质量指标来衡量。产品设计的数量指标主要是指产品的上市时间、生产效率、材料利用率和能源消耗等指标；产品设计的质量指标主要是指产品满足社会需要的程度，对劳动条件和环保的影响、安全指标等。

任务三 设计与选择生产流程

一、生产流程的类型

生产流程一般有三种基本类型：按产品进行的生产流程、按加工路线进行的生产流程和按项目组织的生产流程。

(一)按产品进行的生产流程

按产品进行的生产流程就是以产品或提供的服务为对象，按照生产产品或提供服务的生产要求，组织相应的生产设备或设施，形成流水般的连续生产，有时又称为流水线生产。汽车装配线、电视机装配线等就是典型的流水线生产。连续型企业的生产一般都是按产品组织的生产流程。以产品为对象组织的生产流程又叫对象专业化形式，这种形式适用于大批量生产。

（二）按加工路线进行的生产流程

面对多品种生产或服务情况时，每一种产品的工艺路线都可能不同，因而不能像流水作业那样以产品为对象组织生产流程，只能以所要完成的加工工艺内容为依据来组成生产流程，而不管是何种产品或服务对象。设备与人力按工艺内容组织成一个生产单位，每一个生产单位只能完成相同或相似工艺内容的加工任务。不同的产品有不同的加工路线，它们流经的生产单位取决于产品本身的工艺过程，又叫工艺专业化形式。这种形式适用于多品种小批量或单件生产。

（三）按项目组织的生产流程

有些任务，如拍摄一部电影、组织一场音乐会、生产一件产品或盖一座大楼等，每一项任务都没有重复，所有的工序或作业环节都按一定秩序依次进行，有些工序可以并行作业，有些工序又必须顺序作业。这些任务适合使用按项目组织的生产流程。三种生产流程的特征比较详见表2-3。

表2-3　不同生产流程特征比较

特征标记	对象专业化	工艺专业化	项目型
产品			
订货类型	批量较大	成批生产	单件、单项定制
产品流程	流水型	跳跃型	无
产品变化程度	低	高	很高
市场类型	大批量	顾客化生产	单一化生产
产量	高	中等	单件生产
劳动者			
技能要求	低	高	高
任务类型	重复性	没有固定形式	没有固定形式
工资	低	高	高
资本			
投资	高	中等	低
库存	低	高	中等
设备	专用设备	通用设备	通用设备
目标			
柔性	低	中等	高
成本	低	中等	高
质量	均匀一致	变化更多	变化更多
按期交货程度	高	中等	低
计划与控制			
生产控制	容易	困难	困难
质量控制	容易	困难	困难
库存控制	容易	困难	困难

二、生产流程设计的基本内容

生产流程设计所需要的信息包括产品信息、运作系统信息和运作战略,在设计过程中应考虑选择生产流程、垂直一体化研究、生产流程研究、设备研究和设施布局研究等方面的基本问题,根据企业现状、产品要求合理配置企业资源,高效、优质和低耗地进行生产,有效满足市场需求。

生产流程设计的结果体现为如何进行产品生产的详细文件,对生产运作资源的配置、生产运作过程及方法措施提出明确要求。生产运作流程设计的内容详见表2-4。

表 2-4 生产流程设计的内容

输入	生产流程设计	输出
1. 产品/服务信息 产品/服务要求,价格/数量,竞争环境,用户要求,所期望的产品特点 2. 生产系统信息 资源供给,生产经济分析,制造技术,优势与劣势 3. 生产战略 战略定位,竞争武器,工厂设置,资源配置	1. 选择生产流程 与生产战略相适应 2. 自制、外购研究 自制、外购决策,供应商的信誉和能力,配套采购决策 3. 生产流程研究 主要技术路线,标准化和系列化设计,产品设计的可加工性 4. 设备研究 自动化水平,机器之间的连接方式,设备选择,工艺装备 5. 布局研究 厂址选择与厂房设计,设备与设施布置	1. 生产技术流程 工艺设计方案,工艺流程之间的联系 2. 布置方案 厂房设计方案,设备、设施布置方案,设备选购方案 3. 人力资源 技术水平要求,人员数量,培训计划,管理制度

三、影响生产流程设计的主要因素

影响生产流程设计的因素很多,其中最主要的是产品(服务)的构成特征,因为生产系统就是为生产产品或提供服务而存在的,离开了用户对产品的需求,生产系统也就失去了存在的意义。

1. 产品/服务需求的性质

生产系统要有足够的能力满足用户需求。首先要了解产品/服务需求的特点,从需求的数量、品种和季节波动性等方面考虑生产系统能力所受到的影响,从而决定选择哪种类型的生产流程。有的生产流程具有生产批量大、成本低的特点,而有的生产流程具有适应性强的特点,因此,生产流程设计首先要考虑产品/服务特征。

2. 自制-外购决策

从产品成本、质量生产周期、生产能力和生产技术等几个方面综合来看,企业通常要考虑构成产品所有零件的自制-外购问题。一个企业的生产流程主要受自制件的影响,不仅企业的投入大，而且生产准备周期长。企业自己加工的零件种类越多、批量越大，对生产系统的能力和规模要求越高。因此，现代企业为了提高生产系统的响应能力，可以只抓关键零件的生产和整机产品的装配，而将大部分零件的生产扩散出去，充分利用其他企业的力量。这样一来既可以降低企业的生产投入，又可缩短产品设计、开发与生产周期。所以说，自制－外购决策影响着企业的生产流程设计。

3. 生产柔性

生产柔性是指生产系统对用户需求变化的响应能力，是对生产系统适应市场变化能力的一种度量，通常从品种柔性和产量柔性两个方面来衡量。所谓品种柔性，是指生产系统从生产一种产品快速地转换为生产另一种产品的能力。在多品种、中小批量生产的情况下，品种柔性具有十分重要的实际意义。为了提高生产系统的品种柔性，生产设备应该具有较广的适应产品品种变化的加工范围。产量柔性是指生产系统快速增加或减少生产产品产量的能力。在产品需求数量波动较大或产品不能依靠库存调节供需矛盾时，产量柔性具有特别重要的意义。在这种情况下，生产流程的设计必须具有快速且低成本地增加或减少产量的能力。

4. 产品/服务质量水平

产品质量是市场竞争的武器，生产流程设计与产品产量水平有着密切关系。生产流程中的每一个加工环节的设计都受到质量水平的约束，不同的质量水平决定了采用什么样的生产设备。

5. 接触顾客的程度

对于绝大多数的服务业企业和某些制造业企业而言，顾客是生产流程的一个组成部分，因此，顾客参与生产的程度也影响着生产流程设计。例如，在理发店、卫生所和裁缝店的运作过程中，顾客是生产流程的一部分，企业提供的服务就发生在顾客身上。在这种情况下，顾客就成了生产流程设计的中心，营业场所和设备布置都要把方便顾客放在第一位。而在另外一些服务业，如银行、快餐等，顾客参与程度很低，企业的服务是标准化的，生产流程的设计则应追求标准、简洁和高效。

四、生产流程的选择

按不同生产流程构造的生产单位形式有不同的特点，企业应根据具体情况选择最为恰当的一种。在选择生产单位形式时，影响最

产品开发的方法

大的是品种数的多少和每种产品产量的多少。图2-6给出了不同品种－产量水平与生产单位形式的关系。一般而言，随着图中的 A 点到 D 点的变化，单位产品成本和产品品种柔性都是不断提高的。在 A 点，对应的是单一品种的大量生产，在这种极端的情况下，采用高效自动化专用设备组成的流水线是最佳方案，它的生产效率最高、成本最低，但柔性最差。随着品种的增加及产量的下降(B 点)，采用对象专业化形式的成批生产比较适宜，品种可以在有限的范围内变化，系统有一定的柔性，而操作上的难度较大。另一个极端是 D 点，它对应的是单件生产情况，采用工艺专业化形式较为合适。C 点表示多品种中小批量生产，采用成组生产单元和工艺专业化混合形式较好。

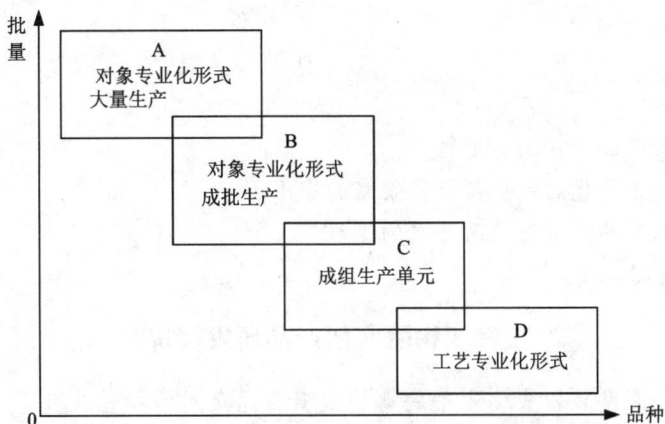

图 2-6 品种-产量变化与生产单位形式的关系

要点巩固

参考答案

一、不定项选择题

1.新产品开发的必要性有( )。

A.新产品开发是实现企业竞争战略的需要

B.技术进步加快和用户要求增加的需要

C.产品研发是产品生命周期的必然要求

D.产品研发是企业发展的唯一使命

2.新产品可以分为( )。

A.全新产品 B.改进新产品 C.换代新产品 D.仿制新产品

3.以下哪种新产品适用于首创能力低的小型企业?( )

A.全新产品 B.改进新产品 C.换代新产品 D.仿制新产品

4.等别的企业推出新产品后,立即加以仿制和改进,然后推出自己的产品,是( )。

A.抢占市场策略 B.系列式新产品开发策略

C.模仿式新产品开发策略 D.类比式新产品开发策略

5.海尔根据顾客的需要开发的"地瓜洗衣机",属于( )。

A.抢占市场策略 B.定制式新产品开发策略

C.模仿式新产品开发策略 D.差异化的新产品开发策略

6.企业新产品开发构思创意主要来自( )。

A.用户 B.本企业职工

C.专业科研人员 D.竞争对手

7.产品开发和设计的方法主要有( )。

A.串行设计方法 B.并行设计方法

C.模仿设计方法 D.替代设计方法

8.并行工程中需要以下哪些人员的共同参与？（　　　）

A. 生产推广类人员 　　　　　　B. 顾客

C. 供应商 　　　　　　　　　　D. 环保人员

二、讨论题

1. 请谈一谈新产品开发的重要性。

2. 请举例说明差异化的新产品开发策略的应用。

3. 请结合具体产品谈谈新产品开发的流程。

三、案例分析题

故宫博物院文创产品研发概况

随着社会经济的发展和文化水平的普遍提升，观众对博物馆文化产品的需求日益增长。故宫博物院正在逐步加大博物馆文化产品的研发力度，提升文化产品的研发水平，深度挖掘丰富的明清皇家文化元素，努力将故宫的建筑、故宫的文物、故宫的历史故事找到一个符合当代人喜欢的时尚表达载体。其开发渠道也从单一到多元，博采众长，积极探索，勇于创新，采用自主研发、合作研发和借鉴社会力量相结合的形式进行产品开发，不断探索适合自身发展的文化产品设计、生产、销售的良性循环道路。故宫博物院一直在研发具有故宫文化内涵，鲜明时代特点，实用性强、环保、质优，价格合理，贴近消费者实际需求，深受消费者喜爱的故宫元素文化产品。多年来，故宫博物院的文化创意产品研发已经卓有成效，风格多样的文化产品已经成系列，受到了各个年龄段消费者的欢迎。

截至 2014 年 8 月，故宫博物院共计研发文化产品 6746 种，其中丝绸系列文化产品 692 种、陶器系列文化产品 366 种、瓷器系文化产品 626 种(含德化瓷)、铜器系列文化产品 327 种、木制系列文化产品 119 种(含缩微家具模型)、书画系列文化产品 665 种、贵金属系列文化产品 960 种、钥匙扣系列文化产品 193 种、笔系列文化产品 12 种、T恤衫系列文化产品 191 种、首饰系列文化产品 321 种、领带系列文化产品 34 种、箱包系列文化产品 195 种、伞系列文化产品 17 种、文房系列文化产品 6 种、玩偶系列文化产品 93 种、其他文化产品 1929 种。同时，配合每年举办的陈列展览，研发具有故宫文化特色，拥有自主知识产权的系列文化产品。

针对高端客户，故宫博物院设计研发了一系列品质优良、做工精细的系列文化产品，比如"铜五牛"将故宫博物院绘画藏品《五牛图》进行了立体化呈现，以全铜材质塑造了逼真的、活灵活现的五头牛摆件，再现了原画中的五头牛的风采；"海水江崖"系列产品包含桌旗、餐垫、纸巾盒、糖果盒、电脑包、钱包、护照夹、名片夹、手包等多种产品，采用了故宫博物院织绣龙袍藏品中的元素，外部采用金色海水江崖纹织锦缎，内部采用真皮或真丝衬里，将宫廷皇家气息与现代时尚产品完美结合；"荷韵天福""衣锦还乡""如意当头"茶具套装为陶制，以故宫如意、祥云等为元素，施以粉青色釉或炭黑色釉，整体风格简洁典雅。

故宫博物院针对大量普通观众制作了成系列便于携带、赠送，物美价廉的故宫文化纪念品。第一类是"宫廷娃娃"家族，一经推出就受到了青少年的青睐。他们是来自紫禁城的一群可爱精灵，包括小皇帝、小皇后、小阿哥、小格格、和珅、纪晓岚、郎世宁、御前侍卫、八旗娃娃、状元郎等众多"宝贝"形象。产品都以"萌"为设计理念，做成摇头娃娃、车载娃娃、手机座、桌边娃娃、调料罐、存钱罐、小盆栽、创意摆件、便签夹、冰箱贴、钥匙链、首饰盒等丰富多样的形式,可谓琳琅满目。故宫博物院后续又推出了"宫廷娃娃"第二代产品,选出最受欢迎的小格格、小皇帝、御前侍卫和状元郎形象,独立成品牌产品推出,增加趣味性和功能性,让"宫廷娃娃"家族不断壮大。

第二类是故宫元素的时尚生活用品。这个家族更加庞大,包括了各种将实用、创意、文化内涵相结合的产品类型。比如不断推陈出新的手机壳;根据宫廷生活习俗推出的端午节香囊、春节红包;以婚庆等宫廷生活为主题的皇帝赐福和皇后赐如意钥匙扣、水晶球、首饰盒;趣味办公用品,如水晶笔、尚方宝剑笔、金榜题名笔、花窗书签、皇帝皇后书签、格格书签、雍正行乐图周历、雍正美人图台历;更有"朕就是这样汉子"折扇、"黄袍加身"T恤、"奉旨旅行"和"如朕亲临"行李牌、顶戴花翎官帽伞和藻井伞等富有创意和文化内涵的宫廷文化"潮品",这些文化产品都取材于故宫的建筑、藏品及宫廷文化的细节,有充分的史料依据,也饱含了开发团队的创意与奇思妙想。

"火爆一时"的"朝珠耳机"就是一款创意独特的时尚生活用品。作为故宫博物院新研发的文化产品,"朝珠耳机"自上市后持续热销,很快就售罄了。此产品在设计过程中,突出"独特性"——形式上选用"朝珠",抓住宫廷元素的细节;紧跟时尚,功能上选择电子产品的耳机;不再原样复制文物造型,而是赋予文物"新生",与实用的现代产品相结合;将"耳机"与"朝珠"融为一体,方便携带与使用,使其成为一种富有文化寓意的装饰品。

(摘自故宫博物院网站 https://www.dpm.org.cn/classify_detail/180051.html)

讨论:

1. 故宫博物院产品开发的特点有哪些?

2. 故宫元素是如何融入产品开发中去的?

3. 你从故宫文创开发的过程中得到什么启发?

工作研究与设计

学习目标

1. 理解工作研究的定义、工作研究的内容和程序；

2. 掌握工作设计的内容和方法；

3. 掌握工作测量中生产时间消耗的构成、工作测量的方法。

先导案例

工作研究起源于美国，从泰勒创立的科学管理中发展起来，并得到广泛的应用。19 世纪 50 年代，美国 90%以上的企业应用了工作研究，其生产率可提高 51%。当时，对 2000 名工业工程人员进行了调查，结果表明，对企业做出贡献最大的是工作研究，其中 50%的人认为是方法研究，40%的人认为是作业测定。20 世纪 80 年代，美国的工业工程已成为工程界十大支柱学科之一，工作研究是其重点研究的一个领域。美国不仅在企业中普遍设有工业工程部门和工业工程师职位，而且在高校、各类成人教育及继续教育机构设立工业工程专业，培养不同层次的 IE 人才，培训工作研究的应用人才；同时，设立科研机构、咨询机构，为各行业提高作业效率、改造管理系统、进行工厂设计和劳动定额等提供服务。

1976 年，美国工业工程杂志与博通公司联手对 1500 家企业应用 IE 的调查表明，89% 的企业应用工作研究；1981 年，路特对美国企业进行抽样调查发现，94.2%的企业应用了方法研究，96.3%的企业应用了作业测定。可见，作为工业工程体系最重要、最核心的工作研究，其应用最为普遍，为各种 IE 方法之首。

苏联于 1918 年开始引进工作研究，并翻译出版了《泰勒制》一书，列宁对《泰勒制》的评价是："也同资本主义其他一切进步的东西一样，有两个方面，一方面是资产阶级剥削的最巧妙的残酷手段，另一方面是一系列最丰富的科学成就，即按科学来分析人在劳动中的机械动作，省去了多余的笨拙的劳动，制定最精确的工作方法，实行最完善的计算和监督制等。"列宁认为，可以采用泰勒制中科学的进步的方法，去加强劳动纪律、改善劳动组织、提高工作效率。当时，在苏联的工矿企业中广泛应用泰勒的时间研究技术和工时定额，成为社会主义计划经济的一项重要的基础工作。

英国在第二次世界大战以后，学习美国的科学管理技术，于 20 世纪 50 年代初先后派出 67 个考察团去美国考察工业工程的发展、应用和教育培训，并出版了考察报告，其中，特别介绍了工业工程与企业管理的关系，引起了普遍的关注，并不断推广、应用。20 世纪 70 年代，英国已有 84%的企业应用了工作研究，取得了明显的效果，得到企业界的认可。

日本在第二次世界大战以后，虽然从美国引进了先进的技术装备，但管理技术跟不上，其引进先进技术的企业、产品的质量、生产成本与劳动生产率都落后于美国。20 世纪 50 年代，日本开始结合国情引进工业工程、工作研究等先进管理经验，很快便大见成效。而今，日本关于工作研究的应用相当普遍，以工作研究的思想、方法为核心的先进生产模式及先进管理模式不断更新且卓有成效，使日本很快成为一个世界经济强国。

我国应用工作研究大体上可以分为改革开放前和改革开放后两个阶段。20 世纪 50 年代初期，新中国学习苏联的工业布局和企业管理，推行其生产组织与计划方法，其中包括时间研究、制定劳动定额标准、工厂设计、生产计划与作业计划等工作研究。20 世纪 60 年代在社会主义建设中，涌现出郝建秀工作法、苏长有砌砖法、王崇伦的万能工具等先进、高效的生产方法，都是应用工作研究取得的效果，对推动当时我国企业生产的发展发挥了积极的作用。

改革开放以后，国民经济和科学技术进入一个新的发展时期，工作研究的少投资或不投资可以产生明显效益的思想适合我国经济发展的需求。因此，20 世纪 80 年代中期工作研究的应用十分广泛。例如，北京机床电器厂在日本专家的帮助下，应用工作研究，改进作业场地的布置和操作方法，使组装车间在不增加人员、基本不增加设备投入的情况下，产品合格率由85%提高到97%，生产效率提高了一倍，而工人的劳动强度减轻了。

随着国际经济合作和科技交流的深入，美国通用汽车公司、德国大众汽车公司、美国摩托罗拉公司、法国贝尔公司、日本日立公司等国外众多知名企业进入我国，同时也带来了工作研究技术，并在经济相对发达的地区进行推广应用，涉及制造、钢铁、电子、汽车、船舶、建材、物流、家用电器等众多行业的大批企业，如上海瑞尔实业有限公司、长春一汽集团、广东科龙集团、广东美的集团、深圳华为公司等应用工作研究提高企业管理水平和劳动生产率，取得了显著的效果。

（摘自：《工作研究基础与案例》，化学工业出版社）

思政导言

工作研究给企业带来了高效的发展，各国都在大力地分析工作研究并将其运用到具体实践中去，而我们国家在工作研究上起步晚，我们更要多加强国际合作，学习先进工作研究技术，努力提升我国企业的技术水平。

理论精讲

任务一 工作研究的程序

一、工作研究的概念

工作研究又称作业研究，是以作业系统为对象的一种科学方法。它是在既定的工作条件下，运用系统分析的方法研究资源的更合理利用，排除作业中不合理、不经济和混乱的因素，寻求一种更佳、更经济的工作方法，目的是提高系统的生产效率，降低系统的运营成本。

提高生产率或效率的途径有多种，例如购买先进设备、提高劳动强度。工作研究则遵循以内涵方式提高效率的原则，在既定的工作条件下，不依靠增加投资和增加员工劳动强度，只通过重新组合生产要素、优化作业过程、改进操作方法和整顿现场秩序等方法，消除各种浪费，节约时间和资源，进而提高产出效率、增加效益和提高生产率。同时，作业规范化、工作标准化，还可稳定和提高产品质量，使人员士气上升。因此，工作研究是企业提高生产率与经济效益的一种有效方法。

二、工作研究的内容

工作研究是方法研究和时间研究的统称。方法研究是指通过作业过程分析和动作研究，制定各项作业的操作标准。而时间研究是指通过制定工作定额和对每项工作进行抽样，制定每项作业的标准时间。方法研究和时间研究是相互联系的。方法研究是时间研究的基础和前提条件，时间研究是选择和比较方法的依据。工作研究的基本内容如表3-1所示。

工作研究

表 3-1 工作研究的基本内容

研究内容	研究内容细分	内容	研究对象
工作研究	方法研究	程序分析	从整个产品制作过程出发，通过现场考察，根据需要绘制不同的工作程序图，运用删除、合并、重排、简化等技巧，寻求最短的加工路线、最佳的工艺加工程序，不断改进生产过程使其合理化	物料流程
		作业分析	采用人-机程序图、操作人程序图(双手操作程序图)，研究某一工序作业中手工操作、机手并动操作程序，通过对比分析，力求找出节省人力、节约工时消耗、充分利用设备的最佳作业程序，不断促进作业合理化、科学化。采用5W1H分析法反复提问	一个工作地、一台或多台设备、一名或若干名生产工人
		动作研究	由吉尔布雷思夫妇首创，通过目视或影片录像等记录方法，以及动作分析图表，把某项作业的动作分解为最小的分析单位，来对作业进行定性分析，研究如何消除不必要的动作，找出最合理的动作	劳动者作业操作中的各种细微动作
	时间研究	工时定额	采用一定方法，在一定条件下，确定由具有相当技能且生理条件适宜的工人，在不损害其健康范围内，完成某一工作所需时间	工作时间
		时间研究方法	秒表法、工作抽样法、预定时间标准法(PTS)	

三、工作研究的程序

工作研究的程序如图3-1所示。

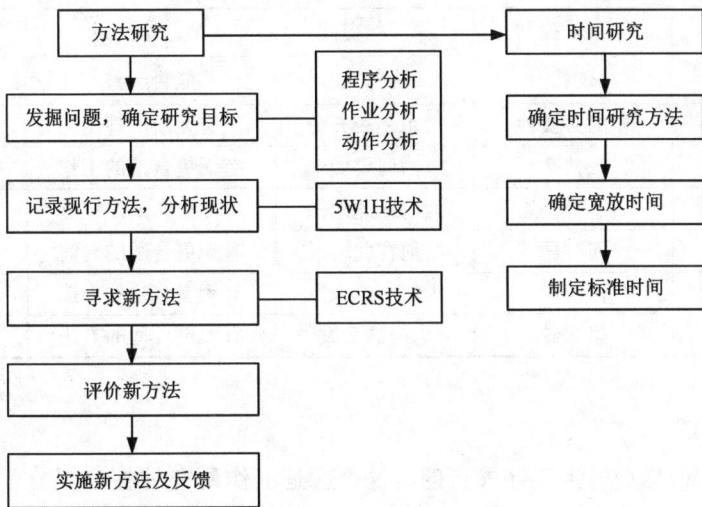

图 3-1 工作研究的程序

1. 方法研究

通过程序分析、作业分析和动作研究，从对象的总体过程出发，深入研究劳动者的每一个细小的操作动作，探寻节约人力、物力和财力消耗的最佳程序和方法。

2. 时间研究

在改进工作程序、操作方法，实现工作标准化的基础上，运用工作测量的各项专门技术，对各项标准化工作进行时间测定，最后制定出工作的时间定额标准。

3. 发掘问题，确定研究目标

管理者要解决的问题有很多，不可能一次性解决所有问题。因此，研究目标应主要集中于系统的关键环节、薄弱环节，或是具有普遍性的问题，或是从实施角度看易开展、易见效的一些问题。这些目标包括①减少作业所需时间；②节约生产中的物料消耗；③提高产品质量的稳定性；④增强员工的工作安全性，改善工作环境与条件；⑤改善员工的操作流程，减少劳动疲劳；⑥提高员工对工作的兴趣和积极性等。

4. 记录现行方法，分析现状

确定研究目标后，就要对该项目现行的操作过程进行全面、详尽的观察和记录，可借助各类专用表格技术来记录，进行动作与时间研究时还可借助录像带或电影胶片来记录。尽管方法各异，但都是工作研究的基础，而且记录的详尽、正确程度直接影响着下一步对原始记录资料进行分析的结果。现在有不少规范性很强的专用图表工具能够帮助工作研究人员准确、迅速和方便地记录要研究的事实，为分析这些事实提供标准的表达形式和语言基础。工作研究在考查每一道工序时常用的方法是 5W1H（表 3-2）。它对一个工序或一项操作从原因、对象、地点、时间、人员、方法六个方面入手提出问题，然后进行考察和分析。

表 3-2　5W1H 分析表

提问内容 ＼ 提问次序	第一轮提问	第二轮提问	第三轮提问	结论
	现状	为什么	能否改善	新方法
原因(why)	做的必要性	理由是否充分	有无新的理由	新的理由
对象(what)	做什么	为何要做	有无更合适的工作	应该做什么
地点(where)	在何地做	为何在此地做	有无更合适的地点	应该在何地做
时间(when)	何时做	为何在此时做	有无更合适的时间	应该在何时做
人员(who)	何人做	为何由此人做	有无更合适的人选	应该由何人做
方法(how)	怎么做	为何这么做	有无更合适的方法	应该怎么做

5.寻求新方法

在分析完 5W1H 后,就应寻求新的方法,这是工作研究的核心部分。在设计新方法时,常采用取消、合并、重组、简化四项技术加以改进,这四项技术也被称为 ECRS 技术。

(1)取消。针对所有研究的工序,首先要考虑该项工作有无取消的可能性,如果所研究的工作、工序、操作可以取消而又不影响半成品的质量和组装进度,这便是最有效果的改善,我们要争取做到方案中的每一个工序都是必不可少的、能产生增值的工序。例如,不必要的工序、搬运、检验等都应予以取消,特别要注意那些工作量大的装配作业,如果不能全部取消,可考虑部分地取消。例如,由本厂自行制造变为外购,或者消除必需的休息之外的一切怠工和闲置时间等,实际上也是一种取消。

(2)合并。当生产过程被划分为多个工序后,工序之间可能出现生产能力不平衡和分工过细引发的不必要的多次搬运、反复装卸或人浮于事、忙闲不均等现象。如果工作不能取消,就应该考虑能否对这些工序进行调整、合并。有些相同的工作完全可以分散到不同的部门之中,也可以考虑能否都合并在一道工序内。

(3)重组。重组也称替换。重组通过改变工作程序,对工作的先后顺序进行重新组合,使整个工作流程合理化,改善操作,提高效率。例如前后工序对换,手动改为脚动、调整设备位置等。

(4)简化。在取消、合并、重组之后,应该再对工作进行更深入的分析研究,使方法和动作尽量简化,以最大限度地缩短作业时间,提高工作效率。简化就是一种工序的改善,也是局部范围的省略,整个范围的省略也就是取消。

有些学说在 ECRS 四大原则之外还增加了另一个原则,即增加(increase,I),意为在现有工序的基础上增加新的工序,以此提高产品质量、增加产品功能,或者为后续工作做准备等。在实际的工作中要重复地利用 ECRSI,不断优化—实践—分析—优化,以达到更高的生产效率。

6.评价新方法

设计的工作方法可能有若干个方案,接下来就必须按评价标准从中评选出相对最佳的方案。评价即对新的工作方法进行技术、经济分析,同时还要进行安全性、可靠性分析。

7.实施新方法及反馈

新方法的实施必然会受到很多阻力,所以要采取各种有力的保障措施。

（1）广泛宣传新方法的内容、意义，让现场管理者和基层人员接受；加强对员工的技术培训和现场指导，利用图表、模型、影片配合书面资料和口头解释等方式进行说明，使其接受。

（2）把实施方法变成更具体化、标准化的规定。工作标准包括零部件及制品的标准化、机器设备和工具的标准化、制造工艺的标准化、动作标准化，以及工作环境（照明、温度、湿度）标准化等。

（3）允许员工有熟悉和适应的过程，不能急于求成。但也要明确，在规定的适应期满后，必须坚决执行新方法。待适应期过后，员工对操作已熟悉，就需要立即制定工作的时间标准。

新方法实施后需要及时反馈。这个阶段的目的是发现新问题，反馈给下一次循环的起始阶段，主要反馈的内容有管理人员认真执行的情况；新方法实施后的影响；所制定的标准与实际完成情况之间有多大的差距，探讨原因及有无调整的必要。

四、工作研究的人、工作条件、工作环境

任何一项工作都是在一定的人、工作条件、工作环境下进行的。一定的人、工作条件、工作环境是工作质量与效率的保障。所以，无论是以改进生产要素提高工作效率为目的，还是以制定岗位操作标准为目的，都必须提供合适的人、工作条件及工作环境。良好的人际关系、工作条件与工作环境是工作研究得以卓有成效地实施的必要与充分条件。

（一）人的因素

工作研究过程中的人主要指工作研究人员、作业人员、管理人员以及相关人员。而人在工作研究中的表现及人们之间的关系是工作研究的首要因素，也是影响工作研究应用效果的第一要素。因此，在应用工作研究之前，管理人员、作业人员和工作研究人员三者必须建立相互信任、密切配合、相互尊重的良好关系。

（二）工作条件与工作环境

工作研究中的工作条件主要指职业病、职业事故的防范，工作场地的选择，平面布置和清洁，管理措施，个人防护设备等。而工作研究中的工作环境主要指照明、色彩、噪声、振动、湿度、通风、辐射、人体工程的应用和工作时间等。工作条件、工作环境与生产率存在相互依存的关系。如果工作条件与工作环境不能适应技术进步和经济增长，那么保持稳定的劳动力并提高生产率是很困难的。因此，必须十分重视工作条件与工作环境对技术、经济和社会的影响。

1.职业病、职业事故的防范

不良的工作条件和有害的工作环境都可能引发职业病和职业事故，并造成直接经济损失（医疗费、赔偿费等）和间接经济损失（误工、停产、材料损坏、事故分析调查、减产、人员替换、培训、环境等）。因此，为防范职业病和职业事故，必须形成有效的安全体系。例如，建立安全组织，开展职业安全、保健教育等方面的培训，提供必要的急救和医疗服务；注重职业病的综合防治，制定并遵守技术标准。

2.火灾粉尘有害气体的防范

不良的工作条件与工作环境，还可能发生火灾(爆炸)、粉尘和有害气体的污染，轻则引起人的感官刺激、精神损害、工作效率低下；重则造成职业病及生产事故，甚至危及生命。因此，在设计和建造厂房时，必须购置消防设备，建立报警系统，进行必要的消防培训并形成消防规章制度，还要定期检查、定期进行防火演习。对于粉尘及有害气体，应根据污染的性质，采用不同的措施。例如，尽量提高设备、装置的安全性，防止泄露，并设置有效的处理装置等，以消除有害成分的危害，保证人的身心健康。

3. 工作场地的选择与平面布置

选择工作场地的原则是，保护邻区在内的环境，防止污染；场地与厂区建筑必须符合国家或行业的各项标准。场地平面布置应该强调的原则是，将有害的或含有害因素的操作隔开；工作场地应尽可能设在底层；保证工作人员有足够的活动范围和工作空间；墙壁、天花板光洁、防潮，降低噪声；地面应防滑、易于清洁；过道应足够宽且畅通，可满足人、车和紧急情况的需要。

4.清洁的场地、良好的管理

清洁的场地、良好的管理不仅可以预防事故，而且还能保证生产率。例如，车间的过道堆满材料或长期不用的工具、设备等，必然影响工人的工作效率和人身安全，占用了生产面积和生产资金。可见，良好的管理至关重要。将工具、夹具及其他设备整齐地放到专用库房，将工具、量具归在工具间、量具间，将材料或半成品按规格置于货架或适当的位置等，都是良好的管理方式。此外，保持场地、工具、量具、机床设备、工作服、个人防护用具等的清洁，与良好的管理同等重要，在防止工伤事故、污染及职业病方面具有特殊的意义。

5.照明、噪声、振动及微气候

照明、噪声、振动及微气候包括以下几个方面：

①照明。作业时的能见度与照明强度、物体离眼睛的距离、物体的尺寸、物体的颜色、映像的持续时间、照明与背景的对比等众多因素有关。较低的能见度和炫目的强光易引发事故，而较高的能见度则是减少废品和浪费、防止视力疲劳、提高生产率的重要条件。因此，精密作业、危险环境下的工作或重要复杂的工作更应研究照明。照明要适应不同类型的工作(包括不同年龄的人)，在可能的情况下应利用自然照明，必要时可利用人工照明，保证不同时间和各种气候条件下都有适宜的能见度。还可以通过选择室内(包括机床、设备)颜色与不同灯光照明的颜色，使工作条件更加舒适。

②噪声、振动。噪声能引起人的感应机能、植物神经和代谢功能紊乱，是导致工业疲劳、情绪烦躁、生产率降低和职业事故的原因之一。长期在高分贝噪声下作业，将导致耳聋；从事脑力劳动或需高度集中工作的人，在噪声环境下易出错、易疲劳。同样，危害健康的振动不仅影响人的身心健康，而且影响工作质量和工作效率。对此，可采用隔离声源、振源，吸声消声、减振降噪，使用个人防护用品等技术措施，使噪声和振动在规定标准以内。

③微气候条件。微气候一般泛指工作场所的气候条件，包括温度、湿度、风速、热辐射等因素。其中，温度、湿度和风速是主要因素。有关微气候因素直接影响工作安全、降

低生产率的事例时有报道。例如，高温环境使人中枢神经系统紊乱，动作准确性降低；低温条件下作业时，人体动作的灵活性、协调性和准确性大为降低；湿度高，人易烦躁不安，缺乏自控力，容易出错，影响健康；温度低，会降低呼吸系统的抵抗力，甚至可引发人的呼吸道疾病等。因此，应充分通风，保证作业空间良好的微气候条件，以保证人的身心健康和劳动生产率。

6. 人体工程与工作时间

人体工程不仅可以保证人的身体安全健康，而且可以以最佳的工作条件保证人的良好状态。企业应以人为本，确定最合适的工作时间，保障工作效率。

任务二 工作设计

工作设计

一、工作设计的概念

生产管理人员的关键任务之一就是对员工工作进行设计。所谓工作，是指一个工人承担的一组任务或活动的总称。工作设计则是确定具体的任务和责任、工作环境以及完成任务以实现生产管理目标的方法。工作设计要满足两个目标：一是满足生产率和质量的目标；二是使工作安全、有激励性、能使工人有满足感。一个通过良好设计的工作，可以使员工在工作中心情愉快，疲劳感下降，自我实现感得到满足，这对实现企业总体目标很有帮助。工作设计能使企业达到提高生产率和质量、降低成本、缩短生产周期的目的。

工作设计始于泰勒的科学管理思想。泰勒认为，应当科学地研究工作方法，而不应仅凭经验。管理人员应该制定正确的工作方法和标准的工作量；应该针对不同工作岗位选定合适的工作人员，培训他们使用合理、先进的工作方法。从20世纪初至20世纪50年代，泰勒的思想和所创立的工作方法，对美国企业以及学习美国工业工程方法的企业的生产效率的提高起了不可低估的作用。

二、工作设计的原则和研究内容

(一) 工作设计的原则

工作设计应遵循以下原则：
(1) 给员工尽可能多的自主性和控制权。
(2) 让员工对自己的绩效做到心中有数。
(3) 在一定范围内让员工自己决定工作节奏。
(4) 让员工尽量负责完整的工作。
(5) 让员工有不断学习的机会。

（二）工作设计的研究内容

工作设计的研究内容包括工作内容、工作职责和工作关系的设计。

1. 工作内容

工作内容的设计是工作设计的重点，一般包括工作广度、工作深度、工作完整性、工作自主性以及工作的反馈五个方面：

（1）工作广度。即工作的多样性。工作设计过于单一，员工容易感到枯燥和厌烦，因此在设计工作时，应尽量使工作多样化，使员工在完成任务的过程中能进行不同的活动，保持工作兴趣。

（2）工作深度。设计的工作应从易到难，对员工工作的技能提出不同程度的要求，从而提高工作的挑战性，激发员工的创造力和克服困难的能力。

（3）工作完整性。保证工作的完整性能使员工有成就感，即使是流水作业中的一个简单程序，也要是全过程，让员工见到自己的工作成果，感受到自己工作的意义。

（4）工作自主性。适当的自主权力能增加员工的工作责任感，使员工感到自己受到了信任和重视，认识到自己工作的重要性，使其工作的责任心增强，工作的热情提高。

（5）工作的反馈。工作的反馈包括两个方面的信息：一是同事及上级对自己工作意见的反馈，如对自己工作能力、工作态度的评价等；二是工作本身的反馈，如工作的质量、数量、效率等。工作反馈信息使员工对自己的工作效果有全面的认识，能正确引导和激励员工，有利于工作上的精益求精。

2. 工作职责

工作职责设计主要包括工作的责任、权利、方法、相互沟通和协作等方面的内容。

（1）工作责任。工作责任设计就是员工在工作中应承担的职责及压力范围的界定，也就是工作负荷的设定。责任的界定要适度，工作负荷过低、无压力，会导致员工行为轻率和低效；工作负荷过高、压力过大，会影响员工的身心健康，会导致员工的抱怨和抵触。

（2）工作权利。权利与责任是对应的，责任越大权利范围越广，否则二者脱节，会影响员工的工作积极性。

（3）工作方法。工作方法包括领导对下级的工作方法的设计，组织和个人的工作方法设计等。工作方法的设计具有灵活性和多样性，不同性质的工作的特点不同，采取的具体方法也不同，不能千篇一律。

（4）相互沟通。沟通是一个信息交流的过程，是整个工作流程顺利进行的信息基础，包括垂直沟通、平行沟通、斜向沟通等形式。

（5）协作。整个组织是有机联系的整体，是由若干个相互联系相互制约的环节构成的，每个环节的变化都会影响其他环节以及整个组织的运行，各环节之间必须相互合作、相互制约。

3. 工作关系

组织中的工作关系，表现为协作关系、监督关系等。

以上三个方面的工作设计，为组织的人力资源管理提供了依据，保证了事（岗位）得其人、人尽其才、人事相宜；优化了人力资源配置，为员工创造了更加能够发挥自身能力的环境保障，提高了工作效率。

三、工作设计的理论依据

(一)工作设计中的社会技术理论

工作设计中的社会技术理论是由英格兰的埃里克·特瑞斯特及其研究小组首先提出来的。这种理论认为在工作设计中应该把技术因素与人的行为、心理因素结合起来考虑。如图3-2所示,任何一个生产运作系统都包括两个子系统:技术子系统和社会子系统,如果只强调其中的一个而忽略另一个,就有可能导致整个系统的效率低下,因此应该把生产运作组织看作一个社会技术系统,其中包括人、设备、物料等。生产设备、生产工艺、物流组织与控制方法反映了这个系统的技术性,而人是一种特殊的、具有灵性的投入要素,因此这个系统应该具有社会性。人与这些物质因素结合的好坏不仅决定着系统的经济效益的好坏,还决定着人对工作的满意程度,而后者对于现代人来说是很重要的。因此在工作设计中,与其说将着眼点放在个人工作任务的完成方式上,不如说应该放在整个工作系统的工作方式上。也就是说,工作小组的工作方式应该比个人的工作方式更重要。图3-2中左侧的圆代表从技术角度设计的所有可行工作方案的集合,右侧的圆代表从社会因素(心理学和社会学)角度设计的所有工作方案的集合,交叉部分代表能满足社会和技术要求的工作设计。该理论认为,最佳的社会技术设计应该在这个交叉部分之中。

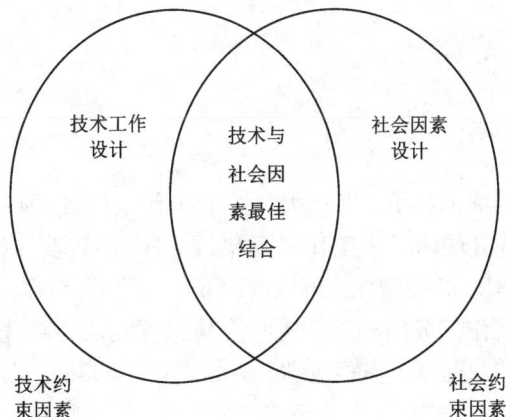

图3-2 社会技术设计

(二)工作设计中的行为理论

行为理论的主要内容之一是研究人的工作动机,这一理论对于进行工作设计而言也有直接的参考作用。人们工作的动机有多种:经济需要、社会需要以及特殊的个人需要等(感觉到自己的重要性、实现自我价值等)。人的工作动机对人如何进行工作以及对工作结果有很大的影响,如表3-3所示,马斯洛就在他的需要层次理论中明确了人的五个需要层次及激励手段。因此，在工作设计中，必须考虑到人的这些精神因素。当一个人的工作内容、范围较狭窄，或工作的专业化程度较高时，其往往无法控制工作速度(如装配线)，也难以从工作中感受到成功感、满足感。此外，与他人的交往、沟通较少，进一步升迁的机会也几乎没有(因为只会很单调地工作)。因此，像这样专业化程度高、重复性很强的工作往往容易使人产生单调感，它会导致人对工作变得淡漠，进而影响到工作结果。为了改善职工的工作和生活质量，满足职工的心理需求，克服工作专业化过细带来的弊端，国内外已经提出和应用了一些工作设计的新概念和新方法，如工作扩大化、工作丰富化和工作岗位轮换，以弥补传统的工作设计中考虑技术因素多而忽视人的需要和动机带来的不足。

表 3-3　马斯洛需要层次及激励手段表

需要层次	激励手段
自我实现的需要	让员工从事富有挑战性的工作，给予其相应的工作自主权和决策权，允许员工进行自我管理、自主控制等
尊重需要	给员工予以职位，授予其荣誉，让其在公众面前受到表扬等
社交需要	上级对下级给予关怀、体贴，提倡同事之间的友善、宽容等
安全需要	改善工作环境，完善公司政策，建立必要的事业保险、医疗保险及相应的福利保障制度等
生理需要	提供足以保证员工满足其基本需要的收入等

四、工作设计的方法

1. 工作扩大

工作扩大是指工作的横向扩大，即扩大员工的工作范围或领域，增加工作的内容，并改变员工对常规性的、重复性的简单工作感到单调乏味的状况，以改善工作和生活质量。工作扩大使岗位工作范围、责任增加，可以提高员工工作的兴趣，从而提高劳动生产率。工作扩大将增加每个人工作任务的种类，从而使其能够完成一项完整工作的大部分程序，感受到工作的意义和挑战，提高工作积极性，例如由零件的某道工序到完成整个零件甚至产品。

2. 工作丰富化

工作丰富化是指工作的纵向扩大，丰富工人在工作计划、决策参与、进度控制乃至考评奖励方面的内容，使其介入工作的管理，提高工作自主性，以获得成就感、责任感和得到认可的满足感。如对生产第一线的工人，使其负责制定作业计划、检验产品、决定设备保养和维修等工作，从而满足员工个人发展和自我实现的需要。工作丰富化较工作扩大更注重工作的内涵和性质，更注重高级心理需要的满足。工作丰富化的框架如图 3-3 所示。

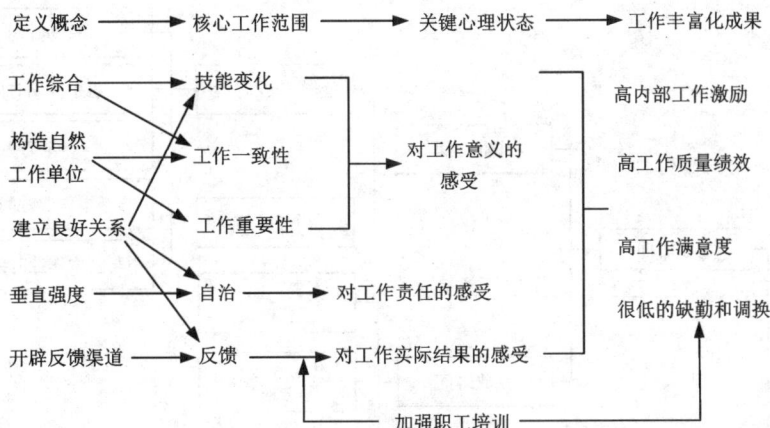

图 3-3 工作丰富化框架

3. 工作职务轮换

工作职务轮换是将员工定期地从一种工作岗位轮换到另一种工作岗位，以使员工对不同的工作有更多的了解，并消除员工长期从事单一工作的乏味感，达到提高生产效率的目的。工作轮换还有其他的好处：提高分配工作任务时的灵活性，如派人顶替缺勤的员工、支援瓶颈岗位等。员工相互交换工作岗位，可以体会到不同工作岗位的难处，有利于相互理解、相互体谅，能使整个生产运作系统更完善、更和谐、更高效。

任务三 工作测量

工作测量

一、工作测量的概念

工作测量也叫时间研究，是在一定的标准测定条件下，确定人们作业活动的时间，并制定出时间标准或定额的科学方法。其作用主要有以下几个方面：

(1) 定量比较两种或两种以上作业方法的先进程度。

(2) 制定标准工时定额，借以确定企业的生产能力。

(3) 制定标准的衡量制度和方法，更好地贯彻按劳分配原则。

二、生产时间消耗

工人在生产中的时间消耗可以分为定额时间与非定额时间两大部分。生产时间消耗的构成如图 3-4 所示。

```
                                                            ┌─────────────┐
                                                            │  机动时间   │
                                              ┌──────────┐  ├─────────────┤
                                    ┌─────────│基本作业时间│──│ 机手并动时间│
                                    │         └──────────┘  ├─────────────┤
                         ┌────────┐ │                       │  手动时间   │
               ┌─────────│作业时间│─┤                       └─────────────┘
               │         └────────┘ │         ┌──────────┐  ┌──────────────────┐
               │                    └─────────│ 附加时间 │──│ 与基本作业时间交叉│
     ┌────────┐│                              └──────────┘  ├──────────────────┤
  ┌──│定额时间││                                            │不与基本作业时间交叉│
  │  └────────┘│                                            └──────────────────┘
  │            │                              ┌──────────────┐
  │            │                    ┌─────────│布置、照管工作时间│
┌────┐         │         ┌────────┐ │         └──────────────┘
│工人│         └─────────│宽放时间│─┤         ┌──────────────┐
│的全│                   └────────┘ ├─────────│休息和自然需要时间│
│部时│                              │         └──────────────┘
│间消│                              │         ┌──────────────┐
│耗  │                              └─────────│ 准备和结束时间 │
└────┘                                        └──────────────┘
  │                                 ┌──────────────┐
  │                       ┌─────────│ 非生产工作时间 │
  │         ┌──────────┐  │         └──────────────┘
  └─────────│非定额时间│──┤         ┌──────────────┐
            └──────────┘  ├─────────│非工人造成的损失时间│
                          │         └──────────────┘
                          │         ┌──────────────┐
                          └─────────│工人造成的损失时间│
                                    └──────────────┘
```

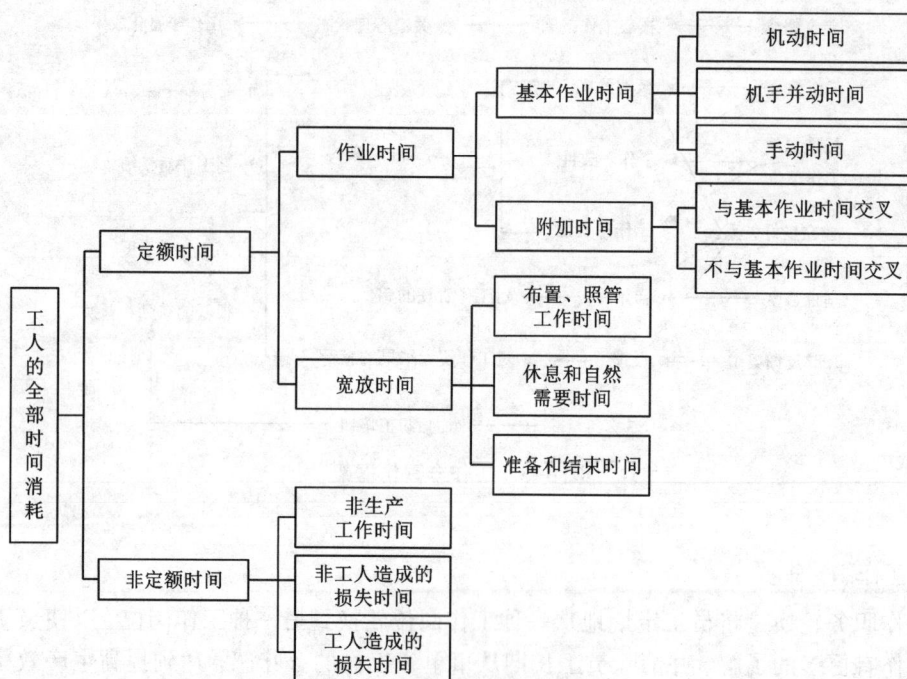

图 3-4　生产时间消耗构成图

（一）定额时间

定额时间也称产品的基本工作时间，是指完成某项工作必须消耗的时间。定额时间由作业时间和宽放时间组成。

1. 作业时间

作业时间是指直接用于完成生产任务，实现工艺过程所消耗的时间。它包括基本作业时间和附加时间。

（1）基本作业时间。

基本作业时间是指直接执行基本工艺过程，用于改变劳动对象的形状、性质、外表、重量和位置等所消耗的时间，如毛坯制造、机械加工、热处理、装配、油漆等。按性质不同，它又可分为机动时间、机手并动时间和手动时间。

（2）附加时间。

附加时间是指为保证基本工艺过程的实现而进行的辅助性操作所消耗的时间，如装卸，进刀，退刀，测量，换刀具、夹具、工具等。附加时间又可分为与基本作业时间交叉进行的附加时间和不与基本作业时间交叉进行的附加时间。这样分类是避免把同基本作业时间交叉的附加时间重复计算到工时定额中去。

2. 宽放时间

宽放时间是指劳动者在工作过程中，因工作需要、休息和生理需要，在作业时间上需要予以补偿的时间,一般以宽放率(宽放率=宽放时间/作业时间)来表示。宽放时间包括布置、照管工作时间,休息和自然需要时间,准备和结束时间。

(1)布置、照管工作时间。

布置、照管工作时间是指工人用于布置、照管工作地,使工作地经常保持正常工作状态所需要的时间。

(2)休息和自然需要时间。

休息和自然需要时间是指工人休息、喝水和上厕所等需要的时间。

(3)准备和结束时间。

准备和结束时间是指在工作时间内,工人为生产一批产品、执行一项工作,事前进行准备和事后结束工作所消耗的时间,如熟悉图纸、备料和检验机器等所耗费的时间。

(二)非定额时间

非定额时间是指在工作时间内因停工或执行非生产性作业,而不是为了完成某项工作所损失的时间。非定额时间是由各种原因引起的工时损失,因此,在制定工时定额时,这部分时间不应计入定额。非定额时间由非生产工作时间、非工人造成的损失时间、工人造成的损失时间组成。

1.非生产工作时间

非生产工作时间是指工人在工作班内从事生产任务以外的工作或不必要的工作所消耗的时间,如开会、废次品的返修等。

2.非工人造成的损失时间

非工人造成的损失时间主要指管理不善使生产活动中断而损失的时间,如作业计划与订货计划安排不当造成的时间损失。

3.工人造成的损失时间

工人造成的损失时间是指工人不遵守劳动纪律,如缺勤、迟到、早退、办私事等所造成的时间损失。

三、工时定额

工时定额也叫标准时间,是指在一定的技术状态和生产组织模式下,以普通工人的正常速度完成标准作业所需要的劳动时间。

工时定额的时间构成如下:

(一)大量大批生产条件下,可忽略准备和结束时间

在大量大批生产条件下,工作地长期固定地加工同种制品,准备和结束时间分摊给单件产品的比重很小,可以忽略不计。因此,其工时定额时间由作业时间、布置工作地时间和休息与生理需要时间三部分构成。用公式表示如下:

单件时间定额=作业时间+布置工作地时间+休息与生理需要的时间

式中的作业时间是每件产品都必要的,但布置工作地时间、休息与生理需要的时间就

不是每件产品都必要的，而是在加工了一批产品后才会发生。因此，在计算单件时间定额时需将它们均摊到每件产品中去。均摊的方法通常以其占作业时间的百分比来确定。即：

单件时间定额＝作业时间×(1+布置工作地时间百分率+休息与生理需要的时间百分率)

(二) 成批生产条件下，不可忽略准备和结束时间

在成批生产条件下，成批投入，轮番生产几种制品。每轮番生产一种制品都要消耗一次准备、结束时间。因此，在计算单件时间定额时，除了同大量大批生产条件下一样计算作业时间、布置工作地时间和休息与生理需要时间三部分外，还要核定每批次的准备与结束时间，并把它按批量均摊到每一制品的时间定额中去。用公式表示如下：

单件时间定额＝作业时间×(1+布置工作地时间百分率+休息与生理需要的时间百分率)+准备与结束时间/批量

(三) 单件生产条件下，不可忽略准备和结束时间

在单件生产条件下，每一件产品几乎都同时有作业时间、布置工作地时间、休息与生理需要时间、准备与结束时间等消耗。而且，其作业时间、准备与结束时间占主要部分。因此，为了简化时间定额工作，可将其时间定额的计算用如下公式表示：

单件时间定额＝单件作业时间×(1+布置工作地时间百分率+休息与生理需要的时间百分率)+准备与结束时间

例 3-1：某车间在某车床上加工某产品，经实地测量和统计分析，其单件作业时间为30 分钟，布置工作地时间和生理需要时间共占单件作业时间的 10%，准备与结束时间为30 分钟，若成批生产的批量为 100 件，问：在三种不同生产组织条件下的单件工时定额分别为多少较合适？

解：(1)用公式求出在大量生产条件下，其单件工时定额为：

单件时间 = 30×(1+10%) = 33(分钟)

(2)用公式求出在成批生产条件下，其单件工时定额为：

单件时间 = 30×(1+10%)+30/100 = 33.3(分钟)

(3)用公式求出在单件生产条件下，其单件工时定额为：

单件时间 = 30×(1+10%)+30 = 63(分钟)

四、工作测量方法

(一) 秒表法 (测时法)

秒表法，又称测时法。这种方法利用秒表或其他计时工具，实际测量完成一件工作所需要的各种操作活动的时间消耗，再把实际情况与标准情况进行对比，得出工作(速度)的评定系数和宽放数据等，然后利用这些数据计算出作业标准时间。

其基本过程如下：

（1）选择观测对象。

被观测的操作者应是一般熟练工人，避免选择非熟练和非常熟练的人员。

（2）划分作业操作要素，制定测时记录表。

（3）记录观测时间，剔除异常值，并计算各项作业要素的平均值。

$$\text{平均时间}(t_i) = (\sum t_{ij})/n \quad (\text{对} i \text{要素的} j \text{次观察}, j = 1, 2, \cdots, n)$$

（4）计算作业的观察时间，等于该作业的各项作业要素平均时间之和。

$$\text{作业的观察时间} = \sum t_i \quad (i = 1, 2, \cdots)$$

（5）效率评定，计算正常作业时间。

效率评定是研究人员将所观察到的操作者的速度与自己理想的速度做的对比。评定系数指研究人员理想中的正常时间占实测时间的百分比。

$$\text{正常作业时间} = \text{作业的观察时间} \times \text{评定系数}。$$

（6）考虑宽放率，确定标准作业时间。

$$\text{标准作业时间} = \text{正常作业时间} \times (1 + \text{宽放率})$$

例 3-2： 为了制定新的时间标准，观察某工人用车床加工一种零件的时间。将该作业分解为 5 个作业要素进行观察，把零件置于卡盘并压紧，然后开车与进刀、车削、关车与退刀，然后卸下零件。以开车与进刀为例，共观察 60 次，那么开车与进刀的平均时间 = 每次观察的时间之和/60，以此类推，得到各项作业要素的平均值，如表 3-4 所示。

表 3-4 各项作业要素的平均值

作业要素	要素的平均时间/秒
把零件置于卡盘并压紧	13.2
开车与进刀	3
车削	27
关车与退刀	12
卸下零件	12.8

计算出：作业的观察时间 = 13.2+3+27+12+12.8 = 68（秒）

研究人员认为，该工人比正常情况下快 15%，那么，正常作业时间 = 68×（1+0.15）= 78.2（秒）。

研究人员认为，如果该工人以 90% 的速度工作，那么正常作业时间 = 68×0.9 = 61.2（秒）。

通过调查研究发现，个人生理需要时间占正常时间的 4%，疲劳时间占正常时间的 5%，不可避免的耽搁时间占正常时间的 3%，那么，标准作业时间如下：

$$\text{宽放率} = 4\% + 5\% + 3\% = 12\%$$

$$\text{标准作业时间} = 78.2 \times (1 + 0.12) = 87.58（秒）$$

（二）工作抽样法

1. 工作抽样法概述

工作抽样法，也叫瞬时观测法，指研究人员选择随机时刻对现场操作者或设备的工时利用情况进行瞬时观察，记录其从事某类工作的情况，再运用概率及数理统计方法，通过可靠度和准确度计算，推定观察对象总体的工时利用情况。

工作抽样法是由英国统计学家蒂皮特在 1934 年运用统计学和概率论的理论发明的。他在纺织厂采用抽样技术调查织布机的开动率和工时利用率，并将研究成果公开发表，将其命名为"快读法"。1940 年，美国动作研究专家莫罗用此法代替了传统的工作日写实，并认为测定正常时间应加上宽放系数，他称其为"比例延迟研究"。莫罗的研究实践引起了其他一些动作时间研究专家的注意，并开启了工作抽样研究。1956 年，动时研究专家巴恩斯将部分论文编辑成册，以《工作抽样》为名出版，介绍了工作抽样的基本原理和大量的实用案例。从此，工作抽样成为广泛应用于医院、商店、学校、银行及行政机关等单位工时研究的主要技术。

2. 工作抽样法的特点

工作抽样法的特点是采用间断观测方式，不是记录观测的时间，而是记录对观测到的事件性质（如工作还是停工）做出的判断结果，所以操作方便、简单省时，不需要专门的观测工具，资料也容易整理。观测的精度可以控制，只要根据需要确定一个精度，就可计算出达到该精度所需要的观测次数。工作抽样的观察时间可以延长，次数可以达到成百上千次，因而得出的结论更有代表性，容易为人们接受。但这种方法有局限性，只能用于工作状态的时间分析，不适于工作过程的时间分析。

3. 工作抽样的步骤

工作抽样的步骤如下：

（1）确定调查目的。

（2）确定调查项目。

（3）确定观测方法。

（4）确定观测天数和一天的观测次数。观测时间长短由必要观测次数决定。一名观测者一次巡回次数为 20~40 次。一般来说，每天观测次数相同。

（5）确定观测时刻。观测时刻应尽可能保持随机性。观测时刻可分为不等间隔和等间隔两种。不等间隔观测时刻是由随机方法确定的。等间隔观测时刻，仅开始时刻是随机确定的。周期性作业最好采用不等间隔观测。

（6）计算观测次数。观测次数越多，则越可得到精确的结果，但观测次数增多，会使调查费用增加。一般工作抽样观测中可靠度取 95%，观测次数计算公式为：

$$N=\frac{4\times(1-P)}{S^2\times P}$$

式中：N—观测次数；P—观测事项发生率；S—相对误差。

（7）观测记录的整理和计算。每天应对观测记录的数据加以整理，计算出当日的发生率，计算累计观测次数和累计发生率。

$$观测事项发生率(P)=\frac{X}{N}\times100\%$$

式中：X—该事项发生次数；N—观测总数。

（8）去舍异常值。

（9）检验准确度。

$$S=2\sqrt{\frac{(1-P)}{P\times N}}$$

式中：S—检验精确度。

如果观测结果的 S 值小于规定的相对误差，则说明能满足准确度的要求；否则应补充观测次数。

（10）观测结果分析。汇总结果，加以分析。根据需要提出改进方案或制定标准。

（三）预定时间标准法（predetermine time system，PTS）

1. PTS 法概述

PTS 法把人们所从事的所有作业都分解成基本动作单元，对每一种基本动作都根据它的性质与条件进行详细观测，制成基本动作的标准时间表。当要确定实际工作时间时，可以把作业分解为这些基本动作，以基本动作的标准时间来查出相应的时间值，累加起来作为正常时间，再适当考虑宽放时间，即得到标准作业时间。

2. 使用 PTS 法制定工作标准的步骤

使用 PTS 法制定工作标准的步骤如下：

（1）将工作或工作单元分解成基本动作；

（2）决定调节因素，以便选择合适的表格值，调节因素包括重量、距离、物体尺寸以及动作的难度等；

（3）合计动作的标准时间，得出工作的正常时间；

（4）在正常时间上加上宽放时间，得出标准工作时间。

3. MTM 法

PTS 法有好几种，根据基本动作的分类与使用时间单位的不同而不同，使用最广泛的一种是 MTM 法（methods of time measurement）。在 MTM 法中，也有若干种基本动作标准数据，这里介绍其中最精确的一种——MTM-1。在这种方法中，将基本动作分为表 3-5 中的 8 种。

表 3-5　MTM-1 的基本动作分类

基本动作	基本动作
伸手	移动
施压	抓取
放置（定位、对准）	解开
放手	转动

用微动作研究方法对一个样本人员在各种工作中的动作加以详细观测，然后考虑不同工作的变异系数可以计算出基本动作的标准时间。表3-6是美国MTM标准研究协会制作的"移动"动作的标准时间。

表3-6　美国 MTM 标准研究协会制作的"移动"动作的标准时间

移动距离（英寸）	时间（TMU）			重量允许值			不同移动情况
	A	B	C	重量/kg	移动因子	静态常（TMU）	
0	2.0	2.0	2.0	2.5	1.00	0	A 移动物体至另一只手
1	2.5	2.9	3.4				
2	3.6	4.6	5.2	7.5	1.06	2.2	
3	4.9	5.7	6.7				
4	6.1	6.9	8.0	12.5	1.11	3.9	
5	7.3	8.0	9.2				
6	8.1	8.9	10.3	17.5	1.17	5.6	
7	8.9	9.7	11.1				
8	9.7	10.6	11.8	22.5	1.22	7.4	B 移动物体至另一大致位置
9	10.5	11.5	12.7				
10	11.3	12.2	13.5	27.5	1.28	9.1	
12	12.9	13.4	15.2				
14	14.4	14.6	16.9	32.5	1.33	10.8	
16	16.0	15.8	18.7				
18	17.5	17.0	20.4	37.5	1.39	12.5	
20	19.2	18.2	22.1				
22	20.8	19.4	23.8	42.5	1.44	14.3	C 移动物体至另一精确位置
24	22.4	20.6	25.5				
26	24.0	21.8	27.3	47.5	1.50	16.0	
28	25.5	23.1	29.0				
30	27.1	24.3	30.7				

这里所用的时间测量单位是 TMU（time measurement unit，TMU），1TMU 等于0.0007min。这个表中的标准时间考虑了移动重量、移动距离以及移动情况三种因素，因素不同，所需的标准时间也不同。例如，有这样一个动作，需要用双手将一个重18磅的物体移动20英寸，移到一个确切的位置上，在该动作发生前两手无动作。为了得到这个动作的标准时间，首先应该根据对移动情况的描述确定该动作属于哪种情况。从表中的三种情况描述可知，该动作属于C，然后，根据移动距离为20英寸，从20英寸的行和C列的交叉处找到该动作所需时间为22.1TMU。现在，还需要根据重量对刚才所查出的时间做一些调整。因为该动作是用两手移动18磅的物体，每只手为9磅，在表中的重量允许范围之内，处于7.5与12.5之间，因此，动态因子为1.11，静态常数（TMU）为3.9。这样该动作的标准时间可按下式计算：

TMU 表格值×动态因子+静态常数 = 22.1×1.11+3.9≈28TMU。

每一种基本动作都有类似的表格。这些标准数据是经严格测定、反复试验后确定的，其科学性、严密性都很高,而且有专门的组织制定这样的数据,表 7-5 的数据就是美国 MTM 标准研究协会制作的。

要点巩固

参考答案

一、选择题

1. 从整个产品制作过程出发,通过现场考察,根据需要绘制不同的工作程序图的方法是(　　)。

A. 程序分析　　　　　B. 作业分析　　　　　C. 动作研究　　　　　D. 工作研究

2. 从对象的总体过程出发,深入研究劳动者的每一个细小的操作动作,探寻节约人力、物力和财力消耗的最佳程序和方法是(　　)。

A. 作业分析　　　　　B. 动作研究　　　　　C. 工作研究　　　　　D. 方法研究

3. 5W1H 的方法包括(　　)。

A. 原因　　　　　B. 对象　　　　　C. 地点　　　　　D. 时间

E. 人员　　　　　F. 方法　　　　　G. 以上都是

4. ECRS 中的 E 是指什么?(　　)

A. 取消　　　　　B. 合并　　　　　C. 重组　　　　　D. 简化

5. (　　)是指工作的纵向扩展,即给予员工更多的责任和更多参与决策和管理的机会。

A. 工作丰富化　　　　　B. 工作扩大化　　　　　C. 工作职务轮换　　　　　D. 工作调换

6. 工作研究中的人指哪些?(　　)

A. 工作研究人员　　　　　B. 作业人员　　　　　C. 管理人员　　　　　D. 以上都是

7. 马斯洛需要层次理论中的第一层次是(　　)。

A. 自我实现的需要　　　　　B. 尊重需要　　　　　C. 社交需要　　　　　D. 安全需要

F. 生理需要

8. 宽放时间不包括哪个?(　　)

A. 布置、照管工作时间　　　　　B. 休息和自然需要时间　　　　　C. 基本作业时间

D. 准备和结束时间

9. 哪种生产条件下不可忽略准备和结束时间?(　　)

A. 大量大批生产条件　　　　　B. 成批生产条件　　　　　C. 单件生产条件

10. 工作测量方法主要包括(　　)。

A. 秒表法　　　　　B. 工作抽样法　　　　　C. 预定时间标准法　　　　　D. 以上都是

二、简答题

1. 工作研究包括哪些内容?

2. 工作设计的理论依据是什么?

3. 生产时间消耗由哪几部分组成?

4. 时间研究的方法有哪几种?

5. 简述动作研究的方法。

三、案例分析题

学校食堂饭菜出售流程分析

食堂是学校的重要公共设施，是师生的重要生活场所，在就餐高峰时期常常人满为患，给师生的生活带来不便。运用工作研究方法对食堂加以改进，可以改善现状，提高服务质量和管理水平。工作研究主要采用"取消、合并、重排、简化"四大原则和提问技术，由粗到细地进行分析改进。

某大学分校共有 5000 多名师生，七食堂为该校区内最大的食堂，是师生就餐的主要场所。食堂一楼餐厅室内可使用平面面积为 4738 平方米，共有餐桌 93 张，可以同时供372 人就餐。由于学校作息时间统一，就餐时间比较集中，在就餐高峰时期，餐厅比较拥挤。

改进前餐厅的布局如图 3-5 所示。

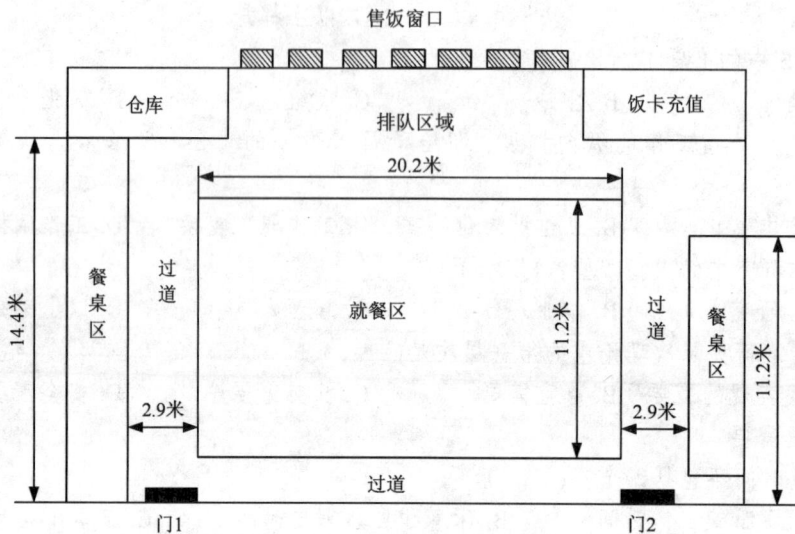

图 3-5 餐厅布局图

通过观察，一楼餐厅整体布局比较合理，基本上能够满足校区师生就餐的需要，只有少数几个不合理的地方，加以改进将使餐厅最大限度地发挥效益。不合理之处在于在就餐高峰时期，售饭窗口前等待排队的人数较多，最多时有二十余人，再加上餐桌位置离售饭窗口较近，等待排队就餐的同学不得不将队伍排到餐桌间的走廊里，秩序较为混乱。排队的同学和在附近餐桌就餐的同学都感到很拥挤，时有买好饭菜的同学在端着餐具往回走时将饭菜溅到旁边餐桌吃饭的同学身上。因此，靠近排队队伍的餐桌一般很少有人使用，利用率不高。

在餐厅两个入口处的餐桌，利用率也比较低。有很多同学将自己携带的物品，如书包、水瓶等放在餐桌上，使本来就略显紧张的餐桌更显紧张。很多在高峰期就餐的同学会尴尬地发现，在等候较长时间排队、买好饭菜后，却没有空闲的餐桌可供就餐。

工作人员在售饭窗口的操作速度是决定窗外排队人数的关键因素。提高操作速度比改进餐厅的布局更为重要。将操作人员的动作分解成若干基本动作，再利用5W1H提问方法，可以发现某些动作的不合理之处。主要存在的问题是餐具与盛饭饭桶的距离太远，操作不够方便；操作人员盛菜时的询问比较烦琐，效率不高。

讨论：

请提出改进意见，并画出改进后的餐厅布局图。

UPS 的工作测量

UPS 是一家全球性的快递企业，是世界上最大的快递承运商与包裹递送公司，同时也是运输、物流、资本与电子商务服务的领导性的提供者。约瑟夫(男)是 UPS 公司的一位司机，手臂夹着一个包，从他的棕色传送车出来，向办公大楼走去。他身后几步是库娃(女，一位 UPS 工业工程师)，手中拿着一个数字计时器。她的眼睛紧盯约瑟夫，对约瑟夫的步数进行计数，并测定他同顾客打交道的时间。库娃在书写板上记录了等红灯、交通阻塞、过弯路、按门铃、经过走道、爬楼梯、喝咖啡等所消耗的时间。她说："如果约瑟夫到卫生间，我们也给他计时。"

每年有 75000 名 UPS 司机行驶 1.8×10^9 mi(1 mi $= 1.609344$ km)，每天载运 1.1×10^6 个包裹。UPS 司机平均每天驶出驶进 200 次。不必要的步骤和非直接的路线降低了司机的工作效率，从而影响了对顾客的服务质量。每天节约 1 分钟，公司一年就可以节省 500 万美元。因此，UPS 每年都会在司机合理有效而安全的工作方法培训方面下很大力气。

在 UPS，大约有 200 个工业工程师通过对司机线路进行时间研究，提供作业方法指令，以保证为顾客提供有效和可靠的服务。他们已经对司机的工作进行了非常详尽的测量。UPS 除了开发特定的工作方法，还为司机提供具有如下特点的传送车：圆顶形车座可以使司机很轻易地离开和坐上车座；位于后车轮后面的倾斜车板可以减少车的后部同地面的距离，很方便地进入；舱壁型车门能够很轻易地进入包裹分隔间，节省了司机选择包裹的时间。

讨论：

1. 结合案例，谈谈生产时间消耗的构成。

2. 谈谈工时定额的意义。

▶ **课堂延伸**

富爸爸的故事

从前有一个奇异的小村庄，村庄里没有任何水源，除此之外，这里可是人们生活的好地方。为了从根本上解决这个问题，村里的长者决定对外签订一份送水合同，以便每天都能有人把水送到村里。有两个人愿意接受这份工作。于是，村里的长者把这份合同同时给了这两个人。因为他们知道，一定的竞争有益于保持低价，同时又能确保水的供应。得到合同的两个人中有一个叫艾德。他立刻行动了起来，他买了两只镀锌的大号钢桶，每日奔波于湖泊和村庄之间。他用桶从湖中打水并将其运回村庄，再把打来的水倒在村民修建的一个结实的大蓄水池中。每天早晨，他必须起得比其他村民早，以便当村民需要用水时，蓄水池中已有足够的水供他们使用。由于起早贪黑地工作，艾德很快就赚到了钱。尽管这是一项相当艰苦的工作，但是艾德很高兴。因为他能不断地赚钱，并且他对能够拥有两份专营合同中的一份而感到满意。

另外一个获得合同的人叫比尔。然而令人奇怪的是，自从签订合同后比尔就消失了。几个月过去了，人们没有看见过比尔。这更令艾德兴奋不已，由于没有竞争，他赚到了所有的水钱。

比尔干什么去了呢？原来他没有像艾德那样买桶自己干。相反，他做了一份详细的商业计划，并凭借这份计划找到了四位投资者，和他一起开了一家公司，并雇用了一位职业经理。六个月后，比尔带着一个施工队和一笔投资回到了村庄，花了整整一年时间修建了一条由村庄通往湖泊的大容量的不锈钢管道。

在隆重的竣工典礼上，比尔宣布他的水比艾德的水更干净！因为他知道，有许多人抱怨艾德的水中有灰尘。比尔还宣称，他能够每天 24 小时、一星期 7 天不间断供水，而艾德却只能在工作日送水，因为他在周末需要休息。同时，比尔还宣布对这种品质更高、供应更为可靠的水，他收取的价格比艾德的低 75%！于是村民们欢呼雀跃奔走相告，并立刻要求从比尔的管道上接水龙头。

为了与比尔竞争，艾德也立即将水价降了 75%，并又买了两个桶。为了减少灰尘，每个桶都加了盖子。为了更好地服务，他雇用两个儿子帮忙以便通过轮休在夜间和周末工作。当他的儿子们要离开村庄去上学时，他深情地对他们说："快回来吧，因为有一天这份工作将属于你们。"由于种种原因，他的儿子们上完学后没有回来。艾德不得已雇了帮工，可又遇到了令他头疼的工会问题。工会要求他付更高的工资，提供更好的福利，并要求减轻劳动强度，允许工会成员每次只送一桶水。

此时，比尔却在思考：如果这个村庄需要水，其他有类似环境的村庄一定也需要水。于是，他重新制定了他的商业计划，开始向全国甚至全世界的村庄推销他的快速、大容量、低成本且卫生的送水系统。虽然每送一桶水，他只赚 1 便士，但是，每天他能送几十万桶水。无论他自己是否工作，几十万人都要消费这几十万桶水。而所有这些钱便都流入了比尔的银行账户中。显然，比尔不但开发了使水流向村庄的管道，而且还开发了一个使钱流向自己钱包的管道！

思考题：

1. 你认为此时的艾德在想些什么呢？他该怎么办呢？

2. 如果是你，你该怎么办？

生产计划管理

学习目标

1. 理解生产能力的定义、生产能力的类型；
2. 掌握主生产计划的程序；
3. 掌握生产作业计划的基本计算方法；
4. 理解 MRP 的内容。

先导案例

车企跨界造口罩

2020 年 2 月 16 日，长安汽车宣布援产口罩，助力打赢新型冠状病毒肺炎疫情攻坚战。这是又一家加入口罩生产大军的车企。此前，已有比亚迪、广汽、上汽通用五菱等多家车企跨界口罩生产。从想法提出，到第一批口罩下线，上汽通用五菱仅仅用时 3 天。

上汽通用五菱汽车股份有限公司通过联合供应商和自建生产线的形式，转型生产防护口罩。第一批防护口罩已于 2020 年 2 月 13 日生产完成，2 月底产能达到日均 200 万只。

车企跨界造口罩靠谱吗？其实，汽车厂造口罩还真很有基础。

首先，车间改造相对容易。比起造火神山、雷神山医院，汽车厂不用重新盖房子、铺管线，现成的厂房只需要简单改造一下，两三天基本就能完成生产线的安装调试。业内人士透露，用于生产 N95 口罩的一整套全自动杯型口罩成型机，市场价格在 30 万元左右；用于生产普通医用口罩的设备则更便宜，一套大约 15 万元。对于投入动辄过数十亿元的汽车厂来说，即使上马 10 条生产线，也不过是"九牛一毛"。与此同时，口罩机又比汽车生产线小巧得多。从原材料入料到成品完成，一个人站在机器前就能够独立控制生产，效率还很高。有人笑言，在匀出了 100 个员工生产口罩后，工厂还不耽误正常的汽车生产。况且，对于这些大型汽车生产企业来说，口罩机的价格也不贵。

其次，原材料有共通性。口罩和汽车，表面上看风马牛不相及，实则共用一种原材料。大家知道，一般医用外科口罩有三层结构，外层防液体飞溅，中层阻挡细菌，内层吸收佩戴者释放的湿气，其主要原料是聚丙烯纤维无纺布。而车用高分子吸音隔音材料——吸音棉也分为 3 层，第一层和最后一层也是聚丙烯纤维无纺布。现在生产一辆汽车，要用到 20 平方米，折合重量为 15 至 20 千克的聚丙烯纤维无纺布。可以说，汽车厂造口罩，原料也是现成的。

最后，产品质量能保证。虽然操作机器变了，但口罩生产工艺并没有制造汽车的工艺复杂。只要严格按照要求生产和监管，品控也不会有太大难度。业内人士表示，口罩生产工艺的确不复杂，复杂之处在于，其对生产环境要求严格。生产口罩，尤其是医用口罩，车间必须"无尘"。但，这对于汽车生产企业并不难做到。要知道，在很多汽车工厂的涂装车间，"无尘"早已是标配。

(来源：摘自《光明网》，2020 年 02 月 17 日)

思政导言

一场突如其来的新型冠状病毒肺炎疫情牵动着全国人民的心，随着防疫工作的持续开展，全国许多地区都面临着非常严峻的医疗物资短缺问题。在疫情面前，各大车企都表现出了很强的担当感。大部分车企选择捐钱或者捐物资，也有的车企加班加点地生产医疗保障用车来支援抗"疫"前线。与此同时，也有部分车企，另辟蹊径转型生产口罩，"意外"地成了大众关注的焦点。越来越多的车企不把关注点放在成本和盈利上，积极转身投入这场没有硝烟的战"疫"之中，这体现出了中国汽车产业作为"国之重器"应有的担当。

理论精讲

任务一　计算生产能力

初步认识生产计划管理

一、生产能力的概念

生产能力是指一定时间内直接参与企业生产进程的固定资产（如厂房、机器等）在既定的组织技术条件下，所能生产一定种类的产品或加工处理一定原材料的最大能力。

生产能力与直接参与生产的固定资产、劳动力和原材料的供应数量都有关系，但为了正确地计算固定资产的生产能力，应当把劳动力人数和原材料的供应数量等影响生产力的要素去掉，即假定劳动力人数合理配备、原材料供应充分，且都符合生产需要的条件。

二、生产能力的种类

生产能力计划

企业生产能力根据用途，一般分为三种：

1. 设计生产能力

设计生产能力是指企业设计任务书和技术设计文件中所规定的生产能力，是根据企业开始建厂时，工厂设计任务书中所规定的工业企业的产品方案和各种设计数据来确定的。这是一种潜在的能力。

（1）设计生产能力是设备在制造时，或车间、工厂在建设时就已被赋予的最大生产能力。

（2）一般在企业投入生产以后，需要有一个熟悉和掌握技术的过程以达到设计能力。例如，企业在投产初期，由于工人没有完全掌握设备工艺技术，再加上设备自身也处于磨合期，设备不能正常运行，设备的设计能力得不到充分发挥，这时的实际生产能力往往小于设计生产能力。

（3）设计生产力是可以被突破的。当生产技术人员完全掌握了设备工艺技术后，就可以通过适当的技术改造（包括设备改造和生产设施改造等）提高设计生产能力。例如当生产技术人员在完全并熟练掌握设备技术和生产规律后，就可以通过对瓶颈设备实施技术改造，提高瓶颈设备的生产能力，从而提高整套设备的生产能力，即突破原成套设备的设计能力。这也是企业设备管理部门的一项重要工作内容。

2. 查定生产能力（实际生产能力）

查定生产能力是指企业在没有设计能力资料，或虽有设计能力资料，但由于企业产品方案和技术组织条件发生重大变化，原设计能力已不能正确反映企业生产能力水平时，重

新调查核定的生产能力。这种生产能力是根据企业现有条件,并且考虑到企业在查定期内所采取的各种措施的效果来计算的。查定生产能力可以因条件不同而大于或小于其设计生产能力。查定生产能力是企业编制生产计划的基本依据。

(1)企业所拥有的设计生产能力往往会由于企业员工技术素质、资金、能源及原材料供应,以及技术改造等方面的原因而得(不)到充分发挥,使查定生产能力大(小)于设计生产能力。

(2)影响实际生产能力的主要因素有员工技术熟练程度、技术改造、工艺调整、产品结构调整、能源及原材料供应、资金实力等。例如,能源及原材料供应紧张或企业资金紧张,导致企业不能正常生产,从而使企业的查定生产能力小于设计生产能力;又如,由于企业实施了技术改造,提高了瓶颈设备的生产能力,或通过调整工艺流程,提高了生产效率,从而使企业的查定生产能力大于设计生产能力;再如,由于企业采用外包策略,大大提高了企业的供给能力,也使企业的查定生产能力大于设计生产能力。

3. 计划生产能力

计划生产能力是指企业在计划期内依据现有生产技术条件能够达到的实际生产能力。一般情况下,计划生产能力受实际生产能力和市场需求两方面因素的影响,是查定生产能力与市场需求平衡后的结果。例如,某企业的查定生产能力是 10000 件/年,该企业通过市场调查预测市场需求为 8000 件/年,则该企业在年度生产计划中规定要达到的实际生产能力就可能是 8000 件/年~10000 件/年范围内的任意值。

计划生产能力可能大于、小于或等于查定生产能力。它反映的是查定生产能力的利用情况。例如,某食品加工企业的查定日生产能力为 10 吨,但自进入销售淡季以来,市场需求锐减,现在仅有间断性少量订单,该企业就将计划生产能力由正常时的 10 吨/日调整为 2 吨/日。又如,某企业的查定月生产能力为 300 平方米,由于市场开拓有效,使月度市场需求增加到 400 平方米。该企业为满足市场需求,将计划生产能力设定为 400 平方米,并通过外包或加班的方式来实现。

上述三种生产能力,各有不同的用途。当确定企业的生产规模、编制企业的长期计划、安排企业的基本建设计划和采取重大的技术组织措施的时候,应当以企业查定生产能力为依据。而企业在编制年度的生产计划、确定生产指标的时候,则应当以企业的现有生产能力作为依据。因此,现有生产能力定得是否准确,对生产计划的制定有直接影响。本项目后续内容所说的生产能力,就是指现有生产能力。

生产能力是编制生产计划的一个重要依据,但并不是全部依据。企业在按照市场需要编制生产计划的时候,不但要根据企业固定资产的生产能力,而且要考虑原材料的供应情况,考虑其他有关条件的因素。不考虑这些,就不能编制一个好的生产计划。如果把工业企业的生产能力和生产计划混同起来,用生产能力去代替生产计划,或者用生产计划代替生产能力,那么在前一种情况下,就会忽视机器设备等固定资产和劳动力、原材料等其他生产要素之间的比例关系,给生产带来不良的影响;在后一种情况下,就会把考虑到劳动人数和原材料供应等因素的影响而计算出的生产水平当作企业固定资产的生产能力,这样不利于促使企业挖掘生产潜力。

三、影响生产能力的因素

企业生产能力的大小受到许多技术经济因素的影响，如产品品种的多少，产品结构的复杂程度，质量要求，零部件标准化、通用化水平，机器设备的数量、性能、状况、组成和利用程度，有效生产面积的大小，工艺方法和专业化程度，生产组织和劳动组织形式，员工业务技术水平和劳动积极性等。把这些因素归纳起来，可以分为三个方面，即决定生产能力的三个基本因素。

1. 生产中固定资产的数量

生产中固定资产的数量通常是指计划期内用于产品生产的全部设备和生产面积。全部设备是指企业拥有的全部能够用于生产的机器设备数，包括现有的全部能用于生产的设备，不论是运转的、待修的、正在修理的、已到厂尚待安装的，还是因为任务不足而暂停使用的，但不包括规定为备用的设备、已批准决定封存报废的设备以及出租或变价转让的设备。生产面积包括厂房、其他生产用建筑物和场地的面积。一切非生产用房屋面积和场地都不应列入生产能力计算范围。

2. 固定资产的工作时间

固定资产的工作时间是指有效工作时间，与企业规定的工作班次、轮班工作时间、全年工作日数以及轮班内工人的休息制度等直接相关。在连续生产的条件下，则按全年日历天数，每日 3 班、每班 8 小时计算。在间断生产条件下，则从日历时间中扣除节假日，每日工作两班，再扣除设备所需的必要的停工时间。季节性生产企业的工作时间应按全年可能的生产天数计算。

3. 固定资产的生产效率

固定资产的生产效率是指单位设备的产量或单位产品的台时定额。生产效率受产品品种构成、产品结构、质量要求、加工工艺方法、员工业务技术水平等一系列因素的影响。因此，它是影响生产能力的三个因素中最易变化，而且变化幅度最大的因素。计算生产能力时所用的定额，应充分反映先进的技术因素和组织因素。

四、生产能力的核定

企业生产能力水平是由生产中的固定资产的数量、固定资产的工作时间和固定资产的生产效率三个因素决定的。企业生产能力的核定，应从基层开始。一般说来，可以分为两个阶段：首先查定班组、工段、车间各生产环节的生产能力；然后，综合平衡各个生产环节的生产能力，核定企业的生产能力。

1. 设备组生产能力的计算

$$M = F_e \times S \times P \text{ 或 } M = \frac{F_e \times S}{t}$$

式中：M—设备组的生产能力；F_e—单位设备有效工作时间；S—设备数量；P—产量定额；

t—时间定额。

2. 作业场地生产能力的计算

$$M = \frac{F_e \times A}{a \times t}$$

式中：A—生产面积；a—单位产品生产面积。

3. 联动机生产能力计算

采用连续开动的联动机生产时：

$$M = \frac{G \times K \times F_e}{T}$$

式中：G—原料重量；K—单位原料的产量系数；T—原料加工周期的连续时间。

4. 流水线生产能力计算

$$M = F_e / R$$

式中：R—节拍。

五、多品种生产条件下生产能力的计算方法

对于单一品种产品的生产能力可以直接按设备组生产能力的计算公式计算，当设备组（或工作地）生产多种品种时，由于产品品种结构的差异，不能简单地把不同品种产品的产量相加，而必须考虑品种之间的换算。在多品种情况下，企业生产能力的计算方法主要有代表产品和假定产品等。

(一) 以代表产品计算生产能力

以代表产品计算生产能力，首先是选定代表产品。代表产品是反映企业专业方向、产量较大、占用劳动较多、产品结构和工艺上具有代表性的产品，下面举例说明代表产品法。

例 4-1：某机加工企业生产 A、B、C、D 四种产品，各种产品在车床组的台时定额分别为 40 台时、60 台时、80 台时、160 台时，车床组共有车床 12 台，两班制生产，每班工作 8 小时，年节假日为 59 天，设备停修率为 10%。试求车床组的生产能力。

解：以 C 产品为代表产品，则车床组的生产能力为：

$$M = \frac{F_e \times S}{t} = \frac{(365-59) \times 8 \times 2 \times (1-10\%) \times 12}{80} \approx 660 \text{（台）}$$

计算设备组的生产能力之后，为了使生产任务平衡，还需要将各种产品的计划产量折合为代表产品的产量，将其总和与生产能力进行比较。具体产品折合为代表产品产量，其换算表如表 4-1 所示。

设备负荷系数 $(\eta) = 600/660 = 0.909$，$\eta < 1$，即车床组能力大于计划产量。

表 4-1　某企业具体产品—代表产品换算表

产品名称	计划产量/台	单位产品台时定额/台时	代表台时定额/台时	换算系数	折合产量/台
A	100	40		0.5	50
B	200	60		0.75	150
C	300	80	80	1	300
D	50	160		2	100
合计					600

(二) 以假定产品计算生产能力

在企业产品品种比较复杂，各种产品在结构、工艺和劳动量差别较大，不易确定代表产品时，可采用以假定产品计算生产能力。计算步骤如下：

(1)确定产品的定额。

假定产品台时定额 = $\sum$ (具体产品台时定额×该产品产量占总产量的百分比)

(2)计算设备组生产假定产品的生产能力。

以假定产品为单位的生产能力 = 设备台数×单位设备有效工作时间/假定产品的台时定额

(3)根据设备组假定产品的生产能力，计算出设备组各种计划产品的生产能力。

计划产品的生产能力 = 假定产品的生产能力×该产品占总产量的百分比

例 4-2：某机加工企业生产 A、B、C、D 四种产品，各产品在车床组的台时定额及计划产量如表 4-2 所示。设备组共有车床 16 台，每台车床的有效工作时间为 4400 小时，试用假定产品计算车床组的生产能力。

解：详细计算及结果见表 4-2。

表 4-2　某企业各车床组生产能力计算表

产品名称	计划产量/件	各种产品占总产量的比重/%	在车床上的台时定额/小时	假定产品的台时定额/小时	生产假定产品的能力/台	折合成具体产品的生产能力/台
(1)	(2)	(3)	(4)	(5)=(3)×(4)	(6)	(7)=(6)×(5)
A	750	25	20	5		880
B	600	20	25	5	$\dfrac{4400 \times 16}{20}$	704
C	1200	40	10	4		1408
D	450	15	40	6		528
合计	3000	100		20	3520	3520

六、生产能力的平衡

生产能力的平衡是指企业通过必要而有效的措施，将实际生产能力与生产计划需求进行协调，以使其保持基本一致的状态的活动。

开展生产能力平衡的基本思路是：依据生产计划需求和实际生产能力，通过调整计划需求、调整生产能力或将生产能力与生产计划需求同时调整等措施，使计划需求能力与实际生产能力趋于一致。

平衡生产能力的措施包括短期措施和长期措施。其中，长期措施主要有新增设备设施、实施设备技术改造等。下面重点介绍短期生产能力平衡的主要措施。

1. 利用库存调节

这种方法主要适用于产品具有季节性淡旺季销售特点的企业和短期预防异常因素影响市场供应的情况。

例如，空调机的销售旺季为 6 月、7 月、8 月三个月，为满足销售旺季的市场需求，空调机生产企业除了在旺季开足马力生产外，还会在淡季时有计划地多生产一些空调机储存起来，以弥补旺季时实际生产能力少于计划生产能力的部分。

值得注意的是：对于产品有保质期限制的生产企业而言，虽然其产品销售也有淡旺季之分，但应谨慎使用此方法，特别是在库存数量的确定上要慎重。因为万一库存产品在旺季得不到完全销售，将会因为保质期限制而产生报废浪费。

2. 利用劳动时间调节

正常情况下，生产能力与生产时间成正比。许多企业在临时性出现生产能力与计划任务不平衡时，往往采取调整劳动时间的做法来平衡生产能力。

例如，当生产能力过剩时，通过减少劳动时间或班次来降低实际生产能力，以使生产能力与计划任务平衡；而当计划任务临时性大于生产能力时，则通过加班或增加生产班次来提高生产能力，以使生产能力满足计划任务要求。

3. 利用工人数调节

对于一些技术性不高而计划需求的时间性较强的工作，可在淡季时保持一定数量的工人，而在旺季时，通过新增临时工或聘用兼职人员来提高生产能力。

例如，超市、餐馆、娱乐场所等在旺季时可以通过使用兼职人员或聘用临时工来增强服务能力。对于有些劳动密集型加工装配企业也可以在旺季或生产能力临时不足时通过新增临时工来提高生产能力。

值得注意的是：新进临时工在技术上有一个学习的过程，在管理上也有一个适应企业文化的过程，因此，他们在上岗初期存在难以保证工作质量和效率的问题，这实际上将增加使用成本。

4. 利用转包调节

转包能使企业获得临时性的生产能力。当生产能力短期内不足时，企业可采用转包甚至外购的方法解决供需矛盾。

值得注意的是：为确保合同的有效执行，应重视转包商的选择，控制转包产品的质量和供货时间。

5. 通过推迟交货期调节

当最大限度地挖掘生产能力仍不能满足生产计划需求时，可考虑通过推迟交货期来平衡生产能力。

值得注意的是：推迟交货期一定要事先征求客户的意见并获得客户的认可，否则将会因造成违约而承担相应的责任。推迟交货期往往与价格折让等措施同时运用。

6. 通过新增订单调节

当生产能力富余而生产计划需求不足时，应加大市场开发力度，或通过促销策略等努力增加订单，以提高生产计划需求，减少生产能力富余浪费，从而提高企业生产效益。

任务二　编制主生产计划

主生产计划

一、主生产计划概述

1. 主生产计划的含义

主生产计划（master production schedule，MPS），是闭环计划系统的一个部分。MPS 的目的是保证销售规划、生产规划对规定的需求（需求什么、需求多少和什么时候需求）与所使用的资源一致。MPS 考虑了经营规划和销售规划，使生产规划同它们相协调。它着眼于销售什么和能够制造什么，这就能为车间确定一个合适的"主生产进度计划"，并且以粗能力数据调整这个计划，直到负荷平衡。

MPS 是确定每一个具体的最终产品在每一个具体时间段内生产数量的计划（表 4-3）；有时也可能先考虑组件，最后再下达最终装配计划。这里的最终产品是指对于企业来说最终完成、出厂的完成品，它要具体到产品的品种、型号。这里的具体时间段，通常以周为单位，在有些情况下，也可以是日、旬、月。主生产计划详细规定生产什么、什么时段应该产出，它是独立需求计划。主生产计划根据客户合同和市场预测，把经营计划或生产大纲中的产品系列具体化，使之成为展开物料需求计划的主要依据，起到了从综合计划向具体计划过渡的承上启下的作用。主生产计划说明了在可用资源条件下，企业在一定时间内，生产什么，生产多少，什么时间生产。

表 4-3　主生产计划表

周次	1	2	3	4	5	6
产品 A/台						
产品 B/台						
配件 C/件						

2.主生产计划的作用

主生产计划按时间分段方法，计划企业将生产的最终产品的数量和交货期。主生产计划是一种先期生产计划，它给出了特定的项目或产品在每个计划周期的生产数量。这是个实际的详细制造计划。这个计划力图考虑各种可能的制造要求。

主生产计划是制造资源计划（MRP II）中的一个重要的层次。粗略地说，主生产计划是关于"将要生产什么"的一种描述，它根据客户合同和预测，把销售与运作规划中的产品系列具体化、确定出厂产品，使之成为展开物料需求计划（MRP）与粗能力计划（RCCP）运算的主要依据，它起着承上启下、从宏观计划向微观计划过渡的作用。

主生产计划是计划系统中的关键环节。一个有效的主生产计划是生产对客户需求的承诺，它充分利用企业资源，协调生产与市场，实现生产计划大纲中的企业经营目标。主生产计划在计划管理中起"龙头"模块作用，它决定了后续的所有计划及制造行为的目标，在短期内作为物料需求计划、零件生产计划、订货优先级和短期能力需求计划的依据，在长期内作为估计本厂生产能力、仓储能力、技术人员、资金等资源需求的依据。

主生产计划在企业资源计划中的层次如图4-1所示。

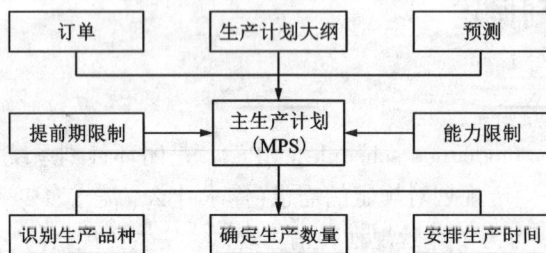

图4-1 主生产计划在企业资源计划中的层次

二、主生产计划的编制原则

主生产计划是根据企业的能力确定要做的事情，通过均衡地安排生产实现生产规划的目标，使企业在客户服务水平、库存周转率和生产率方面都能得到提高，并及时更新、保持计划的可行性和有效性。主生产计划中不能有超越可用物料和可能能力的项目。在编制主生产计划时，应遵循以下基本原则。

1.最少项目原则

用最少的项目数安排主生产计划。如果MPS中的项目数过多，会使预测和管理都变得困难。因此，要根据不同的制造环境，选取不同的产品结构级，编制主生产计划，使得在产品结构这一级的制造和装配过程中，产品（或）部件选型的数目最少，以改进管理评审与控制。

2.独立具体原则

要列出实际的、具体的可构造项目，而不是一些项目组或计划清单项目。这些产品可分解成可识别的零件或组件。MPS应该列出实际的要采购或制造的项目，而不是计划清单项目。

3. 关键项目原则

列出对生产能力、财务指标或关键材料有重大影响的项目。对生产能力有重大影响的项目，指那些对生产和装配过程起重大影响的项目，如一些大批量项目、制约生产能力的瓶颈环节的项目或通过关键工作中心的项目。对财务指标而言，关键项目指与公司的利润效益关系最大的项目，如制造费用高、含有贵重部件、昂贵原材料、高费用的生产工艺或有特殊要求的部件项目，也包括那些作为公司主要利润来源的、相对不贵的项目。而对于关键材料而言，关键项目指那些提前期很长或供应厂商有限的项目。

4. 全面代表原则

计划的项目应尽可能全面代表企业的生产产品。MPS 应覆盖被该 MPS 驱动的 MRP 程序中尽可能多的组件，反映尽可能多的关于制造设施，特别是瓶颈资源或关键工作中心的信息。

5. 适当裕量原则

要留有适当余地，并考虑预防性维修设备的时间。可把预防性维修作为一个项目安排在 MPS 中，也可以按预防性维修的时间，降低工作中心的能力。

6. 适当稳定原则

在有效的期限内应保持适当稳定。编制主生产计划后在有效的期限内应保持适当稳定，那种只按照主观愿望随意改动的做法，将会引起系统原有合理的正常的优先级计划的破坏，削弱系统的计划能力。

三、主生产计划的影响因素

企业经营具有复杂性，影响 MPS 的因素非常多。一般来说，可以把影响 MPS 的因素分为四大类，即生产类型因素、计划因素、预测因素和订单因素。这些因素各有特点，而且不同的因素对 MPS 的影响程度也不一样。

1. 生产类型因素

制造企业是多种多样的，为了更好地认识和理解这些企业的特点，通常使用生产类型把制造企业划分成不同的类型。生产类型是同一类制造企业主要特征的描述。生产类型因素对 MPS 的影响主要表现在对 MPS 计划对象的影响上。

如果按照生产工艺来划分，可以把企业分为离散型企业和流程型企业两种。如果按照生产过程的管理方式来划分，可以把企业划分为备货式生产(make to stock, MTS)、订货式生产(make to order, MTO)、装配式生产(assembly to order, ATO)和工程式生产(engineer to order, ETO)。下面介绍不同的管理方式对 MPS 的影响。

MTS 表示组织生产早于签约订单，企业保存了大量的库存产品，用户可以根据现有的库存产品进行选择和签约订单。在 MTS 中，经常采用大量的原材料和零部件生产种类比较少的产品。这种生产方式适用于大众化的普通商品的生产，例如，电视机、服装、家具和自行车等商品的生产。在这种生产方式中，企业非常重视市场预测、经营战略和生产计划等工作。在 MTS 企业中，MPS 的计划对象往往是企业最终的产品，也就是说，MPS 的计划对象与企业的销售对象是一致的。

MTO 表示签约订单早于组织生产，企业只是保存了少量的库存产品，用户根据企业的产品目录进行选择和签约订单，企业在订单到达后再开始组织生产。在 MTO 中，企业经常使用少量的原材料和零部件生产多品种的产品，这些产品往往价值高、交付期短。

在 ATO 企业中，产品往往是一系列多种规格的产品。这些产品的结构基本相同，都是由一些基本的组件和通用件组成。每一项基本组件往往有多种不同的选择。例如，计算机、汽车都采用这种典型的生产方式。在 ATO 企业中，MPS 的计划对象往往是基本组件或通用件。例如，在计算机企业中，MPS 的计划对象可以是显示器、键盘和鼠标等；在汽车企业中，MPS 的计划对象可以是发动机、仪表盘等。

ETO 也称为按订单设计或按项目设计。在这种生产类型下，最终产品往往比较复杂，而且在很大程度上是按照特定客户的要求来设计和生产的，支持客户化的设计是这种生产类型的重要组成部分。在这种生产类型下，由于大多数产品都是为特定客户量身定制的，这些产品可能只生产一次，以后不会重复生产了。例如，楼宇电梯往往是根据具体的环境进行设计和生产的。在 ETO 企业中，MPS 的计划对象往往是最终产品。

需要注意的是，一个具体的企业是非常复杂的，不同的产品往往具有不同的特点。因此，在企业中，MPS 的计划对象一定要具体问题具体分析，MPS 的计划对象的最终确定一定要符合企业生产管理的特点。

2. 计划因素

计划因素对 MPS 的影响是全面的，既可能影响到 MPS 的来源，也可能影响到 MPS 的计划对象。计划因素主要包括经营战略、经营计划和生产计划大纲等内容。

战略是重大的、涉及全局性的谋划，是统一的、综合的和一体化的计划，是用来实现组织的基本目标的。战略专家 Quinn 认为，企业经营战略将企业的主要目的、政策或活动按照一定的顺序组合成一个整体，它主要包括三个要素：可以达到的、最主要的目的和目标；指导或约束经营活动的重要政策；可以在一定条件下实现预定目标的重要活动程序或项目。当然，这种战略对 MPS 的影响不是直接的，只是一种指导思想上的影响。

经营计划，又称经营规划、中长期发展计划或销售计划，是企业在经营战略的指导下制定的适应市场环境的对策计划，它主要说明企业的销售目标和利润目标。经营计划的作用是协调市场需求和企业制造能力之间的差距。如果市场需求增大，预计销售目标上升，那么，企业应该提高自身的制造能力。经营计划的展望期一般为 5~10 年，并且按年制定。经营计划对 MPS 的影响虽然很大，但不是直接的，只是一种指导性的影响。

生产计划大纲是对企业经营计划或销售计划的细化，用以说明企业在可用资源的条件下、在计划展望期内，每一类产品的月生产量，以及每一类产品和所有类型产品的月汇总量和年汇总量。需要注意的是，年汇总量应该与经营计划中的销售目标或销售计划中的销售目标一致。生产计划大纲的计划展望期是 1~3 年，且按月分解。生产计划大纲的主要作用是协调经营计划对资源需求和企业可用资源之间的差距。

生产计划大纲对 MPS 的影响是直接的。实际上，生产计划大纲是企业经营战略在特定年度的表现形式，是经营计划的细化。根据生产计划大纲可以推算出 MPS 的数据。但是，生产计划大纲对 MPS 的影响是有条件的。这些条件为：第一，生产计划大纲的计划展望期与 MPS 的计划展望期不同；第二，生产计划大纲中的数据主要是通过预测得到的，但是预测的结果也往往被直接用于 MPS，所以，如果把预测作为 MPS 的一个重要来源，生产计划大纲对 MPS 的作用就会被削弱。

3. 预测因素

在 ERP 系统中,预测因素是影响 MPS 的一个重要的直接因素。预测不仅影响 MPS,而且影响营销经营计划和生产计划大纲。事实上,产品预测量通常是 MPS 的一个重要来源。

预测是利用一定的数据和方法对事物的发展趋势进行科学的推断。预测的方法和手段被称作预测技术。在 ERP 系统中,预测是指对未来产品销售量的科学推断。常用的预测方法包括调查预测方法、主观判断预测方法、客观计量预测方法、概率预测方法和模糊评判预测方法等。

针对不同的市场特征,应该选择不同的预测方法,采取不同的经营决策。预测需要分阶段、按步骤进行。预测步骤的内容如下:

第一步,确定预测目标。这一步主要确定预测对象和预测要求。例如,预测电动自行车在某年上半年的市场需求量和型号。

第二步,收集、筛选资料和数据。资料和数据是进行预测的基本依据和成功的保证。资料和数据应该全面、准确、及时、完整和经济。

第三步,选定预测方法。应该根据预测目标和所收集的资料、数据,选择和确定合适的预测方法。

第四步,建立预测模型。这一步是定量预测的核心。根据预测对象和影响因素间的关系,预测模型可以分为四种类型:①因果关系模型,主要用于研究预测目标和其影响因素之间的因果关系,多采用回归分析预测法;②结构关系模型,主要用于预测目标之间的结构关系,多采用投入产出模型,不同预测目标之间互为函数;③时间关系模型,主要用于预测目标与时间过程之间的演变关系,多采用时间序列模型;④随机性模型,主要研究预测目标与影响因素为随机变量的演变关系。

第五步,实施预测。根据预测模型,充分考虑多种影响因素进行预测,求出预测的初步结果。

第六步,分析和评价预测结果。如果预测结果满足了技术、经济和误差等要求,可以选择最佳的预测结果作为决策和编制主生产计划的依据。如果预测结果无法满足技术、经济和误差等要求,则返回第三步,重新选择预测方法进行预测。

4. 订单因素

毋庸置疑,订单因素是影响 MPS 的最主要因素。对于 MPS 来说,在某种程度上,其他影响因素都可以忽略,唯独不能忽略订单因素。订单因素指的是销售部门签约的产品销售订单信息。销售订单详细描述了产品销售时的相关数据。

在一个典型的销售订单中,主要包括下列字段:订单类型、订单编码、销售组织、销售渠道、产品组、销售部门、售达客户、送达客户(货物最终送达的客户与售达客户不同时需要填写)、付款条件、折扣原因、业务员、物料、物料描述、订单数量、物料计量单位、辅助单位数量、辅助计量单位、币种、不含税单价、税率、含税单价不含税金额、税额、价税合计金额、交货日期(首次交货日期)、交货库存组织、全部交货(一次性交货或分批次交货)、交货冻结、交货仓库、装运点、承运商、运输方式和运输状态等。在这些字段中,对

MPS 影响最大的是订单数量。

需要补充说明的是，有的人认为，除了上面所列的影响 MPS 的因素之外，影响因素还应包括客户备品备件、维修用备品备件等。实际上，造成这种现象的主要原因是分类标准不一致。这里提到的其他因素都可以囊括到订单因素和预测因素之中。如果客户备品备件是客户订单中要求的，则应该把这一类因素归结为订单因素。

四、主生产计划的编制程序

主生产计划的编制程序如图 4-2 所示。编制的前提是有明确的综合生产计划，综合考虑产品的预测需求、订单、库存、生产能力等相关信息，大致确定主生产计划方案，然后将方案与实际资源反复进行衡量，看是否平衡和符合实际条件，修改主生产计划，或对资源进行增加，达到平衡后，报有关部门审批。主生产计划的指标主要有计划生产量、存货需求、待分配库存等。

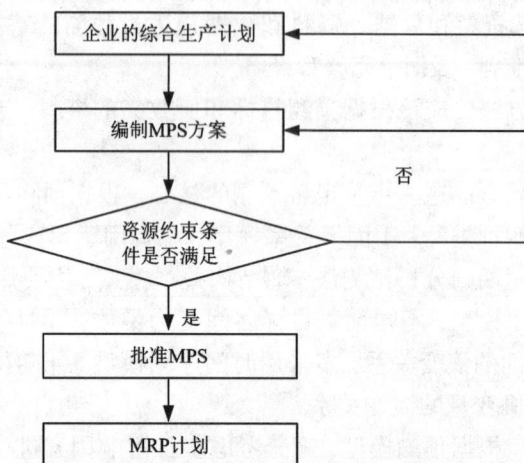

图 4-2　主生产计划的编制程序

编制主生产计划时应当注意以下问题：

（1）MPS 所确定的生产量必须等于综合计划确定的生产总量。

（2）MPS 中规定的出产数量可以是总需求量，也可以是净需求量。如果是总需求量，则要扣除现有库存量才能得到实际需要生产的数量。一般来说，MPS 中应列出净需求量。值得注意的是，MPS 中所列出的产品需求量是指按独立需求处理的最终产品的数量。

（3）MPS 中应当反映出顾客订货与企业需求预测的数量和时间要求等信息。已订货的产品安排在计划期的近期，预计要生产的产品安排在计划期的后期，这样便于充分利用企业的生产能力。当有顾客订货时，就将原预测产量转为实际订货，及时满足顾客要求。当预测产量不能满足实际订货要求时，企业就要加班加点生产。

（4）MPS 的计划期一定要比最长的产品生产周期长，否则得到的零部件投入生产计划不可行。例如，若某种产品的毛坯准备、零件加工、部件装配及总装周期为 12 周，则 MPS 计划期长度至少要等于 12 周，最好大于 12 周。此外，MPS 的运行周期应与 MRP 的运行周期保持一致, 即 MRP 每周运行一次, 则 MPS 也应每周更新一次, 以保持各层的连续性和一致性。

(5) MPS 中, 在决定生产批量和生产时间时必须考虑资源的约束条件, 如与产量有关的约束条件有设备生产能力、人员能力、库存能力、空间大小、流动资金总量等。在编制 MPS 时, 首先要准确掌握这些约束条件, 根据产品的轻、重、缓、急来分配资源, 将关键资源用于生产关键产品。

五、编制主生产计划的基本内容

编制 MPS 的基本内容主要是计算现有库存量(projected on handinventory, POH)确定 MPS 的生产量和生产时间、计算待分配库存等。为简便起见, 这里没有考虑企业最终产品的安全库存, 另外, MPS 计划时间一般定为周。

1. 计算现有库存量

现有库存量是指每周的需求被满足后剩余仍可利用的库存量。某周的现有库存量等于上周周末库存量加上本周 MPS 生产量, 再减去本周的预计需求量或实际订货量(二者取其中较大的)。表达式如下:

$$I_t = I_{t-1} + P_t - \max(F_t, CO_t)$$

式中: I_t 为第 t 周的现有库存量; P_t 为第 t 周的 MPS 生产量; F_t 为第 t 周的预计需求量; CO_t 为第 t 周准备发货的顾客订货量。

例 4-3: 某企业生产一种产品, 据预测该产品 3 月的需求量为 80 个, 4 月的需求量为 160 个。现对该产品指定 MPS, 计划时间以周为单位。

表 4-4 为记录 MPS 有关数据的表格形式。现有库存量 45 件, 在预计需求量一栏内写明 3 月与 4 月 8 周中每周的需求量, 这些需求量是预测的, 不一定是实际销售情况。顾客订货栏所写数量是顾客实际订货量, 即每周应发给顾客的量。根据表 4-4 提供的数据和计算公式, 第一周末 POH 为 45+0-23=22。取 23 与 20 中较大数, 结果虽超过预计需求量, 但 3 月整个订货量(50)在需求预计范围内(80)。第二周末 POH 为 22+0-20=2。第三周末 POH 为 2+0-20=-18, 说明缺货, 产生负数是要求生产该产品的信号。因计算 POH, 此时表中 MPS 栏还空着。

表 4-4 编制 MPS 有关数据表(生产批量: 80 件)

期初库存: 45	3 月				4 月			
	周次				周次			
	1	2	3	4	5	6	7	8
需求预计	20	20	20	20	40	40	40	40
顾客订货	23	15	8	4	0	0	0	0
现在库存量 I_t	22	2	-18					
MPS 量								

2. 决定 MPS 的生产量和生产时间

完成上述步骤,接着计算 MPS 的生产量和生产时间。编制 MPS 的生产量和生产时间必须保证 POH 不是负数,一旦 POH 变成负数,应通过 MPS 补上,这是决定 MPS 生产量和生产时间的根本依据。

按例 4-3 的情况,企业要消耗掉现有库存,MPS 量的第一个生产周应当是直至库存用完的那周,即第三周。第三周的 MPS 应大于或等于零,然后继续计算库存消耗,直至下一次出现缺货,即第六周,如此反复进行再下一次是第八周,这里假设该产品生产批量为80 件。

表 4-5 某产品计算 MPS 量(产批量:80 件)

期初库存:45	3 月				4 月			
	周次				周次			
	1	2	3	4	5	6	7	8
需求预计	20	20	20	20	40	40	40	40
顾客订货	23	15	8	4	0	0	0	0
现在库存量 I_t	22	2	62	42	2	42	2	42
MPS 量	0	0	80	0	0	80	0	80

3. 计算待分配库存(available to promise inventory, ATP)

ATP 是指营销部门用来应对顾客在确定时间内供货的产品数量。对于临时或新来的订单,营销部门也可利用 ATP 来签订供货合同,确定供货日期。

ATP 的计算分为第一周和以后各周两种算法,第一周的 ATP 等于期初库存量加本周MPS 量减去直至下一期(不包括该期)MPS 到达为止的全部顾客订货量。只有有了 MPS 量才可以计算以后各周的 ATP,用该周的 MPS 量减去从该周到相邻下一次 MPS 到货周(不包括该周)顾客的全部订货量。以后各周的 ATP 计算中之所以不考虑库存量是因为在第一周的计算中被使用过了。

依例 4-3,若某企业又收到该产品的订单如表 4-6 所示,企业需判断在现有条件下按原计划可否接受新订单。判断的主要依据是这些订单的发货时间能否满足,为此还要更新MPS 的记录。

表 4-6 某产品新订单

订单序号	订货量/件	交货时间(周库号)
1	5	2
2	38	5
3	24	3
4	15	4

计算 ATP 量的过程详见表 4-7。

表 4-7 待分配库存表 (生产批量: 80 件)

期初库存: 45	3 月				4 月			
	周次				周次			
	1	2	3	4	5	6	7	8
需求预计	20	20	20	20	40	40	40	40
顾客订货	23	15	8	4	0	0	0	0
现在库存量 I_t	22	2	62	42	2	42	2	42
MPS 量	0	0	80	0	0	80	0	80
ATP 量	7		68			80		80

首先决定 ATP 的量，第一周的 ATP 为 45+0-(23+15) = 7，可满足到相邻下一次 MPS 到达前所接受顾客订单，即第一、第二周顾客订单。此外由于还剩 7 件，可用于满足在第一、第二周需交货的新订单。第三周的 ATP 为 80-(8+4+0) = 68，它可满足第三、第四、第五周的新订单。由于 4 月未接受到订单，因此第六、第八周的 ATP 量等于 MPS 量，即 80 可用于满足第六、第七、第八周发货的新订单。

根据以上计算，4 个新订单，1、2、3 均可满足，满足订单 1 后，第一周 ATP 还剩 2 件。满足订单 2 后，第三周还剩 30 件(68-38)。满足订单 3 后第三周还剩 6 件(30-24)。订单 4 在第四周交货 15 件，此时 ATP 仅有 8 件(2+6)，达不到订单 4 要求，可建议订单 4 在第六周或进一步推迟交货，否则订单 4 实现不了。

任务三 生产作业计划及 BOM

生产作业计划

一、生产作业计划的概念及内容

企业的生产计划确定以后，为了便于组织执行，还要进一步编制生产作业计划。生产作业计划是生产计划的具体执行性计划。它是把企业的全年生产任务具体地分配到各车间、工段、班组以及每个工人，规定他们每月、旬、周、日以至轮班和小时内的具体生产任务，从而保证按品种、质量、数量、期限和成本完成企业的生产任务。生产作业计划与生产计划比较具有以下特点：

(1)计划期短，生产计划的计划期常常表现为季、月，而生产作业计划详细规定月、旬、日和小时的工作任务；

(2)计划内容具体，生产计划是全厂的计划，而生产作业计划则把生产任务落实到车间、工段、班组和工人；

(3)计划单位小，生产计划一般只规定完整产品的生产进度，而生产作业计划则详细规定各零部件，甚至工序的进度安排。

编制生产作业计划的主要依据：年、季度生产计划和各项订货合同；前期生产作业计划的预计完成情况；前期在制品周转结存预计；产品劳动定额及其完成情况，现有生产能力及其利用情况；原材料、外购件、工具的库存及供应情况；设计及工艺文件，其他的有关技术资料；产品的期量标准及其完成情况。

企业生产作业计划，一般应包括以下内容：

(1)制定期量指标；

(2)编制全厂和车间的生产作业计划；

(3)进行设备和生产面积的负荷核算和平衡；

(4)编制生产作业准备计划；

(5)作业排序；

(6)生产作业控制。

二、编制生产作业计划的要求

企业类型和规模不同，生产作业计划的编制可能不会完全相同。但一般来说，应满足下列基本要求：

1. 全面性

全面性即生产作业计划应全面安排和落实生产计划所规定的品种、产量、质量和交货期。

2. 协调性

协调性即使生产过程各阶段、各环节在品种、数量、进度和投入产出等方面都协调配合，紧密衔接。

3. 可行性

可行性即充分考虑企业现有条件和资源，能够保证生产作业计划的执行。

4. 经济性

经济性指生产作业计划要有利于提高生产效率和经济效益。

5. 适应性

适应性指生产作业计划适应企业内、外条件和环境的变化，能及时根据生产条件和外部环境调整、补充和修正。

三、厂级生产作业计划的编制

厂级生产作业计划是由厂级生产管理部门编制的。它根据企业年度(季)生产计划，编制各车间的月(旬、周)的生产作业计划，包括出产品种、数量(投入量、产储量)、日期

(投入期、产出期)和进度(投入进度和产出进度)。为各车间分配生产任务时必须与生产能力相平衡，并且使各车间的任务在时间上和空间上相互衔接，保证按时、按量、配套地完成生产任务。编制厂级生产作业计划分两个步骤：正确选择计划单位、确定各车间的生产作业任务。

(一)计划单位的选择

计划单位是编制生产作业计划时规定生产任务所用的计算单位。它反映了生产作业计划的详细程度即各级分工关系。流水生产企业中，编制厂级生产作业计划时采用的计划单位有产品、部件、零件组和零件。

(1)以产品为计划单位。产品计划单位是以产品作为编制生产作业计划时分配生产任务的计算单位。采用这种单位规定车间生产任务的特点是不分装配产品需用零件的先后次序，也不论零件生产周期的长短，只统一规定投入产品数、出产产品数和相应日期，不具体规定每个车间生产的零件品种、数量和进度。采用这种计划单位可以简化厂级生产作业计划的编制，便于车间根据自己的实际情况灵活调度；缺点是整个生产的配套性差，生产周期长，在制品占用量大。

(2)以部件为计划单位。采用部件计划单位编制生产作业计划时，根据装配工艺的先后次序和主要部件中主要零件的生产周期，按部件规定投入和产出的品种、数量及时间。采用这种计划单位的优点是生产的配套性较好，车间也具有一定的灵活性，但缺点是编制计划的工作量大。

(3)以零件组为计划单位。零件组计划单位是以生产中具有共同特征的一组零件作为分配生产任务的计算单位。同一组零件中的各零件加工工艺相似，投入装配的时间相近，生产周期基本相同。如果装配周期比较长，而且各零件的生产周期相差悬殊，这时采用零件组计划单位可以减少零件在各生产阶段中及生产阶段间的搁置时间，从而减少在制品及流动资金占用。采用这种计划单位的优点是生产配套性更好，在制品占用更少；缺点是计划工作量大，不容易划分好零件组，车间灵活性较差。

(4)以零件为计划单位。零件计划单位是以零件作为各车间生产任务的计划单位。采用这种计划单位编制生产作业计划时，先根据生产计划规定的生产任务层层分解，计算出每种零件的投入量、产出量、投入期和产出期要求。然后以零件为单位，为每个生产单位分配生产任务，具体规定每种零件的投入、产出量和投入、产出期。大量流水生产企业采用这种计划单位比较普遍。它的优点是生产的配套性很好，在制品及流动资金占用最少，生产周期最短。同时，当发生零件的实际生产与计划有出入时，易于发现问题并进行调整。但缺点是编制计划的工作量很大。目前计算机在企业中广泛应用，而且运用制造资源计划(MRPⅡ)后，计划编制工作量大大减少。因此，如果有条件应尽量采用这种计划单位，它的优点很突出而缺点不明显。另外，编制车间内部的生产作业计划时，一般都采用这种计划单位。

上面分别介绍了四种计划单位和各自的优缺点，简言之，可以用表4-8来表示：

表 4-8　计划单位优缺点比较

计划单位	生产配套性	占用量	计划工作量	车间灵活性
产品	差	最大	小	强
部件	较好	较大	较大	较强
零件组	好	较少	大	较强
零件	最好	少	最大	差

一种产品的不同零件可以采用不同的计划单位，如关键零件、主要零件采用零件计划单位，而一般零件则采用产品计划单位。企业应根据自己的生产特点、生产类型、管理水平和产品特点等选择合适的计划单位。

(二) 确定各车间生产任务的方法

编制厂级生产作业计划的主要任务是根据企业的生产计划，为每一个车间正确地规定每一种制品(部件、零件)的出产量和出产期。安排车间生产任务的方法随车间的生产类型和生产组织形式的不同而不同，主要有在制品定额法、累计编号法、生产周期法。

1. 在制品定额法

在制品定额法也叫连锁计算法。它根据在制品定额来确定车间的生产任务，保证各车间生产的衔接。大量流水生产企业中各车间生产的产品品种较少，生产任务稳定，各车间投入和产出数量及时间之间有密切的配合关系。大量流水生产企业生产作业计划的编制，重点在于使得各车间在生产数量上协调配合。这是因为同一时间各车间都在完成同一产品的不同工序，这就决定了"期"不是最主要的问题，而"量"是最主要的问题。在制品定额法正好适合这种特点。这种方法还可以很好地控制住在制品数量。

大批大量生产条件下，车间分工及相互联系稳定，车间之间在生产上的联系主要表现在提供一种或少数几种半成品的数量上。只要前车间的半成品能保证后车间加工的需要和车间之间库存、库存半成品变动的需要，就可以协调和均衡地进行生产。

因此，大批大量生产条件下，要着重保证各车间在生产数量上的衔接。在制品定额法，就是根据大量大批生产的这一特点，用在制品定额作为调节生产任务数量的标准，以保证车间之间的衔接。也就是运用预先制定的在制品定额，按照工艺反顺序计算方法，调整车间的投入和出产数量，顺次确定各车间的生产任务。

本车间出产量=后续车间投入量+本车间半成品外售量+车间之间半成品占用定额−期初预计半成品库存量

本车间投入量=本车间出产量+本车间计划允许废品数+本车间期末在制品定额−本车间期初在制品预计数

举例如表 4-9 所示。

表 4-9 在制品定额计算表

			130 汽车	
	产品名称		130 汽车	
	产品产量		10000 台	
	零件编号		A1-001	A1-012
	零件名称		齿轮	轴
	每辆件数		1	4
装配车间	1	出产量	10000	40000
	2	废品及损耗	—	—
	3	在制品定额	1000	5000
	4	期初预计在制品结存量	600	3500
	5	投入量(1+2+3-4)	10400	41500
零件库	6	半成品外售量	—	2000
	7	库存半成品定额	900	6000
	8	期初预计结存量	1000	7100
加工车间	9	出产量(5+6+7-8)	10300	42400
	10	废品及损耗	100	1400
	11	在制品定额	1900	4500
	12	期初预计在制品结存量	600	3400
	13	投入量(9+10+11-12)	11700	44900
毛坯库	14	半成品外售量	500	6100
	15	库存半成品定额	2000	10000
	16	期初预计结存量	3000	10000
毛坯车间	17	出产量(13+14+15-16)	11200	51000
	18	废品及损耗	900	
	19	在制品定额	400	2500
	20	期初预计在制品结存量	300	1500
	21	投入量(17+18+19-20)	12200	52000

从"期"的衔接转为"量"的衔接。这就是将预先制定的提前期转化为提前量,确定各车间计划期应达到的投入和出产的累计数,减去计划期前已投入和出产的累计数,求得车间计划期应完成的投入和出产数。

提前期原理首先解决了车间之间在生产期限上也就是时间上的联系,然后再把这种时间上的联系转化为数量上的联系。

累计编号过程中可以发现两点:第一,前一个车间的累计编号一定大于后一个车间的累计编号；第二，各车间累计编号有大有小，各车间累计编号相差数，也就是提前量。

提前量＝提前期×平均日产量

本车间出产累计号数＝最后车间出产累计号+本车间的出产提前期×最后车间平均日产量

本车间投入累计号数＝最后车间出产累计号+本车间投入提前期×最后车间平均日产量

2.明累计编号法

例 4-4：3—4 月编制 5 月的作业计划，就是要计算 5 月底各车间应达到的累计号数。为此需要几类数据：第一，要知道计划期末（5 月底）成品出产的累计号应达到多少，这是一个基数，我们假定是 195 号。假定 1—3 月的实际产量为 100 台，即累计编号是 100 台；另外可以预计 4 月产量为 35 台，根据生产计划要求，5 月要完成 50 台，这样，5 月底成品出产累计号数就应达到 185 号。第二，要知道市场日产量，假定 5 月工作日按 25 天计算，平均日产量为 50/25＝2 台/天。第三，要知道提前期的定额资料。

解：

装配车间出产累计数＝185+0×2＝185

装配车间投入累计数＝185+10×2＝205

机加工车间出产累计号＝185+15×2＝215

机加工车间投入累计号＝185+35×2＝255

毛坯车间出产累计号＝185+40×2＝265

毛坯车间投入累计号＝185+55×2＝295

有了投入和出产累计号数，就可以确定本车间在计划期的出产量或投入量。

计划期车间出产（或投入）量＝计划期末出产（或投入）的累计号数

装配车间计划期末应达到的出产累计号数是 195 号，计划期初已出产的累计号数可以通过统计得知，假定是 125 号，两个数字相减是 70，这就是装配车间在计划期内（5 月）的出产量，这是用绝对数表示的产量任务。同样道理，用装配车间计划期末应达到的投入累计数 205 减去通过统计得知的计划期初已达到的投入累计号数（假定为 145），就是装配车间在计划期内（5 月）的投入量，计算结果是 60。

其余车间：加工车间出产量＝215-150＝65，机加工车间投入量＝255-195＝60，毛坯车间出产量＝265-205＝60，毛坯车间投入量＝295-245＝50

这种方法的优点：①各个车间可以平衡地编制作业计划；②不需要预计当月任务完成情况；③生产任务可以自动修改；④可以用来检查零部件生产的成套性。

3.生产周期法

生产周期法适用于单件小批生产。

单件小批生产企业一般是按订货来组织生产的，因而生产的数量和时间都不稳定。因此，不能用累计编号法，更不能用在制品定额法。单件小批生产企业作业计划要解决的主要问题是各车间在生产时间上的联系，以保证按订货要求如期交货，这一点与大量流水线生产及成批生产是不一样的。从这个特点出发，单件小批类型采用的方法是生产周期法，即用计算生产周期的方法来解决车间之间在生产时间上的联系问题。

生产周期法的具体步骤是：

(1)为每一批订货编制一份产品生产周期进度表。这个图表是单件小批生产编制生产作业计划的依据，实际上也是一种期量标准。

(2)为每一批订货编制订货生产说明书。有了产品生产周期进度表以后，各车间在生产时间上的联系已经可以确定，但是具体的投入和出产日期还没说明，这就要进行推算。订货生产说明书如表4-10所示。

表4-10 订货生产说明书

订货编号	交货日期	成套部件编号	工艺路线	投入期	出厂期
302	3月25日	126	铸造车间	1月20日	2月15日
—	—	—	机加工车间	2月25日	3月10日
—	—	—	装配车间	3月15日	-

(3)把有关资料汇总成各车间的生产作业计划。上面讲的订货生产说明书中有各车间的生产任务。现在要给车间下达任务，所以从各订货生产说明书中摘录各车间的任务，按车间分别汇总在一起，这就是车间任务。例如，有100批订货，我们把每一批订货中的铸工车间在2月的任务都摘下来，汇总在一起，这就是铸工车间2月的作业任务。

不同生产类型，可以采取不同的方法。大量生产用在制品定额法，成批生产用累计编号法，单件小批生产用生产周期法。之所以采用不同方法，是因为生产类型不同，作业计划所要解决的具体问题不同。有的是解决数量上的联系问题，有的是解决时间上的联系问题；在数量联系方面，有的生产比较稳定，有的不太稳定。另外，生产条件也不同，所以要采用不同的方法。

四、车间内部生产作业计划的编制

车间内部生产作业计划的编制，主要包括车间生产作业计划日常安排、工段(班、组)生产作业计划的编制、工段(班、组)内部生产作业计划的编制等。具体的编制工作由车间及工段计划人员完成。

在大量流水线生产条件下，一条流水线可以完成零件的全部工序或大部分主要工序。工段的生产对象也就是车间的生产对象，这是企业给车间下达的计划中所规定的产品品种、数量和进度，也就是工段的产品品种、数量和进度。若厂级生产作业计划采用的计划单位是零件，则对其略加修改就可作为车间内部的生产作业计划，不必再做计算；若采用的计划单位是产品或部件，则首先需要分解，然后再按零件为单位将任务分配到各流水线(工段)。

1. 车间内部生产作业计划的编制原则

要进一步把生产任务落实到工作地和工人，并使之在生产的日期和数量上协调衔接。其内容包括工段、工作地月度或旬的生产作业计划和工作班的安排。

车间内部生产作业计划编制的原则：

(1)保证厂级生产作业计划中各项指标的落实；

(2)认真进行各工种中的设备生产能力的核算和平衡；

(3)根据任务的轻重缓急，安排零件投入、加工和出产进度；

(4)保证前后工段、前后工序互相协调，紧密衔接。

2. 大量(大批)生产工段(小组)作业计划的编制方法

对于产品品种少、生产稳定、节拍生产的流水线，车间内部作业计划的编制工作比较简单，一般只需从厂级月度作业计划中将有关零件的产量按日均匀地分配给相应工段(班组)即可。

通常用标准计划法来为工段(小组)分配工作地(工人)生产任务，也就是编制标准计划指示图标，即把工段(小组)所加工的各种制品的投入出产顺序、期限和数量，以及各工作地的不同制品的次序、期限和数量全部形成标准，并固定下来。可见，标准计划就是标准化的生产作业计划，有了它就可以有计划地做好生产前的各项准备工作，严格按标准安排进行生产活动。这样，就不必每日都编制计划，只要将每月产量任务做适当调整就可以了。

3. 成批生产车间内部作业计划的编制方法

成批生产车间内部作业计划的编制方法要依据车间内部化生产组织形式和成批生产的稳定性来确定。

如果工段(小组)是按对象原则组成的，各工段(小组)生产的零件也就是车间零件分工表中所规定的零件。因此，工段(小组)月计划任务只要从车间月度生产任务中摘出，无须进行计算。如果工段(小组)是按工艺原则组成的，那么可按在制品定额法或累计编号法，依据在制品定额和提前期定额标准安排任务，并编制相应的生产进度计划。

4. 单件(小批)生产车间内部作业计划的编制方法

单件小批生产品种多，工艺和生产组织条件不稳定，不能编制零件分工序进度计划。根据单件小批生产特点，对于单个或一次投入一次产出的产品，要先对其中的主要零件、主要工种安排计划，用以指导生产过程各工序之间的衔接。其余零件可根据产品生产周期表中所规定的各工序阶段提前期类别，或按厂部计划规定的具体时期，以日或周为单位，按各零件的生产周期规定投入和出产时间。

五、作业排序

企业运用物料需求计划(MRP)确定了各项物料的生产、采购计划之后，还需要把企业加工工件的生产计划转变为每个班组、人员、每台设备的工作任务，即具体地确定每台设备、每个人员每天的工作任务和工件在每台设备上的加工顺序，这一过程就是作业排序。

一般来说，作业计划与作业排序不是同义语。排序只是确定工件在机器上的加工顺序，而作业计划则不仅包括确定工件的加工顺序，还包括确定机器加工每个工件的开始时间和完成时间。因此，只有作业计划才能指导每个工人的生产活动。

在编制作业计划时，有时一个工件的某道工序完成之后，执行下一道工序的机器还在加工其他工件，这时，工件要等待一段时间才能开始加工，这种情况称为"工件等待"。有时，一台机器已经完成对某个工件的加工，但随后要加工的工件还未到达，这种情况称为"机器空闲"。

编制作业计划的关键是解决各台机器上工件的加工顺序问题，而且，在通常情况下都是按最早可能开（完）工时间来编制作业计划的，因此当工件的加工顺序确定之后，作业计划也就确定了。所以，人们常常将排序与编制作业计划这两个术语不加区别地使用。

（一）作业排序的任务和目标

在某机器上或某工作中心决定哪个作业首先开始工作的过程称为排序或优先调度排序。工作中心作业排序的主要目标：①满足交货日期；②极小化提前期；③极小化准备时间或成本；④极小化在制品库存；⑤极大化设备或劳动力的利用。

具体而言，在作业排序系统的设计中，必须满足各种不同功能活动的要求。有效的作业排序系统应该能够做到：

（1）对将要做的工作进行优先权设定，以使工作任务按最有效的顺序排列；

（2）针对具体设备分配任务及人力，通常以可利用和所需的能力为基础；

（3）以实施为目标分配工作，以使工作任务如期完成；

（4）不断监督以确保任务的完成，周期性检查是保证分配的工作如期完成的最常用的方法；

（5）对实施过程中出现的问题或异常情况进行辨识，这些问题或异常情况有可能改变已排序工作的状况，需要探索、运用其他解决问题的方法；

（6）基于现存状况或订单变化情况对目前的作业排序进行回顾和修改。

（二）作业排序系统的特征

在工艺专业化情况下，工件需按规定路线在各个按功能组织的工作中心之间移动。当一个工件到达一个工作中心时，作业排序设计决定工件加工顺序并分配相应的机器来对这些工件进行加工。

作业排序系统可以假定车间生产能力为无限负荷或有限负荷。无限负荷是指当将工作分配给一个工作中心时，只考虑它需要多少时间，而不考虑完成这项工作所需的资源是否足够，也不考虑在该工作中心中，每种资源完成这项工作时的实际顺序。通常仅检查一下关键资源，大体上看看其是否超负荷。具体的做法是根据各种作业顺序下的调整和加工时间标准来计算出一段时间（通常是一周）内所需的工作量，据此就可以判定。当使用无限负荷系统时，提前期由期望作业时间（调整和运行时间）加上由于材料运输和等待订单执行而带来的期望排队延期时间估算得出。

有限负荷方法实际上使用每一订单所需的调整时间和运行时间对每一种资源进行详细计划。实际上，该系统明确规定了在工作日中的每一时刻、每一种资源将做什么。如果由于部件缺货而造成作业延迟，则整个系统会停下来等待，直到可从前面的作业中获得所缺的部件。从理论上说，当运用有限负荷时，所有的计划都是可行的。

区分作业排序系统的一个方法是看作业排序是基于前向排序还是后向排序，在前向排序和后向排序中，最常用的是前向排序。前向排序指的是系统接受一个订单后对订单所需作业按从前向后的顺序进行排序，前向排序系统能够告诉我们订单能完工的最早日期。相反，后向排序是从未来的某个日期(可能是一个约定交货日期)开始，按从后向前的顺序对所需作业进行排序。后向排序能告诉我们为了按规定日期完成订单，一个作业必须开始的最晚时间。

(三)作业排序的主要功能

作业排序的主要功能包括以下几个方面：

(1)分配订单、设备和人员到各工作中心或其他规定的地方。实际上，这是短期能力计划。

(2)决定订单顺序(即建立订单优先级)。

(3)对已排序作业开始安排生产，通常称之为调度。

(4)车间作业控制(或生产作业控制)，包括①在作业进行过程中，检查其状态和控制作业的速度；②加快为期已晚的和关键的业务。

为了便于理解，举例说明。在一天的开始，计划员(即部门的生产控制员)选择和排列将在各个工作站进行的所有的作业。计划员的决策取决于以下一些因素：每个作业的方式和规定的工艺顺序要求，每个工作中心上现有作业的状态，每个工作中心前作业的排队情况，作业优先级，材料的可得性，这一天中较晚时间发布的作业订单，工作中心资源的能力(劳动力或机器)。

为了帮助组织作业排序，需利用前一天的作业状态信息和由生产控制中心、工艺技术科等部门提供的有关信息。计划员还将与这个部门的主管协商有关计划的可行性，尤其是生产力和潜在的瓶颈。排序结果可以在计算机终端上发布，或用打印机打出来，或通过在工作的中央区域张贴工作表等方式传达给工人。可视排序板是传送作业优先级和目前作业状态信息的一种非常有用的工具。

(四)作业排序的优先规则

在进行作业排序时，需用到优先调度规则。这些规则可能很简单，仅需根据一种数据对作业进行排序。这些数据可以是加工时间、交货日期或到达的顺序。其他的规则尽管也同样简单，但可能需要更多的信息。下面列出了8个常用的优先调度规则：

(1)FCFS(先到先服务)法则：按订单送到的先后顺序进行加工。

(2)SOT(最短作业时间)法则：所需加工时间最短的作业首先进行，然后是加工时间第二短的，以此类推。

(3)EDD法则：优先选择完工期限紧的工件。

(4)SCR法则：优先选择临界比最小的工件。临界比为工件允许停留时间与工件余下加工时间之比。

(5)STR(剩余松弛时间)法则：STR是交货期前所剩余时间减去剩余的加工时间所得的差值。STR最短的任务最先进行。

(6)CR(关键比率)法则：关键比率是用交货日期减去当前日期的差值除以剩余的工作日数。关键比率最小的任务先执行。

(7)QR(排队比率)法则：排队比率是用计划中剩余的松弛时间除以计划中剩余的排队时间。排队比率最小的任务先执行。

（8）LCFS（后到先服务）：该规则经常作为缺省规则使用。因为后来的工单放在先来的上面，操作员通常先加工上面的工单。

这8种优先规则各有特色。有时，运用一个优先规则还不能唯一地确定下一个应选择的工件，这时可使用多个优先规则的组合。当然，还可以用下面一些作业排序标准，确定优先规则的先后次序：

（1）满足顾客或下一道工序作业的交货期；

（2）极小化流程时间；

（3）极小化在制品库存；

（4）极小化设备和人员的闲置时间。

按照这样的优先调度方法，可赋予不同工件不同的优先权，可以使生成的排序方案按预定目标进行优化。当然，以上优先调度规则的简单性掩饰了排序工作的复杂性。实际上，要将数以百计的工件在数以百计的工作地（机器）上的加工顺序决定下来是一件非常复杂的工作，需要有大量的信息和熟练的排序技巧。每一个排序的工件计划人员都需要两大类信息：加工要求和现状。加工要求信息包括预定的完工期、工艺路线、标准的作业交换时间、加工时间和各工序的预计等。现状信息包括工件的现在位置（在某台设备前排序等待或正在被加工），现在完成了多少工序（如果已开始加工），在每一工序的实际到达时间和离去时间、实际加工时间和作业交换时间，各工序所产生的废品（它可以用来估计重新加工量）以及其他的有关信息。优先顺序规则就是利用这些信息的一部分来为每个工作地决定工件的加工顺序，其余的信息可以用来估计工件按照其加工路线到达下一个工作地的时间、当最初计划使用的机器正在工作时是否可使用替代机器以及是否需要物料搬运设备等。这些信息的大部分在一天中是随时变化的，所以，用手工获取这些信息几乎是不可能的。从这个意义上来说，计算机是进行有效的、优化的作业排序的必要工具。

（五）排序问题的分类和表示方法

排序问题有不同的分类方法。在制造业领域和服务业领域中，有两种基本形式的作业排序：①劳动力作业排序，主要是确定人员何时工作；②生产作业排序，主要是将不同工件安排到不同设备上，或安排不同的人做不同的工作。在制造业和服务业领域中，有时两种作业排序问题都存在。在这种情况下，应该集中精力注意其主要的、占统治地位的方面。在制造业中，生产作业排序是主要的，因为要加工的工件是注意的焦点。许多绩效度量标准，例如按时交货率、库存水平、制造周期、成本和质量都直接与排序方法有关。除非企业雇用了大量的非全时人员或是企业一周七天都要运营，否则劳动力排序问题将是次要的。反过来，在服务业中，劳动力作业排序是主要的，因为服务的及时性是影响公司竞争力的主要因素。很多绩效标准，如顾客等待时间、排队长度、设备（或人员）利用情况、成本和服务质量等，都与服务的及时性有关。

在制造业的生产作业排序中，还可进一步按机器、工件和目标函数的特征进行分类。按照机器的种类和数量不同，可以分为单台机器的排序问题和多台机器的排序问题。对于多台机器的排序问题，按工件加工的路线特征，可以分成单件车间排序问题和流水车间排序问题。工件的加工路线不同是单件车间排序问题的基本特征，而所有工件的加工路线完全相同则是流水车间排序问题的基本特征。

按工件到达车间的情况不同，可以分成静态排序问题和动态排序问题。当进行排序时，所有工件都已到达，可以依次对它们进行排序，这是静态排序问题；若工件是陆续到达，要随时安排它们的加工顺序，这是动态排序问题。

按目标函数的性质不同，也可划分不同的排序问题。例如，同是单台设备的排序，目标是使平均流程时间最短和使误期完工的工件数最少，这实质上是两种不同的排序问题。按目标函数的情况，还可以划分为单目标排序问题和多目标排序问题。

由此可见，根据机器、工件和目标函数的特征以及其他因素的差别，形成了多种多样的排序问题及相应的排序方法。

六、物料清单

物料清单(bill of material，BOM)又称产品结构文件，是对最终产品的描述，反映了产品项目的结构层次及制成最终产品的各个阶段的先后顺序，是制造企业的一个核心文件。

在产品结构文件中，各个物料处于不同的层次，每一层次表示制造最终产品的一个阶段。通常，最高层称为第零层，代表最终产品项；第一层代表组成最终产品项的部件；第二层为组成第一层部件的组件……以此类推，最低层为零件或原材料。产品 A 的产品结构树如图 4-3 所示。产品结构树主要展示各物料间的关系。在图 4-3 中，产品 A 由 2 个单位的物料 B 和 4 个单位的物料 C 组成，而物料 B 又由 2 个单位的物料 D 和 1 个单位的物料 E 组成。其中，A 处于产品结构树的第零层，物料 B 和 C 处于第一层，物料 D 和 E 处于第二层。

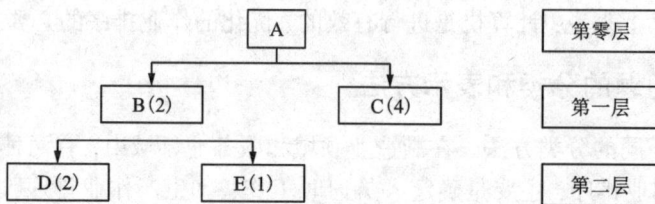

图 4-3　产品 A 的产品结构图

1. 物料清单的作用

物料清单有如下作用：

(1)物料清单是生成 MRP 的基本信息；

(2)物料清单是联系 MPS 与 MRP 的桥梁；

(3)可以根据物料清单来生成产品的总工艺路线；

(4)物料清单在 JIT 管理中反冲物料库存；

(5)物料清单为采购外协加工提供依据；

(6)物料清单为生产配料提供依据；

(7)根据物料清单来计算成本数据；

(8)物料清单提供制订销售价格的依据。

2.物料清单的主要类型

(1)普通型物料清单。

普通型物料清单主要由物品的实际结构组成,其结构中包括单位代码、母件代码、物料清单序号、物品代码、缺省工作中心等。

(2)计划物料清单。

计划物料清单由普通型物料清单组成,用于产品预测,其作用主要是简化预测计划从而简化主生产计划。计划物料清单的最高层次不是实际存在的产品,最终产品的物料清单仍然是普通型物料清单。各产品在计划物料清单中占有的比例可任意增减,方便维护。

(3)模块化物料清单。

某些产品结构如果按普通型物料清单管理,则数据重复量很多,会造成数据库庞大、查询速度慢。在进行模块化管理后,只需引用该物料清单即可。

(4)成本物料清单。

成本物料清单是建立和说明每个物料的标准成本,如物料的材料费、人工费等,其结构类似于普通型物料清单。

3.物料清单的输出形式

(1)缩排式。输出按子件所处的层次逐级向后缩排。

(2)单层反查式。根据子件向上查询母件,而且只查询直接上层母件。

(3)多层反查式。根据子件向上查询母件,可以一直查询到顶层母件,将所有用到该子件的物品(多级母件)全部查询出,并以缩排形式输出。

(4)汇总反查式。针对多层反查式的结果,说明总用量是多少、哪些组件用到该原料。

(5)顺汇总式。直接对物品的最低层原材料进行汇总,不反映物品的结构层次关系。

(6)矩阵式。在物料清单文件中多层次、横向查询。

任务四　制定物料需求计划

MRP

一、物料需求计划概述

物料需求计划(material requirements planning, MRP)是20世纪60年代发展起来的一种计算物料需求量和需求时间的系统,是对构成产品的各种物料的需求量与需求时间所做的计划,它是企业生产计划管理体系中作业层次的计划。物料需求计划最初只是一种计算物料需求的计算器,是开环的,没有信息反馈,后来发展为闭环物料需求计划。

MRP逻辑流程图如图4-4所示。

从MRP的基本概念可以看出,MRP解决了制造业普遍存在的难题,即:

(1)生产什么?(由MPS决定)

(2)需要什么?(由MPS和BOM决定)

127

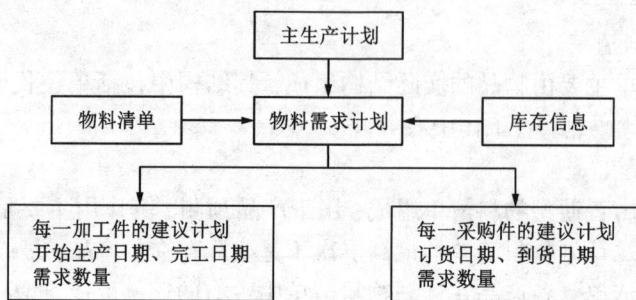

图 4-4 MRP 逻辑流程图

（3）需要多少？（由 MPS 和 BOM 及库存量决定）

（4）何时需要？（由提前期决定）

（5）何时开始采购和生产？（由提前期决定）

二、物料需求计划的运算

（一）MRP 的输入

MRP 主要有三个数据来源，即主生产计划、物料清单和库存状态文件。

1. 主生产计划

主生产计划是 MRP 系统的主要输入部分，也是整个 MRP 系统运行的驱动力量，它是在市场预测和已知客户订单的基础上产生的。主生产计划的内容包括所需产品的总需求量和需求时间。总需求量必须扣除现有库存量和在途库存量，才是净需求量。

2. 物料清单

物料清单是对最终产品的描述，反映了产品项目的结构层次及制成最终产品的各个阶段的先后顺序，是制造企业的核心文件。

3. 库存状态文件

库存状态文件（inventory status record，ISR）是保存企业所有产品、零部件、在制品、原材料等库存状态的数据库。MRP 每运行一次，库存状态文件就发生一次变化。MRP 系统将订什么、订多少、何时发出订单等重要信息都存储在库存状态文件中。库存状态文件主要包括以下几部分内容：总需求量、预计到货量（在途量）、现有库存量、净需求量、计划接收量、计划发出订货量。

（二）MRP 的运算过程

（1）总需求量。

总需求量是指在不考虑当前库存量及预计到货量的情况下，某部件或原材料在各时间段的期望总需求。总需求量是由最终产品的主生产计划决定的。

(2)预计到货量(在途量)。

预计到货量是指在将来某个时间段某物料的入库量(在途量)。它来源于正在执行的采购订单或生产订单。

(3)现有库存量。

现有库存量为相应时间的当前库存量,它是仓库中实际存放的可用库存量。

(4)净需求量。

当现有数和预计到货量不能满足总需求量时,就会产生净需求量。净需求量的计算公式为:

$$净需求量=总需求量-预计到货量-现有库存量$$

(5)计划接收量。

计划接收量是指各期期初的期望接收量。在实际需求批量订货条件下,它等于净需求量;在固定批量订货条件下,它为大于净需求量下的固定订货批量的最小整数倍。

(6)计划发出订货量。

计划发出订货量的作用是说明订单的发出时间或开始生产时间。计划发出订货量要考虑订货提前期或生产周期,其数量等于计划接收量。

(三)MRP 的输出

MRP 输出的报告通常分为主报告和二级报告(辅助报告)。

1. 主报告

主报告用于库存和生产管理,通常包括生产作业计划和采购计划。在生产作业计划和采购计划中,都应详细说明每一项加工件(或采购件)的需求数量、开始生产(订货)时间和完工(到货)时间。

2. 二级报告

计划报告、计划完成情况分析报告、例外报告等都属于二级报告。

(1)计划报告。

计划报告是指用于预测库存和需求的报告,通常包括采购约定及其他用于评价未来物料需求的信息。

(2)计划完成情况分析报告。

计划完成情况分析报告用于评价系统的运作状况,有助于管理者衡量计划的完成情况,如是否偏离计划等。此外,该报告还可提供用于评定成本绩效的信息。

(3)例外报告。

例外报告用于给企业敲响警钟。例外报告的内容包括一些重大的差异,如过高的不合格品率。

三、闭环 MRP

MRP 可以将产品出产计划变成零部件投入产出计划和外购件、原材料的需求计划。但是,只知道各种物料的需要量和需要时间是不够的,如果不具备足够的生产能力,计划将无法实施。在 MRP 的基础上，增加对投入与产出的控制，也就是对企业的能力进行校检、执行和控制，就产生了闭环 MRP。

闭环 MRP 是在初期 MRP 的基础上，引入资源计划与保证、安排生产、执行监控与反馈功能。闭环 MRP 具有双重含义：一方面，闭环 MRP 不单纯考虑物料需求计划，还将与之有关的生产能力计划、车间作业计划和采购作业计划纳入其中，形成一个闭环系统；另一方面，在计划执行过程中，需要来自车间、供应商和计划人员的反馈信息，以便修改计划并实行控制，实现计划—执行—反馈的管理逻辑，有效地对生产各项资源进行规划和控制，从而使生产计划各子系统间协调平衡，形成闭环系统。

在闭环 MRP 系统中，关键工作中心的负荷平衡称为资源需求计划，或称粗能力计划，它的计划对象为独立需求产品，主要面向主生产计划；全部工作中心的负荷平衡称为能力需求计划或详细能力计划，它的计划对象为相关需求物料，主要面向车间。MRP 和主生产计划之间存在内在的联系，因此资源需求计划与能力需求计划也是一脉相承的，后者正是在前者的基础上进行计算的。

要点巩固

参考答案

一、选择题

1. 中期生产计划的计划期是(   )。

A. 5 年   B. 3 年

C. 1 年   D. 半年

2. 物料需求计划属于(   )。

A. 长期生产计划   B. 中期生产计划   C. 短期生产计划   D. 临时生产计划

3. 哪一项一般不是相关需求？(   )

A. 原材料   B. 在制品   C. 成品   D. 外购零件

E. 以上都不是

4. 对工件比较公平的准则是(   )。

A. FCFS   B. SOT   C. EDD   D. SCR

5. 以下哪项属于中期计划的决策？(   )

A. 确定需维持的库存量   B. 决定购买何种设备

C. 厂址选择   D. 以上都是   E. 以上都不是

6. 以下哪项属于产品出产计划的输入？(   )

A. 期初库存   B. 每期预测   C. 顾客订货   D. 以上都是

E. 以上都不是

7. 油漆生产企业编制综合计划时，计划编制者最可能采用的计划单位是(   )。

A. 生产多少升油漆，而不管具体什么颜色

B. 不同颜色的油漆各生产多少升

C. 不同品种的油漆采用不同的计量单位

D. 以上均采用

E. 以上都不采用

8.编制综合计划需要以下哪些信息?(　　　)

A.需求预测　　　　　　　　　　B.当前库存水平

C.关于雇用员工数量的政策　　　D.以上都是　　　　E.以上都不是

二、简答题

1.制定作业计划的过程应遵循哪些准则?

2.简述影响生产能力的因素。

3.编制主生产计划应当注意哪些问题?

三、案例分析题

高库存与缺货，两病齐发

郑毅(化名)是一家以生产女鞋为主的鞋业公司老总。公司一直致力于皮鞋的技术开发和市场开拓，产品以坚持创立品牌为目标，使企业走上了一条质量名牌效益型的发展之路。早在20世纪90年代初，公司就设立了自己的女鞋品牌。现在，公司的主打品牌已经成为业内和消费者心目中的知名品牌。公司在全国各重点城市分别设立了分公司、办事处等销售网点，现已成功开设了200多家连锁专卖店，年营业额超过4亿元，每年开发近30个新品种。

但是，大规模经营带来的一个负面效应就是居高不下的库存量和旺季时节的大量断货现象。按照公司的经营模式，公司拥有的成品仓库、分公司的仓库及代理商仓库和零售店中的鞋子都是公司自己的库存。单是总公司的成品仓库中就有将近5万双鞋，这还只是总库存量的一小部分，散布在分公司和零售店的库存总额竟然高达1亿元人民币，相当于公司大半年的销售收入。更奇怪的是，虽然公司拥有这么多库存，但是依然满足不了各代理商和零售店的订货需求，旺季时节经常出现断货现象。

郑毅认识到这是一个很严峻的问题，如果不能解决会严重影响公司的发展，于是决定召集各部门负责人开会，一起商量解决办法。但是会还没有开始，大家已经在会议室吵起来了。

只见销售部经理气冲冲地走进会议室，冲着采购部经理和物流部经理说："近期接到很多大区经理打来的电话，他们跟我抱怨最多的就是各门店的订单满足率越来越低。根据我们部门对订单数据和发货数据的统计分析，我们发现各门店的商品到货率确实存在下降的趋势，这将直接影响我们的销售额。完不成销售，谁来负责?我认为你们物流部和采购部的同事应该为我们各门店的销售考虑一下，我心里着急啊!难道物流部这段时间就不能稍微加加班，争取早一点发货?采购部订货能不能及时一点，每次就不能多订一点?"

采购部经理一听销售经理要把责任推到自己的头上，马上急了："怎么没有为你考虑?我们不是在加大订货量吗?但是供应商一直在抱怨仓库不收货。仓库不收货怎么会有货给你们送啊?再说了，我们采购部的主要职责是根据计划部发过来的采购指令寻找合适的供应商，然后根据采购指令上的商品和数量完成采购任务，我们又不能决定采购量的大小!"

物流部经理一脸苦相："我也知道要满足门店的要货，但是仓库里没有你要的商品，怎么给你?我又没有权力订货!说我不收货，那真是冤枉好人。你去仓库看看，还有地方收吗?我都申请好几次增加仓库了，没有人理我，那么小的仓库能装多少货?再说了，供应商卸货那叫一个慢，没办法，只能让他们慢慢排队等。总之，我是尽量想办法收货，实在收不进来，我也没办法。销售部经理怪我们没有及时发货也是没有道理的，难道我们愿意把货留在仓库里？关键是我们发多少货、发在哪个地方都是计划部下的指令，我们只负责发货而已。"

"再说了，门店的订单满足率下降，也有可能是分公司的发货不及时造成的，凭什么一定说是我们这边的问题？而且，也不是所有的商品都是我们采购来的，还有一半以上的商品是我们自己的工厂生产的，如果硬是要怪罪下来，那生产部门也要承担一定的责任。"采购部经理补充道。

生产部经理看到有人将责任推到自己身上，也耐不住性子了："我也不是没有根据安排进行生产，我们所有生产计划都是根据计划部下达的计划进行的。再说我们要原材料，你们采购部迟迟不能采购进来，我们拿什么进行生产？巧妇难为无米之炊！很多时候就因为没有采购进来某一原材料，我们的一大批货物都要搁置在生产线，致其他的安排计划不能进行生产。"

计划部经理慢条斯理地说："大家也知道我们计划部是按照三种依据做计划的，根据每年四次的订货会确定各季度的生产，再根据分公司的日报表和月报表调整生产计划。这种计算方法大家以前都讨论过了。如果我们不按照订货会的订货安排生产，分公司提不到货时又要抱怨。但是每次开订货会的时候，各分公司的人不根据自己的实际需求情况下单，而是看别人订哪种样式的产品较多，就去下单哪种样式的产品。这一方面导致我们的计划预测不准确，另一方面导致现在很多分公司的仓库里还存放着三年前没有卖出去的产品。而且，分公司对日报表和月报表的反馈不及时又不准确，再加上我们靠手工计划，计划当然不可能很细化和准确。"

这下矛头指向了分公司经理，华南地区分公司经理沉声道："信息反馈的速度慢和不准确是手工管理造成的必然后果。现在都是人工盘点，数据靠人工输入。而且订的方式是传真、打电话等，确实很难控制。"

会议室里的火药味越来越浓。这下郑毅糊涂了：仓库里的货越来越多，而门店的订货满足率却越来越低，到底是谁说得有道理呢？现在公司的库存这么多，占压近亿元的资金，每月还要向供应商付款，现金流压力大，门店在叫没货卖，那我们库里、店里堆的都是什么呢？

近年来，由于各种原因，企业决策层发现产品渠道正在承受着各种各样的冲击，经销商的销售热情也令人不满意，忠诚度越来越低，如果鞋业公司的服务不到位，特别是在很难按时到货的情况下，那些好一点的经销商肯定会转向其他品牌的鞋业公司，到时候产品的销售就更难做了。

郑毅决定带领大家到仓库一探究竟。

"为什么我们的货卖不出去？"望着仓库里的一大堆货品，大家一头雾水。

"其实这个仓库里有1/4的鞋都是前年生产的。鞋的样式变化多样，每年流行的款式都不相同，像这些前年流行的款式现在根本就不会有代理商或门店下单。"物流经理指着仓库左边的好几"垛"鞋，很无奈地说道。

"为什么前年的鞋还剩这么多？"

"每一次的生产和采购计划都是根据各分公司报上来的计划加上总部的少量预测制定

的，一部分因预测生产的鞋会被分公司重新下单订走，还有一部分也只能存放在仓库里。"

"既然仓库里这么多货，为什么你们总不能按时发货呢？要知道你们这边晚发一天货，我们的门店就少卖好几千双鞋呢？"销售部经理的气还没有消。

"我们的仓库是按'垛'来进行管理的，当我们接到发货单后就会到指定的'垛'去寻找发货单上对应的款式，很多时候我们为了把垛底下的产品找出来，不得不再找人来倒垛，特别是在旺季时，这样浪费了我们很多时间和精力。甚至有的时候会出现找不着货品的现象，所以不能及时把产品发运出去。"

面对堆积如山的货物，郑毅隐隐地感觉到这已经不是哪个部门的问题了。

（摘自：《生产与运作管理实务》，北京邮电大学出版社）

讨论：

问题的症结究竟是什么？

库存管理

学习目标

1.理解库存的定义、库存的作用和库存控制的目标；

2.掌握库存控制的 ABC 分析法；

3.了解库存控制的基本模型和库存控制的方法。

先导案例

《人民日报》：房地产去库存成为"国家任务"

2015年中央经济工作会议上，化解房地产库存成为明年结构性改革五大任务之一。楼市库存究竟有多大，究竟该如何化解？

楼市库存压力有多大，期房需要4.5年来消化

国家统计局数据显示，截至11月末，我国商品房待售面积69637万平方米，比10月末增加1004万平方米。即便库存仍在增加，今年前11个月，我国还新开工房屋140569万平方米。这意味着新房仍将源源不断地涌向市场。

中国社会科学院城市与竞争力研究中心主任倪鹏飞算了一笔账，截至年底，我国商品住房总库存预计达到39.96亿平方米。其中现房库存约4.26亿平方米，去化周期23个月；期房库存约35.7亿平方米，需要4.5年来消化。"今年中国楼市呈现的特点与过去十年间供不应求的局面完全不同。"

受库存压力的影响，今年以来，房地产投资同比增幅持续放缓和快速下滑。"今年房地产住宅投资同比增幅持续下滑，已快接近2009年2月的历史最低值。"倪鹏飞说，房地产投资下降直接拖累经济增长，初步测算，今年前三季度，房地产投资对经济增长的直接贡献率已降到只有0.04个百分点，创下2000年以来的新低，几乎要落入负增长贡献轨道。

实际上，今年以来，中央出台的有利于稳定楼市的调控政策不少。今年"330新政"后，在降低房贷首付比例、购房满2年免征营业税等优惠政策的支持下，我国房地产销售面积增速已经从1至2月的-16.3%，逐步回暖，最终使去年底至今年的商品房销售增速呈现出对勾型反转。

然而，受不动产特点的局限，楼市回暖程度并不一致，压力分化是今年楼市最突出的特点。分区域看，1—11月，东部地区商品房销售面积同比增长9.6%，增速比1—10月提高0.3个百分点；而西部地区商品房销售面积同比增长3.8%，增速回落0.1个百分点。分城市看，库存压力更非"全国一盘棋"。在中国社会科学院财经战略研究院博士李超看来，过去几年住房需求的"同跌同涨"的局面，在2015年终结，楼市进入了一个全面大分化时期：一线城市和人口基本面较好的二线城市，住房需求持续高涨，总体上呈现"量稳价增"的局面；其他二线城市和部分三线城市从规模扩张转为结构优化，总体步入"量减价稳"阶段，有一定的库存压力；部分三线城市和四线城市需求总体乏力，"有量无价"，库存压力大。

去库存如何发力？远近结合，供求双向发力

"三四线城市库存压力依然很大，可见单纯依靠宏观政策，已经难以刺激需求，更难达到综合目标。"倪鹏飞说。

正是基于目前的楼市特点与人口特征，今年中央经济工作会议为楼市去库存开出的药方更加突出改革红利，按照加快提高户籍人口城镇化率和深化住房制度改革的要求，通过加快农民工市民化，扩大有效需求，打通供需通道，消化库存，稳定房地产市场。

"楼市去库存要近期与远期统筹结合，供给与需求双向发力，多措并举。制度性变革有利于解决房地产中长期需求问题，而短期看，去库存还是要在库存压力大的城市减少甚至限制新的供应，并鼓励开发商降价出清。"国务院发展研究中心市场经济研究所所长任兴洲说。

倪鹏飞也认为，去库存需要双向发力。供给端要做减法，减少库存高的城市和区位的新房开工规模；通过企业并购重组等形式减少项目烂尾。需求端则要做加法。"打通保障房与商品房的供给渠道，如果棚改可以从商品住房市场购买项目，则5年可以消化库存15亿平方米。此外，还可以探索共有产权住房制度，形成针对农民工等中低收入人群、按照商品住房产权分期累计让渡的购房支付机制。"

目前库存压力主要集中在三四线城市，而这些城市去库存不能仅依赖住房政策，还需要产业支持。"不解决三四线城市的人口流出问题，房地产政策效果有限。"中原地产首席分析师张大伟认为，产业是支撑城市人口集聚的关键因素，提高三四线城市的就业吸引力才是解决楼市库存的重要出路。

去库存面临哪些挑战？切忌"一刀切"，过剩城市需严把土地闸门

有人质疑，此次中央经济工作会议提出"要取消过时的限制性措施"，是不是意味着北京、上海、广州也可以全面放开限购了。对此，张大伟分析，全国唯一还在执行的限制性政策只有贷款套数的限制和一线城市的限购。考虑一线楼市现状和防范系统性风险，取消仅剩的这两条限制性措施的空间并不大。

也有人提出，"鼓励自然人和各类机构投资者购买库存商品房，成为租赁市场的房源提供者，鼓励发展以住房租赁为主营业务的专业化企业"，引入社会资本去库存是此次"药方"的一大亮点。不过，不少专家认为，这对化解三四线城市库存的作用有限。

"发展住房租赁市场有利于完善满足多层次需求的住房供应体系，不过引入机构投资者还需要看配套扶持政策是否落地。"任兴洲认为，目前一二线城市的租赁需求比较旺盛，但是库存压力不大，因此房价较高，导致机构投资者进入市场的资金压力很大，如果没有融资、税收等方面的扶持政策，很难盈利。反观三四线城市，虽然库存较高，但租赁需求不旺，现有市场基本没有太大缺口，机构投资者未必有投资意愿。

既然楼市分化加剧，去库存也切忌"一刀切"。"每个城市得的病不一样，也不能吃一样的药，一定要因城施策。"任兴洲分析，今年"330新政"后，一线城市和部分热点二线城市的住房需求释放较快，目前库存正常。而三四线城市的库存仍在持续增加。"这种情况下，三四线城市的地方政府一定要忍住固定资产投资下降的短痛，尊重市场的调整周期，严把土地供应的闸门，决不能再给市场释放压力。"

（原文链接：http://district.ce.cn/newarea/roll/201512/25/t20151225_7846552.shtml）

思政导言

房地产去库存关系到房地产开发投资、住房消费，有着创造就业机会、增加职工收入、贡献政府税收等直接效应和拉动相关产业发展的间接效应。中国自古有"位卑未敢忘忧国""家事国事天下事，事事关心"的可贵情怀，当代青年人应该始终对国家发展进步和经济民生问题保持一种自然的关心态度，随时注意观察和思考。

任务一　库存概论

库存管理的基本概念

一、物料流

大多数生产运作过程都伴随着物料流动，从各种原材料供应商到消费者。合理、有效的物料流不仅能满足消费者的需求，而且有利于提高企业的利润。

众所周知，任何企业都不是孤立地存在于社会之中的，必定与周围的企业发生联系。这种联系是通过物料流、信息流、人员流和资金流来实现的。企业的物料流不是封闭的，而是开放的。机械厂的原材料主要是各种钢材，其产品主要是各种机械设备。对机械厂而言，从钢材到机械设备要经过一系列物料转换，物料转换的过程构成了企业内部的物料流。这一物料从内部看起来是头尾相接、封闭的。然而，各种钢材是钢铁厂的产品，钢铁通过矿石冶炼而成，而矿石开采又离不开各种机械。这样，物料流将各种不同的企业联系在一起，形成了一个复杂的"供需网络"。从宏观上考虑，封闭的、单一的物料流是不存在的。相反，各种错综复杂的物料流构成的网络却遍布于各行各业。每个企业的物料流都只是这个大网络中的一小部分。

图5-1为一个典型的、经过简化的生产企业的物料流。企业要按计划生产产品，首先要采购各种原材料。原材料进厂之后，可能直接进入生产现场，被各种机器设备加工，也可能进入原材料仓库存放起来，供以后生产用。原材料投入生产之后，变成各种在制品。不论在制品是处于不断运动状态，还是处于停顿状态，它们都构成在制品库存。物料在生产过程中不断加工，最终形成产品。产品一时销售不出去，就形成成品库存。由此可见，企业有三项主要库存：原材料库存、在制品库存和成品库存。这三部分库存占用企业的绝大部分流动资金。因此，若能有效控制这三部分库存，将大大减少资金占用，加快资金周转速度，从而提高企业的经济效益。

二、库存的定义

"库存"被称为"存储"或"储备"。从一般意义上来说，库存是指企业所有资源的储备。这种资源与是否存放在仓库中没有关系，与资源是否处于运动状态也没有关系。汽车运输的货物处于运动状态，但这些货物是未来需要的资源，它们就是库存，是一种在途库存。这里所说的资源，不仅包括工厂里的各种原材料、毛坯、工具、半成品和成品，而且包括银行里的现金，医院里的药品、病床，运输部门的车辆等。一般来说，人、财、物和信息各方面的资源都有库存问题。专门人才的储备就是人力资源的库存，计算机硬盘贮存的大量信

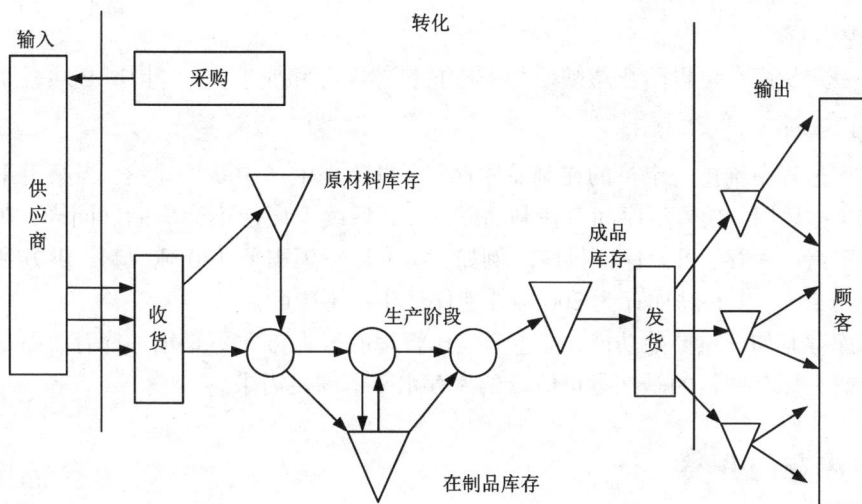

图 5-1　生产企业物料流

息是信息的库存。

库存无论对制造业还是对服务业都十分重要。它对保持生产运作的独立性，满足需求的变化，增强生产计划的柔性，克服原来交货时间的波动有着十分重要的意义。当然库存也会带来一些问题，如占用大量的资金、减少企业的利润，甚至导致企业亏损。

三、库存的功能

库存占用资源，就一定会造成浪费，增加企业的开支。那么，为什么还要维持一定量的库存呢？这是因为库存有其特定的作用。归纳起来，库存有以下几个功能。

1. 缩短计货提前期

当制造厂维持一定量的成品库存时，顾客就可以很容易地采购到他们所需的物品，这样缩短了顾客的订货提前期，加快了社会生产的速度，也使供应厂商可以及时地将货物送到顾客手中。

2. 稳定作用

在当下激烈竞争的社会中，外部需求的不稳定性是正常现象。生产的均衡性又是企业内部组织生产的客观要求。外部需求的不稳定性与内部生产的均衡性是矛盾的，要保证满足需求方的要求，又使供方的生产平稳，就需要维持一定量的成品库存。成品库存将外部需求和内部生产分隔开，像水库一样起着稳定作用。

3. 分摊订货费用

需要一件采购一件，可以不要库存，但不一定经济。订货需要一笔费用，这笔费用若摊在一件物品上，将是很高的。如果一次采购一批，分摊在每件物品上的订货费就少了，但这样会使一些物品一时用不上，形成库存，对生产过程来说，采取批量加工，可以分摊调整准备费用，但批量生产会造成库存。

4.防止短缺

维持一定量库存可以防止短缺。为了应付自然灾害和战争，一个国家必须有储备。

5.防止中断

在生产过程中维持一定量的在制品库存，可以防止生产中断。显然，当某道工序和加工设备发生故障时，如果工序间有在制品库存，其后续工序便不会中断。同样，在运输途中维持一定量的库存，可以保证供应。例如，某工厂每天需要 100 吨原料，供方到需方的运输时间为 2 天，则在途库存为 200 吨才能保证生产不中断。

尽管库存有如此重要的功能，但生产运作管理的努力方向不是增加库存，而是不断减少库存。研究库存的目的是在尽可能低的库存水平下满足需求。

四、库存的分类

不同的企业，库存的对象有所不同。例如，航空公司的库存是其飞机的座位，百货商店的库存是各种各样的商品，电视机厂的库存是各种零部件、产成品等。制造企业的库存可分为原材料、产成品、零部件和在制品等，而服务业的库存则指用于销售的实物和服务管理所必需的供应品。

(一) 库存对象

一般而言，制造企业的库存对象主要有以下方面：

(1)主要原材料。主要原材料是构成产品主要实体的物资，是重点储备对象，如原棉、原木和原油等。把原材料进一步加工后，作为劳动对象提供的产品，称为材料，如棉花、钢材等。

(2)辅助材料。辅助材料是用于生产过程，有助于产品的形成，在生产过程中起辅助作用，不构成产品主要实体，使主要材料发生物理或化学反应的材料，如化学反应中的接触剂、催化剂、炼铁用的溶剂等。这类物资虽不构成产品的实体，但供应上会影响生产。

(3)燃料。燃料是辅助材料的一种，不加入产品，仅仅帮助产品的形成。燃料是工业能源，如煤炭、石油、汽油和柴油等，都是生产中不可缺少的重要物资。

(4)动力。水、电、气、蒸气和压缩空气等都是动力。

(5)工具。工具主要是指生产中消耗的刀具、量具和卡具等。

(6)外协件、外购件。

(7)产成品。产成品是指生产过程结束，在投入市场销售之前企业中的库存成品。这部分的多少取决于生产速度和市场需要速度之间的增减关系。

(二) 库存分类

通过对上面的库存对象的分析，可以将库存进行以下分类：

1.按库存的作用和性质划分

按照库存的作用和性质划分，可分为预期性库存、缓冲性库存、在途性库存和周转性库存。预期性库存，是指为预期生产或销售的增长而保持的库存；缓冲性库存，是指对未来不肯定因素起缓冲作用而保持的库存；在途性库存，是指运输过程中的库存；周转性库存，是指在进货时间间隔中可保证生产连续性而保持的库存。

2.按一项物资的需求与其他项的需求关系划分

按一项物资的需求与其他项的需求关系划分，可分为独立需求库存和相关需求库存。来自用户的对企业产品和服务的需求称为独立需求。独立需求最明显的特征是需求的对象和数量不确定，只能通过预测方法粗略地估计。我们把企业内部物料转化各环节之间所发生的需求称为相关需求。相关需求也称为非独立需求，它可以根据对最终产品的独立需求精确地计算出来。比如，某汽车制造厂年产汽车30万辆，这是根据预计市场对该厂产品的独立需求来确定的。一旦30万辆汽车的生产任务确定了，便可以通过计算精确地得到构成该种汽车的零部件和原材料的数量和需求时间。对零部件和原材料的需求就是相关需求。相关需求可以是垂直方向的，也可以是水平方向的。产品与其零部件之间垂直相关，与其附件和包装物之间则水平相关。

独立需求库存问题和相关需求库存问题是两类不同的库存问题。后者将在后面结合MRP II 和 ERP 进行介绍，本章重点讨论前者。另外，相关需求和独立需求都是多周期需求，对于单周期需求，是不必考虑相关与独立的，企业里成品库存的控制问题属于独立需求库存问题，在制品库存和原材料库存控制问题属于相关需求库存问题。

3.按库存对象库存时间及库存目的划分

按照库存对象库存时间及库存目的划分，可分为经常储备库存、保险储备库存和季节性储备库存。经常储备库存，是指某种物资在前后两批进厂的供应间隔期内，为保证生产正常进行所必需的、经济合理的物资储备；保险储备库存，是指为预防物资到货误期或物资的品种、规格不合要求等意外情况，保证生产正常进行而储备的物资；季节性储备库存，是指物资的生产或运输受到季节影响，为保证生产正常进行而储备的库存。

4.按对物资需求的重复次数划分

按对物资需求的重复次数划分，可分为单周期库存与多周期库存。所谓单周期需求即仅仅发生在比较短的一段时间内或库存时间不可能太长的需求，也被称作一次性订货量问题。多周期需求则是指在足够长的时间里对某种物品的重复的、连续的需求，其库存需要不断地补充。与单周期需求比，多周期需求问题普遍得多。

单周期需求表现为下面两种情况：①偶尔发生的某种物品的需求；②经常发生的某种生命周期短的物品的不定量的需求。第一种情况如由奥运会组委会发行的奥运会纪念章；第二种情况如那些易腐物品（如鲜鱼）或其他生命周期短的易过时的商品（如日报和期刊）等。单周期需求物品的库存控制问题称为单周期库存问题，多周期需求物品的库存控制问题称为多周期库存问题。

五、库存控制系统的结构和决策要素

库存控制系统的结构由输出、输入、约束和运行机制四部分组成，如图 5-2 所示。与生产系统不同，在库存控制系统中没有资源形态的转化。输入是为了保证系统的输出（对用户的供给)。约束条件包括库存资金的约束、空间约束等。运行机制包括控制哪些参数以及如何控制。在一般情况下,在输出端,独立需求不可控;在输入端,库存系统向外发出订货的提前期也不可控,它们都是随机变量。可以控制的一般是何时发出订货(订货点)和一次订多少(订货量)两个参数。库存控制系统通过控制订货点和订货量来满足外界需求,并使总库存费用最低。

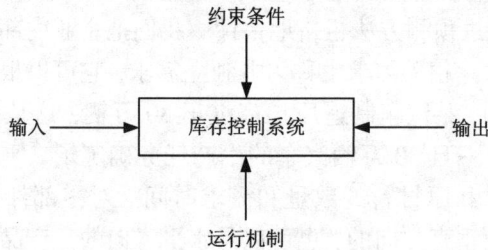

图 5-2　库存控制系统

(一)库存控制系统的分类

库存控制系统必须解决三个问题:隔多长时间检查一次库存量?何时提出补充订货?每次订多少?按照对以上三个问题的解决方式的不同,可以分成三种典型的库存控制系统。

1. 定量库存控制系统

所谓定量库存控制系统就是订货点和订货量都是固定量的库存控制系统,如图5-3所示。当库存控制系统的现有库存量降到订货点(RL)及以下时,库存控制系统就向供应厂家发出订货,每次订货量均为一个固定的量 Q。经过一段时间,我们称之为提前期(LT),所发出的订货到达,库存量增加 Q。订货提前期是从发出订货至到货的时间间隔,其中包括订货准备、发出订单、供方接受订货、供方生产、产品发运、提货、验收和入库等过程。显然,提前期一般为随机变量。

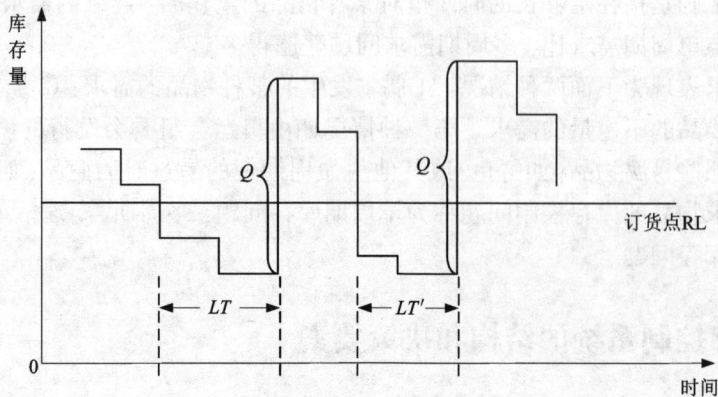

图 5-3　定量库存控制系统

要发现现有库存量是否到达订货点 RL，必须随时检查库存量。固定量系统需要随时检查库存量，并随时发出订货。这样，虽然增加了管理工作量，但它使得库存量得到了严密的控制。因此，固定量系统适用于重要物资的库存控制。

为了减少管理工作量，可采用双仓系统。所谓双仓系统是将同一种物资分放两个仓（或两个容器），其中一个仓使用完之后，库存控制系统就发出订货。在发出订货后，就开始使用另一个仓的物资，直到到货，再将物资按两个仓存放。

2. 定期库存控制系统

定量库存控制系统需要随时监视库存变化，在物资种类很多且订货费用较高的情况下，是很不经济的。固定间隔期系统可以弥补固定量系统的不足。

定期库存控制系统就是每经过一个相同的时间间隔，发出一次订货，订货量要将现有库存补充到一个最高水平 S，如图 5-4 所示。当经过固定间隔时间 t 之后，发出订货，这时库存量降到 L_1，订货量为 $S-L_1$；经过一段时间（LT）到货，库存量增加 $S-L_1$；再经过固定间隔期 t 之后，又发出订货，这时库存量降到 L_2，订货量为 $S-L_2$，经过一段时间（LT）到货，库存量增加 $S-L_2$。

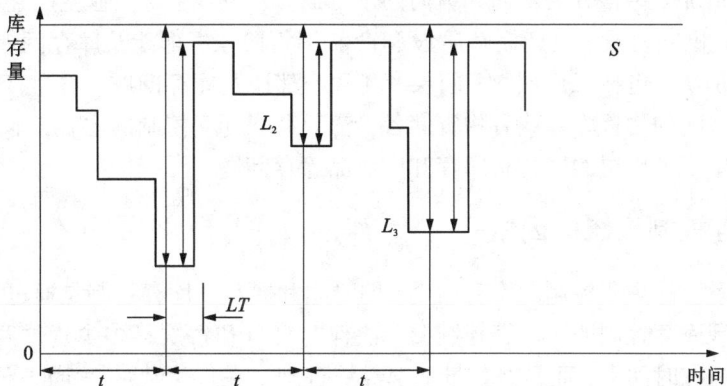

图 5-4　定期库存控制系统

定期库存控制系统不需要随时检查库存量，到了固定的间隔期，各种不同的物资可以同时订货。这样可以简化管理，也节省了订货费。不同物资的最高水平 S 可以不同。固定间隔期系统的缺点是不论库存水平 L 降得多还是少，都要按期发出订货，当 L 很高时，订货量是很少的。为了克服这个缺点，就出现了最大最小库存控制系统。

3. 最大最小库存控制系统

最大最小库存控制系统仍然是一种固定间隔期系统，只不过它需要确定一个订货点 s。

当经过时间间隔 t 时，如果库存量降到 s 及以下，则发出订货；否则，再经过时间 t 后再考虑是否发出订货。最大最小库存控制系统如图 5-5 所示。当经过间隔时间 t 之后，库存量降到 L_1，L_1 小于 s，发出订货，订货量为 $S-L_1$，经过一段时间 LT 到货，库存量增加 $S-L_1$。再经过时间 t 之后，库存量降到 L_2，L_2 大于 s，不发出订货。再经过时间 t，库存量降到 L_3，L_3 小于 s，发出订货，订货量为 $S-L_3$，经过一段时间 LT 到货，库存量增加 $S-L_3$，如此循环。

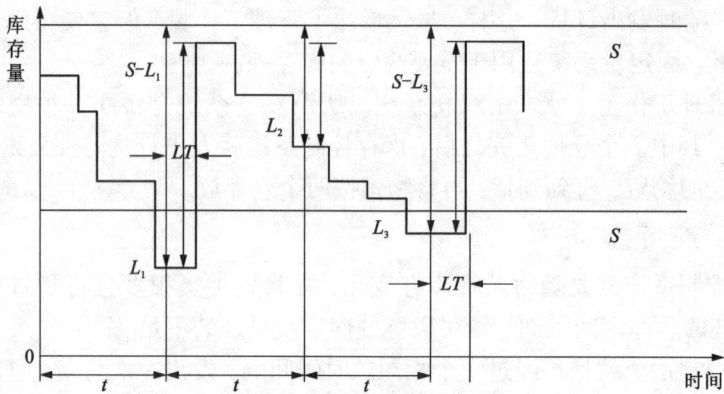

图 5-5 最大最小库存控制系统

(二)库存控制系统的结构

库存控制系统的结构分为横向和纵向两个方面。从横向看,企业生产经营过程的各阶段,包括原材料供应阶段、生产制造阶段和产品销售阶段,都涉及库存问题。从纵向看,企业生产的各层次,包括工厂层、车间层和工序,都涉及库存问题。在生产制造阶段,车间之间和工序之间的物资库存或者物资储备,属于生产进度控制的内容,本书所讨论的库存控制主要集中于工厂层的原材料库存和产成品库存问题。

(三)库存控制系统的因素

库存控制系统的主要控制因素有两个,即时间和数量。库存控制是通过订货的时间和订货的数量实现库存控制的。库存控制要解决何时订货和每次订多少货这两个基本问题,使库存水平不但在时间上,而且在数量上都经济合理。在订货数量一定的条件下,订货时间过迟,将造成物资供应脱节,生产停顿;订货时间过早,将使物资储存时间过长,储存费用和损失增加。在订货时间一定的条件下,订货数量过少,会使物资供应脱节,生产停顿;订货数量过多,会使储存成本上升和储存损耗增大。选择合适的库存模型和库存制度使库存水平在时间和数量上经济合理,是库存理论研究的主要内容。

六、与库存有关的费用

与库存有关的费用可以分为两种,一种随着库存量的增加而增加,另一种随着库存量的增加而减少。这两种费用相互作用,才有最佳订货批量。

库存成本

1. 随库存量增加而增加的费用

随库存量增加而增加的费用包括以下几项。

(1)资金的成本。

(2)仓储空间费用。要维持库存必须建造仓库、配备设备,还有供暖、照明、修理、保

管等开支。这是维持仓储空间的费用。

(3)物品变质和陈旧。在闲置过程中,物品会发生变质和陈旧,如金属生锈、药品过期、油漆褪色、鲜货变质等,这又会造成一部分损失。

(4)税收和保险。

以上费用都随着库存量增加而增加。如果只有随着库存量增加而增加的费用,则库存量越少越好。但也有随着库存量增加而减少的费用,所以库存量既不能太低,也不能太高。

2. 随库存量增加而减少的费用

随库存量增加而减少的费用包括以下几项。

(1)订货费;

(2)调整准备费;

(3)购买费和加工费;

(4)生产管理费;

(5)缺货损失费。

3. 库存总费用

计算库存总费用一般以年为时间单位。归纳起来,年库存费用包括以下几项。

(1)年维持库存费(holding cost),以 CH 表示。

(2)年补充订货费(reorder cost),以 CR 表示。

(3)年购买费(purchasing cost),以 CP 表示,与价格和订货数量有关。

(4)年缺货损失费(shortage cost),以 CS 表示。若以 CT 表示年库存总费用,则:

$$CT=CH+CR+CP+CS$$

对库存进行优化的目标就是使 CT 最小。

任务二　库存控制

一、库存控制的目标

(一)"零库存"的境界

"零库存"的观念在 20 世纪 80 年代成为一个流行的术语。如果供应部门能够紧随需求的变化,在数量上和品种上可以及时供应所需物资,即实现供需同步,那么,库存就可以取消,即达到"零库存"。

有一项统计反映,美国拥有的存货价值超过 6500 亿美元。这些存货由于各种原因存放在仓库里。如果能将其中的一半解放出来用于投资,按比较保守的 10% 的收益率计算,将有 325 亿美元的年收入。因此,企业经营者将减少库存作为一种潜在的资本来源,将

"零库存"作为一种追求。

但需求的变化往往随机发生，难以预测，完全实现供需同步是不易做到的。而且由于供应部门、运输部门的工作也会不时出现某些故障，完全的"零库存"只能是一种理想的境界。

(二)库存控制的目标

现代管理要求在充分发挥库存功能的同时，尽可能地降低库存成本。这是库存控制的基本目标。库存控制应实现以下目标：

1. 保障生产供应

库存的基本功能是保证生产活动的正常进行，保证企业经常维持适度的库存，避免因供应不足而出现非计划性的生产间断。这是传统库存控制的主要目标之一。现代的库存控制理论虽然对此提出了一些不同的看法，但保障生产供应仍然是库存控制的主要任务。

2. 控制生产系统的工作状态

一个精心设计的生产系统，有一个正常的工作状态。此时，生产按部就班地有序进行。生产系统中的库存情况，特别是在制品的数量，与该系统所设定的在制品定额相近。反之，如果一个生产系统的库存失控，该生产系统也很难处于正常的工作状态。因此，现代库存管理理论将库存控制与生产控制结合为一体，通过对库存情况的监控，达到生产系统整体控制的目的。

3. 降低生产成本

控制生产成本是生产管理的重要工作之一。无论是生产过程中的物资消耗，还是生产过程中的流动资金占用，均与生产系统的库存控制有关。在工业生产中，库存资金常占企业流动资金的 $60\% \sim 80\%$。物资的消耗常占产品总成本的 $50\% \sim 70\%$。因此，必须通过有效的库存控制方法，使企业在保障生产的同时，减少库存量，提高库存物资的周转率。

二、库存控制的基本模型

库存控制的基本模型有单周期库存基本模型和多周期库存基本模型。多周期库存基本模型包括经济订货批量模型、经济生产批量模型和数量折扣模型。

(一)单周期库存模型

对于单周期需求来说，库存控制的关键在于确定订货批量。对于单周期库存问题来说，订货量就等于预测的需求量。确定最佳订货量可采用期望损失最小法、期望利润最大法和边际分析法。

1. 期望损失最小法

期望损失最小法就是比较不同订货量下的期望损失，取期望损失最小的订货量作为最佳订货量。

$$期望损失 = 超储损失 + 缺货损失$$

已知库存物品的单位成本为 C，单位售价为 P。若在预定的时间内卖不出去，则单价

只能降为 $S(S<C)$ 卖出，单位超储损失为 $C_0 = C - S$；若需求超过存货，则单位缺货损失（机会损失）$C_u = P - C$。

设订货量为 Q 时的期望损失为 $E_L(Q)$，则取使最 $E_L(Q)$ 最小的 Q 作为最佳订货量。

$$E_L(Q) = \sum_{d>Q} C_u(d-Q)p(d) + \sum_{d<Q} C_o(Q-d)p(d) \tag{5-1}$$

式中，$p(d)$ 为需求量为 d 时的概率。

例 5-1：依据过去的销售记录，顾客在夏季对某便利店微风扇的需求分布率如表 5-1 所示。

表 5-1　某商店微风扇的需求分布率

需求 d/台	0	5	10	15	20	25
概率 $p(d)$	0.05	0.15	0.20	0.25	0.20	0.15

已知，每台微风扇的进价为 $C = 50$ 元，售价 $P = 80$ 元。若在夏季卖不出去，则每台微风扇只能按 $S = 30$ 元在秋季卖出去。求该商店应该进多少微风扇。

解：设该商店买进微风扇的数量为 Q，则：

当实际需求 $d < Q$ 时，将有部分微风扇卖不出去，每台超储损失为 $C_o = C - S = 50 - 30 = 20$（元）

当实际需求 $d > Q$ 时，将有机会损失，每台欠储损失为 $C_u = P - C = 80 - 50 = 30$（元）

当 $Q = 15$ 时，则：

$$E_L(Q) = [30 \times (20-15) \times 0.20 + 30 \times (25-15) \times 0.15] + [20 \times (15-0) \times 0.05 + 20 \times (15-5) \times 0.15 + 20 \times (15-10) \times 0.02]$$
$$= 140（元）$$

当 Q 取其他值时，可按同样方法算出 $E_L(Q)$，结果如表 5-2 所示。由表可以得出最佳订货量为 15 台。

表 5-2　期望损失计算表

订货量 Q	实际需求 d						期望损失 $E_L(Q)$/元
	0	5	10	15	20	25	
	$p(D=d)$						
	0.05	0.15	0.20	0.25	0.20	0.15	
0	0	150	300	450	600	750	427.5
5	100	0	150	300	450	600	290.0
10	200	100	0	150	300	450	190.0
15	300	200	200	0	150	300	140.0
20	400	300	200	100	0	150	152.5
25	500	400	300	200	100	0	215.0

2. 期望利润最大法

期望利润最大法就是比较不同订货量情况下的期望利润，取期望利润最大的订货量作为最佳货量。

期望利润=需求量小于订货量的期望利润+需求量大于订货量的期望利润

设订货量为 Q 时的期望利润为 $E_p(Q)$，则：

$$E_p(Q) = \sum_{d<Q} \left[C_u d - C_o(Q-d) \right] p(d) + \sum_{d>Q} C_u Q p(d) \tag{5-2}$$

例 5-2：已知数据同例 5-1，求最佳订货量。

解：当 $Q=15$ 时，

$E_p(15) = [30\times0-20\times(15-0)]\times0.05+[30\times5-20\times(15-5)]\times0.15+[30\times10-20\times(15-10)]\times0.20+(30\times15)\times0.25+(30\times15)\times0.20+(30\times15)\times0.15=287.5(元)$

当 Q 取其他值时，可按同样方法算出 $E_p(Q)$，结果如表 5-3 所示。由表 5-3 可以得出最佳订货量为 15，与期望损失最小法得出的结果相同。

表 5-3　期望利润计算表

订货量 Q	实际需求 d						期望利润 $E_p(Q)$（元）
	0	5	10	15	20	25	
	$p(D=d)$						
	0.05	0.15	0.20	0.25	0.20	0.15	
0	0	0	0	0	0	0	0
5	−100	150	150	150	150	150	137.5
10	−200	50	300	300	300	300	237.5
15	−300	−50	200	450	450	450	287.5
20	−400	−150	100	350	600	600	275.0
25	−500	−250	0	250	500	750	212.5

（二）多周期库存模型

1. 经济订货批量模型

EOQ（经济订货批量）

经济订货批量（economic order quantity，EOQ）模型最早是由 F. H. Wharris 提出的。该模型有如下假设条件：

（1）外部对库存系统的需求率已知，需求率均匀且为常量，年需求率以 D 表示，单位时间需求率以 d 表示；

（2）一次订货无最大最小限制；

（3）采购、运输均无价格折扣；

（4）订货提前期已知，且为常量；

(5)订货费与订货批量无关；

(6)维持库存费是库存量的线性函数；

(7)不允许缺货；

(8)补充率为无限大，全部订货一次交付；

(9)采用固定量系统。

在以上假设条件下，库存量的变化如图5-6所示。从图5-6可以看出，系统的最大库存量为Q，最小库存量为0，不存在缺货。库存按数值为D的固定需求率减少。当库存量降低到订货点RL时，就按固定订货量Q发出订货。经过一固定的订货提前期LT，新的一批订货Q到达(订货刚好在库存变为0时到达)，库存量立刻达到Q。显然，平均库存量为$Q/2$。

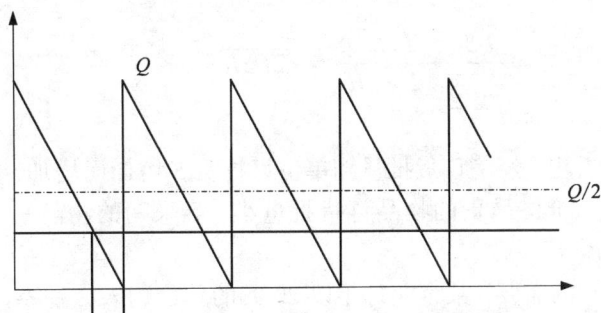

图5-6 经济订货批量假设下的库存量

在EOQ模型的假设条件下：

$$C_T = C_H + C_R + C_P = H(Q/2) + S(D/Q) + pD \tag{5-3}$$

式中：C_T—年库存总费用；C_H—年维持库存费；C_R—年补充订货费；C_P—年购买费(加工费)；S——次订货费或调整准备费；H—单位库存维持费，$H = p \cdot h$为单价，P—单价；h—资金效果系数；D—年需求量。

年维持库存费C_H随订货批量Q增加而增加，是Q的线性函数；年订货费C_R与Q的变化成反比，随Q增加而下降，不计年采购费用C_P，总费用C_T曲线为C_H曲线与C_R曲线的叠加。C_T曲线最低点对应的订货批量就是最佳订货批量，如图5-7所示。为了求出经济订货批量，将式(5-5)对Q求导，并令一阶数导数为零，可得：

$$Q^* = EOQ = \sqrt{\frac{2DS}{H}} \tag{5-4}$$

式中，Q^*为最佳订货批量或称经济订货批量。

订货点RL可按下式计算：

$$RL = D \cdot LT \tag{5-5}$$

在最佳订货批量下，

$$C_R + C_H = S(D/Q*) + H(Q*/2)$$

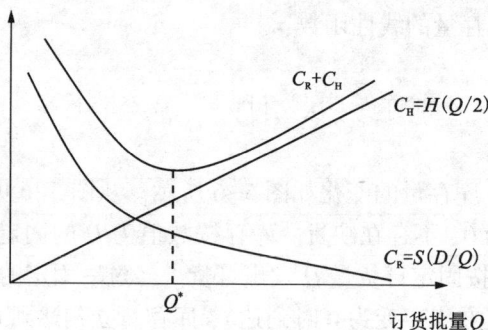

图 5-7　年费用曲线

$$= \frac{DS}{\sqrt{\frac{2DS}{H}}} + \frac{H}{2}\sqrt{\frac{2DS}{H}} = \sqrt{2DSH} \tag{5-6}$$

从式(5-6)可以看出，经济订货批量随单位订货费 S 增加而增加，随单位维持库存费 H 增加而减少。因此，价格昂贵的物品订货批量小，难采购的物品一次订货批量要大一些。这些都与人们的常识一致。

例 5-3：根据生产的需要，某企业每年以 20 元的单价购入一种零件 4000 件。每次订货费用为 40 元，资金年利息率为 6%，单位维持库存费按所库存物价值的 4% 计算。若每次订货的提前期为 2 周，试求经济订货批量、最低年总成本、年订购次数和订购点。

解：由已知可知 $p = 20$ 元/件，$D = 4000$ 件/年，$S = 40$ 元，$LT = 2$ 周。H 则由两部分组成，一是资金利息，一是仓储费用，即

$H = 20 \times 6\% + 20 \times 4\% = 2$ 元/(件·年)。

因此，$EOQ = \sqrt{\dfrac{2DS}{H}} = \sqrt{\dfrac{2 \times 4000 \times 40}{2}} = 400$（件）

最低年总费用为：

$$C_T = p \cdot D + (D/EOQ) \cdot S + (EOQ/2) \cdot H$$
$$= 4000 \times 20 + (4000/400) \times 40 + (400/2) \times 2 = 80800（元）$$

年订货次数 $n = D/EOQ = 4000/400 = 10$（次）

订货点 $RL = (D/52) \cdot LT = 4000/52 \times 2 = 153.8$（件）

2. 经济生产批量模型

EOQ 假设整批订货在一定时刻同时到达，补充率为无限大。这种假设不符合企业生产过程的实际。一般来说，在进行某种产品生产时，成品是逐渐生产出来的。也就是说，当生产率大于需求率时，库存是逐渐增加的，不是一瞬间上去的。要使库存不致无限增加，当库存达到一定量时，应该停止生产一段时间。由于生产系统调整准备时间的存在，在补充成品库存的生产中，也有一个一次生产多少最经济的问题，这就是经济生产批量问题。经济生产批量（economic production lot，EPL）模型，又称经济生产量（economic production

EPQ（经济生产批量）

quantity，EPQ)模型，其假设条件除与经济订货批量模型第(8)条假设不一样之外，其余都相同。

图5-8描述了在经济生产批量模型下库存量随时间变化的过程。生产在库存为 0 时开始进行，经过生产时间 t_p 结束，由于生产率 q 大于需求率 d，库存将以 $(q-d)$ 的速率上升。经过时间 t_p，库存达到 I_{max}。生产停止后，库存按需求率 d 下降。当库存减少到 0 时，又开始了新一轮生产。Q 是在 t_p 时间内的生产量，Q 又是一个补充周期 T 内消耗的量。

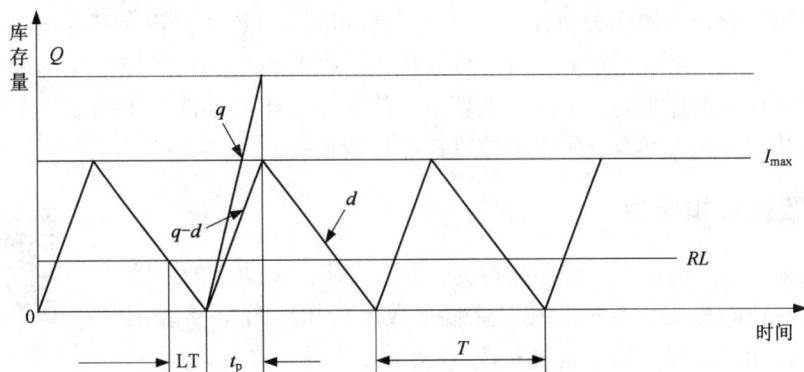

图5-8 经济生产批量模型假设下的库存量变

图5-8中，q 为生产率(单位时间产量)；d 为需求率(单位时间出库量)，$d<q$；t_p 为生产时间；I_{max} 为最大库存量；Q 为生产批量；RL 为订货点；LT 为生产提前期。

在 EPL 模型的假设条件下，C_p 与订货批量大小无关，为常量。与 EOQ 模型不同的是，由于补充率不是无限大，这里平均库存量不是 $Q/2$，而是 $I_{max}/2$。于是：

$$C_T = C_H + C_R + C_P = H(I_{max}/2) + S(D/Q) + pD$$

问题现在归结为求 I_{max}。由图5-8可以看出：

$$I_{max} = t_p(q-d)$$

由 $Q=qt_p$，可以得出 $t_p=Q/q$。所以：

$$C_T = H(1-d/q)Q/2 + S(D/Q) + pD \tag{5-7}$$

等式(5-7)与式(5-3)比较，可以得出：

$$EPL = \sqrt{\frac{2DS}{H\left(1-\dfrac{d}{q}\right)}} \tag{5-8}$$

例5-4： 根据预测，市场每年对某公司生产的产品的需求量为9000台，一年按300个工作日计算。生产率为每天50台，生产提前期为4天。单位产品的生产成本为60元，单位产品的年维修库存费为30元，每次生产的生产准备费为40元。试求经济生产批量 EPL、年生产次数、订货点和最低年总费用。

解： 这是一个典型的 EPL 问题，将各变量取相应的单位带入相应的公式即可求解。

$$d = D/N = 9000/300 = 30(台/日)$$

$$EPL = \sqrt{\frac{2DS}{H(1-d/q)}} = \sqrt{\frac{2 \times 9000 \times 40}{30 \times (1-30/50)}} = \sqrt{60000} = 245(台)$$

年生产次数 $n=D/\mathrm{EPL}=9000/245=36.7$（次）

订货点 $RL=d\cdot LT=30\times4=120$（台）

最低年库存费用 $C_\mathrm{T}=H(1-d/q)Q/2+S(D/Q)+pQ$

$\qquad\qquad\qquad=30\times(1-30/50)\times(245/2)+40\times(9000/245)+60\times9000$

$\qquad\qquad\qquad=542938$（元）

EPL 模型比 EOQ 模型更具一般性，EOQ 模型可以看作 EPL 模型的一个特例。当生产率 q 趋于无限大时，EPL 公式就同 EOQ 公式一样。

EPL 模型对分析问题十分有用。由 EPL 公式可知，一次生产准备费 S 越多，则经济生产批量越大；单位维持库存费 H 越多，则经济生产批量越小。在机械行业，毛坯的生产批量通常大于零件的加工批量，是因为毛坯生产的准备工作比零件加工的准备工作复杂，而零件本身的价值又比毛坯高，所以单位维持库存费较高。

（三）数量折扣模型

数量折扣模型

为了刺激需求，诱发更大的购买行为，供应商往往在顾客的采购批量大于某一值时提供优惠的价格，这就是数量折扣。图 5-9 表示有两种数量折扣的情况。当采购批量小于 Q_1 时，单价为 P_1；当采购批量大于或等于 Q_1 而小于 Q_2 时，单价为 P_2；当采购批量大于或等于 Q_2 时，单价为 P_3。$P_3<P_2<P_1$。

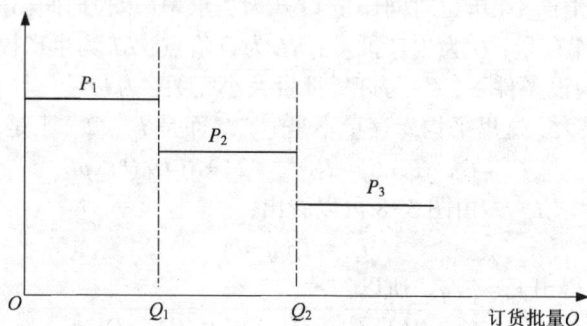

图 5-9　有数量折扣的价格图

数量折扣对于供应厂家是有利的。因为生产批量大，则生产成本低，销售量扩大可以占领市场，获取更大利润。数量折扣对用户是否有利，要做具体分析。在有数量折扣的情况下，由于每次订购量大，订货次数减少，年订货费用会降低。但订购量大会使库存增加，从而使维持库存的费用增加，按数量折扣订货的优点是单价较低，年订货成本较低，较少发生缺货，装运成本较低，而且能比较有效地应对价格上涨。其缺点是库存量大，储存费用高，存货周转较慢且容易陈旧。接不接受数量折扣，需要通过数量折扣模型计算才能决定。

数量折扣模型的假设条件仅有条件（3）与 EOQ 模型假设条件不一样，即允许有数量折扣。由于有数量折扣时，物资的单价不再是固定的了，因而不能简单地套用传统的 EOQ 公式。图 5-10 所示为有两个折扣点的数量折扣模型的费用。年订货费 C_R 与数量折扣无关，曲线与 EOQ 模型的一样。年维持库存费 C_H 和年购买费 C_P 都与物资的单价有关。因此，费用曲线是一条不连续的折线。三条曲线叠加构成的总费用曲线也是一条不连续的曲线。但是，不论如何变化，最经济的订货批量仍然是总费用曲线 C_T 上最低点对应的数量。由于数量折扣模型的总费用曲线不连续，所以成本最低点或者是曲线斜率(亦即一阶导数)为零的点，或者是曲线的中断点。可以按下面的步骤求有数量折扣的最优订货批量。

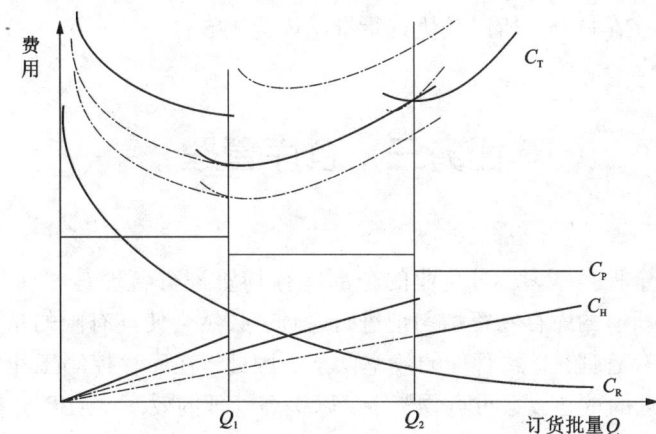

图 5-10　有两个折扣点的数量折扣模型的

(1)取最低价格代入基本 EOQ 公式求出最佳订货批量 $Q*$，若 $Q*$ 可行(即所求的点在曲线 C_T 上)，$Q*$ 即为最优订货批量，停止。否则转步骤(2)。

(2)取次低价格代入基本 EOQ 公式求出 $Q*$。如果 $Q*$ 可行，计算订货量为 $Q*$ 时的总费用和所有大于 $Q*$ 的数量折扣点(曲线中断点)所对应的总费用，取其中最小总费用所对应的数量即为最优订货批量，停止。

(3)如果 $Q*$ 不可行，重复步骤(2)，直到找到一个可行的 EOQ 为止。

例 5-5：某公司每年要购入 3600 台电子零件。供应商的条件是①订货量大于等于 125 台时，单价为 32.5 元；②订货量小于 125 台时，单价为 35 元。每次订货的费用为 10 元；单位产品的年库存维持费用为单价的 15%。试求最优订货量。

解：这是一个典型的数量折扣问题，步骤如下：

第一步，当 $C=32.5$ 时，$H=32.5\times15\%=4.88$，$S=10$，$D=3600$。

则：

$$EOQ(32.5)=\sqrt{\frac{2\times3600\times10}{4.88}}=121.47(台)$$

因为只有当订货量大于等于 125 台时，才可能享受单价为 32.5 元的优惠价格，也就是说，121.47 台是不可行的(即 121.47 所对应的点不在曲线 C_T 的实线上)。

第二步，求次低的单价 $C=35$ 元时的情况。此时：

$H=35.00\times15\%=5.25$，$S=10$，$D=3600$。

$$EOQ(35.0) = \sqrt{\frac{2 \times 3600 \times 10}{5.25}} = 117.11(台)$$

当单价为 35 元时，经济订货批量取 117 台时，这与供应商的条件是不矛盾的，因而 117 台为可行的订货量。在这里，订货量大于 117 台的数量折扣点只有一个，即 125 台。因此，应该分别计算订货量为 117 台和 125 台时的总成本 $C_T(117)$ 和 $C_T(125)$。

$C_T(117) = (117/2) \times 5.25 + (3600/117) \times 10.00 + 3600 \times 35.00 = 126614.82(元)$

$C_T(125) = (125/2) \times 4.88 + (3600/125) \times 10.00 + 3600 \times 32.50 = 117593.00(元)$

由于 $C_T(125) < C_T(117)$，所以最优订货批量应为 125 台。

任务三　仓库管理

企业的库存物资种类繁多，对企业的全部库存物资进行管理是一项复杂而繁重的工作。如果管理者对所有的库存物资均匀地进行管理，必然会使其有限的精力过于分散，只能进行粗放式的库存管理，导致管理的效率低下。因此，在库存控制工作中，应强调重点管理的原则，把管理的重心放在重点物资上，以提高管理的效率。ABC 分析法便是库存控制中常用的一种重点控制法。

一、ABC 分析法的基本思想

意大利经济学家帕累托在调查 19 世纪意大利城市米兰的社会财富分配状况时发现：米兰市社会财富的 80% 被占人口 20% 的少数人占有。而占人口 80% 的多数人仅占有社会财富的 20%。帕累托把其统计结果，按从富有到贫穷的顺序排列，绘制成管理界所熟知的帕累托图(图 5-11)。

后来发现，类似于帕累托图所显示的分布不均匀的统计现象，不仅存在于社会财富的分布上，而且普遍存在于社会经济生活的许多方面。即所谓的 20/80 定律，也有简称为 2/8 定律的。ABC 分析法基于 20/80 定律，即 20% 左右的因素占有(带来)80% 左右的成果。例如，在超市中占品种数 20% 左右的商品为企业带来了 80% 左右的销售额，20% 左右的员工为企业做出了 80% 左右的贡献等。

库存管理的 ABC 分析法还在 20/80 定律的指导下分析企业的库存，以找出占有大量资金的少数物资，并加强对它们的控制。这样，可以只用 20% 左右的精力就控制 80% 左右的库存资金的管理。而对那些只占少量资金的多数物资，则施以较轻松的控制和管理。

ABC 分析法把企业占用 65%~80% 价值，而品种数仅为 15%~20% 的物资划为 A 类，把占用了 15%~20% 价值，品种数为 30%~40% 的物资划为 B 类；把占用了 5%~15% 价值，品种数为 40%~55% 的物资划为 C 类，对 ABC 各类物资采用不同的管理方式，增强管理的针对性，以达到简化管理程序、提高管理效率的目的。

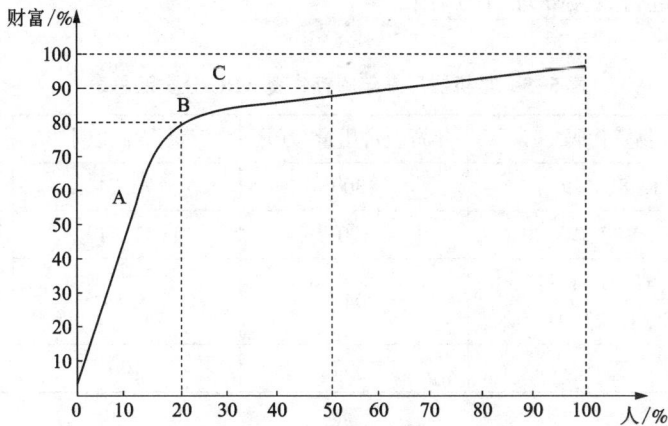

图 5-11　帕累托图

二、ABC 分析法的实施

实施 ABC 分析法的具体步骤如下：

(1)根据企业的库存物资信息，计算各库存物资占用资金情况。

具体做法是把每一种物资的年使用量乘上单价。年使用量可以根据历史资料或本年预测数据来确定。为了更好地反映现状，一般使用预测数据。

(2)把各库存物资按资金占用情况，按从多到少的顺序排列，并计算出各库存物资占用资金的比例。(表5-4)

表 5-4　某机器厂某年库存物资资金占用统计表

物资代码	年使用量/件	单价/元	年资金占用量/万元	资金占用比例/%
K-8	400	20000	800	47.23
S-9	500	10000	500	29.52
S-8	2000	600	120	7.08
X-7	2500	400	100	5.90
W-30	4000	200	80	4.72
G-37	4000	100	40	2.36
G-23	2000	100	20	1.18
H-22	2000	80	16	0.95
H-44	5000	20	10	0.59
H-16	8000	10	8	0.47
合计			1694	100

(3)分析各库存物资占用资金情况，将各物资归入相应的类别，完成分类。表5-5 是

对表5-4的数据进行分类处理后的结果。

表 5-5　某机器厂某年库存物资 ABC 分类汇总表

物资类别	物资代码	年资金占用量/万元	资金占用比例/%	占种类比例/%
A	K-8、S-9	1300	76.74	20
B	S-8、X-7、W-30	300	17.71	30
C	G23、G-37、H-16、H-22、H-23、H-44	94	5.55	50
		1694	100	100

三、ABC 分析法的运用

企业对库存物资进行 ABC 分类后，可以对不同类别的物资采用不同的控制策略。

1. A 类物资

A 类物资是控制的重点，应该严格控制其库存储备量、订货数量、订货时间。在保证需求的前提下，尽可能减少库存，节约流动资金。

2. B 类物资

可以适当控制 B 类物资。在力所能及的范围内，适度地减少 B 类物资库存。

3. C 类物资

可以简单控制 C 类物资，增加订货量，延长两次订货期间的时间间隔。在不影响库存控制整体效果的同时，减少库存管理的工作量。

在实际的库存物资分类工作中，既要考虑到资金占用情况，又要兼顾供货和物资重要程度等因素。一些特别关键或供应较难保障的物资，虽然占用资金不多，但需要按 A 类物资对待。

▶【同步思考】

1. 库存的作用是什么？
2. 如何认识库存控制的目标？
3. ABC 分析法的基本思想是什么？
4. 如何根据 ABC 分析法采取不同的控制策略？
5. 如何运用无保险储备的定量储存模型来确定经济批量？
6. 典型的库存控制系统有哪些？
7. 解释期望损失最小法、期望利润最大法。
8. 经济订货批量模型的假设条件是什么？
9. 数量折扣模型的假设条件是什么？

参考答案

要点巩固

一、选择题

1.在库存管理选择项的可用量公式中,预计入库量中的"生产订单量"包括( )。

A. MPS 和 MRP 生成的生产计划量

B. 已下达未审察的生产订单

C. 已锁定未审察的生产订单

D. 已审察入库的生产订单

2.在库存管理选项的可用量公式中,预计入库量的"调拨在途量"包括( )。(审察其他出入库单时更正现存量)

A. 已录入未审察的调拨申请单

B. 已审察的调拨申请单

C. 已录入未审察的调拨单

D. 未审察的由调拨单生成的其他入库单

3.定期订货法是基于( )的订货控制方法,它设定订货周期和最高库存量,从而达到库存量控制的目的。

A. 数量   B. 时间   C. 库存量   D. 订货批量

4.企业为了应付一些不确定性情况而有意识储备的库存,一般称为( )。

A. 原材料库存   B. 在制品库存   C. 周转库存   D. 安全库存

5.库存在企业中的作用之一是可以平衡( )。

A. 价格和订货周期的波动   B. 订货量和订货点的波动

C. 采购和运输的波动   D. 供应与需求的波动

6.在固定订货量系统中,库存控制的关键因素是( )。

A. 订货点和订货批量   B. 补货期间的库存水平

C. 两次订货之间的时间间隔   D. 订货提前期和安全库存量

7. ABC 分类中,如果按照存货价值占库存总价值的不同进行分类,则 A 类库存是指( )。

A. 品种种类占70%左右,价值在库存总价值中所占比例只在10%左右

B. 品种种类占10%左右,价值在库存总价值中所占比例只在70%左右

C. 品种种类占20%左右,价值在库存总价值中所占比例只在20%左右

D. 品种种类占50%左右,价值在库存总价值中所占比例只在50%左右

8.库存可以分为独立需求库存和相关需求库存,下列不属于相关需求库存的是( )。

A. 产成品库存   B. 在制品库存   C. 定期库存   D. 原材料库存

9.管理会计师注册协会用英文表示为( )。

A. CIMA   B. CIDA   C. MICA   D. CAMD

10.定量订货法主要用于哪一类物质的库存控制?( )

A. A 类物资   B. C 类物资   C. B 类物资   D. A、B、C 都适用

二、简答题

1. 库存控制基本决策包括哪些内容？

三、计算题

某新华书店《新英汉大辞典》的年销售需求为 1600 册，每册的单价为 40 元，已知每册的年储存费率为 20%，每次订货费用为 4 元，试求：

(1)《新英汉大辞典》的经济订货批量；

(2)《新英汉大辞典》的平均库存量；

(3)年订货次数。

质量管理与控制

学习目标

1.了解质量管理的基本概念、原理、内容、原则;

2.掌握质量管理的方法、基本步骤;

3.掌握全面质量管理思想的主要内容;

4.树立科学的质量理念,能运用质量管理工具分析企业生产活动。

先导案例

特斯拉电动汽车在中国的"魔性"操作

近日，国家市场监督管理总局发布消息称：进口的特斯拉 Model S 和 Model X 因为存在产品质量缺陷，将进行召回。

特斯拉这批需召回的问题车多达 48442 辆。它们均产自特斯拉位于美国加州弗里蒙特的汽车装配厂，后经进口销售给了中国的客户。召回的原因在于，涉事车辆的前悬架后连杆球头螺栓存在质量问题，车辆一旦经受较大的外部冲击，该前悬架后连杆球头螺栓可能会产生裂纹，而存在裂纹后继续使用车辆，该裂开球头螺栓会断裂，极端情况下该球头锥形座可能会从转向节中脱出。那时，车辆的操控能力将会产生缺失，会导致车辆在行驶中因失去操控能力而发生交通事故。根据公布的信息来看，召回的车辆具体为：

2013 年 9 月 17 日—2017 年 8 月 16 日生产的 29193 辆进口 Ss 和 Xs 车型；

2013 年 9 月 17 日—2018 年 10 月 15 日生产的 19249 辆进口 Ss 车型。

中国的监管机构要求特斯拉将车辆召回，并对其左右前悬架的后连杆，以及左右后悬架的上连杆进行替换，而且这一修复工作不收取车主任何费用。

目前美国高速公路安全管理局还未表示特斯拉出现的这一车辆问题是否有必要在美国范围内进行类似的召回。显然，特斯拉车辆的悬架相关的问题已经不是首次被发现了。2016 年，特斯拉旗下车型 Model S 悬架系统的质量被质疑后，特斯拉 CEO 埃隆·马斯克就狡辩称其未发现任何证据证明车辆悬架有问题。

当时马斯克在社交平台和公司博客上表示，NHTSA"没有发现与 Model S 悬架有关的安全问题，不再需要从我们这里获得有关此事的数据"。他还表示，这些问题都是捏造的。如果关注过特斯拉和马斯克就应该知道，这就是马斯克一贯都作风，无论发生任何问题，马斯克都是采取强硬的否认态度，不过中国的监管部门对于特斯拉的否定可不会买账。这已经是特斯拉因为进口车型的产品质量存在缺陷或是安全隐患发生的第四次召回事件了。

有外媒报道表示，特斯拉的一名律师伊丽莎白·H.米基提克就 Model S 和 Model X 在中国的召回事宜致函 NHTSA，驳斥了 Model S 和 Model X 汽车存在故障悬挂系统的说法。特斯拉还表示，车辆的球头产生裂缝是司机的不正当使用造成的，他们的辩词还说司机的使用程度和对该系统造成的损害在中国市场尤为严重。如果客户输入了一个滥用的负载（如抑制冲击、严重的坑槽冲击等），系统零件就可能被损坏，从而导致立即失效或延迟失效。所以，这都是司机的滥用和随后的负载过大造成的复合效应。

与此同时，特斯拉还特别表示：特斯拉不同意中国监管机构认为的其产品存在质量缺陷或是安全问题，但是特斯拉同意在中国进行自愿召回，为了避免"背上沉重的负担"。有消息表示，特斯拉在 2020 年 8 月 24 日第一次和中国的监管机构会面，同意在 8 月 27 日之前开始自愿召回，8 月 28 日在中国提交了正式的召回通知。而自 9 月 1 日开始，特斯拉在没有和股东讨论召回相关事宜的情况下，宣布将在市场上融资 50 亿美元。

（原文链接：https://www.sohu.com/a/427641162_633181）

思政导言

保护客户生命财产安全是质量的基本要求。2007 年，党的十七大报告中 13 次提到了"质量"一词，涉及科学发展观、小康社会、国民经济、国防和军队现代化以及党的建设等六大重点部分，特别是在报告的第五部分，明确提出了对"确保产品质量和安全"的相关要求。2017 年《中共中央国务院关于开展质量提升行动的指导意见》提出了提高产品和服务质量，推动建设质量强国的中心任务。可见，我们的党和国家对提高质量的高度重视。当代大学生应该关注有关国计民生的质量问题，始终保持着一种时代责任感。

理论精讲

任务一　制定质量计划

随着经济、科学技术日益发展，企业深刻感受到了提高产品质量的重要性。产品质量已成为一个企业在市场中立足的根本和发展的保证。产品质量的好坏，关系到企业的生死存亡。产品或服务质量是决定企业素质、企业发展、企业经济实力和竞争优势的主要因素。质量还是争夺市场最关键的因素，谁能够用灵活快捷的方式为用户提供满意的产品或服务，谁就能赢得竞争优势。中国高铁为什么能够占据世界高速铁路市场的领先地位？靠的就是优异的产品质量。

质量管理是当今企业重要的管理活动，是企业生产效益的重要保证。质量管理主要通过质量计划、质量控制、质量保证和质量改进等手段来实现既定的质量方针和目标。确定质量目标、制定切实可行的质量计划是质量管理的重要前提和首要步骤。

一、理解质量和质量管理的相关概念

质量是企业的生命，质量是企业的效益，质量是企业发展的动力。质量是企业永恒的主题。质量在企业的生存发展中所起的重要

质量与质量管理

作用已无须置疑。质量是质量管理的对象，正确、全面地理解质量的概念，对开展质量管理工作是十分重要的。

(一)质量的有关概念

1.质量的含义

质量的内容十分丰富，随着社会经济和科学技术的发展，也在不断充实、完善和深化。同样，人们对质量概念的认识也经历了一个不断发展和深化的历史过程。

质量是指物品本来具有的物质特性，是客观存在的，不会因人而改变或消失。质量本质的要求就是产品应该具有一定功能的物质特性。在相当长的一段时间内，人们普遍把产品的物质特性符合要求理解为质量，也就是所谓的合格就是质量。国际标准 ISO8402—1986 对质量做了如下定义：质量(品质)是反映产品或服务满足明确或隐含需要能力的特征和特性的总和。

但是，随着社会经济和科学技术的发展，质量的定义也在不断充实、完善和深化。美国著名的质量管理专家朱兰从顾客的角度出发，给质量下的定义为"质量就是适用性"，即产品在使用时能成功地满足用户需要的程度。用户对产品的使用要求的满足程度，反映在产品的性能、经济特性、服务特性、环境特性和心理特性等方面。适用性恰如其分地表达了客户对产品的期望和要求，它并不要求技术特性越高越好，而是追求诸如性能、成本、数量、交货期、服务等因素的最佳组合，即所谓的最适当、最好。

目前，质量概念还在不断完善，没有一个统一的定义。但是比较普遍的观念是质量的含义包含了符合性与适用性两个方面。

(1)符合性(从产品角度)。

所谓符合性，是指产品的物质性能是否达到客户使用的要求，即产品有没有满足客户要求的物质特性。这些特性是产品本身具有的物质特性，不会因使用者改变而变化。

质量是产品特征和特性的总和，其本质是一种客观事物具有某种能力的属性。这种属性必须满足人们的需要。人们的需要是通过具体化、形象化、数量化、指标化等可以衡量和量化的指标来体现的。因此，质量通常表现为符合特征和特性要求的产品就是满足用户需要的产品。符合性揭示出了产品的性能要求，这是质量的物质载体，但是并不能解释客户的特定要求，客户的满意度与否无法体现。

(2)适用性(从客户角度)。

所谓适用性，是指产品满足客户使用需求的程度。简单地说，适用性是指产品满不满足客户要求。

质量是产品或服务满足客户规定或潜在的需要。这种需要可能是技术规范中规定的要求，也可能是在技术规范中未注明，但用户在使用过程中实际存在的需要。它是动态的、变化的、发展的和相对的，需要随时间、地点、使用对象和社会环境的变化而变化。因此，这里的需要实质上就是产品或服务的"适用性"。

从以上分析可知，企业只有生产出用户适用的产品，才能占领市场。而就企业内部来讲，企业又必须生产符合质量特征和特性指标的产品。所以，企业除了要研究质量的"适用性"之外，还要研究"符合性"。

2.质量的内容

在现代的质量管理理论中，质量是一个比较宽泛的概念，它不仅指产品质量，还可以指形成产品质量的相关的工作质量。

(1)产品质量。

产品质量是指产品适合社会和人们需要所具备的特性。产品质量的特性因产品的不同而不同。例如，一般工业产品的质量特性主要包括性能、寿命、可靠性、安全性、经济性等；而服务的质量特性主要包括服务技能熟练程度、服务及时性、服务态度、服务安全性、服务经济性等。

（2）工作质量。

工作质量一般指与质量有关的各项工作对产品质量、服务质量的保证程度。工作质量涉及各个部门、各个岗位工作的有效性，取决于人的素质，包括工作人员的质量意识、责任心、业务水平。其中，最高管理者(决策层)的工作质量起主导作用，一般管理层和执行层的工作质量起保证和落实的作用。对于生产现场来说，工作质量通常表现为工序质量。所谓工序质量是指操作者(man)、机器设备(machine)、原材料(material)、操件及检测方法(method)和环境(environment)五大因素(即4M1E)综合起作用的加工过程的质量。在生产现场抓工作质量，就是要控制这五大因素，保证工序质量，最终保证产品质量。

产品质量是生产运作系统中各个部门、各个环节工作质量的综合反映，产品质量的实现必须以工作质量为基础和保证。为此，企业既要重视产品质量，更要重视工作质量，通过不断地提高工作质量来保证产品质量。

（二）理解质量管理的有关概念

1.质量管理

质量管理是指确定质量方针、目标和职责，并通过质量体系中的质量策划、质量控制、质量保证和质量改进来使其实现的所有管理职能的全部活动。质量管理是组织管理职能的重要组成部分，必须由一个组织的最高管理者来推动。质量管理是各级管理者的职责，并且和组织内的全体成员都有关系，因为他们的工作都直接或间接地影响着产品或服务的质量。

质量管理的涉及面很广，从横向来说，包括战略计划、资源分配和其他系统活动，如质量计划、质量保证、质量控制等活动；从纵向来说，包括质量方针、质量目标以及质量体系。简而言之，质量管理是为实现质量目标而进行的管理活动，主要包括制定质量方针和质量目标、建立质量管理体系、实施质量策划、开展质量控制和质量保证、进行质量改进五个方面的内容。

2.质量保证

所谓质量保证，是指为使人们确信某实体能满足质量要求，在质量体系内所开展的并按需要进行证实的有计划和有系统的全部活动。

质量保证使人们确信某一组织有能力满足规定的质量要求，给用户、第三方(政府主管部门、质量监督部门、消费者协会等)和本企业最高管理者提供信任感。质量保证分为内部质量保证和外部质量保证。内部质量保证是质量管理职能的一个组成部分，是为了使企业各层管理者确信本企业具备满足质量要求的能力所进行的活动。外部质量保证是为了使用户和第三方确信供方具备满足质量要求的能力所进行的活动。

3.质量控制

所谓质量控制，是指为满足质量要求所采取的作业技术和活动。作业技术和活动贯穿于质量形成全过程的各个环节，作业技术和活动的主要内容是确定控制计划与标准、实施控制计划与标准，并在实施过程中进行连续监视和验证、纠正不符合计划与程序现象、排除质量形成过程中的不良因素与偏离规范现象，恢复其正常状态。

4.质量管理体系

为了实现质量方针、目标，提高质量管理的有效性，应建立健全质量管理体系。质量管理体系(简称质量体系)是指实施质量管理的组织机构、职责、程序、过程和资源。质量管理体系是质量方面指挥和控制组织的管理体系，是组织内部建立的、为实现质量目标所必需的、系统的质量管理模式，是组织的一项战略决策，是质量管理的组织保证。

针对质量管理体系的要求，国际标准化组织的质量管理和质量保证技术委员会制定了ISO9000族系列标准。质量管理体系一般包括下列要素：市场调研，设计和规范，采购，工艺准备，生产过程控制，产品验证，测量和试验设备的控制，不合格控制、纠正措施，搬运和生产后的职能，质量文件和记录，人员，产品安全与责任，质量管理方法的应用等。

质量管理体系有两种形式。一种是用于内部管理的质量管理体系，一般以管理标准、工作标准、规章制度、规程等形式体现；另一种是用于外部证明的质量保证体系。前者要求比后者严。为完成某项活动所规定的方法，即规定某项活动的目的、范围、做法、时间进度、执行人员、控制方法与记录等。质量管理体系作为一个有机体，还应拥有必要的体系文件，包括质量手册、程序性文件(包括管理性程序文件、技术性程序文件)、质量计划及质量记录等。

5.质量职能

质量管理在很大程度上是对质量职能的管理。所谓质量职能，是指质量形成全过程所必须发挥的质量管理功能及相应的质量活动。从产品质量形成的规律来看，直接影响产品质量的主要质量职能有市场研究、开发设、生产技术准备、采购供应、生产制造、质量检验、产品销售、用户服务等。

总之，质量管理是一门学问，从根本上说，是一种如何发现质量问题、定义质量问题、寻找问题原因和制定整改方案的方法论。质量管理还是一种思想，它实际上是对企业的宗旨，即企业是干什么的、应该干什么这一基本使命的一种深刻的理解和不断升华的认识。质量管理更是一种实践，是一种从企业最高领导到每位员工主动参与的永无止境的改进活动。

(三)质量管理的基本原则

质量管理的基本原则是在总结实践经验的基础上，用高度概括的语言表述的质量管理的一般规律，可以指导企业通过关注顾客及其他相关方的需求和期望来达到持续改进其总体业绩的目的。

1.以顾客为关注焦点

满足顾客的需求是每个企业存在的基础，因此，企业应当始终把顾客放在第一位，深入了解和识别顾客当前和未来的需求，时刻关注顾客需求变化的动向，切实针对顾客需求和期望进行产品开发、设计、生产和经营，以取得顾客的信任，赢得市场。

2.领导带头

领导作为企业的决策者，在质量管理中起着举足轻重的作用。领导者要深入了解企业所处的环境和顾客需求，确立企业统一的宗旨和方向，制定科学的质量方针和质量目标，创造和保持一个能使全体员工充分参与，实现组织目标的良好内部环境，要起到指挥和协调的作用，确保质量管理体系的有效运行。

3. 全体员工参与

员工是企业的根本，产品是员工劳动的成果。企业的质量管理不仅需要最高管理者的正确领导，更需要全体员工的参与。因此，企业一方面需要对员工进行质量意识、质量责任和质量技能的培训，另一方面需要制定和实施科学的激励机制，有效地激发员工的积极性和主动性，使之渴望参与质量改进并努力做出贡献。

4. 以过程作为基本单元

活动是开展任何工作的基础，将活动和相关资源作为过程进行管理，可以更高效地达到期望结果。以过程作为基本单元是现代质量管理工作的一个基本思路，通过分析过程、控制过程和改进过程，就能够对影响质量的所有活动和所有环节进行控制，确保产品的高质量。

5. 树立整体的观念

质量管理体系是一个复杂的有机整体，必须运用系统的方法对其所包含的众多相互作用、相互关联的过程和资源加以识别、理解和管理，通过树立整体的观念，围绕质量管理的目标对各种过程和资源进行系统的思考和安排，以提高企业实现质量目标的有效性和效率。

6. 持续改进

持续改进总体业绩是组织的永恒目标。质量管理的最终目标是满足顾客的需求，只要顾客的需求在不断地提高，企业就必须持续改进以继续获得顾客的支持，在日益激烈的市场竞争中谋求生存与发展。

7. 基于事实的决策方法

为了防止决策失误，决策必须以事实为基础，建立在客观的数据和信息分析之上。为此，企业必须广泛收集信息，运用统计技术等科学的定量分析方法对有关数据和信息进行分析，并以此作为方案选择和实施的重要依据。

8. 与供方形成互惠互利的关系

在专业化和协作化日益深化的今天，企业与上下游企业之间已经形成了"共生共荣"的企业生态系统。因此，从战略层面上来说，企业有必要与供方建立起相互依存、互惠互利的长期战略伙伴关系，确保供方积极参与产品的开发及改进活动，达成相互信任、相互尊重的共识，共同承诺使顾客满意并持续改进。

(四) 质量管理的发展历程

质量管理这一概念早在 20 世纪初就被提出来了，它随着企业管理与实践的发展而不断完善，随着市场竞争的变化而不断变化。

从质量管理的发展历程来看，质量管理的发展大致经历了三个阶段。

1. 产品质量的检验阶段 (20 世纪 20 年代—20 世纪 30 年代)

20 世纪前，产品质量主要依靠操作者本人的技艺水平和经验来保证，属于"操作者的质量管理"。20 世纪初，以泰勒为代表的科学管理理论的产生，促使产品的质量检验从加工制造中分离出来,质量管理的职能由操作者转移给工长,即"工长的质量管理"。随着企业生产规模的扩大和产品复杂程度的提高,产品有了技术标准(技术条件),公差制度也日趋完善,各种检验工具和检验技术也随之发展,大多数企业开始设置检验部门,有的直属于厂长领导,这时是"检验员的质量管理"。上述几种做法都属于事后检验的质量管理方式。

2.统计质量管理阶段(20世纪40年代—20世50年代)

以数理统计理论为基础的统计质量控制的推广应用始自第二次世界大战期间。由于第二次世界大战对大量产品(特别是军需品)的需要,质量检验工作立刻显示出其存在的弱点,检验部门成了生产中最薄弱的环节。由于事先无法控制质量以及检验工作量大,军需品生产常常延误交货期,影响前线军需供应。这时,休哈特防患于未然的控制产品质量的方法及道奇、罗米格的抽样检查方法被重新重视起来。美国政府组织数理统计学家去解决实际问题,制定了战时国防标准,即《质量控制指南》《数据分析用的控制图法》《生产中质量管理用的控制图》,这三个标准是质量管理中最早的标准。

3.全面质量管理阶段(20世纪60年代后)

从20世纪60年代开始,进入全面质量管理阶段。随着生产力和科学技术的迅速发展,人们对产品的质量从注重产品的一般性能发展为注重产品的耐用性、可靠性、安全性、维修性和经济性等。在生产技术和企业管理中要求运用系统的观点来研究质量问题。在管理理论上也有新的发展,突出重视人的因素,在强调依靠企业全体人员的努力来保证质量以外,保护消费者利益运动兴起,企业之间的市场竞争越来越激烈。在这种情况下,美国的费根鲍姆于20世纪60年代初提出全面质量管理的概念。他提出,全面质量管理是"为了能够在最经济的水平上,进行生产和提供服务,充分满足顾客的要求,把企业各部门在研制质量、维持质量和提高质量方面的活动结合为一体的有效体系"。经过多年实践,全面质量管理理论已比较完善,在实践上也取得了较大的成功。

二、制定质量计划

企业为了保证质量目标的实现,必须制定切实可行的质量计划。GB/T19000—2008中对"质量计划"的定义是:对特定的产品、项目或合同的质量管理体系的过程(包括产品实现过程)和资源做出规定的文件。

质量计划是企业在计划期内针对产品质量目标、质量指标和各项改进措施等方面制定的一系列计划,是各部门和各生产环节质量管理工作的行动纲领,是提高产品质量工作的依据,是产品实现的策划过程的输出。

质量计划与质量策划、质量管理体系的区分如下:

质量策划是质量管理的一部分,致力于制定质量目标,规定必要的运行过程和相关资源以实现质量目标。制定质量计划是质量策划的一部分。质量策划是一系列的活动,包括设定质量目标,规定达到质量目标所必要的作业过程和相关性资源。而质量计划是一种书面文件,是针对特定的产品、过程、项目或合同的要求而制定的文件。质量计划是质量策划结果的文件表达之一。

质量计划是针对特定的产品、过程、项目或合同的要求而编制的文件，它是质量管理体系文件的补充，它可以选择、引用或补充现有的质量管理体系文件。

通常情况下，质量计划应连同现有质量管理体系文件一起使用。当组织的质量管理体系形成文件时，质量计划可作为独立文件。此时应参照与相应的产品、过程、项目或合同有关的 ISO9001 的全部条款要求，制定质量计划。

质量计划的有效性是有时间性的，当质量计划中所规定的要求完成时，质量计划就自动终止。当质量计划的内容适用于常规产品时，可作为修改或补充质量管理体系文件的参考资料。

(一) 质量计划的作用

质量计划是一种重要的管理工具，其对内确保具体活动或特定产品达到预定的标准；对外保障产品或服务满足客户的要求，向顾客阐述和证实产品或服务已符合具体合同的特定要求。其主要作用表现如下：

1. 提高满足顾客要求方面的适应能力

质量计划是质量管理实施的依据和基础，在质量计划中定义了质量数据指标和标准，明确了质量管理的具体流程和规则，提高了生产的目的性和具体的执行性，增强了企业生产在满足顾客要求方面的适应能力。

2. 降低质量管理体系运行成本

质量计划明确了生产活动的行动规则和有效要求，对各项可能的异常进行了有效的预防，减少了对特定项目或产品不适用的要素或活动，从而降低了运行成本。

3. 增强顾客对满足其要求的信任

质量计划能向客户提供并证实其每项要求均已被充分理解，并在具体的活动、资源方面做了周密安排，在关键节点或重要环节设置了特定的观测点，接受其检查，增强了客户的信任感。

4. 有利于现场管理

质量计划规范了特定场所内所需的活动和资源，非此场所的活动或资源将不会出现，故而提高了现场管理的效率。

5. 质量审核的依据

质量计划是质量内部审核、质量检查的重要依据和标准。

(二) 质量计划的内容

质量计划主要包括以下内容：

(1) 编制依据；

(2) 项目概况；

(3) 质量目标；

(4) 组织机构；

(5) 质量责任与人员分工；

(6)必要的质量控制手段，施工过程，服务、检验和试验程序等；

(7)确定关键工序和特殊过程及作业的指导书；

(8)有关的检验、试验、测量、验证要求；

(9)更改和完善质量计划的程序；

(10)质量管理所需的资源；

(11)必要的记录。

(三)质量计划的分类

质量计划需要回答的问题是：如何通过各种质量相关活动来保证达到预期的质量目标？质量计划中的重要输入是质量目标，而质量目标来源于用户需求和商业目标，质量计划根据质量目标制定。

1. 制造质量计划

制造质量计划使生产制造进入一种准备就绪状态。制造质量计划包括如下内容：

(1)工艺流程、工艺路线安排；

(2)确定工艺文件、工艺定额、确定关键工序和特殊工序；

(3)验证过程能力；

(4)配备工装设备、测试仪器；

(5)配备生产的基础设施(包括水、电、气等)；

(6)制定控制方法和控制标准，对所有特性和要求明确接收标准；

(7)确定在产品形成适当阶段进行合适的验证；

(8)确保人员的配备与培训等。

2. 工序质量控制计划

工序质量控制计划是指控制工艺过程、防止出现废品的管理方法，可以运用数理统计方法，抽查和分析工序产品质量，从中发现不稳定因素，及时消除。

工序质量控制计划的内容如下：

(1)确定质量控制点，明确控制技术；

(2)确定应控制的质量特性；

(3)编制工序控制文件，包括质量控制点明细表、工序质量分析表、作业及检验指导书等。

3. 质量检验计划

质量检验计划是以书面的形式对检验工作所涉及的总体和具体的检验活动、程序、资源等做出的规范化安排，以便于指导检验活动，使其有条不紊地进行。

质量检验计划的内容如下：

(1)检验流程图(说明检验程序、检验站或点的设置、采用的检验方式等)；

(2)检验用质量缺陷严重性分级表；

(3)检验指导书；

(4)测量和试验设备的配置；

(5)人员配置、培训、资格认可事项的安排；

(6)其他需要做特殊安排的事宜。

(四)质量计划制定的依据

质量计划制定的依据主要如下：

1.质量方针

质量方针又称质量政策，是企业质量行为的指导准则，反映企业最高管理者的质量意识，也反映企业的质量经营目标和质量文化。质量方针就是企业的质量管理理念，一般包括以下几个方面：

(1)关于产品设计质量。确定企业产品所要达到的质量水平，即关于产品的设计质量，不同的企业可以有不同的质量方针。

(2)关于同供应厂商关系。规定同供应厂商的合作形式，例如确定供货验收方法，为长期合作的供应商提供各种技术与物资援助，协助供应商开展质量保证活动，定期对其质量保证能力进行调查和评价等。

(3)关于质量活动的要求。

(4)关于售后服务。确定销售和为用户服务的总则，例如企业的经营方针、接受订货和销售方式、技术服务要求、产品的"三包"与"三保"等。

(5)关于制造质量、经济效益和质量检验的要求。

2.范围描述

范围描述包括目标的说明和任务范围的说明，它明确地说明了为提交既定特性和功能的产出物而必须开展的工作和对这些工作的具体要求。

3.产出物或成果的描述

产出物或成果的描述是指对项目产出物或成果的全面与详细的说明。

4.相关标准和规定

组织在制定质量计划时还必须充分考虑所有与质量相关领域的国家、行业标准，各种规范以及政府规定等。

5.其他的信息

其他的信息是指除范围描述和产出物描述外，其他管理方面的要求，以及与质量计划制定的有关信息。

(五)质量计划制定的方法

1.成本收益分析法

成本收益分析法也称经济质量法，这种方法要求在制定质量计划时必须同时考虑项目质量的经济性。任何项目的质量管理都需要开展两个方面的工作，其一是质量保障工作，其二是质量检验与恢复工作。前者产生项目质量保障成本，后者产生项目质量检验和纠偏成本。质量计划的成本/收益法就是合理安排这两种质量管理成本，以使质量管理总成本相对最低。

2. 质量标杆法

质量标杆法是指利用其他项目实际或计划的项目质量管理结果或计划，作为新项目的质量比照目标，通过对照比较制订出新项目质量计划的方法。

3. 流程图法

流程图法主要用于表达一个项目的工作过程和项目不同部分之间的相互联系，通常它也被用于分析和确定项目实施的过程。它是一种项目质量计划的有效方法。

4. 实验设计法

实验设计法是一种计划安排的分析技术，它有助于识别在多种变量中，何种变量对项目成果的影响最大，从而找出项目质量的关键因素以指导项目质量计划的制定。

（六）质量计划的制定步骤

1. 明确质量目标，提出质量计划的制定要求

任何一种质量计划都应根据其输入的质量方针或上一级质量目标的要求，以及顾客和其他相关方的需求和期望，来设定具体的质量目标。

2. 确定达到目标所需要的过程

达到目标所需要的过程可能是链式的，从一个过程到另一个过程，最终直到目标的实现；也可能是并列的，各个过程的结果共同指向目标的实现；还可能是上述两种方式的结合，既有链式的过程，又有并列的过程。事实上，任何一个质量目标的实现，都需要多种过程。例如要实现产品合格率的目标，既需要产品生产动作的过程（链式过程），也需要各种管理控制的过程（很可能是并列的）。因此，在制定质量计划时，要充分考虑所需要的过程。

3. 确定相关的职责和权限

质量计划是对相关的质量活动进行的一种事先的安排和部署，而任何质量活动必须由人员来完成。质量计划的难点和重点就是落实质量职责和权限，又被称为质量职能的展开。

4. 确定所需的其他资源

其他资源包括人员、设施、材料、信息、环境等。但是，并不是所有的质量策划都需要确定这些资源，只有那些新增的、特殊的、必不可少的资源，才需要纳入质量计划中来。

5. 确定实现目标的方法和工具

一般情况下，具体的方法和工具可以由承担该项质量职能的部门或人员去选择。但如果某项质量职能或某个过程是一种新的工作，或者是一种需要改进的工作，那就需要确定其使用的方法和工具了。例如在策划某一设计和开发项目时，就可以对其所使用的新的设计方法、验证的试验方法、设计和开发评审方法等予以确定。又例如在策划质量改进时，也可以确定其所需的统计技术。

6. 确定其他的策划需求

其他的策划需求包括质量目标和具体措施（也就是已确定的过程）完成的时间，检查

或考核的方法，评价其业绩成果的指标，完成后的奖励方法，所需的文件和记录等。一般来说，完成时间是必不可少的，应当确定下来。而其他策划要求则可以根据具体情况来确定。

7.明确质量计划的输出

质量计划都应以文件形式输出。

8.评审认可

质量计划的完整性评审要经过指定的小组认可。

9.检查调整

一般情况下，质量计划应具有很强的针对性和严肃性。然而客观影响因素非常多，如设计变更、意外情况的发生等，均能阻碍质量计划的顺利实施。因此，在质量计划实施的过程中，必须加强对质量计划执行情况的检查，发现问题，及时调整。

任务二 实施全面质量管理

全面质量管理

全面质量管理(total quality management，TQM)是以产品质量为核心，以全员参与为基础，而建立起的一套科学严密高效的质量体系，它可以提供满足用户需要的产品的全部活动，有着长期、成功的管理效果，目的在于让顾客满意，使本组织所有者及社会等相关方受益，它是一种改善企业运营效率的重要方法。

一、全面质量管理的兴起

(一)全面质量管理兴起的背景

20世纪50年代以来，随着社会生产力的迅速发展，科学技术以及社会经济与文化的不断进步，质量管理环境出现了许多变化，主要体现在以下几个方面：

(1)人们对成品质量要求更高了。由于科学技术的发展，产品的精度和复杂程度大为提高，人们对产品质量的要求从仅注重性能指标转向同时注重可靠性、安全性、经济性等指标，对产品的可靠性等质量要求极大地提高，但靠在制造过程中应用数理统计方法进行质量管理是难以达到要求的。

(2)在生产技术和企业管理中广泛应用系统分析的理念，把质量管理看成是处于较大系统中的一个子系统。

(3)管理理论有了新的发展和突破，在生产技术企业管理中广泛应用系统分析的理念和方法，并且越来越"重视人的因素"，出现了诸如"工业民主""参与管理""共同决策"等管理口号。这一切都促使质量管理从单一方法转向多种方法共用，从少数人参与走向公司全体人员共同参与。

(4)保护消费者利益运动的兴起,迫使质量管理方法进一步改善。

(5)随着市场竞争,尤其是国际市场竞争的加剧,各国企业都很重视产品责任和质量保证问题。

统计质量管理相对于产品质量检验来说,无疑是质量管理发展史上的一次飞跃,但是,统计质量管理也有着其自身的局限性和不足之处。由于上述环境的变化,仅仅依靠质量检验和统计方法很难保证与提高产品质量,把质量问题完全交给专业的质量控制工程技术人员去负责也是不妥的。因此,自 20 世纪 50 年代起,许多企业就开始了全面质量管理的实践。

(二)全面质量管理的四个发展阶段

最早提出全面质量管理概念的是美国通用电气公司的质量总经理菲根堡姆。1961 年,他出版了《全面质量管理》一书。全面质量管理的理论和方法的提出,深深地影响着世界各国质量管理的发展。世界各国对它进行了全面深入的研究,使全面质量管理的思想、方法、理论在实践中不断得到应用和发展。概括地讲,全面质量管理的发展经历了以下四个阶段:

1. 日本从美国引入全面质量管理

第二次世界大战以后,日本从美国引进了科学的质量管理理论和方法,20 世纪 60 年代又学习了美国的全面质量管理,并结合自己的国情,实行了全公司性的质量管理(company wide quality control,CWQC)。日本企业的一些做法和在产品质量方面取得的成就,已经引起世界各国的注意。

2. 质量管理中广泛采用统计技术和计算机技术

从 20 世纪 70 年代开始,日本企业从质量管理中获得巨大的收益,充分认识到了全面质量管理的好处。日本人开始将质量管理当作一门科学来看待,并广泛推广和应用统计技术和计算机技术,全面质量管理在这一阶段获得了新的发展。

3. 全面质量管理的内容和要求标准化

随着全面质量管理理念的普及,越来越多的企业开始采用这种管理方法。1986 年,国际标准化组织 ISO 把全面质量管理的内容和要求进行了标准化,并于 1987 年 3 月正式颁布了 ISO9000 系列标准,这是全面质量管理发展的第三个阶段。因此,我们通常所熟悉的 ISO9000 系列标准实际上是对原来全面质量管理研究成果的标准化。

4. 质量管理上升到经营管理层面

随着质量管理思想和方法往更高层次发展,企业的生产管理和质量管理被提升到经营管理的层次。无论是学术界还是企业界,很多知名学者如朱兰、石川馨、久米均等,都提出了很多有关这个方面的观念和理论,"质量管理是企业经营的生命线"这种观念逐渐被企业所接受。

二、全面质量管理的含义及特点

(一) 全面质量管理的定义

全面质量管理是指在全社会的推动下，企业的所有组织、所有部门和全体人员都以产品质量为核心，把专业技术、管理技术和数理统计结合起来，建立起一套科学、严密、高效的质量保证体系，控制生产全过程影响质量的因素，以优质的工作、最经济的办法，提供满足用户需要的产品(服务)的全部活动。简言之，就是全社会推动下的、企业全体人员参加的、用全面质量去保证生产全过程的质量活动，其核心为"全面"二字。

在理解全面质量管理的定义时，要注意：

(1)全面质量管理并不等同于质量管理，它是质量管理的更高境界。

(2)全面质量管理强调一个组织以质量为中心，质量管理是企业管理的纲领；全员参与；全面的质量。

(3)质量的全过程都要进行质量管理；谋求长期的经济效益和社会效益。

(二) 基本原则

1.经济的原则

全面质量管理的最终目标是企业在满足客户需求的前提下获得最大限度的附加价值。

2.协作的原则

全面质量管理要求企业各部门保持紧密的协作，全体职工保持良好的协作，以保证产品的质量，从而取得更高的经济效益。

3.系统的原则

企业是一个由许多关联的环节、部门和要素组成的系统，因此推行全面质量管理应以系统方法去分析问题，采取系统的措施去解决问题。

(三) 全面质量管理核心思想

1.质量第一，以质量求生存

任何产品都必须达到所要求的质量水平，否则就没有或未完全实现其使用价值，从而给消费者及社会带来损失。从这个意义上讲，质量必须是第一位的。市场的竞争其实就是质量的竞争，企业的竞争能力和生存能力主要取决于它满足社会质量需求的能力。"质量第一"并非"质量至上"。质量不能脱离当前的消费水平，也不能不考虑成本而一味追求质量。应该重视质量成本分析，综合分析质量和质量成本，确定最适宜的质量。

2.以顾客为中心，坚持用户至上

外部的顾客可以是最终的顾客，也可以是产品的经销商或再加工者；内部的顾客是企业的部门和人员。实行全过程的质量管理要求企业各个工作环节都必须树立为顾客服务的思想。内部顾客满意是外部顾客满意的基础。因此，在企业内部要树立"下道工序是顾客""努力为下道工序服务"的思想。只有每道工序都在质量上坚持高标准,为下道工序着想,为下道工序提供最大的便利,企业才能目标一致地、协调地生产出符合规定要求、满足用户期望的产品。可见,全过程的质量管理就意味着全面质量管理要"始自识别顾客的需要,终于满足顾客的需要"。

3. 预防为主,不断改进产品质量

优良的产品质量是设计和生产制造出来的,而不是靠事后的检验决定的。事后的检验面对的是已经既成事实的产品质量。根据这一基本道理,全面质量管理要求把管理工作的重点从"事后把关"转移到"事前预防"上来;从管结果转变为管因素,实行"预防为主"的方针,把不合格品消灭在它的形成过程之中,做到"防患于未然"。当然,为了保证产品质量,防止不合格品出厂或流入下道工序,要及时反馈发现的问题,防止再出现、再发生,加强质量检验在任何情况下都是必不可少的。强调预防为主、不断改进的思想,不仅不排斥质量检验,而且要更加完善、更加科学。

4. 用数据说话,以事实为基础

有效的管理是建立在数据和信息分析的基础之上的。要在全面质量管理工作中具有科学的工作作风,必须做到"心中有数",以事实为基础。为此,必须广泛收集信息,用科学的方法处理和分析数据和信息,不能够"凭经验,靠运气"。为了确保信息的充分性,应该建立企业内外部的信息系统。坚持以事实为基础,要克服"情况不明决心大,心中无数点子多"的不良决策作风。

5. 重视人的积极因素,突出人的作用

产品和服务的质量是企业中所有部门和人员工作质量的直接或间接的反映。因此,全面质量管理不仅需要最高管理者的正确领导,更需要充分调动企业员工的积极性。只有他们充分参与,才能使他们的才干为组织带来最大的收益。为了激发全体员工参与的积极性,管理者应该对职工进行质量意识、职业道德、以顾客为中心的意识和敬业精神等方面的教育,还要通过制度化的方式激发他们的积极性和责任感。

(四)全面质量管理的特点

全面质量管理的特点就在"全面"上,所谓"全面"有以下四方面的含义。

1. 全面的质量管理

所谓全面质量就是指产品质量、过程质量和工作质量。全面质量管理不同于以前质量管理的一个特征,就是其工作对象是全面质量,而不仅仅局限于产品质量。全面质量管理认为应从抓好产品质量的保证入手,用优质的工作质量来保证产品质量,这样能有效地改善影响产品质量的因素,达到事半功倍的效果。

2. 全过程的质量管理

所谓的全过程是相对于制造过程而言的,就是要求把质量管理活动贯穿于产品质量生产、形成和实现的全过程,全面落实预防为主的方针,逐步形成一个包括市场调研、开发设计、销售服务全过程所有环节的质量保证体系,把不合格品消灭在质量形成过程之中,做到防患于未然。

3.全员参加的质量管理

产品质量的优劣，取决于企业全体员工的工作质量，提高产品质量必须依靠企业全体人员的努力。企业中任何人的工作都会在一定范围内和一定程度上影响产品的质量。显然，过去那种依靠少数人进行质量管理的方法是行不通的。因此，全面质量管理要求不论是哪个部门的人员，也不论是厂长还是普通职员，都要具备质量意识，都要承担具体的质量职能，积极关心产品质量。

4.全社会推动的质量管理

所谓全社会推动的质量管理是指要使全面质量管理深入持久地开展下去，并取得好的效果，就不能把工作局限于企业内部，而需要全社会的重视。需要质量立法、认证、监督等工作进行宏观上的控制引导，即需要全社会的推动。全面质量管理的开展要求全社会推动。这一点之所以必要，一方面是因为一个完整的产品往往是由许多企业共同协作来完成的，例如，机器产品的制造企业要从其他企业获得原材料、各种专业化工厂生产的零部件等。因此，仅靠企业内部的质量管理无法完全保证产品质量。另一方面，来自全社会宏观质量活动所创造的社会环境可以激发企业提高产品质量的积极性并认识到它的必要性。例如，通用优质优价等质量政策的制定和贯彻，以及实行质量认证、质量立法、质量监督等活动以取缔低劣产品的生产。企业应认识到，生产优质产品无论是对社会还是对企业都有利，质量不过关，企业则无法生存发展，从而认真对待产品质量和质量管理问题，使全面质量管理得以深入持久地开展下去。

三、全面质量管理的推行方法

(一) 推行 PDCA 循环的工作方法

PDCA 循环是 plan(计划)、do(执行)、check(检查)、action(总结、处理)四个英文单词的第一字母的组合。PDCA 循环，就是按照计划，执行，检查，总结、处理这四个阶段来进行管理工作。在质量管理活动中，要求把各项工作按照计划，经过实践，再检验其结果，将成功的方案纳入标准，将不成功的方案留待下一个循环去继续验证。这种工作程序反映了开展管理活动的一般规律。PDCA 循环最早由统计质量监控的奠基人休哈特提出，戴明将其介绍到日本，日本人进一步充实了 PDCA 循环的内容，所以有人也把它称为戴明循环(图6-1)。

PDCA 循环的四个阶段如下：

第一阶段：计划阶段。计划阶段就是要适应顾客的要求，并以取得经济效果为目标，通过调查、设计、试制，制定技术经济指标、质量目标，以及达到这些目标的具体措施和方法。

第二阶段：执行阶段。执行阶段就是要按照所制定的计划和措施去实施。

第三阶段：检查阶段。检查阶段就是对照计划，检查执行的情况和效果及时发现和总结计划实施过程中的经验和问题。

第四阶段：总结、处理阶段。总结、处理阶段就是根据检查的结果采取措施，巩固成绩，吸取教训，以利于下一步工作。

在具体工作中，PDCA循环工作方法的四个阶段又可以具体分为以下八个步骤：

第一步，调查研究，分析现状，找出存在的质量问题。

第二步，根据存在的质量问题，分析产生质量问题的各种影响因素，并逐个分析各个因素。

第三步，找出影响质量的主要因素，并根据主要影响因素中着手解决质量问题。

第四步，针对影响质量的主要因素，制定计划和活动措施。计划和措施应尽量做到明确具体。

以上四个步骤就是计划阶段的具体化。

第五步，按照既定计划执行，即执行阶段。

第六步，根据计划的要求，检查实际执行结果，即检查阶段。

第七步，根据检查结果进行总结，把成功的经验和失败的教训总结出来，对原有的制度、标准进行修正，巩固已取得的成绩，同时防止重蹈覆辙。

第八步，提出这一次循环尚未解决的遗留问题，并将其转到下一次PDCA循环中去。以上第七、第八步是总结、处理阶段的具体化。

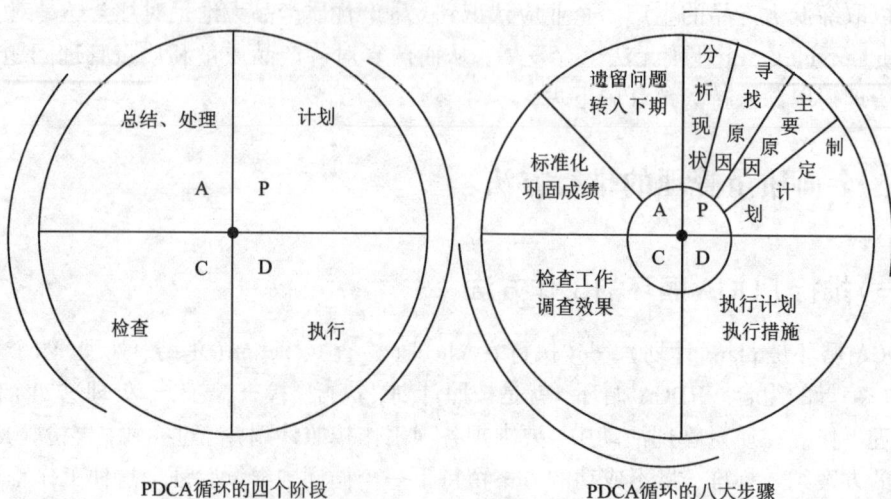

图6-1　戴明循环

PDCA循环有以下三个特点：

(1)大环套小环，互相促进。PDCA循环不仅适用于整个企业，而且也适用于各个车间、科室和班组以致个人。根据企业总的方针目标，各级各部门都要有自己的目标和PDCA循环。这样就形成了大环套小环，小环里边又套有更小的环的情况。整个企业就是一个大的PDCA循环，各部门又都有各自的PDCA循环，依次又有更小的PDCA循环，具体落实到每一个人身上。上一级的PDCA循环是下一级PDCA循环的依据，下一级PDCA循环又是上一级PDCA循环的贯彻落实和具体化。通过循环可以把企业各项工作有机地联系起来，彼此协同，互相促进(图6-2)。

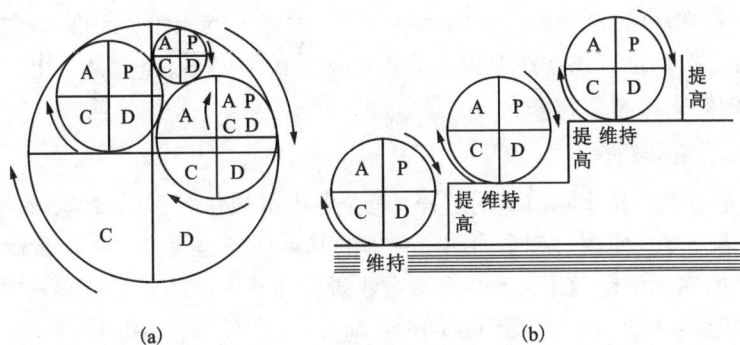

图 6-2 PDCA 循环特点

（2）不断循环上升。四个阶段要周而复始地循环，而每一次循环都有新的内容和目标，因而就会前进一步，解决一批问题，使质量水平有新的提高。就如上楼梯一样，每一步都会登上一级新台阶，这样一步一步地不断上升提高。

（3）推动 PDCA 循环的关键在于 A 阶段。所谓总结，就是总结经验，肯定成绩，纠正错误，提出新的问题以利于下一步的工作。这是 PDCA 循环之所以能上升、前进的关键。如果只有前三个阶段，没有将成功经验和失败教训纳入有关标准、制度和规定中，就不能巩固成绩、吸取教训，也就不能防止同类问题的再度发生。因此，推动 PDCA 循环，一定要始终抓好总结、处理这个阶段。

PDCA 循环实际上是有效进行任何一项工作的合乎逻辑的工作程序。在质量管理中，PDCA 循环得到了广泛的应用，并取得了很好的效果，因此有人称 PDCA 循环是质量管理的基本方法。

（二）做好过程全面质量管理

全面质量管理是生产经营活动全过程的质量管理，要将影响产品质量的一切因素都控制起来，其中应主要抓好以下几个环节的工作。

1. 设计过程全面质量管理

设计过程的质量管理是全面质量管理的首要环节，主要包括市场调查、产品开发、产品设计、工艺准备、试制和鉴定等过程。主要工作内容：根据市场调查研究，制定产品质量设计目标；组织销售、使用、科研、设计、工艺、制造、质量部门参与确定适合的设计方案；保证技术文件的质量；做好标准化的审查工作；督促遵守设计试制的工作程式。

2. 制造过程全面质量管理

制造过程是指对产品直接进行加工的过程。它是产品质量形成的基础，是企业质量管理的基本环节。制造过程全面质量管理的工作内容：组织质量检验工作；组织和促进文明生产；组织质量分析，掌握质量动态；组织工序的质量控制，建立管理点。

3. 辅助过程全面质量管理

辅助过程是指为保证制造过程正常进行而提供各种物资技术条件的过程。它包括物资采购供应、动力生产、设备维修、工具制造、仓库保管、运输服务等。辅助过程全面质量管理的主要内容：做好物资采购供应的质量管理，保证采购质量，严格入库物资的检查验收，按质、按量、按期地提供生产所需要的各种物资；组织好设备维修工作，保持设备良好的技术状态；做好工具制造和供应的质量管理工作。

4. 使用过程全面质量管理

使用过程是考验产品实际质量的过程，是企业内部质量管理的继续，也是全面质量管理的出发点和落脚点。使用过程全面质量管理的基本任务是提高服务质量（售前和售后服务），保证产品的实际使用效果，不断推动企业研究和改进产品质量。它主要的工作内容：开展技术服务工作；处理出厂产品质量问题；调查产品使用效果和用户要求。

（三）加强4M的管理

全面质量管理的一个重要特点是预防性，即将仅依靠"事后把关"转变为加强"事前预防"，变管理结果为管理因素。在生产管理活动中，主要有以下四个方面对产品质量产生影响：人（man）、设备（machine）、材料（material）、方法（method）。下面就来谈谈如何对这四大因素进行管理。

1. "人"的管理

在四大因素中，人是最重要的因素。不论是设备的操作、检修、保养，还是材料的验收把关、作业方法的遵守和改进，都依靠工人的智慧和积极性。因此，对于班组长来说，应做好以下几个方面的工作：

（1）加强对工人的技能训练。

让工人充分理解质量标准和作业标准；按要求进行充分训练；进行个别而具体的指导。

（2）提高工人的质量意识。

加强对自己作业质量的控制；提高对自己工作重要性的认识；加强全面质量管理思想和方法的宣传教育。

2. "设备"的管理

这里所说的"设备"，包括设备、机械及装置以外的夹具和量具等。设备的管理是要尽早发现设备运转不良的情况并分析其原因，采取适当的措施；而且还要进行预防性维护，以防患于未然。设备和机械，包括夹具、量具等，都需要工人依据一定的标准进行定期的检修和调整。

3. "材料"的管理

这里的材料，不只是产品的原材料，也包括生产所使用的零件和辅助材料等。材料的管理主要是加强验收检查，改进保管方法，避免材料的碰伤、变形和变质等。应对保管中的材料进行定期检查，对将出库的材料严格检查把关。

4. "作业方法"的管理

应该将最佳的作业方法予以标准化，形成文件，并向工人彻底说明。

(四)推行"5S"活动

"5S"活动,是指对现场的各种状态不断地整理、整顿、清扫、清洁、素养的循坏。

通过"5S"活动,可以使工作井然有序,提高工作效率,保证产品质量,降低设备故障率,减少浪费,提高安全水平,还能使人际关系和睦、人的心情舒畅,从而进一步提高人的素养。

任务三　进行有效质量控制

在质量管理的过程中,质量检验是基础,过程控制是核心。不管是在质量控制阶段还是在全面质量管理阶段,过程控制始终发挥着不可替代的作用。一个企业的质量控制成效主要取决于产品生产过程的品质控制力度的大小,也就是我们常说的,"品质是制造出来的,而不是检验出来的"。过程控制打破了原有各部门之间的界限,将相互独立的各部门紧密地联系在一起,过程控制贯穿于生产和技术的全过程(设计过程、制造过程、辅助过程和使用过程)。应真正地让企业的管理人员和操作人员明白,过程控制是确保产品质量的有效手段,进而将质量管理从事后的处理、落实推进到过程的控制与管理,进而发展到事前的把关和预防。实现真正意义上的全面质量控制,最终将企业的质量管理从对产品的质量控制上升到全过程的质量控制,进而形成全系统的质量控制。

一、质量控制的定义

质量控制是为使产品或服务达到质量要求而采取的技术措施和管理措施方面的活动。质量控制是通过监视质量形成过程,消除所有阶段引起不合格或不满意效果的因素,以达到质量要求,获取经济效益,而采用的各种质量作业技术和活动。质量控制的目标在于确保产品或服务质量能满足要求(包括明示的、习惯上隐含的或必须履行的规定)。

理解质量控制时要注意以下几点:

(1)质量控制范围包括专业作业技术过程和质量管理过程。

质量控制包含质量形成的每一个环节所进行的专业技术作业过程和质量管理过程的控制。对硬件类产品来说,专业技术作业过程是指产品实现所需的设计、工艺、制造、检验等;质量管理过程是指管理职责、资源、测量分析、改进以及各种评审活动等。对服务类产品而言,专业技术作业过程是指具体的服务过程。

(2)质量控制的关键是使所有质量过程和活动始终处于完全受控状态。

事先应对受控状态做出安排,并在实施中进行监视和测量,一旦发现问题应及时采取相应措施,恢复受控状态,把过程输出的波动控制在允许的范围内。

(3)质量控制的基础是过程控制。

无论是制造过程还是管理过程,都需要严格按照程序和规范进行。应控制好每个过程,而关键过程是达到质量要求的保障。

二、质量控制的要素

影响质量控制的因素有很多，其中主要有人、机器、原材料、加工方法、测试方法、环境等六大方面，简称"人、机、料、法、测、环"六要素(5M1E)。因此，对这六个方面的因素严格控制是保证工程质量的关键。

1. 人的因素

人的因素是生产管理中最大的难点，也是目前所有管理理论讨论的重点，围绕着"人"的因素，不同的企业有不同的管理方法。人的性格特点不尽相同，其工作效率、工作态度，以及对产品质量的理解也不一样。提高生产效率，首先要从现有的人员中去发掘，尽可能地发挥他们的特点，激发员工的工作热情，提高其工作的积极性。人员管理是生产管理中最为复杂、最难理解和运用的一种形式。主要控制手段如下：

(1)加强"质量第一、用户第一、下道工序是用户"的质量意识教育，建立健全质量责任制；

(2)编写明确详细的操作流程，加强工序专业培训，颁发操作合格证；

(3)加强检验工作，适当增加检验的频次；

(4)通过工种间的人员调整、工作经验丰富化等方法，消除操作人员的厌烦情绪；

(5)广泛开展 QCC 品管圈活动，促进自我提高和自我改进能力。

2. 材料因素

材料(包括原材料、成品、半成品、构配件)是产品形成的物质条件，材料质量是产品质量的基础，材料质量不符合要求，产品质量也就不可能符合标准。现在的工业化生产，分工细化，一般有几种甚至几十种配件由几个部门同时运作。当某一部件未完成时，整个产品便不能组装，造成装配工序停工待料。不论员工在哪一个部门，员工的工作结果都会影响到其他部门的生产运作。所以，你不能只顾自己部门的生产而忽略其后工序或其他相关工序的运作；因为企业的运作是否良好是整体能否平衡运作的结果。因此，员工在生产管理的工作里，必须密切注意前工序送来的半成品、仓库的配件、自己工序的生产半成品或成品的进度情况。所以加强材料的质量控制，是提高产品质量的重要保证。影响材料质量的因素主要有材料的成分、物理性能、化学性能等。

主要控制措施：

(1)在原材料采购合同中明确规定质量要求；

(2)加强原材料的进厂检验和厂内自制零部件的工序和成品检验；

(3)合理选择供应商(包括"外协厂")；

(4)搞好协作厂间的协作关系，督促、帮助供应商做好质量控制和质量保证工作。

3. 方法因素

生产过程中的方法包含整个生产过程中所采取的技术方案、工艺流程、组织措施、检测手段、施工组织设计等，也包括生产过程中所需遵循的规章制度(工艺指导书、标准流程指引、生产图纸、生产计划表、产品作业标准、检验标准、各种操作规程等)。生产规章制度的作用是规范产品的生产流程、及时准确地反映产品质量的要求。严格按照规程作业，是保证产品质量和生产进度的一个条件。因此，必须结合生产实际，从技术、管理、工艺、组织、操作、经济等方面进行全面分析、综合考虑，力求方案技术可行、经济合理、工艺先进、措施得力、操作方便，这样才有利于提高质量、加快进度、降低成本。具体的控制措施如下：

（1）保证定位装置的准确性，严格首件检验，并保证定位中心准确，防止加工特性值数据分布中心偏离规格中心；

（2）加强技术业务培训，使操作人员熟悉定位装置的安装和调整方法，尽可能地配置显示定位数据的装置；

（3）加强定型刀具或刃具的刃磨和管理，实行强制更换制度；

（4）积极推行控制图管理，以便及时采取措施调整；

（5）严肃工艺纪律，对贯彻执行操作规程进行检查和监督；

（6）加强工具工装和计量器具管理，切实做好工装模具的周期检查和计量器具的周期校准工作。

4.设备因素

设备因素是指生产中所使用的设备、工具等辅助生产用具。在生产过程中，设备是否正常运作、工具的好坏都是影响生产进度、产品质量的要素。好的设备能提高生产效率，提高产品质量。生产过程必须综合考虑现场条件、场地结构形式、工艺和方法、生产技术经济等，合理选择机械设备的类型和参数，合理使用机械设备，正确地操作。操作人员必须认真执行各项规章制度，严格遵守操作规程，并加强对施工机械的维修、保养、管理。控制措施如下：

（1）加强设备维护和保养，定期检测机器设备的关键精度和性能，并建立设备关键部位日点检制度，对工序质量控制点的设备进行重点控制；

（2）采用首件检验制度，核实定位或定量装置的调整量；

（3）尽可能使用定位数据的自动显示和自动记录装置。

5.环境因素

环境因素一般是指生产现场的温度、湿度、噪声、振动、照明、室内净化和现场污染程度等。某些产品对环境的要求很高，环境也会影响产品的质量。比如：调试音响时，周围环境应当很安静。食品行业对环境也有专门的规定，否则，产品的卫生不能达到国家规定的标准。现在，对工业制造企业也有了ISO14000环境体系的标准要求。在确保产品对环境条件的特殊要求外，还要做好现场的整理、整顿和清扫工作，大力推行文明生产，为持久地生产优质产品创造条件。

影响产品质量的环境因素较多，有物理环境，诸如地理、水文、气象、噪声、通风、振动、照明、污染等；也有人文社会环境，如生活习惯、民族文化、宗教信仰等，都会对产品或者服务的质量产生影响。因此，应根据生产特点和具体条件，对影响质量的环境因素采取有效的措施严加控制。

6.测量因素

测量因素主要是指测量工具、测量方法以及经过培训和授权的测量人。应使用指定的并经过定期检验的测量工具，统一规范的测量方法，保证同一测量点、同一测量工具、不同测量人所测出的数据误差最小化。生产过程要对测量的数据进行记录。控制措施如下：

（1）确定测量任务及所要求的准确度，选择具有所需准确度和精密度能力的测试设备。

（2）定期对所有测量和试验设备进行确认、校准和调整。

（3）规定必要的校准规程。其内容包括设备类型、编号、地点、校验周期、校验方法、验收方法、验收标准，以及发生问题时应采取的措施。

（4）保存校准记录。

（5）发现测量和试验设备未处于校准状态时，立即评定以前的测量和试验结果的有效性，并记入有关文件。

三、质量控制系统设计

在进行质量控制时，需要对需要控制的过程、质量检测点、检验方法、测量类型和数量、检测人员等几个方面进行选择，这些选择完成后就构成了一个完整的质量控制系统。

1.过程分析

一切质量管理工作都必须从过程本身开始。在进行质量控制前，必须分析生产某种产品或服务的相关过程。一个大的过程可能包括许多小的过程，通过流程图分析方法对这些过程进行描述和分解，以确定影响产品或服务质量的关键环节。

2.质量检测点确定

在确定需要控制的每一个过程后，就要找到每一个过程中需要测量或测试的关键点。一个过程的检测点可能很多，但每一项检测都会增加产品或服务的成本，所以要在最容易出现质量问题的地方进行检验。

3.检验方法

在每一个质量控制点应采用不同类型的检验方法。检验方法分为计数检验和计量检验。计数检验是对缺陷数、不合格率等离散变量进行检验；计量检验是对长度、高度、重量、强度等连续变量的计量。在生产过程中的质量控制还要考虑使用何种类型控制图，离散变量用计数控制图，连续变量采用计量控制图。

4.检验样本数量大小

确定检验数量有两种方式：全检和抽样检验。

5.检验人员

检验人员的确定可采用操作工人和专职检验人员相结合的原则。在 6σ 管理中，通常由操作工人完成大部分检验任务。

四、质量控制的基本步骤

质量控制大致可以分为七个步骤：

（1）选择控制对象；

（2）选择需要监测的质量特性；

（3）确定规格标准，详细说明质量特性；

（4）选定能准确测量该特性或对应的过程参数的监测仪表，或自制测试手段；

（5）进行实际测试并做好数据记录；

（6）分析实际与规格之间存在差异的原因；

（7）采取相应的纠正措施。采取相应的纠正措施后，仍然要对过程进行监测，将过程保持在新的控制水准上。一旦出现新的影响因子，还需要测量数据、分析原因、进行纠正，因此这7个步骤形成了一个封闭式流程，称为"反馈环"。这点和6σ质量突破模式的DMAIC有共通之处。

在上述七个步骤中，有两点最关键：①质量控制系统的设计；②质量控制技术的选用。

五、过程质量的控制方法

质量控制技术包括两大类：抽样检验和过程质量控制。抽样检验通常发生在生产前对原材料的检验或生产后对成品的检验，根据随机样本的质量检验结果决定是否接受该批原材料或产品。

常用的质量管理工具

自1924年休哈特提出控制图以来，经过近一个世纪的发展，过程质量控制技术已经被广泛地应用到质量管理中，在实践中也不断地产生了许多新的方法，如检查表、数据分层法、排列图、直方图、因果分析图、散布图、控制图等7种传统的质量控制工具以及关联图、亲和图、系统图、过程决策程序图、矩阵图、矩阵数据分析法、箭条图等7种新的质量控制工具。旧的质量控制七大工具偏重统计分析，针对问题发生后的改善，新的质量控制七大工具偏重思考分析过程，主要强调在问题发生前进行预防。应用这些方法可以从经常变化的生产过程中，系统地收集与产品有关的各种数据，并用统计方法对数据进行整理、加工和分析，进而画出各种图表，找出质量变化的规律，实现对质量的控制。

（一）检查表

检查表又名核查表、调查表、统计分析表，是利用统计表对数据进行整体和初步原因分析的一种表格型工具，常用于前期统计工作。检查表是质量控制技术中最简单、最常用的手法，但常因简单而不受重视，所以检查表在使用的过程中存在不少问题。

1.检查表的类别

检查表按用途可以分为记录用检查表和点检用检查表。

（1）记录用检查表，又称改善用检查表，常用于不良原因和不良项目的记录。记录检查表样表如表6-1所示。

表 6-1　记录检查表

项次	检查项目	良好	不良	缺点事实	改善事项
1	电器设备及马达外壳是否接地				
2	电器设备是否有淋水或淋化学液				
3	电器设备配管配线是否破损				
4	电器设备配管及马达是否超载使用				
5	高压马达短路环、电器是否良好				
6	配电箱处是否堆积材料、工具或其他物品				
7	导体露出部分是否容易接近、是否挂"危险"标示牌				
8	子线及母线是否因接触不良而发红				
9	配电盘外壳及配电箱二次线路是否接				
10	转动部分是否有覆罩				
11	变电室灭火器是否良好				
12	临时线路的配置是否完全				
13	高压线路的绝缘支持物是否不洁或有脱落现象				
14	中间接线盒是否有积棉或其他物品				
15	现场配电盘是否确实关妥				
16	电器开关的保险丝是否符合规定				
17	避雷针是否有效				

（2）点检用检查表，又称备忘点检表，常用于设备、条件或活动作业的确认。点检用检查表样表如表 6-2 所示。

表 6-2　点检用检查表

××公司

×××项目消防器材点检表

灭火器名称：

生产日期：＿＿年＿＿月		灭火器使放置地点：											
点检月份		1月	2月	3月	4月	5月	6月	7月	8月	9月	10月	11月	12月
实施日期													
点检项目	销子、铅封												
	喷筒、筒身												
	气压高低												
点检者													

注：1.点检频次 1 次/1 月，点检结果合格的打上"√"。

2.点检人员若发现问题立即通报项目安全员。

3.打印张贴在灭火器上。

2.检查表的使用场合

检查表多用于现场事项的观察、记录和收集数据，如：作业前点检、设备操作点检、生产状况稽查等。

3.检查表的作用

检查表有如下作用：

(1)日常管理：作业前检查、作业标准执行检查等；

(2)调查问题：质量异常调查、不合格原因调查等；

(3)取得记录：调查分析需要记录，可做成统计表。

4.检查表的设计要求

检查表的设计要求如下：

(1)要根据检查目的和内容列出必要的检查项目，项目的排列要有利于数据的整理、计算和分析；

(2)检查表要根据检查对象确定表达方式，尽可能采取数据或文字表达，必要时可采用符号表达；

(3)检查要有一定的深度和广度，为此，可以设计两重检查表，第一重用于检查，第二重用于检查结果统计数据的分析和计算。

5.检查表的组成要素

检查表的组成要素如下：

(1)确定检查的项目；

(2)确定检查的频度；

(3)确定检查的人员。

6.检查表的实施步骤

检查表的实施步骤如下：

(1)确定检查对象；

(2)制定检查表；

(3)依检查表项目进行检查并记录；

(4)要求责任单位及时改善检查出的问题；

(5)检查人员在规定的时间内对改善效果进行确认；

(6)定期总结，持续改进。

(二) 分层法

分层法是把性质相同的问题点，在同一条件下收集的数据归纳在一起，以便进行比较分析的一种方法。分层法又称数据分层法、分类法、分组法、层别法，常与其他统计方法结合起来应用，如分层直方图法、分层排列图法、分层控制图法、分层散布图法、分层因果图法。

1.分层法的作用

分层法有如下作用：

(1)发现问题，界定问题；

（2）发掘问题的要因；

（3）验证要因产生的影响。

2. 分层法的原则

分层法的原则是使同一层次内的差别尽可能小，而层与层之间的差别尽可能大。

3. 分层法的实施步骤

分层法的实施步骤如下：

（1）确定研究的主题；

（2）制作表格并收集数据；

（3）将收集的数据进行分层；

（4）比较分析，即对数据进行分析，找出其内在的原因，确定改善项目。

4. 分层法的分层依据

分层法有如下分层依据：

（1）按时间：小时、日、月、季、年等；

（2）按生产者：人员、班次、性别等；

（3）按设备：生产线、新旧设备等；

（4）按作业方法：自动、手动、工序等；

（5）按作业条件：温度、湿度、压力等；

（6）按原材料：材料产地、批次等；

（6）按测定检查：计量器、检查员、检查方法等。

5. 分层法的注意事项

使用分层法时有如下注意事项：

（1）实施前，确定层别的目的。

（2）收集数据之前应该考虑数据的条件背景，先进行分层，再开始收集数据。否则，要浪费相当多的精力来对收集到的数据分类，然后做再一次统计工作，甚至得重新收集，费时费力。

（3）以发现的问题或原因来分层，如果设定太多项目或设定项目中其他方面的比例过高，就不知道问题的重心，这就是分层不良造成的问题。直方图的双峰型或高原型就是分层不良造成的。

例6-1：某装配厂的气缸与气缸盖之间经常漏油。经过对50件产品进行调查统计，①按操作者进行分层（操作方法不同，见表6-3）：

表6-3　按操作者分层

操作者	漏油	不漏油	漏油率/%
王师傅	6	13	32
李师傅	3	9	25
张师傅	10	9	53
共计	19	31	38

结论：李师傅的操作方法最优。

②按生产气缸垫的厂家不同进行分层（表6-4）：

表6-4　按设备供应商分层

供应厂	漏油	不漏油	漏油率/%
A 厂	9	14	39
B 厂	10	17	37
共计	19	31	38

结论：B 厂生产的气缸垫漏油率低。

把以上两种因素进行交叉分层，情况如表6-5所示。

表6-5　交叉分层

操作者	是否漏油	气缸垫生产厂家		合计
		A 厂	B 厂	
王师傅	漏油	6	0	6
	不漏油	2	11	13
张师傅	漏油	0	3	3
	不漏油	5	4	9
李师傅	漏油	3	7	10
	不漏油	7	2	9
合计	漏油	9	10	19
	不漏油	14	17	31
总计		23	27	50

考虑各因素间的相互影响，降低漏油发生率的办法是选用 A 供应商的气缸垫时，推行李师傅的操作方法。选用 B 供应商的气缸垫时，推行王师傅的操作方法。

（三）排列图法

排列图法，又称主次因素分析法、帕累托图法或柏拉图，它是找出影响产品质量主要因素的一种简单而有效的图表方法，也是将质量改进项目按最重要到最次要顺序排列的一种图表方法。

1.排列图法的原理

排列图是根据"关键的少数和次要的多数"的原理而制作的。即将影响产品质量的众多影响因素按其对质量影响程度的大小，用直方图形顺序排列，从而找出主要因素。

2.排列图的结构

排列图由两个纵坐标和一个横坐标、若干个直方形和一条折线构成。左侧纵坐标表示不合格品出现的频数(出现次数或金额等),右侧纵坐标表示不合格品出现的累计频率(用百分比表示),横坐标表示影响质量的各种因素,按影响大小顺序排列,直方形高度表示相应的因素的影响程度(即出现的频率为多少),折线表示累计频率(也称帕累托曲线)。

通常,累计百分比将影响因素分为三类:占比0%~80%的为A类因素,也就是主要因素;占比80%~90%的为B类因素,是次要因素;占比90%~100%的为C类因素,即一般因素。A类因素占存在问题的80%,因此,此类因素解决了,大部分质量问题就得到了解决。

3.排列图的分类

排列图有如下分类:

(1)分析现象用排列图:与不良结果有关,用来发现主要问题。

(2)分析原因用排列图:与过程因素有关,用来发现主要问题。

4.排列图的作用

排列图有如下作用:

(1)找出主要问题,优先解决。

(2)充分反映出"少数关键、多数次要"的规律。

(3)它是一种寻找主要因素、抓住主要矛盾的手法。

5.排列图的制作步骤

排列图的制作步骤如下:

(1)收集数据,用层别法分类,计算各层别项目占整体项目的百分比;

(2)把分好类的数据进行汇总,由多到少进行排列,并计算累计百分比;

(3)绘制横轴和纵轴刻度;

(4)绘制柱状图;

(5)绘制累积曲线;

(6)记录必要事项;

(7)分析排列图。

例6-2:某年交通事故处理部门统计全年的交通事故如表6-6所示。

表6-6 交通事故统计表

车祸死亡的人数统计表					
	肇事原因	死亡人数/人	累计人数/人	影响比率/%	累计比率/%
1	酒后驾车	5000	5000	41.67	41.67
2	超速行驶	3000	8000	25	66.67
3	未系安全带	2000	10000	16.67	83.34
4	光线不佳	1000	11000	8.33	91.67
5	路况不好	500	11500	4.17	95.84
6	其他	500	12000	4.17	100
	总计	12000			

统计日期: 统计人:

根据表格数据，绘制出排列图如图6-3所示。

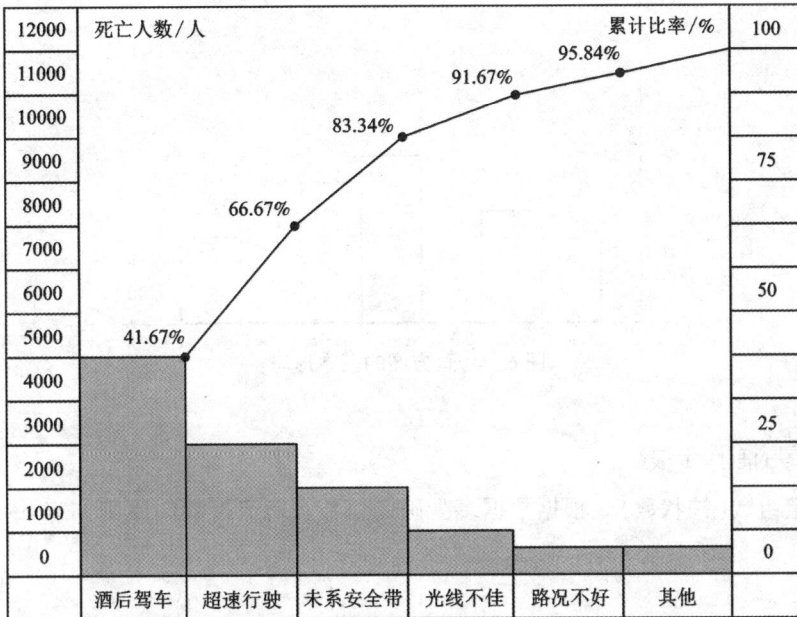

图6-3　排列图

分析：通常将因素按累计比例分为A、B、C三类因素。

A类因素——累计比例在0%至80%之间；

B类因素——累计比例在80%至90%之间；

C类因素——累计比例在90%至100%之间。

A类因素占存在问题的80%，解决A类因素，大部分质量问题就能得到解决。案例中的酒后驾驶、超速驾驶、未系安全带驾驶3种因素累计超过80%，属于导致交通事故致死的主要因素，应重点控制。

(四)直方图

直方图又称柱状图、频率分布图，即将某期间所收集的计量值数据经分组整理成次数分配表，通过高度不同的柱形，可以直观、快速地表示数据的分散程度与趋势，并为数据分析提供必要支持。图6-4为直方图的基本形态。

1.直方图的作用

直方图有如下作用：

(1)检验数据分布的类型，分析数据是否服从正态分布，判断数据有无异常；

(2)与产品规格界限做比较，判断分布中心是否偏离规格中心；

(3)用于进行过程能力调查和不合格品率估计；

(4)客观地反映操作者的技术水平和主观努力程度。

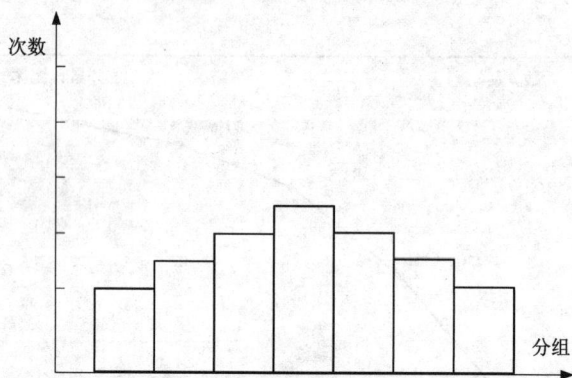

次数

分组

图 6-4　直方图的基本形态

2. 直方图的制作步骤

(1) 确定组数(柱状数)。根据数据多少确定组数,确定组数的原则如表 6-7 所示(本例取 10)。

表 6-7　确定组数的原则

数据数/个	组数/个
50~100	6~10
100~250	7~12
>250	10~20

(2) 确定组距(柱状的宽度)。组距等于(Max-Min)/组数,取整数。

(3) 第一柱最小值。第一柱最小值为数据中最小值减去测量值精确度的 1/2。

(4) 第一柱最大值。第一柱最大值为第一柱最小值+组距。

(5) 后续柱状按照组距数依次增加即可。

3. 直方图绘制的注意事项

直方图绘制的注意事项如下:

(1) 抽取的样本数量过小,将会产生较大误差,可信度低,也就失去了统计的意义。因此,样本数不应少于 50 个。

(2) 组数 k 选用不当,k 偏大或偏小,都会造成判断分布状态时的错误。

(3) 直方图一般适用于计量值数据,但在某些情况下也适用于计数值数据,这要由绘制直方图的目的而定。

(4) 图形不完整,标注不齐全。

4. 直方图的常见形态分析(表6-8)

表 6-8　直方图的常见形态分析和判断

序号	分类	直方图类型	分析和判断
1	标准型	标准型	标准型的形状是中间高,两边低,左右基本对称。数据大体上呈正态分布,这时可判定工序处于稳定状态
2	偏向型	左偏向型　右偏向型	一边的频数递减较快,形成左偏或右偏。一些有形位公差等要求的特性值是偏向型分布,也有的是加工习惯造成的。例如由于加工者担心产生不合格品,加工孔时常偏小呈左偏向型,加工轴时常偏大呈右偏向型。如果剔除了不合格品的数据所做的直方图也呈偏向型,则可判断测量工作有假
3	双峰型	双峰型	直方图出现两个顶峰,往往是把不同材料、不同加工者、不同操作方法、不同设备生产的两批产品混在一起造成的。这时若分层做直方图就能发现其差异
4	锯齿型	锯齿型	直方图像锯齿一样凹凸不平,大多是分组不当或检测数据不准造成的,应查明原因,采取措施,重新做图分析。此时需要研讨组距是否是数据测定单位的整数倍,或者观测测定者读计测器刻度时有不良习惯
5	平顶型	平顶型	直方图没有突出的顶峰,这主要是因为在生产过程中受到了缓慢变化的因素影响,如刀具的磨损、操作者的疲劳等

续表6-8

序号	分类	直方图类型	分析和判断
6	孤岛型	孤岛型	在直方图的左边或右边出现孤立的长方形。这是测量有误或生产过程中出现异常情况造成的。如原材料一时的变化,刀具严重磨损,或混入了少量不同规格的产品或短时间由不熟练工替班等

(五)因果分析图(图6-5)

因果分析图又称鱼骨图、石川图,按其形状,又称其为树枝图或鱼刺图,它是用于寻找造成问题产生的原因,分析原因与结果之间关系的一种方法。

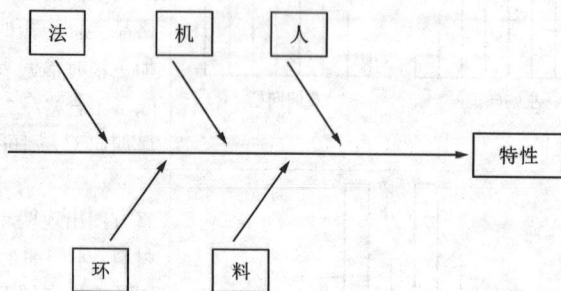

图6-5　因果分析图

1. 因果分析图的类型

(1)整理问题型因果分析图(各要素与特性值间不存在原因关系,而是结构构成关系)。

(2)原因型因果分析图(鱼头在右,特性值通常以"为什么……"来写)。

(3)对策型因果分析图(鱼头在左,特性值通常以"如何提高/改善……"来写)。

2. 因果分析图的绘制步骤

制作因果分析图有两个步骤:分析问题原因或结构、绘制因果分析图。

(1)分析问题原因或结构。

①针对问题点,选择层别方法(如人、机、料、法、环等)。

②按头脑风暴法分别针对各层找出所有可能原因(因素)。

③将找出的各因素进行归类、整理,明确其从属关系。

④分析选取重要因素。

⑤检查各因素的描述方法,确保语法简明、意思明确。

（2）绘制因果分析图。

①填写鱼头（按为什么不好的方式描述），画出主骨；

②画出大骨，填写大要因；

③画出中骨、小骨，填写中小要因；

④用特殊符号标识重要因素。

绘图时，应保证大骨与主骨成60°夹角，中骨与主骨平行。

3.绘制因果分析图的注意事项

绘制因果分析图时有如下注意事项：

（1）针对影响产品质量的大原因，通常从五个大方面去分析，即人、机器、原材料、加工方法和工作环境。每个大原因再具体化成若干个中原因，中原因再具体化为小原因，越细越好，直到可以采取措施为止。

（2）讨论时要充分发挥技术民主精神，集思广益。别人发言时，不打断，不开展争论。要记录下各种意见。

（六）散布图

散布图又叫相关图，它是将两个可能相关的变数资料用点画在坐标图上，来判断两个变数之间的相关关系的方法。

1.散布图的作用

散布图有如下作用：

（1）验证两个变量间的相关关系。

（2）掌握要因对特性的影响程度。

2.散布图的类型

散布图有如下类型：

（1）强正相关：一个变量随另一变量增加而增加，并分布趋于直线状态（图6-6）。

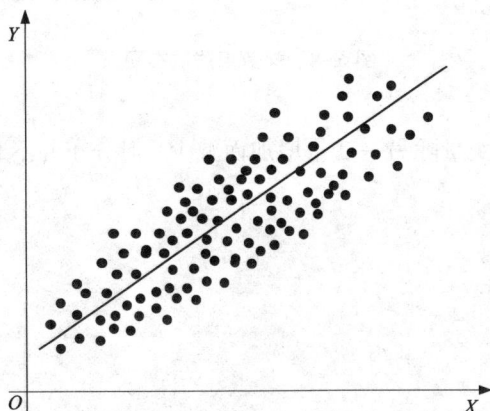

图6-6 强正相关散布图

（2）弱正相关：一个变量随另一变量增加而增加，但分布并不趋于直线状态（图6-7）。

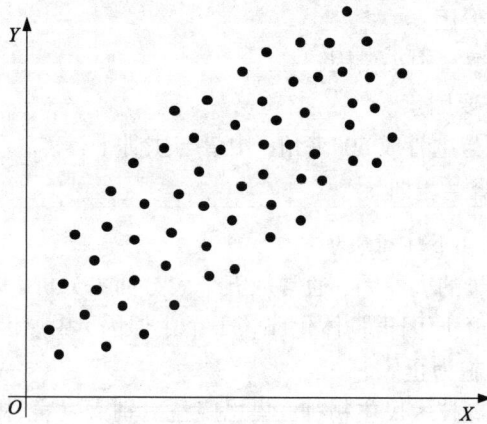

图6-7　弱正相关散布图

（3）强负相关：一个变量随另一变量增加而减少，且分布趋于直线状态（图6-8）。

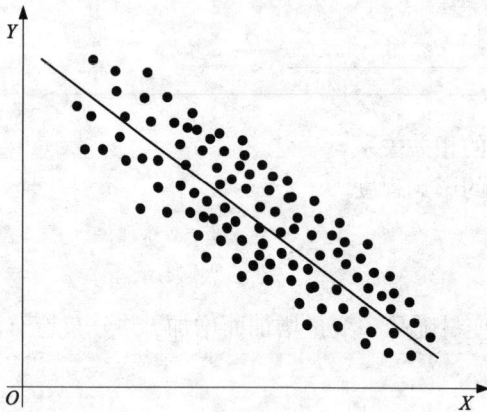

图6-8　强负相关散布图

（4）弱负相关：一个变量随另一变量增加而减少，但分布并不趋于直线状态（图6-9）。

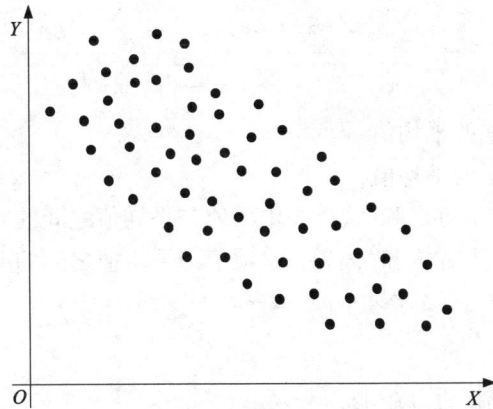

图 6-9　弱负相关散布图

（5）曲线相关：当变量 X 增大时，Y 也随之增大，但达到某一值后，当 X 增大时，Y 反而减小；或当变量 X 增大时，Y 随之减小，但达到某一值后，当 X 增大时，Y 也随之增大（图 6-10）。

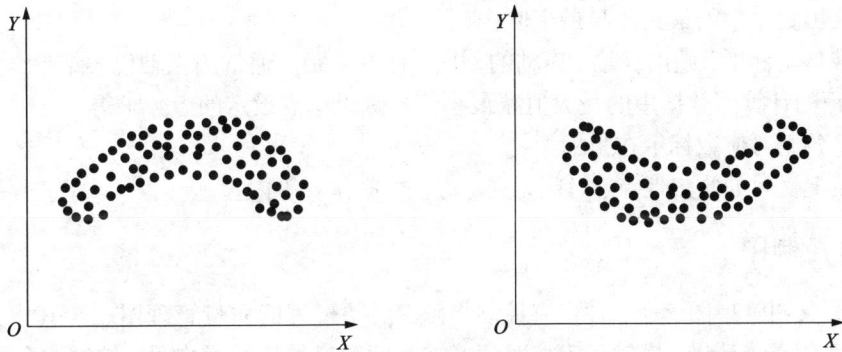

图 6-10　曲线相关散布图

（6）不相关：当变量 X 增大时，变量 Y 不改变（图 6-11）。

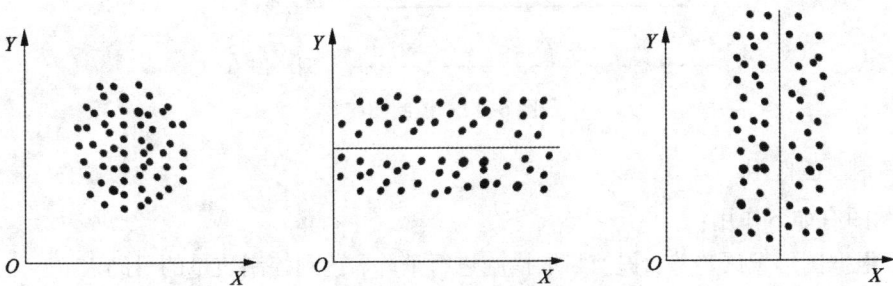

图 6-11　不相关散布图

可以通过相关系数 r 来判断变量之间的密切程度。

$$r = \frac{\sum (x - \bar{x})(y - \bar{y})}{\sqrt{\sum (x - \bar{x})^2 \cdot \sum (y - \bar{y})^2}} = \frac{L_{xy}}{\sqrt{L_{xx} \cdot L_{yy}}}$$

式中：$\bar{x}$—表示 n 个 x 数据的平均值；

$\bar{y}$—表示 n 个 y 数据的平均值；

L_{xx}—表示 x 的离差平方之和(离差：单项值与平均值之间的差)；

L_{yy}—表示 y 的离差平方之和(离差：单项值与平均值之间的差)；

L_{xy}—表示 x 的离差与 y 的离差的乘积之平方之和，即 $\sum (x - \bar{x}) \cdot (y - \bar{y})^2$；

$r=1$，强正相关；

$1>r>0$，弱相关，越接近 0 越弱；

$r=0$，不相关；

$0>r>-1$，弱不相关，越接近 0 越弱；

$r=-1$，强不相关。

3. 散布图的绘制程序

散布图的绘制程序如下：

(1)收集资料(至少30组)；

(2)找出数据中的最大值与最小值；

(3)准备坐标纸，画出纵轴、横轴的刻度，计算组距。通常用纵轴代表结果，横轴代表原因。组距的计算用数据中的最大值减最小值再除以所需设定的组数求得；

(4)将各组对应数标示在坐标上；

(5)填上资料的收集地点、时间、测定方法、制作者等内容。

(七)控制图

控制图又叫管理图，是一种带有控制界限、反映过程的质量管理图表。其中，纵轴代表质量特性值或统计量，横轴代表按时间或按时间顺序抽取的样本号，控制线分别为中心线(CL)、上控制线(UCL)和下控制线(LCL)三条线。(图6-12)

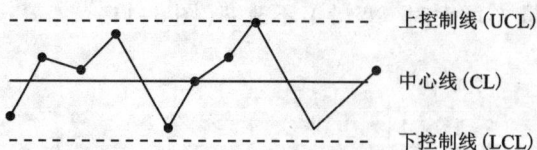

图 6-12　控制图

1. 控制图的作用

控制图有如下作用：

(1)根据图形发展趋势，提前采取措施进行消除，达到控制质量的目的。

(2)区分普通原因和特殊原因。

(3)反映生成过程能力。

2.控制图的分类

控制图有如下分类：

（1）按用途分：分析用控制图、控制用控制图。

（2）按类型分：计量型数据、计数型数据。

3.控制图的制作步骤

控制图的制作步骤如下：

（1）按规定的抽样间隔和样本大小抽取样本；

（2）测量样本的质量特性值，计算其统计量数值；

（3）在控制图上描点；

（4）判断生产过程是否有并行情况。

4.制作控制图的注意事项

制作控制图有如下注意事项：

（1）根据工序的质量情况，合理地选择管理点。管理点一般是指关键部位、关键尺寸、工艺本身有特殊要求、对下道工序有影响的关键点，如可以选质量不稳定、出现不良品较多的部位为管理点；

（2）根据管理点上的质量问题，合理选择控制图的种类；

（3）使用控制图进行工序管理时，应首先确定合理的控制界限；

（4）控制图上的点有异常状态，应立即找出原因，采取措施处理后再进行生产，这是控制图发挥作用的首要前提；

（5）控制线不等于公差线，公差线是用来判断产品是否合格的，而控制线是用来判断工序质量是否发生变化的；

（6）控制图发生异常，要明确责任，及时处理或上报。

任务四　质量改进提升

顾客的满意程度，取决于企业提供的产品和服务质量的好坏。要提高顾客的满意程度，就必须不断地进行质量改进，对形成产品或服务质量的各环节进行质量改进。一方面，出现了问题，应立即采取纠正措施；另一方面，通过改进的过程，也可预防问题的出现。

一、质量改进的含义及意义

质量管理体系及认证

（一）质量改进的含义

所谓质量改进是指在现有的质量基础上所采取的质量提高活动和措施，目的是使质量达到一个新水平、新高度，实现组织和顾客的效益增值。质量改进

的核心思想是"提高"。质量管理活动可划为两个类型。一类是维持现有的质量，其方法是"质量控制"。另一类是改进目前的质量，其方法是主动采取措施，使质量在原有的基础上有突破性的提高，即"质量改进"。应从下几个方面理解质量改进的含义。

1.质量改进的对象

质量改进的对象包括产品(或服务)质量以及与它有关的工作质量，也就是通常所说的产品质量和工作质量两个方面。前者如电视机厂生产的电视机实物的质量、饭店的输出服务质量等；后者如企业中供应部门的工作质量、车间计划调度部门的工作质量等。因此，质量改进的对象是全面质量管理中的"广义质量"概念。

2.质量改进的效果在于"突破"

质量改进的最终目标是按照比原计划目标高得多的质量水平进行工作。如此，必然得到比原来目标高得多的产品质量。质量改进与质量控制的效果不一样，但两者是紧密相关的，质量控制是质量改进的前提，质量改进是质量控制的发展方向，控制意味着维持其质量水平，改进的效果则是突破或提高。可见，质量控制是为了满足"今天"的要求，而质量改进是为了"明天"的需要。

3.质量改进是一个变革和突破的过程

质量改进是一个变革和突破的过程，该过程也必然遵循 PDCA 循环的规律。由于时代的发展是永无止境的，为立足于时代，质量改进也必然是"永无止境"的，"永不满足则兴，裹足不前则衰"。

此外，还要深刻理解"变革"的含义，变革就是改变现状，改变现状就必然会遇到强大的阻力。这个阻力来自技术和文化两个方面。因此，了解并消除这些阻力，是质量改进的先决条件。

4.质量改进即消除系统性的缺陷，向组织及其顾客提供增值效益

缺陷是质量管理的主要对象，缺陷是指不能满足预期的使用要求，即一种或多种质量特性偏离了预期的使用要求。一般情况下，质量缺陷分为偶然性质量缺陷和长期性质量缺陷两种类型。

(1)偶然性质量缺陷。

偶然性质量缺陷是指产品质量突然恶化所造成的缺陷。它是生产过程中的系统偏差造成的。由于偶然性质量缺陷影响生产的进展，因此需要立即采取措施使生产恢复正常。它类似于产品质量的"急性病"，采取的对策是"救火式"的，其目的仅局限于"恢复常态"。

(2)长期性质量缺陷。

长期性质量缺陷是指产品质量长期处于低水平状态所造成的缺陷。它是生产过程中的随机偏差的综合影响造成的。人们虽然对它有所察觉，但习以为常，缺乏采取措施的紧迫感。例如，某车间不合格品率为4%，并长期停滞在该水平上，人们认为4%的不合格品率是天经地义之事，从而不思改进。长期性质量缺陷不易引起人们的重视，所造成的经济损失远远高于偶发性质量缺陷。长期性质量缺陷类似于产品质量的"慢性病"，应采取的对策是"质量突破"，目的是"提高层次"。

5.质量控制与质量改进的对比

质量控制的目的是维持某一特定的质量水平，控制系统的偶发性缺陷；而质量改进则

是对某一特定的质量水平进行"突破性"的变革,使其在更高的目标水平上处于相对平衡的状态。二者的区别如图 6-13 所示。

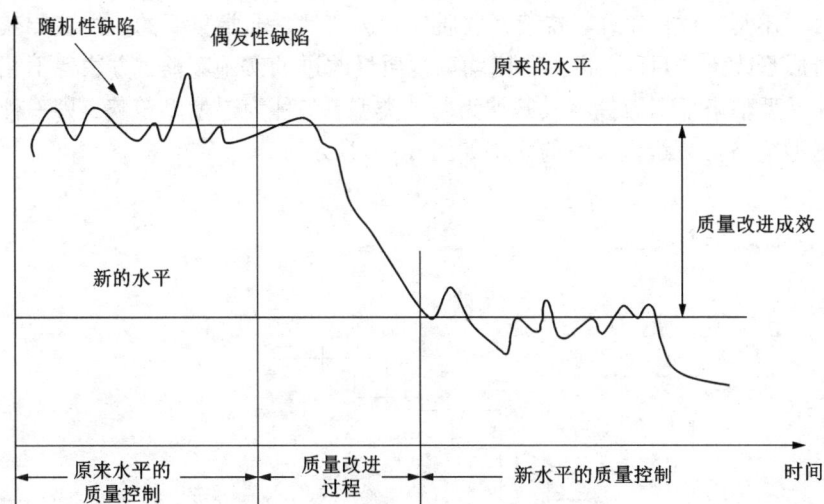

图 6-13　质量控制与质量改进比较图

从图 6-13 可知,质量控制是日常进行的工作,可以被纳入"操作规程"之中。质量改进则是一项阶段性的工作,达到既定目标之后,该项工作就完成了,通常它不能被纳入"操作规程",只能被纳入"质量计划"之中。

质量控制与质量改进是相互联系的。质量控制的重点是防止差错或问题的发生,充分发挥现有的能力;而质量改进的重点是提高质量保证能力。首先要做好质量控制工作,充分发挥现有质量控制系统能力,使全过程处于受控状态,使产品或服务符合规定的质量要求;然后开展持续的质量改进工作,在控制的基础上,运用一系列改进工具和方法,使产品从设计、制造到服务用户都达到一个新水平,不断满足顾客要求。没有稳定的质量控制,质量改进的效果也无法保持。

(二)质量改进的意义

质量改进的意义如下:

(1)质量改进有很高的投资收益率;

(2)质量改进可以促进新产品开发,改进产品性能,延长产品的寿命周期;

(3)通过对产品设计和生产工艺的改进,可以更加合理、有效地使用资金和技术力量,充分挖掘组织的潜力;

(4)提高产品的制造质量,减少不合格品的出现,实现增产增效的目的;

(5)通过提高产品的适应性,提高组织产品的市场竞争力;

(6)有利于发挥各部门的职能,提高工作质量,为产品质量提供强有力的保证。

二、质量改进的理论模式

质量改进不是一次性工作，持续开展质量改进活动是非常重要的。组织要获得成功就要持续进行质量改进。目前，世界各国均重视质量改进的实施策略，方法各不相同。美国麻省理工学院罗伯塔耶斯教授将其归纳为两种类型，一种为递增型策略，另一种为跳跃型策略。递增型策略与跳跃型策略的区别如图 6-14 所示。

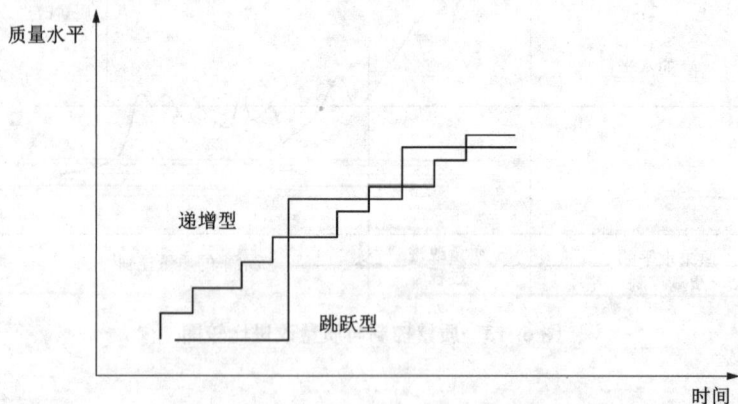

图 6-14 递增型策略与跳跃型策略的区别

1. 递增型质量改进策略

递增型质量改进策略的特点是改进步伐小，改进频繁。这种策略认为，最重要的是每天、每月都要改进各方面的工作，即使改进的步子很微小，但要保证无止境地改进。递增型质量改进策略的优点是将质量改进列入日常的工作计划中去，保证改进工作不间断地进行。由于改进的目标不高，课题不受限制，所以具有广泛的群众基础。它的缺点是缺乏计划性，力量分散，所以不适用于重大的质量改进项目。企业要在全体人员中树立"不断改进"的思想，使质量改进具有持久的群众性。

2. 跳跃型质量改进策略

跳跃型质量改进策略的特点是两次质量改进的时间间隔较长，改进的目标值较高，而且每次改进均须投入较大的力量。这种策略认为，当客观要求需要进行质量改进时，公司或企业的领导者就要做出重要的决定，以最佳的人力、物力和时间资源来从事这一工作。该策略的优点是能够迈出相当大的步子，成效较大，但不具有"经常性"的特征，难以养成在日常工作中"不断改进"的观念。某些具有竞争性的重大质量项目，可采取跳跃式质量改进策略。

三、质量改进的实施

(一)质量改进实施的基础

质量改进的对象一般是长期性缺陷,所以难度大,需要很多人参加,并要在制定周密的计划后,才能得到实效。因此,必须有一个坚实的基础。该基础包括以下两个方面:

1.认识上的统一

首先,要统一对质量危机的认识。由于影响市场占有率的主导因素是质量,质量竞争在市场经济中是一个长期的客观规律,所以企业要在竞争中取胜,必须重视质量改进工作。

其次,要充分认识到质量改进工作的长期性,它是"永不停顿"的工作。因此质量改进工作不是"临时措施",而是"日常工作"。质量管理工作有三个基本的相关过程:质量计划、质量控制、质量改进。

2.领导阶层的重视

做好产品质量改进工作,提高企业工作质量的关键在于领导,尤其是上层领导。没有上层领导的支持与指导,质量改进工作就不可能取得决定性的胜利。这是因为在质量改进工作的实施过程中,如果是上层领导认为不用做的事,那么下级人员就不会去做。正像瀑布一样,山上无涓涓的流水,山下绝不会出现瀑布,人们把这种关系称为"瀑布效应"。只有上层领导者首先纠正在质量方面的旧观念和坏习惯之后,才有可能清除下级人员的旧观念和坏习惯,企业的质量改进工作才能顺利实施。

(二)分析质量改进的阻力

进行质量改进,需要在技术和管理上进行综合性的工作,只有这样才能解决企业的质量问题。其内容涉及技术改进和社会变革两个方面,这两个方面都有一定的阻力,了解并消除这些阻力是质量改进的先决条件。

1.文化方面的阻力

在质量改进过程中,重点是克服"文化对所需技术改造的阻碍"。当进行一项质量改进的变革时,常会遇到改革的阻力,人们对此常迷惑不解。迷惑的原因是人们只看到了改进课题的技术性方面,而忽视了与变革联系在一起的社会效应,那就是对人际关系、地位、声誉等方面的影响。例如:某道工序是一项技术要求很高的手工劳动,如今要把它变成简单的机器操作,这样就伤害了某些高级钳工的感情,他们将丧失在这项传统工序中获得的地位和自豪感。因此,他们很可能成为这项质量改进的人为阻力。

2.技术方面的阻力

质量改进工作涉及新技术、新材料、新工艺以及新原理的应用。掌握并应用这些"硬技术"是一个艰巨的过程,其阻力是客观存在的。为克服技术上的阻力,应将技术人员、技术情报人员、实验试制人员、生产管理人员组织成一个有机整体,其整体的目标一致性和行动协调性是攻克阻力的基础。经验告诉人们:单兵作战对于质量改进的成效是微弱的,必须组成兵团作战才能有效地克服各个方面的阻力。

(三)质量改进的步骤

质量改进要遵循 PDCA 循环的原则,具体实施质量改进可成如下"四阶段、七步骤"。即策划(plan),实施(do),检查(check),总结、处理(act)四个阶段和选择课题、掌握现状、分析问题、拟定对策并实施、确认效果、防止再发生和标准化、总结等七个步骤。

七个步骤的内容和注意事项如下。

1. 选择课题

企业需要改进的问题很多,主要包括质量(quality)、成本(cost)、交货期(delivery)、安全(safety)、激励(motivation)、环境(environment)六个方面,简称 QCDSME。在选择课题时,通常也围绕这六个方面来选,如降低不合格品率、降低成本、保证交货期等。

(1)活动内容。

①明确所要解决的问题为什么比其他问题重要。

②确定问题的背景是什么以及到目前为止问题的状况是怎样的。

③将不尽如人意的结果用文字和数据表现出来,具体有什么损失,并说明希望改进到什么程度。

④确定课题和目标值。如果课题过大,可将其分解成若干个小课题,逐一进行解决。

⑤正式选择任务责任人,如果要组建改进小组,就要确定组长和组员。

⑥如可能,对改进活动的费用做出预算。

⑦拟定改进活动时间表,制定改进计划。

(2)注意事项。

①企业周围有数不清的问题,为确认主要问题,应综合考虑企业发展方向、市场要求和内部运行过程中存在的瓶颈,最大限度地灵活运用现有数据,从众多问题中选择一个作为课题,并说明理由。

②需向有关人员说明清楚解决问题的必要性,否则会影响解决措施的有效性,甚至半途而废、劳而无功。

③设定目标值的根据必须充分。合理的目标值应是经济上合理、技术上可行的。设立的目标值要具有挑战性,而且是通过改进能够达到的,以增强改进小组的信心,提高小组成员的积极性。

④制定改进计划,明确解决问题的期限。预计效果再好,如果不拟定具体时间,也往往会发生拖延的情况,被那些所谓"更重要、更紧急"的问题拖住。

2. 掌握现状

质量改进课题确定后,需要进一步把握当前问题的现状。

(1)活动内容。

①抓住问题的特征,需要调查若干要点,如时间、地点、问题种类等。

②解决质量问题时要从人、机器、原材料、加工方法、测试方法、环境等不同角度进行调查。

③去现场收集书面数据中没有包含的信息。日本企业强调的"三现(现场、现物、现

实)主义"反映了到现场了解问题的必要性。

（2）注意事项。

①解决问题的突破口往往就在问题内部。例如：如果质量特性值的波动太大，那么其影响因素也会存在较大的波动。质量特性值的波动和影响因素的波动之间存在关系，这是把握问题的主要影响因素的有效方法，而观察问题的最佳角度随问题的不同而不同。但是不管是什么问题，通常都要调查四个方面的内容，即时间、地点、种类、特征。调查表是调查问题现状的有效工具。

②对所有的问题，都要调查时间、地点、种类、特征这四个方面，但并非调查了以上四点，就清楚了问题现状，还需要调查其他方面，例如：在不同使用环境下，产品故障率有什么差异等。

③一般来说，解决问题应尽量以数据为依据，其他信息作为参考。

调查者应深入现场，而不仅仅是"纸上谈兵"。在现场可以获得许多数据中未包含的信息。这些信息往往像化学反应中的催化剂一样，为解决问题提供灵感，帮助我们找到突破口。

3.分析问题原因

（1）活动内容。

分析问题原因是一个设立假说和验证假说的过程。

①设立假说（选择可能的原因）。

搜集关于可能的原因的全部资料；运用"掌握现状"阶段掌握的信息，剔除已确认无关的因素，重新整理剩下的因素。

②验证假说（从设定原因中找出主要原因）。

搜集新的数据或证据，制定计划，确认原因对问题的影响；综合收集到的全部信息，确定主要原因；如果条件允许，可以将问题再现一次。

（2）注意事项。

必须科学地确定原因。质量改进过程中，如果问题原因是通过问题解决者们讨论，或是由某个人决定的，那么由于没有对提出的假说进行验证，得出的结论往往可能是错误的。在考虑原因时，通常通过讨论其理由，并应用数据或去现场来验证假说的正确性，这时就很容易将"设立假说"和"验证假说"混为一谈。验证假说时，不能用设立假说的材料，需要采用新的数据或材料。要有计划、有依据地通过各种实验（试验）和数理统计方法进行验证，重新收集验证假说的数据。有时候也可以直接到现场进行验证。

①选择设立假说的有效工具。

因果图是设立假说的有效工具，图中所有因素都会被假设为导致问题的原因。因果图中各影响因素应尽可能写得具体。如果对所有认为可能的原因都进行调查验证，效率可能会很低。因此，必须根据现场调查和收集的数据削减影响因素的数目。可以利用"掌握现状"阶段分析过的信息，将与结果波动无关的因素舍去。要始终记住：因果图最终画得越小（影响因素少），往往越有效。但初始的因果图却要尽可能地全面，所以说，因果图有一个从大到小的过程。因果图中所有因素引起质量问题的可能性并不一定都相同。必要时，应根据掌握现状阶段得到的信息进行进一步分析，根据可能性的大小排序。

②验证假说必须根据重新实验（试验）和调查所获得的数据有计划地进行。

验证假说就是核实原因和结果间是否存在关系以及关系是否密切。验证假说的常用方法包括排列图、相关及回归分析、方差分析等统计手法。大家通过讨论，由多数意见做出决定是一种民主的方法，但缺乏科学性，只是"主观意识"。许多事实最终表明，当初全员一致同意了的意见有时是错误的。以提高产品的质量为例，导致产品质量问题出现的主要原因可能是一个或几个，其他原因或多或少也会对不合格品的出现产生影响。然而，对所有影响因素都采取改正措施既不现实，也无必要，应首先对主要因素采取措施。所以，首先要验证影响问题的主要原因。

③利用质量问题的再现性实验(试验)来验证影响原因时要缜密。

某一产品的生产过程中采用了非标准件而产生了不合格品，不能因此断定非标准件就是不合格品产生的原因。再现的质量问题还必须与掌握现状阶段查明的问题一致，具有同样的特征。有意识地再现质量问题是验证假说的有效手段，但要考虑到人力、时间、经济性等多方面的制约条件。

4.拟定对策并实施

原因分析完成后，要制定对策并予以实施。

(1)活动内容。

①将现象的消失(应急对策)与原因的消失(永久对策)严格区分开。

②采取的对策尽量不要引起副作用(其他质量问题)。如果产生了副作用，应考虑换一种对策或消除副作用。

③先准备好若干对策方案，调查各个方案的利弊，选择所有人都能接受的方案。

(2)注意事项。

①对策有三种：第一种是消除现象(应急对策)；第二种是消除引起结果的原因，防止再发生(永久对策)；第三种是隔断因果关系。生产出不合格品后，返修得再好也只能是应急对策，不能防止不合格品的再次出现。解决不合格品出现的永久对策是消除产生问题的具体原因，防止再次产生不合格品。因此，一定要严格区分这两种不同性质的对策。

应急对策是一种临时措施，是在问题发生的根本原因尚未找到之前，为消除该问题而采取的临时应急措施；而永久对策是通过现象观察、数据分析等一系列手段，找到问题产生的根本原因之后所采取的对策。当然，第三种对策也是常用的措施，尤其是当原因无法消除或难以消除时。例如通过建造洁净车间来隔断外部空气中各种灰尘对产品质量的影响。

②采取对策后，有时会引起别的问题，因为质量或过程中的许多特性都是相互关联的。为此，必须从多角度对措施、对策进行彻底而广泛的评价。有时由于市场对某一质量问题投诉强烈，企业立刻制定了一项应急对策，但实施后却影响了另外一些性能，导致新一轮投诉，这种现象并不少见。

③采取对策时，有关人员必须通力合作。实施对策时往往要带来许多工序的调整和变化。如果可能，应多听取有关人员的意见和想法。当同时存在几个经济合理、技术可行的方案时，可以通过民主讨论来促使各方达成共识，确定最终方案。

5.确认效果

对质量改进的效果进行确认时，如果发生失误，会误认为问题已经解决，从而导致问题再次发生。也可能发生对质量改进的成果视而不见的情况，从而挫伤持续改进的积极性。

（1）活动内容。

①使用同一种图表（如排列图、调查表等）将采取对策前后的质量特性值、成本、交货期等指标进行比较。

②如果改进的目的是降低不合格率或降低成本，则要将特性值换算成金额，并与目标值进行比较。

③如果有其他效果，不管大小，都要列举出来。

（2）注意事项。

①本阶段应确认在何种程度上做到了防止质量问题的再次发生。用于比较改进前后的图表最好前后一致，例如，如果现在用排列图分析，确认效果时最好也用排列图，且项目的排列顺序应与当初一样。这样会更加直观，更具有可比性。

②对于企业经营者来说，将质量改进的成果换算成金额是十分重要的。质量改进产生的效益，会让企业经营者更清楚地认识到改进活动的重要性。

③采取对策后没有出现预期结果时，应确认是否严格按照计划实施了对策。如果是，就意味着对策失败，要重新回到掌握现状阶段。如果没有达到预期效果，应该从两方面来考虑：

其一：是否按计划实施了。计划实施方面的问题往往有：A. 对改进的必要性认识不足；B. 对计划的传达或理解有误；C. 没有经过必要的教育培训；D. 实施过程中的组织、协调不够；E. 资源不足。

其二：计划是否有问题。计划问题往往有：A. 现状把握不准；B. 计划阶段的信息有误、相关知识不够，导致对策有误；C. 对实施效果的测算有误；D. 不了解实际拥有的能力。

6. 防止再发生和标准化

有效的措施和对策要标准化，要纳入质量文件，以防止同样的问题再发生。

（1）活动内容。

①为改进工作，应确认 5W1H，即 what（做什么）、why（为什么做）、who（谁做）、where（哪里做）、when（何时做）、how（如何做），并将其标准化，制定成技术或管理标准。

②开展有关标准的准备工作。

③实施教育培训。

（2）注意事项。

为防止同样的问题再发生，纠正措施必须标准化，因为如果没有明确的标准，那么员工在作业中容易出现同样的问题。标准化工作并非制定几个标准就算完成，必须使标准成为员工的新习惯。因此，为贯彻实施标准，必须对员工进行知识和技术的教育和培训。

①作业标准是表示作业顺序的一种方法。单就如何做（how）规定出的有关内容就可以认为是标准了，如果含有 4W1H[除去为什么做（why）]就可以认为标准非常完整了。对于完成作业的方法，没有"为什么"也许是可以接受的，但它对于员工却是不可缺少的内容，因为他们需要了解为什么要这么做。尤其是如果向现阶段我国企业的员工充分说明作业标准的必要性，可以大幅度提高员工按新标准作业的成功率。

②导入新标准时可能产生差错，其主要原因是员工没有充分地做好准备。实施新标准

意味着作业方法将发生改变，这会引起许多细小的差错。尤其是在将工作划分成许多具体操作、系统性很强的作业现场，如果一部分工作做了调整，而另一部分未做相应调整，问题就将出现。因此，在导入新标准时，要将原标准撤出作业现场，并向员工宣传新标准。

③反复、充分的教育培训对标准的顺利实施是必要的。要就新标准的内容进行教育培训，否则即使标准再完备也无法保证其得到严格遵守，无法防止同样的问题再次出现。

7.总结

要对改进效果不显著的措施及改进实施过程中出现的问题进行总结，为开展新一轮质量改进活动提供依据。

(1)活动内容。

①找出遗留问题。

②考虑解决这些问题后下一步做什么。

(2)注意事项。

①在质量、成本、交货期、安全、激励和环境的改进活动中，将不合格品率降为零或一步达到国际先进水平是不可能的。因此，质量改进活动要长期持久地开展下去。可以在开始时定下一个期限，按期进行总结，哪些完成了，哪些未完成，完成到什么程度，然后进入下一轮的质量改进活动。

②应制定解决遗留问题的行动方案。

▶ 【同步思考】

1.质量管理与其他企业生产活动有何关系？

2.在生产活动中如何体现全面质量管理的主要思想？

3.质量管理主要包括哪些内容？

4.常用的质量管理工具有哪些？

▶ 【同步业务】

请参观一个制造类企业，了解企业的质量方针和质量体系，列举常用的质量管理工具。

▶ 要点巩固

一、判断题

1.质量是指产品或服务满足顾客需求的程度。(　　)

2.顾客满意是指顾客对其要求已被满足的程度的感受。(　　)

参考答案

3.质量检验阶段是一种事后把关型的质量管理，因此不是一种积极的质量管理方式。(　　)

4.最早提出全面质量管理概念的是美国的戴明博士。(　　)

5.质量管理体系是为实现质量方针和质量目标而建立的管理工作系统。(　　)

6.排列图是按重要性排序显示各个变量的作用，从而识别改进机会的一种工具。(　　)

7. 散布图是寻找影响质量的主要原因时所使用的工具。（　　）

8. 当两个变量的点在散布图上不呈现出直线带状，且无任何其他规律时，可以判定两变量不相关。（　　）

9. 散布图相关性规律的运用范围不能随意扩大到观测值数据范围以外。（　　）

10. 质量职能是指为了使产品稳定地满足顾客和消费者的要求而进行的全部活动的总和。（　　）

二、不定项选择题

1. "适用性"的观点是由（　　）提出来的。

A. 戴明　　　　　　　　B. 菲根鲍姆　　　　　C. 朱兰　　　　　　　D. 休哈特

2. （　　）阶段质量管理的重点主要是确保产品质量符合规范和标准。

A. 早期质量管理　　　B. 统计质量控制　　　C. 全面质量管理　　　D. 质量检验

3. PDCA 循环的方法适用于（　　）。

A. 产品实现过程　　　　　　　　　　B. 产品实现的生产和服务提供过程

C. 质量改进过程　　　　　　　　　　D. 构成组织质量管理体系的所有过程

4. 质量方针是一个组织总的质量宗旨和方向，应由组织的（　　）批准发布。

A. 上级机关　　　　　　　　　　　　B. 最高管理者

C. 质量管理办公室主任　　　　　　　D. 总工程师

5. 显示产品质量波动分布状态可采用（　　）。

A. 直方图　　　　　　B. 排列图　　　　　　C. 因果图　　　　　　D 散布图

6. 质量是指一组固有特性满足要求的（　　）。

A. 能力　　　　　　　B. 标准　　　　　　　C. 水平　　　　　　　D. 程度

7. 现代质量管理发展经历了（　　）三个阶段。

A. 质量检验阶段　　　　　　　　　　B. 统计质量控制阶段

C. 质量改进　　　　　　　　　　　　D. 全面质量管理阶段

8. 在"质量控制"这一短语中，"控制"一词表示一种管理手段，包括（　　）等步骤。

A. 制定质量标准　　　　　　　　　　B. 评价标准的执行情况

C. 偏离标准时采了纠正措施　　　　　D. 安排改善标准的计划

三、案例分析题

尺有所短，寸有所长

"符合性质量"与"适用性质量"是目前比较流行的两种质量观念，其代表人物分别是著名的质量管理专家戴明和朱兰。

符合性质量观认为，质量就是对特定的规范或要求的符合程度。克劳士比认为，质量并不意味着好、卓越、优秀等，如果要管理质量或者谈论质量，只有相对于特定的规范或要求才是有意义的，也就是说合乎规范或要求即意味着具有质量。

符合性质量观对我们具体的工作显然是很实用的。符合性质量观要求我们认真对待规定的要求，并坚持"要求"能得到贯彻执行。如果认为"差不多就好"，质量问题就总会存在。

适用性质量观认为，质量就是产品在使用过程中成功地满足用户要求的程度。朱兰博士说，质量就是"适用性"，定义质量应该更多地站在用户的立场上去思考问题。因此，对用户来说，质量就是适用性。

适用性质量观要求我们在当今激烈的市场竞争中，转变观念，"以顾客为中心"，明确企业存在的根本目的。因为在市场经济中，顾客是市场的主体。全球一体化的市场竞争的实质是企业对顾客的争夺。企业要想赢得顾客，就必须明确顾客的期望并通过自身的经营活动来满足甚至超越顾客的期望。关注顾客、服务顾客已成为企业运行的基本准则。

有人认为，符合性质量观仅仅强调规范、强调合格，难免会忽略顾客的需要、忽略企业存在的真正目的和使命，从而犯下本末倒置的错误。这一结论值得商榷，例如一些假冒伪劣商品也拥有市场，一些违背相关标准或者对标准中的技术条款任意削弱、删减的商品也拥有市场等。

对于适用性质量观念，有人也指出："对顾客来说，质量就是适用性，而不是'符合规范'。"这一结论也值得商榷，例如当今假冒伪劣商品屡禁不止，除了管理手段不健全之外，与人们质量概念的模糊也有一定的关系。

讨论：

1. 请谈谈你对质量的看法。
2. 你如何看待符合性质量与适用性质量？

生产现场管理

学习目标

1. 理解生产现场管理的基本概念；
2. 了解 5S 管理的产生和发展过程；
3. 掌握 5S 管理的推行步骤；
4. 掌握 5S 管理的具体实施方法。

先导案例

津南区企业推行 5S 管理模式初见成效

津南区部分企业确定准确的发展定位，结合自身特点，推行了一套规范、严格的科学管理方法。企业在实施这套 5S 管理模式后，不仅提高了安全生产水平和生产效率，还降低了企业的管理成本。

5S 管理模式是国际上普遍使用的以"整理、整顿、清扫、清洁、素养"为内容的现场管理方式。5S 管理模式通过规范现场、现物，营造一目了然的工作环境，以此培养职工良好的工作习惯，从而实现管理过程的精细化。津南区八里台镇越旺机电公司的职工说："我在这个公司已经一年多了。刚开始推行 5S 管理模式的时候，我们都有一种抵触的心情，是十分不理解的。以前我们喝水呢，水杯就放在身边。现在推行了 5S 管理模式以后呢，我们深深地体会到了水杯放在身边对我们的人身特别不安全，有时候万一水洒了、漏电了，对我们都不好。"

经过两年的努力，5S 管理理念已经渗透到职工的日常工作之中，他们已经养成了事事讲究的习惯，企业内外处处井然有序，大大降低了企业的管理成本。津南区八里台镇越旺机电公司总经理说："其实这个 5S 管理啊，就跟管理一个家庭是一样的，比如说家庭的衣柜，把春夏秋冬的衣服都放在一起，找的时候又不好找，还不美观。管理企业也是一样的，5S 管理主要是有序地管理，节省成本，节省人工费，节省物流的成本，一年多的时间，我们公司节省了将近二十万元。"

在推进 5S 管理模式的过程中，最关键的是提高人的素养。只有提高了人的素养，养成良好的习惯，企业管理模式才能长久地坚持下去，职工做事才不会虎头蛇尾、流于形式。

企业通过一点一滴地规范管理，一步一步提升了职工素质，让 5S 管理法在企业管理中发挥出了最大的作用。

（材料来源：http://news.enorth.com.cn/system/2016/11/25/031352388.shtml，有改动。）

思政导言

生产现场管理是企业提升工作效率、降低成本、提高管理水平的基础，更是提升产品品质和竞争力的有效手段。中国自古就有"一屋不扫，何以扫天下"的思想。当代青年必须从一点一滴做起，切忌好高骛远，应具有工匠精神，沉下去，打基础，莫浮躁。

理论精讲

任务一 生产现场精益管理的要义

生产现场管理对企业而言意义重大，它是一个企业的企业形象、管理水平、产品质量控制水平和精神面貌的综合反映，是衡量企业综合素质、管理水平高低的重要标志。一个秩序井然、管理有效的生产现场有利于提升生产现场的管理绩效，优化企业整体的管理水平，保证安全生产；有利于提升企业的经济效益，增强企业的市场竞争力；有利于改善和提升企业形象，提升员工的素质和归属感。

一、生产现场管理的含义

1. 生产现场（production field）

广义的生产现场：凡是企业内从事生产经营的场所。

狭义的生产现场：企业内部直接从事或辅助生产过程的场所。

管理得当的生产现场能够安全、适时、高效地生产产品。

（1）生产活动中必然要保证人员及设备的安全，这是不能触碰的红线。

（2）为了适时地生产产品，生产活动中必须保证生产组织发挥积极的作用。

（3）为了高效地生产，除了保证生产组织发挥效用之外，还要考虑成本、设备维护、现场环境、现场人员的职业素养等。

生产现场的使命如图 7-1 所示。

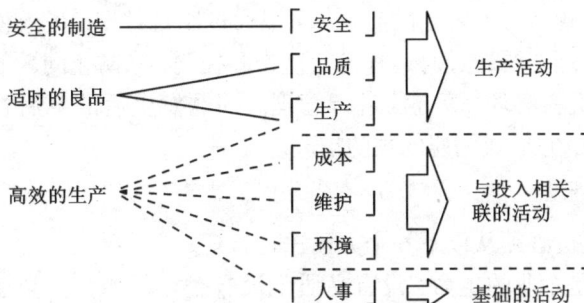

生产现场管理

图 7-1 生产现场的使命

2. 生产现场管理的概念

生产现场管理，指用科学的管理制度、标准和方法对生产现场的生产要素，包括人、

机、料、法、环、信等进行合理有效的计划、组织、协调、控制和检测，使其处于良好的结合状态，达到优质、高效、低耗、均衡、安全、文明生产的目的。生产现场中的主要生产要素如图 7-2 所示。

图 7-2　生产现场中的主要生产要素

二、生产现场管理概述

1. 生产现场管理的主要内容

对生产现场进行管理至少包含以下 4 个方面的内容。一是工序要素管理，就是对劳动力、设备、原材料等各种生产要素的管理。二是产品要素管理，指对产品品种、质量、数量、交货期、成本的管理。三是生产物流管理，主要解决以下问题：使物流路线最短，以缩短产品生产周期、加速资金周转；使在制品的占用量达到最少，以减少资金占用量；使搬运效率提高。四是现场环境管理，包括 5S 管理、定置管理和目视管理等方法。

如果生产现场环境整洁、成本控制合理、员工士气高涨、生产效率高，那么这就是一个好的生产现场。

2. 现场管理的 3 个层次

依据生产现场管理的时间线，我们可以把现场管理分为 3 个层次：事前、事中、事后管理。事前管理主要预防可能发生的问题，可以通过制订计划、失效模式与影响分析等手段进行预防。事中管理主要通过对过程进行监督和控制，来防止问题的发生。事中管理经常采用广角镜、"人机料法环"等方法进行管理。问题发生后的事后管理，其关键在于快速、准确地解决问题，并形成相应的预防措施。

3. 现场管理的目标

好的现场管理人员必须从以下 6 个方面进行管理。

（1）品质：品质是企业的生命，没有品质就没有企业的明天。企业必须不使用、不生产、不流出不良品。

（2）成本：合理的成本是产品具有竞争力的保障。降低成本的最佳方法就是剔除过度的资源耗用，降低总成本。

（3）交期：客户就是上帝，而且是不懂得宽恕的上帝，所以要快速、适时地满足客户交期。

（4）效率：效率是部门绩效的量尺，是工作态度的标杆。

（5）安全：工作是为了生活好，安全是为了活到老。企业要保证好人员、设备、产品的安全。

（6）士气：坚强有力的团队、高昂的士气是取之不尽、用之不竭的宝贵资源。

三、生产现场精益管理的重点

1.5S 管理——精益生产的根基

5S 管理，指在生产现场对人员、机器、材料、方法等生产要素进行规范化、标准化、图文化、数据化、可视化的有效管理。它的最终目标是提升人的素养，进而改进产品及服务的品质、改善企业与公众的关系。实施 5S 管理办法是促进现场管理井然有序、提高生产效率、保障质量、降低成本的法宝。通过 5S 管理，可以培养员工的主动性和积极性，创造人和设备都非常适宜的环境，培养团队精神、合作精神，从而为企业的各项管理工作的顺利开展打下坚实的基础。

5S 管理是精益生产的地基，是精益生产中最基础、最有效、最可行、最直观的一个专题。没有基础的 5S 管理，就没有精益生产。没有良好的 5S 管理，就很难实现精益生产。

2.价值流的改善

价值流，指从原材料转变为产品并赋予其价值的全部活动。精益生产价值流的改善就是借助价值流图来分析企业的增值和非增值活动，进而消灭浪费、降低成本。具体地说，企业管理者可通过整体绘制物流、信息流，将车间管理划分成若干个含有多个单元功能的价值流，同时识别和明确那些用以监督价值流的指标，如质量指标、成本指标、传输指标和安全指标，由每个价值流的管理者对价值流的盈利能力负责。在此基础上，车间生产管理部门要重新设计车间生产流程，以减少生产浪费和非增值性工作。车间价值流负责团队要定期召开安全指标价值流指标汇报会，总结管理经验，讨论车间生产环节中存在的问题，为公司决策提供参考依据，进而影响车间乃至企业的生产标准、成本分摊、绩效变更。

对企业进行价值流图分析，并不是一件容易的事，它既要充分了解企业价值流的各个环节，更要能够灵活地应用工业工程、精益生产的各种改善办法，以便识别问题，提出改善方向和改善方案。

3.浪费的消除

企业生产中的浪费主要有 7 种，分别是生产过剩、库存、等待、搬运、过度加工、不良品和不必要的移动。此外，还需要注意消除容易被忽视的两大浪费：未被使用的员工的创造力和管理上的浪费。车间的管理者要本着精益管理的理念，严格执行生产责任制，禁止不良原材料、半成品流入后道工序，减少不良品产生的概率。车间管理人员要优化物料供应系统，提高产线平衡率，减少生产等待浪费、搬运浪费、操作员动作浪费，提高生产效率。企业要具备勇于暴露问题的精神和让问题浮出水面的手段，只有让问题显现，才会引起大家的重视，从而提高效率。

任务二　为什么要推行 5S 管理办法

5S管理概述

5S 管理办法是在全世界范围内运用广泛的一种企业管理模式，它作为管理工作的基础被运用于各行各业的现场管理中。它在塑造企业形象、保障效率、降低成本、提升品质、准时交货、安全生产、统一标准、改善现场等方面发挥了巨大作用。5S 管理办法可从企业推广到政府部门、学校、医院、酒店、超市、餐厅、车站等任何组织中，消灭组织运行过程中的一切浪费，营造一种人人积极参与、事事遵守标准的良好氛围，最终形成高效率、高品质、短交期、低成本的组织。

一、5S 管理办法的含义

5S 管理办法指的是在生产现场对人员、机器、材料、方法等生产要素进行规范化、标准化、图文化、数据化、可视化的有效管理。

5S，顾名思义就是 5 个"S"，每个"S"都代表了不同的含义。"S"取自于 5 个词语的首字母，这 5 个词语的日语的罗马拼音正好都是以 S 开头的，所以称为"5S"。这 5 个"S"分别是整理、整顿、清扫、清洁、素养（图 7-3）。

整理是整顿的基础，整顿又是对整理的巩固，清扫体现出整理、整顿的效果，而通过清洁和素养，可以使企业完成整体的改善，形成积极向上的氛围。

图 7-3　5S 图

根据企业进一步发展的需要，有的企业在 5S 的基础上增加了安全（safety），形成 6S，再加上节约（save），形成 7S，甚至有企业推行 10S。但是万变不离其宗，它们都是从 5S 衍生出来的。目前，5S 管理办法被广泛应用于全世界各类企业的现场管理之中。

二、推行 5S 管理办法的时代性

对于现在的企业来说，20 世纪 80 年代提出的 5S 管理办法并不是一个新鲜的管理方法。然而，在当今的时代，5S 管理办法依然具有很重要的作用，主要有 3 个方面的原因：一是现场的人力资源构成发生了变化，二是外部环境发生了巨大的变化，三是弘扬"工匠精神"的时代需求。5S 管理办法的时代意义如图 7-4 所示。

首先，随着老龄化社会的到来，人力资源成本不断上升，员工（尤其是一线技术人员）的频繁流动现象明显，劳动合同工、劳务派遣工、非全日制用工等各种人员在生产现场轮换工作，使得企业的生产秩序和生产效率都得不到保障。如果企业（尤其是制造业企业）

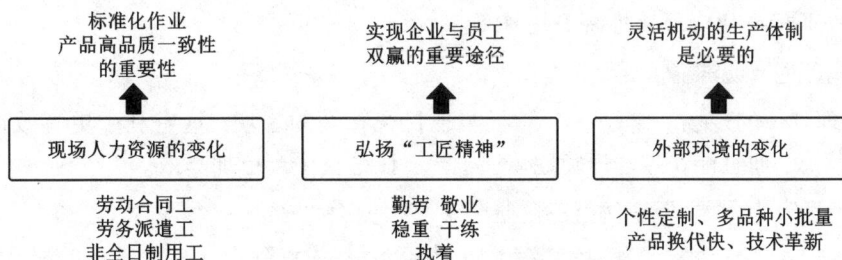

图 7-4　5S 管理办法的时代意义

的现场环境没有太大的改善，劳动力不足的状况将成为企业运营的噩梦。此时，实施标准化作业、实现产品高品质一致性的重要性就更加凸显出来了。标准化作业可以极大地减少因人员变动频繁造成的沟通成本，产品高品质一致性则大大提高了企业的竞争力。5S 管理办法是实施标准化作业、实现产品高品质一致性的基础，其重要性不言而喻。

其次，中国正在由制造大国向制造强国转变，尤其是在"互联网+"、信息技术与制造技术深度融合为主线的新时代，为适应个性化定制、多品种小批量生产、产品换代周期缩短、技术革新等各种变化，企业必须具有更加灵活机动的生产体制。而 5S 管理办法正是构筑这种生产体制的基础。

最后，5S 管理办法的核心是帮助企业员工打造一种精益求精的"匠心"理念。这和当今大力提倡的"工匠精神"是一致的。"工匠精神"提倡勤劳、敬业、稳重、干练、执着。只有员工的素养提升了，在工作中养成了认真、细致、专注、负责、精益求精的工匠精神，各项管理措施才能落到实处，生产管理的目标才能更容易地达成，最终实现企业与员工的双赢。

三、推行 5S 管理办法的作用

管理混乱的企业终究会被管理规范的企业淘汰，这是不争的残酷事实。在快速发展的信息时代，推行和落实 5S 管理办法成了众多企业考虑的问题。企业大力推行的 5S 管理办法主要有以下几个作用。

1.提高企业的效益

5S 管理办法能实现企业的标准化管理，提高企业的管理水平，改善企业的整体运营情况，给企业带来更多的利润。可以说，未来将是标准化管理的企业的天下，推行 5S 管理办法是企业发展的重要支柱。

2.有利于员工的职业发展

通过实现 5S 管理，可以让员工在安全、整洁、卫生的工作环境中安心工作，最大限度地保障工作期间的安全；可以激励员工的团队合作精神，增强团队凝聚力；可以使员工的自身素养得到显著提升，有利于员工的职业发展。

3.大幅提升效率

5S 管理办法强调的是工作环境的改良，工作环境与员工的工作效率息息相关。若是在一个邋遢的环境中，员工的工作效率不仅极低，工作热情还会日渐降低。而 5S 管理办法带来的作业标准化会显著地提升工作效率。

4. 更有效地发现异常状况

5S 管理到位的现场一定是一个易于实现目视管理的现场，这有利于更有效地识别正常和异常状态，而且能快速、正确地传递消息，让精益生产更加高效。

5. 打造适宜的环境，营造良好的企业形象

5S 管理办法旨在建立一个整齐有序的工作环境，而良好清洁的环境会得到考察团、客户的认可，能够帮助企业在业界提升企业的口碑，树立良好的企业形象，进而为企业带来长远的经济效益。

任务三　推行 5S 管理办法的步骤

5S 管理办法不是表表决心、喊喊口号就能够推进的，而要有步骤、有计划地开展。在推行 5S 管理办法时可以使用管理循环法（PDCA 法，PDCA 分别是"计划""执行""检查""总结、处理"的英文单词的第一个字母）。在 5S 管理办法中，各个部门和小组内要实现 PDCA 循环，以大环带动小环，一级带动一级，有机地构成一个运转体系，争取每循环一次就解决一部分问题，取得一部分成果。到了下一次循环，又有新的目标和内容，这样循环上升，可以使企业的 5S 管理水平不断提高。可以按以下步骤推行 5S 管理办法。

一、成立 5S 管理办法推进组织

推行 5S 管理办法是集体战役，需要企业全员参与、协同作战、积极配合，需要企业领导者的全面组织和协调。推行 5S 管理办法要成立一个推行 5S 管理办法委员会，企业的最高管理者是推行责任人，各部门的主管为本部门的推进负责人，要根据企业组织结构成立不同的工作小组，从上至下逐步扩大，从而形成从最高管理层到一线员工的全员参与的推行组织。

二、制定推行计划和实施方法

推行 5S 管理办法，要依据企业自身的特色，制定切实可行的推行计划。计划一旦制订，就要广为宣传。推行 5S 管理办法时，应设定短期月度计划及长期年度计划，作为活动努力的方向，以便于进行成果检验。没有计划或计划不周全，容易导致成本的大幅增加。

有了科学、合理的计划之后，更重要的是计划的落实。5S 管理办法的推行计划和实施方法一般应该包括以下几点：活动的时间、目的，需要品和不需要品的区分方法，评价方法，奖惩办法等。

三、宣传和教育培训

企业要通过各种宣传方式，如挂板、宣传画、内部报刊、动员大会等，进行宣传，营造 5S 管理的氛围。同时，企业要通过集体培训、项目培训等方式对所有人员进行 5S 管理办法的培训，让员工学习 5S 管理知识，增强对 5S 管理办法的理解，认识 5S 管理办法的内涵。必要时，企业可组织员工参观 5S 管理办法的示范工厂，吸取他人经验。教育培训工作要贯穿于 5S 管理办法推进的全过程。

四、设立示范区

在大多数情况下，在全面推行 5S 管理办法前设立示范区是必要的。企业要对整个现场进行诊断，选定一个示范区，集中力量对示范区进行现场整改。要对整改前后的状况进行定点摄影，确认整改的效果，总结经验；要通过各种媒介广泛宣传示范区的活动成果，组织其他部门到示范区参观学习。5S 管理办法示范区的首要任务是快速展现 5S 管理办法的成果，在进行示范活动时，应该对活动步骤进行整合或简化，达到快速见效的目的，给全体员工以必胜的信心。

五、全面推行 5S 管理办法

在示范区内取得成功后，可在整个企业内全面推行 5S 管理办法。除了像在示范阶段那样采用小组活动的形式之外，全面推进 5S 管理办法还需大量使用"单点课程"、活动板、合理化提案、"5 个 WHY"分析法等工具。企业还可以通过开展"红牌作战"、目视管理、看板作战、识别管理、大扫除等活动，将工厂的每个角落都彻底改善，并将其标准化。在全面推行 5S 管理办法的过程中还应注意以下几点。

(1)所有的管理者都要率先垂范。管理者的行为对 5S 管理会产生非常重要的影响。

(2)推行 5S 管理办法的前期，管理人员要经常到现场巡视，把握大局，及时提供支持与指导，通过与员工的沟通进一步完善实施方案。

(3)在全面推行 5S 管理办法的初期阶段，有些员工对 5S 管理办法抱着一种旁观的态度，不主动参与。而单靠几个推行人员，根本无法完全将工作做到位。因此，全面推行 5S 管理办法需要企业全员参与，发挥全员的作用。

(4)明确个人的岗位职责、区域职责，激活全员的参与热情。

(5)巡回诊断与评估。

制订检查表并定期审核是将 5S 管理办法纳入日常管理工作的有效手段。推进小组要定期或不定期地巡视现场，了解各部门是否有计划、有组织地开展了活动，要对现场提出的问题进行解答，针对问题责令限期整改。同时，企业要将审核结果与绩效考核有效地结合在一起。

企业还要建立完整的评价和激励机制，表扬、奖励优秀部门和员工，帮扶最差的部门；要把经验、教训制作成教材，引导员工积极进取。推行之初，应该是以引导、鼓励为主，以考核为辅；到了中期，则是引导、考核并重；在后期，当 5S 管理办法深入人心后，可适当加大考核的比重。

（6）阶段总结及持续改善。

各责任部门在阶段活动结束后，要及时对活动成果进行总结，找出不足之处加以改正，重点是在标准化、制度化上做文章。5S 管理办法的推行过程及一系列工具的广泛应用，将为培育全员参与和持续改善的企业文化打下良好的基础。此后，要通过 PDCA 循环，不断确立新的目标，不断提高现场综合管理水平，最终登上卓越制造的顶峰。

需要强调的是，企业的背景、架构、企业文化、人员素质不同，在推行 5S 管理办法时可能会有各种不同的问题出现，要根据实施过程中所遇到的具体问题，采取可行的对策，只有这样才能取得满意的效果。

任务四　5S 管理办法的具体实施

5S 管理办法应该采取渐进的、分步的方式具体实施，可以先从最容易实施的区域开始，由易到难逐个突破，也可以先从最能为企业带来明显改善的区域开始，最后将 5S 管理办法全面推行，使每一个"S"都发挥最大的作用。

一、1S——整理

什么是整理？在字典中，整理的意思是"调整混乱的状态，恢复正确的秩序，清除不必要的东西"。在日常生活中，整理就是将已经坏掉的物品和没有用的物品全部扔掉。而在工作现场中，整理就是处理不需要的物品，备齐需要的物品。如果现场物品过多，就很难找到有价值的物品了。把不需要的物品处理掉，有价值的物品就可以凸显出来。当然，能把整理当成一种乐趣是最好的。

在 5S 管理办法中，整理的定义为：区分工作现场的需要品和不需要品，对不需要的物品进行处理。

整理的目的：腾出空间，防止误用，创造清爽的工作场所。

如果缺少整理，浪费就会无处不在。例如：在一大堆平时用不到的物品中翻找需要的工具，或者在成堆的元器件中寻找符合阻值要求的电阻。像这种经常发生的翻找行为就是一种极大的浪费。为了找到合适的工具或元器件，重复进行一系列的翻找和挪动，通常会占用极长的工作时间。由于没有进行整理而造成的浪费远远超出我们的想象。因为不整理而发生的浪费还有很多，例如：空间的浪费；零件或产品变旧而不能使用的浪费；管理不需要物品这项工作造成的浪费；库存管理或盘点费时造成的浪费；等等。所以，必须通过整理来消除工作中的巨大浪费。

5S管理——整理

(一)整理的实施步骤(图7-5)

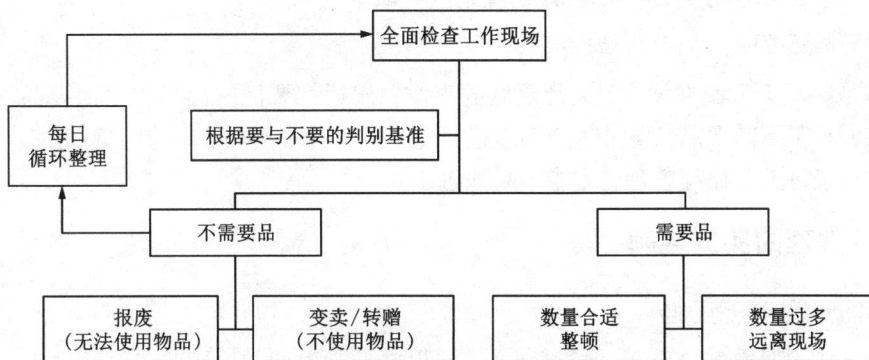

图7-5　整理的实施步骤

1.现场检查

首先要对工作现场进行全面检查,包括看得见和看不见的地方,特别是不引人注意的地方,比如设备的内部、桌子的底部、储物柜的顶部等。

2.区分需要与不需要的物品

需要的物品是指经常使用的物品,如果没有它就会影响正常工作。

不需要的物品主要可以分为两种:一种是使用周期比较长的物品(包括不使用的物品或数量过多的物品),另一种是对目前的生产或工作没有任何作用的、需要报废的物品。

管理需要品和不需要品是同样重要的。管理者先要判断物品的重要性,然后根据其使用频率来决定管理方法。要清除不需要的物品,用恰当的方法保管需要的物品,让它们便于寻找和使用。要注意,对于需要的物品,许多人总是混淆了客观上的"需要"和主观上的"想要",他们在保存物品的时候总是采取一种保守的态度,也就是"以防万一"的心态,总是想着以后还用得着,最后几乎将工作场所变成了"杂货铺"。所以,区分是"需要"还是"想要"是非常关键的。

3.处理不需要品

常用的处理不需要品的方法有:

(1)改用于其他项目或其他需要的部门;

(2)能修理好的,修理之后恢复它的使用价值;

(3)作价卖掉;

(4)废弃处理。

处理不需要品的原则是,判断物品现在有没有使用价值,而不是原来购买时的价值。把该处理的处理掉,不要犹豫不决,如果对这些不要的物品置之不理,它们的数量会越来越多,有用物品就不会出现在你的面前了。

可能会用得到的物品也要处理掉,"可能会用得到"其实就是"几乎用不到"的意思,所以果断处理它们会使我们获得更多。

要建立一套不需要品的处理程序，给整理工作的实施提供制度保证。

4. 分类放置需要的物品

要将需要的物品分门别类地放置在规划的区域里。

5. 每天循环整理，做到"日清日高"

整理是一项天天都在做、天天都要做的工作。永远都要区分出哪些是需要品，哪些是不需要品，对于不需要品，要时时刻刻地进行整理，养成一种好的习惯。整理是一个永无止境的过程，每天都循环整理，才能不断地进步。

(二) 整理的实施要领

1. 不需要品的判别标准

查找不需要品是实施整理的关键一步，要根据准时生产的原则，在现场只留下需要的物品、需要的数量，保证适当的物品寻找时间。这就需要制订适合不同现场的要与不要的判别标准(表7-1)，根据标准查找不需要品。

表7-1 要与不要的判别标准

项目	分类	含义	处理方法	例子
要	急用	每天多次使用	放在最方便的地方	操作工具、物料
	常用	每周至少使用1次	放在工作场所	清洁、修理工具
	少用	1~3个月使用1次	入库	个别备品
不要	很少用	6~12个月左右使用1次	入库	不良设备分解品
	不用	1年内1次也不使用	转赠、改造、变卖或废弃	淘汰的旧设备
	无用	不能使用	废弃	垃圾、旧报表

2. "红牌作战"

简单地说，"红牌作战"就是整理的可视化，在现场碰到不需要品时，就在上面贴上红牌(表7-2)，因为红色的标签非常醒目。要全面检查现场，将暂时不用或印象中没有用过的物品(比如设备、材料、日常用具等)统统贴上红牌，这样现场的工作人员看见它时就能判断它是否有用。因为不能随意处理固定资产，如果要当场一个一个认真地思考是否有用的话，整理的工作就没办法推进了，因此作为整理道具的红牌作用重大。可能的话，要把贴了红牌的物品集中到一起，然后进行处理。

3. 处理不需要品的标准流程

为保证整理活动的成果，企业最好能够形成对不需要品进行判断、分析、处理及后续管理的一整套标准流程文件，给整理工作提供制度上的保证。可以以制作不需要品列表(表7-3)作为一个开始，通过使用这个表格，我们可以对不需要品进行判断，根据找到的不需要品的情况填写表格中的相关项目，比如滞留原因、处理方法等。

表 7-2 红牌样表

部门		区域		
提出人		标签日期		
问题描述	品名型号		数量	
	类别 （打✓）	□原材料 □设备 □家具 □成品 □半成品 □日用品 □书籍 □工具 □报表 □办公材料 □其他：_____		
	标识原因 （打✓）	□使用不良 □失去用途 □设计变更 □订单取消 □加工不良 □老化 □生产预定的估计错误 □其他：_____		
判定人		判定日期		
处理方法 （打✓）	□废弃 □变卖 □转赠：_____ □修理改造：_____ □其他：_____			
责任人/部门		预计完成日		
结果确认	□已处理 □未处理		实际完成日	

表 7-3 不需要品列表

序号	找出日期	不需要品			分类			滞留原因	处理方案			
		位置	描述	数量	A	B	C		处理方法 （废弃、变卖、转赠、改造等）	处理期限	负责人员	完成时间

4. 定点摄影

在整理活动开展的过程中，一般用照片将现场改善前后效果的对比展示出来。以定点摄影的方式对整理前后的样子进行对比，可以很直观地展示出整理的成果。

定点摄影，指在现场使用同一部相机或手机，站在相同的地点，朝相同方向，对同一场景、物品、状态进行拍摄。它用于记录和呈现同一事物在不同时间段的真实状态。

（1）定点摄影的拍摄类型。

①全景图：将定点摄影拍摄的所有照片贴在现场展板上，用于现状展示和分析讨论，以便识别出改善点。

②局部区域图：贴出整理活动前后的照片进行对比，可以更直观地看到整理成果。

③细节近景图：贴近拍摄的能够展现现场细节的照片，可将其放在评分表中，这样能够更直观地进行展示。

（2）定点摄影的四大要点。

①位置相同：要站在同一个地点，对同一个场景或事物进行拍摄。镜头的高度、方向、位置要尽量保持相同，否则会造成照片上的误差。

②记录日期：要尽可能地选用能显示拍摄日期的照相机；如果不能，也应该及时将日期标注在照片上。

③彩色照片：要尽量用彩色照片进行整理前后的效果对比。

④保持原图：要保持照片的原样，不能对照片进行修改。

定点摄影可以应用于5S管理的各个阶段，它是推行5S管理办法的一项重要工具。

二、2S——整顿

5S管理——整顿

经过整理之后，要对生产现场需要留下的物品(设备、工具、器材、物料、文件、资料等)进行科学合理的布置和摆放，以便员工能用最快的速度取得所需之物，在最有效的规章、制度和最简捷的流程下完成作业，创造高效的现场，这就是整顿的作用。从长远看，整顿对于生产率、产品质量、现场安全、库存管理、标准作业、目视管理、员工士气等方面都有重要意义，它是企业精益生产的核心环节之一。

整顿的定义：将必需品按规定位置、规定方法，整齐有序、明确标识地进行摆放，使任何人都能快速地取到和归还，使寻找时间趋近于零，使工作现场一目了然。

整顿的目的：打造可视化的现场，减少工作场所中的时间浪费，提高效率。

（一）整顿的实施步骤

整顿的实施步骤如图7-6所示。

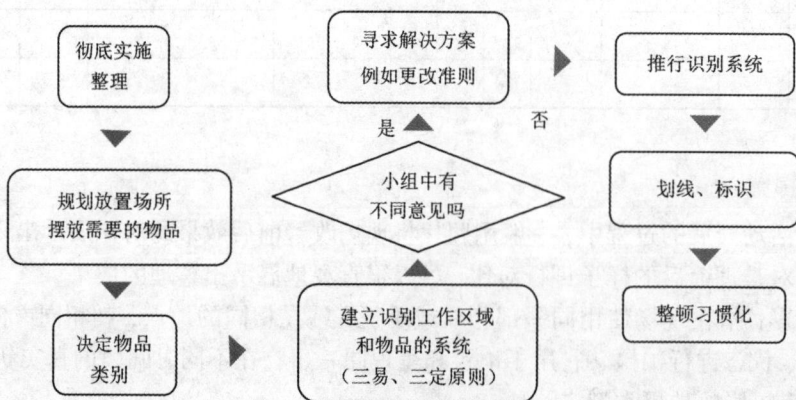

图7-6　整顿的实施步骤

1.彻底实施整理，分门别类放置

5S 管理办法环环相扣，严格的整理是整顿的前提和保障。整理之后的生产现场仅留下了需要品并腾出了空间，为整顿提供了对象。

2.规划放置场所

规划放置场所，指根据必需品的名称、性质、使用频率对其进行规划。要根据工作现场的实际情况和标准流程的要求，确定物品的放置场所。在规划放置场所时要考虑几个问题：存放地点是否太远？是否太分散？是否便于拿取和归位？是否便于管理？要将经常使用的物品放在工位的最近处，为特殊物品、危险品设置专门场所进行保管，物品放置要做到100%定位。

3.建立识别工作区域和物品的系统

要按"三易"（易取、易放、易管理）、"三定"（定点、定容、定量）的原则，建立识别工作区域和物品的系统，达到任何人都能立即取出所需要物品的状态。要将物品分门别类地放置在规划的区域内，使现场井井有条，工作人员需要使用物品时，在几秒钟内就可以精准地找到需要的物品，不需要花大量时间寻找，这样可以大大地节约工作人员的时间。

4.在放置区域内划线，标识放置的物品

要根据不同用途确定区域的颜色，并以划线的方式进行区分。例如：工作区用黄线，作业区用黄色与黑色组成的斜纹斑马线，通行方向用箭头，出口用虚线等。

要在放置的物品上进行标识，做到百分之百标识。要根据工作需要，灵活采用各种标识方法标识物品的品名、数量、状态。要注意的是，企业内部要统一标识的方法。暂放物品应挂上暂放牌或放在暂存区内，还要指明管理责任者、放置时间等。

标识可分为区域标识和品类标识两种。

区域标识：指表明放置场所、货架等区域的标识，便于员工在取用物品时，一目了然地看到物品放置在哪里。

品类标识：指表明物品类别的标识，上面有物品的分类、名称和标号，方便归类放置。

要随时随地地对生产现场的物品进行整顿，始终牢记"现场只能摆放最少的必需品"的原则，时刻问自己"清楚物品在哪儿吗？拿取方便吗？能放回原处吗？每个人都行吗？"

（二）整理的实施要领

1.三易、三定、三要素

（1）三易。

三易指易取、易放、易管理。

整顿活动要从职场新人的角度开展，在存放物品的时候要考虑易取、易放、易管理，打造一个任何人（尤其是新人）都能立即取出所需要物品的状态，提高工作效率。

（2）三定。

①定点：在确定物品放置的合理位置时应该注意两个问题：一是位置要固定；二是要考虑物品使用的频率、取用的便利性，遵循"多近少远"的原则。物品放置的固定，可以固化人的行为习惯，从而提高人的工作效率。

②定容：要根据物品的存放量，选用合适的容器（可以是筐、桶、箱等，也可以是车厢或特殊存放平台，甚至可以是一个固定的存放空间）进行存放。各种物品的规格不一，所以要用不同的容器来装载。大小不一的容器不仅显得不整齐，同时也会浪费空间，在选择容器的规格时要考虑搬动的方便。可以采用立体、透明的办法，提高容器的利用率和便捷性。

③定量：要根据现场允许的最大存量，确定物品的数量，参考具体工作流程的需求，确定最小存放量和最大存放量，然后进行标识。当实际数量多于最大存放量时，要及时清理；当实际数量少于最小存放量时，要及时补充。确定物品放置数量的原则是，在不影响工作的前提下，存放的数量越少越好。这样做的好处是不占用场地、不占用资金，并且管理简单。

（3）三要素。

①场所：必需品要放置在方便拿取且安全的区域，还要做到一目了然。

放置场所在规划原则上是自分之自固定的。要根据物品的使用频率规划存放场所：高频率（随时）使用的物品优先放置在作业岗位附近（1米内）；低频率使用的物品放置于车间的仓库统一管理。

放置物品的数量要根据生产量来确定。

物品存放于多层货架的时候要遵循以下原则：重的放在最底层，使用频繁的放在中间层，轻的物品放在上层。

②方法：要以取拿方便为原则进行存放。对于所有的物品，原则上都要标明放置方法，例如竖放、横放、斜置、吊放、钩放等。要根据必要品的形状及特性，确定合适的存放方法。在存放物品时要遵循先进先出的原则，防止浪费。

③标识：清楚的标识是使现场一目了然的前提。好的标识可以使任何人十分清楚地看到任何物品的名称、规格、参数等。要对物品的详细内容要做好标识，并张贴在物品上或物品附近。标识的方法必须全公司统一。对于相似的物品，可以采用不同的颜色进行区分。在管理必需品的数量时，可以采用不同的颜色，例如黄色为最大量，绿色为正常使用量，红色为最少量。

（三）整顿的技巧

整顿是一个持续、动态的改善过程，是一门摆放、定位、标识的艺术，所以凡是能够实现方便拿取和归位的方法都可以运用。

1.利用不同颜色的线条，对整个生产现场进行划分，明确功能范围和安全范围。

根据具体的工作现场的要求，要统一线条的宽度、颜色、使用区域等。（图7-7）

2.形迹管理

形迹管理是指描画工具、备件等物品的外形，用厚纸箱等材料挖出凹槽，用它来存放各种物品，然后做出标识，达到容易拿取和归位的效果。良好的形迹管理可以让物品变得一目了然，方便拿取，防止丢失，从而提高工作效率。（图7-8）

适用项目	基准规格/mm	基准颜色	备注
仓库主通道线	100		
大型车间主通道线	100		
室内一般通道线	50		
仓库区域线	50		
车间区域线	50		
辅助通道线	50		黄色
可移动物（移动架台、工具车等）	50		黄色地面时使用白色
清扫工具类	50		
门开闭线	50		
小物品定位线（测试室仪表等）	10		
桌面物品定位线	10		
不合格品区域线、待修物品	50		
废品、闲置物、垃圾桶	50		
灭火器、消防栓、危险区域	50		斑马线
回风口	50		
警告警示、配电柜	50		
突出物、坑道周围	50		

图 7-7 整顿时常用的线条示例

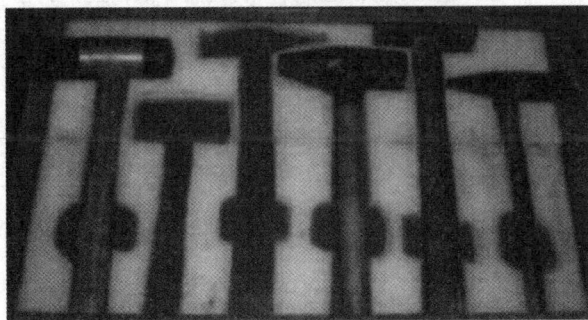

图 7-8 形迹管理范例

3. 连接线标识

对于同规格的、摆放在一起的物品，为了防止顺序错乱，可以用连接线的方法进行标识。具体操作办法是，将物品按照规定顺序排好，用胶带进行直线粘连，剪开胶带后，根据连接线就可以一目了然地看出摆放顺序了。（图 7-9）

4. 摆放高度

备品的适宜摆放高度为人的膝盖到头部；工具类物品的适宜摆放高度为人的腰部到肩膀。

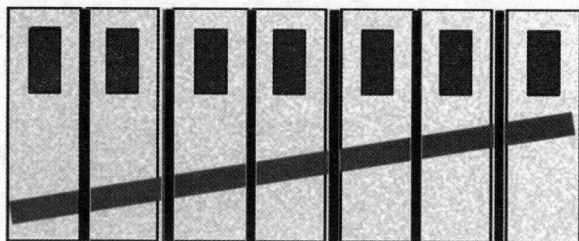

图7-9　连接线标识范例

(四)整顿不良点的标准流程

为保证整顿活动的效果，企业要形成对不良点进行判断、整顿及后续管理的一整套标准流程，给整顿活动提供制度上的保证。可以通过制作不良点列表(表7-4)作为开始。通过使用这个表格，我们可以对不良点做出判断，根据现实情况填写表格中的相关项目，比如地点、具体描述、改善期限等。

表7-4　不良点列表

活动范围：　　　　　　　　　　　　　　　　　　　　　　　　　小组名称：

序号	找出日期	不良点		整顿(打√或描述)					清扫(打√或描述)					负责人员	改善期限	实际改善日期	OPL序号
		地点	具体描述	定点	定容	定量	标识	其他	打扫	点检	紧固	润滑	其他				

三、3S——清扫

在工作过程中会产生一定数量的灰尘、油污、铁屑、垃圾等，地板上的油渍、垃圾、粉尘容易让人滑倒而受伤。进入市场的产品和零部件沾满灰尘，会被顾客投诉。工作人员吸入灰尘，会危害健康。生产设备也会因灰尘或垃圾的进入而产生故障，导致生产停滞。生产工具变脏之后，会变得不易操纵，使生产效率降低。脏乱的工作现场会影响员工的工作情绪。因此，必须通过清扫活动来消除杂物，创造一个明快、舒畅的工作环境，保证员工能够安全、优质、高效地工作。

清扫的定义：扫除、清理污垢的动作，亦可在清扫时检查各项设施、工具、机器是否处在正常状态。

清扫的目的：除污扫垢，美化环境，维护生产安全，减少生产伤害，保证产品质量。

(一) 清扫的实施步骤

清扫的实施步骤如图 7-10 所示。

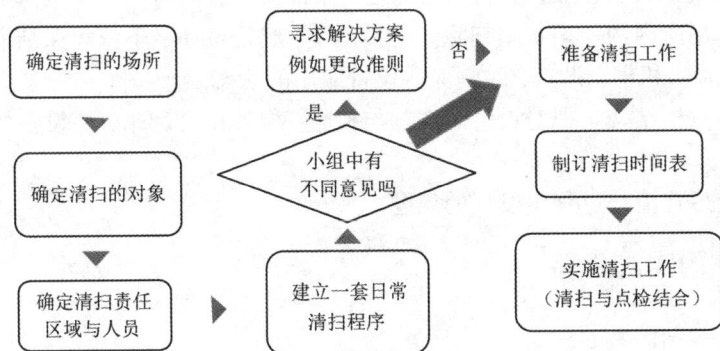

图 7-10　清扫的实施步骤

1. 确定清扫的场所

每处地方都要进行清扫是肯定的，但是，首先要从生产现场开始清扫。生产现场的环境非常重要，因为生产现场除了人以外，还集中了所有的资源(设备、建材、账单、票据等)。生产现场如果脏乱的话，所有的地方都会变得脏乱。

2. 确定清扫的对象

在生产现场，有很多需要清扫的地方，并且污渍的种类也很多，地板上可能会附有油渍、灰尘等各种各样的污渍。操作台与地板一样，会附着着各种各样的污垢。因为操作台上要放置产品，还要进行加工、安装、检查等工序，污渍会直接黏附在产品上面。污渍是造成设备故障的重要原因，而且设备脏了会看不清仪表，从而延误故障的检修。此外，墙壁、玻璃窗、天花板等都要保持清洁。

3. 确定清扫责任区域与人员

清扫要由专人负责，一般来说，自己所在的工作区域需要自己负责清扫，公共区域轮流负责清扫。轮流时要明示一定区域一定时间内的清扫负责人。

4. 制订清扫时间表

清扫的时间大致可以分为两种：定期清扫和不定期清扫。定期清扫指在规定的时间内必须清扫，不定期清扫没有固定的时间规定，只要脏了就要进行清扫。

一般来说，定期和不定期清扫组合起来是比较好的。大家都知道在规定的时间内进行清扫是很重要的,但脏了就马上清扫也是非常重要的。如果只是定期清扫的话,有的污渍就被拖延到下次清扫时才能处理了。假如有油滴到地板上而没有及时清扫,人踩到就容易滑倒,这是十分危险的。比如:在理发店,每个顾客理完发之后,肯定要立即进行清扫。餐厅也是如此,在每桌客人离开后,要马上进行餐桌和餐椅的清扫。实验室也一样,除了在固定时间进行清扫外,每次实验结束后都要立即清扫。

清扫的时间越早越好,脏了就要立即清扫,时刻保持整洁,清扫会变得更加轻松。要巧妙地将定期清扫和不定期清扫结合起来,养成勤打扫的习惯。

5. 清扫的步骤

清扫的步骤如下:

(1)准备清扫工具。一般包含扫帚、拖把、抹布及合适的清洁剂。

(2)将工作场所内的一切灰尘扫除。全员动手,自己动手,不依赖保洁人员。

(3)清扫、检查机器、设备,时刻保持设备应用的状态。

(4)清扫与点检结合。把对设备的清扫与检查、保养结合起来,使设备始终处于完好、清洁的状态。

(5)及时处理在清扫过程中发现的问题。

(二)清扫的实施要领

1. 安全教育及常识学习

企业要对相关人员做好关于清扫的安全教育工作,这点非常重要。针对可能发生的事故,例如触电、腐蚀、扎伤、灼伤等,要对员工进行警示教育。还要对员工进行设备的耐用教育,比如如何减少人为的破坏,如何避免设备过早地因老化而出现故障。员工对设备要有一定的了解,要学习设备的基本构造,了解设备的工作原理。

2. 查明污染源

在进行清扫时,有的员工想的只是清除污垢、保持清洁状态,其实,最重要的工作是杜绝污染源。清扫一般是用手来进行的,而杜绝污染源则需要用手摸、眼看、耳听、鼻闻,要靠智慧才能实现。只有充分运用人体的各项功能,找到污染源,才能杜绝污染的发生。

污染主要是由"漏、冒、滴"等原因造成的。

(1)漏:在设备巡检、设备日查时,如果发现油、气、水的压力表显示压力下降,可能就是因为某个位置存在泄漏情况。

(2)冒:冒多表现为油管、水管等表面出现气泡。

(3)滴:滴的现象多出现在外露的油管、水管的拐弯处,即不断地有一滴滴的液体滴下来。

企业在查找污染的发生源时,可以利用污染源及清扫困难处登记表(表7-5)。

表 7-5 污染源及清扫困难处登记表

序号	区域	困难处	描述	改善措施	预计费用	预计完成日	完成责任人	实际完成日	OPL编号
1									
2									
3									
4									
5									

3.实施区域责任制

对于清扫，企业应当在划分区域之后，实施区域责任制，责任到人，不得存在没有人负责的卫生死角。图 7-11 为某公司进行清扫活动的责任图表。

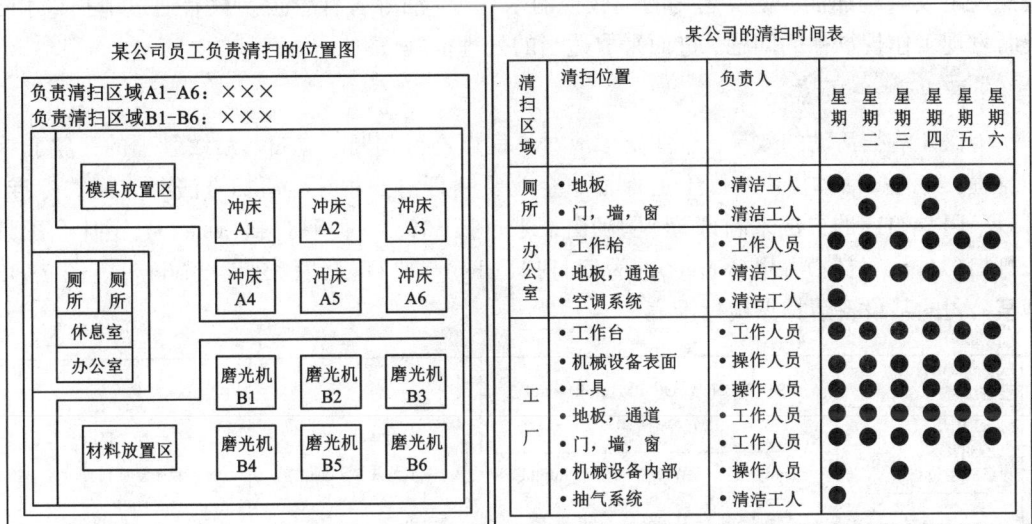

图 7-11 某公司进行清扫活动的责任图表

4.清扫就是点检

清扫的过程就是点检的过程，要确定专人负责，对设备进行认真清扫，这有利于防止设备故障的产生。

设备故障不会凭空出现，故障只是冰山的一角，只是问题的一小部分，它实际上是由微缺陷发展而来的。一般来说，设备中存在以下九大微缺陷：拉伸、松动、生锈、污染、伤痕、磨损、漏气、变形、垃圾附着。这些微缺陷的存在并不会立即使设备出问题，但会使设备的性能下降，产生生产延迟、品质不良等问题。在这里我们可以借用美国著名安全工程师海因里希提出的"海因里希法则"（图 7-12）来解释微缺陷是如何引发故障的。如果一个设备中存在 300 个微缺陷，很可能将造成 29 次设备的异常停机，另外还会有 1 次设备的重大故障。为了使设备故障、异常停机的次数接近于零，我们要从根源入手，边清扫边对设备进行点检，尽早发现并排除微缺陷。

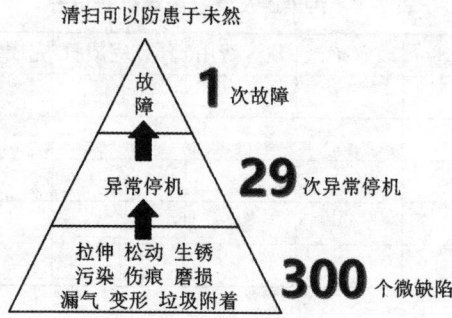

图 7-12 微缺陷如何引发故障——"海因里希法则"

对清扫中发现的问题,我们可以即时进行处理,或请专业人员进行处理。对于松动的螺栓要马上紧固,补上丢失的螺钉、螺母等配件;对于那些需要防锈保护、润滑的部位,要按照规定及时地加油;更换老化的或破损的水、气、油等各种管道。只有通过清扫,才能及时发现工作现场中的问题,进而采取适当的处理措施。

5.建立清扫的标准

为保证清扫活动的效果,企业要形成对不良点进行判断、清扫及后续管理的一整套标准流程,给清扫活动提供制度上的保证。企业要制订清扫程序、清扫方法等方面的标准,可以采用5W1H的方法来制订,即明确由谁来打扫(who)、何时打扫(when)、用什么工具来打扫(when)、打扫哪里(where)、为何打扫(why)、要打扫到什么程度(how)。图 7-13 是某公司的某设备清扫点检标准表。

Equipment No: 设备编号:	FREQUENCY OF PM(circle one) PM/5S(画圈)			Original Date 卡片生成日期	Revised Date 卡片修订日期		
MACHINE OR LOCATION 设备或工位:	Daily 每天	Weekly 每周	Monthly 每月				
实验台	(每天)						
MAJOR STEP 主要作业步骤	KEY POINTS 作业要素			REASONS 作业原因	Special Comments PM/5S维护要求		
清洁工作台	1.用抹布擦拭电脑主机、显示器、鼠标键盘上的灰尘。 2. 用抹布擦拭桌面上的灰尘。 3.按长度、颜色整理好抽屉中的电线。 4.按照定位标识对齐工作台及电脑桌。 5.凳子摆放整齐。			工作台面、设备上有灰尘,设备摆放不整齐影响实验室形象,降低测量的精准度。	工作台面和设备上无灰尘,物品在指定的位置摆放整齐 Tools Needed: 所需工具:抹布 Time Required: 所需时间:3分钟		
使用者	部门	日期	检查者	备注	使用者	部门	日期	检查者	备注

图 7-13 某公司的某设备清扫点检标准表

四、4S——清洁

前面 3 个 "S" 关注的是材料、设备、作业区域的定位管理和状态改善。经过整理、整顿、清扫，工作现场变得整齐明亮，但是，别忘了，在其中的人和物并不是静止不动的，他们日复一日地活动着。作为活动的参与者，如果没有真正在思想上形成认同，没有在行为上达成一致，维持现状就会变得非常困难，更别说提高了，一旦松懈，就会退回以前的状态，前面 3 个 "S" 的成果也将不复存在。如何维持前面 3 个 "S" 的成果就成了 5S 管理办法能否真正推行并取得成效的关键步骤！这就是第 4 个 "S" ——清洁——需要完成的目标。

清洁可以维持整理、整顿、清扫的状态，并使其标准化、制度化、透明化，最终形成习惯，彻底改善工作现场。

清洁的目的是对已经改善的工作现场进行持续不断的改善，消除危害工作环境的因素。

(一)清洁的实施步骤

清洁的实施步骤如图 7-14 所示。

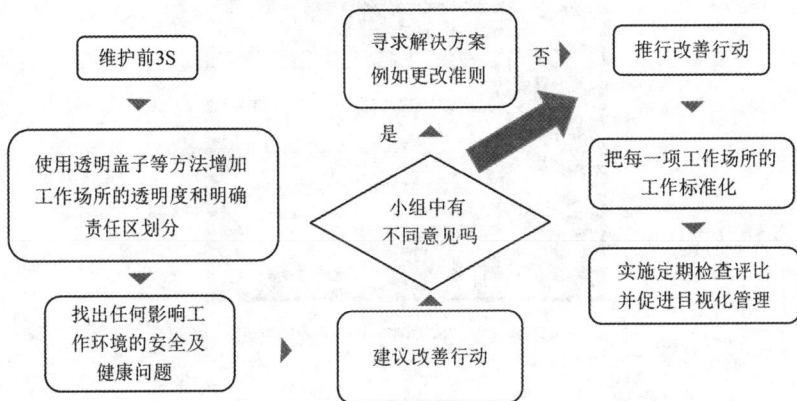

图 7-14 清洁的实施步骤

1.坚持实施前 3 个 "S" 活动

每天工作结束之后，要用 5 分钟对自己的工作范围进行前 3 个 "S" 活动，不论是生产现场，还是行政办公区域，均要进行前 3 个 "S" 活动。5 分钟内的前 3 个 "S" 活动的必做项目如表 7-6 所示，在进行该活动时，员工要做好相关的记录。

表 7-6 5 分钟内的前 3 个 "S" 活动项目列表

项目序号	项目内容
1	整理工作台，将需要品按规定归位
2	清扫工作现场，清洗工具

续表7-6

项目序号	项目内容
3	理顺键盘、鼠标，关闭电源、气源、水源
4	按垃圾分类标准清倒工作垃圾
5	对齐工作台，擦拭干净，椅子归位

2.责任区划分及透明化

责任区的划分是清洁活动的首要任务。在日常的5S管理中，整理、整顿及清扫完成后，必须明确划定责任区，规定责任人。

划定责任区的原则是个人区域由个人负责保持清洁，公共区域由值日生负责保持清洁。需要注意的是，必须是24小时的动态保持，不能只是定时周期性的全体动员。要使用透明化的5S管理责任区标牌(图7-15)，使责任一目了然，大家互相监督，达到"事事有人管，人人都管事"的目的。

图7-15　5S管理责任区标牌

3.标准化、制度化

标准化可以确保改善的效果，使之能继续维持下去。"标准"的定义之一是"做事情的最佳方法"。如果员工在其重复性的工作过程中不遵守标准，便会导致产品质量的波动。

在所有的工作现场，都要建立高度可视化的标准，以维持整理、整顿、清扫活动的实施水准，避免方法不正确导致的实施水平不高、工作效率过低和安全事故。在制订前3个"S"活动的标准时，要遵循的原则如图7-16所示。

4.定期检查、评比并进行目视化管理

要形成针对各个区域的检查表及检查制度，定期开展检查、评比工作。一些看不到或容易被忽略的区域是整理、清扫时难以到位的地方，可以利用一些形象直观的方法实施目视化管理。

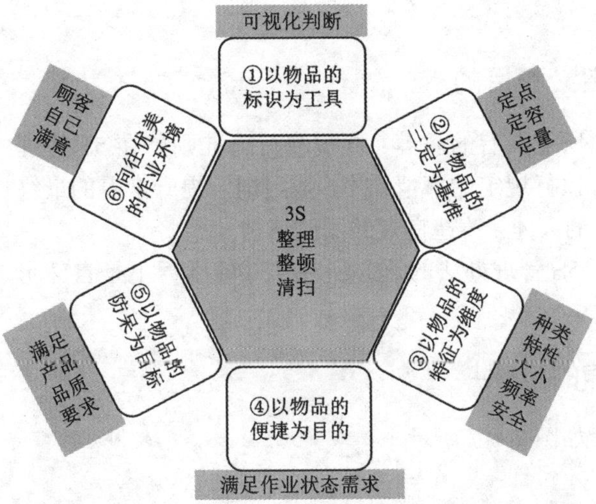

图7-16 制订前3个"S"活动的标准时要遵循的原则

(二)清洁的实施要领

1.持续保持清洁的状态

前3个"S"活动开始实施时效果会很明显，但若无法持续维持，不久又将恢复原状。做好一次现场改善是很容易的，但要每天持续不断地进行改善，则是很难的，持续保持清洁的状态显得尤为关键。

持续保持清洁的状态应做到以下几点：

(1)一旦开始就不可中途放弃。

(2)为了打破企业僵化的管理模式，必须贯彻到底。

(3)要长期坚持，不忘初心。要花更多的时间来纠正不好的工作习惯和不流畅的工作流程。

2.根据现场的不同状况，制作相应的检查表

"5S检查表"可以确认5S管理办法的实施情况。对于仓库区域，检查表中应该包含"是否做到先入先出"；对于机器设备区域，检查表中应该包含"是否附带了日常点检表"；对于办公室，检查表中应该包含"桌上是否还有未处理的文件"。也就是说，"5S检查表"中的检查项目要根据不同现场的情况进行设置。

3.统一5S的检查、评价标准

为了不使检查、评价结果因个人的主观因素而有所差别，有必要对每个项目的标准进行统一。要明确检查、评价标准，明确列出每个分数所代表的完成状况。

五、5S——素养

（一）素养的定义和目的

素养的原意是人所应具有的教养、礼貌和行为准则。在 5S 管理办法中，我们将其定义为大家都按要求去执行规定的事情，并养成习惯。提升素养的最终目的是培养遵守规章制度、具有良好素质的人才，铸造良好的团队精神。

提升素养是推行 5S 管理办法的重心所在。好的素养不是自然形成的，它需要持续不断的教育和训练。

（二）提升素养的步骤

提升素养的步骤如图 7-17 所示。

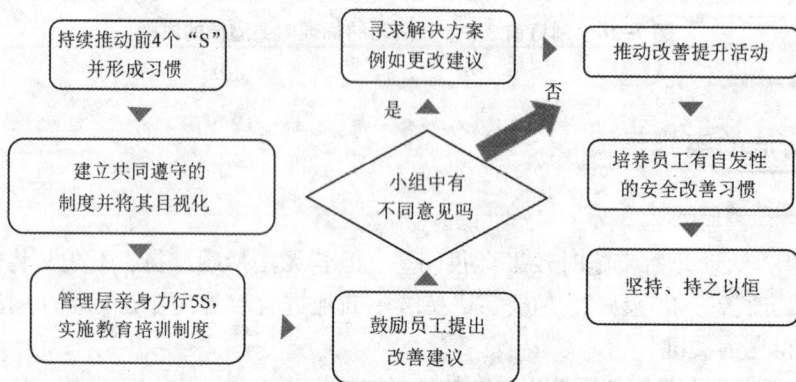

图 7-17　提升素养的步骤

1.持续推动前 4 个"S"并形成习惯

5S 管理办法并不是空洞的教条。整理、整顿、清扫、清洁是素养的基础，企业员工通过完成细小单调的工作，潜移默化地改变着自己的思想，养成了良好的工作习惯，逐步提高了自己的综合素养。从一些企业推行 5S 管理办法的结果来看，有效推行 4~8 个月即可使员工形成好的习惯。

2.建立共同遵守的制度并将其目视化

制度是员工的行为准则，是人们达成共识、形成企业文化的基础。在制订各种制度的时候要注意两点：一是制度要对企业有益；二是员工要乐于接受。

将各种制度目视化的目的是让制度更加直观、容易看见、易于传达和接受。制度目视化的做法如下：装订成管理手册，制成图表，做成标语、看板，做成卡片、挂图，拍摄成照片、影片等。

3.进行培训

良好的培训是提升员工素养的关键，培训可按下面的方式进行。

（1）解读规则，使员工充分理解制度，包括解读制订制度的目的，针对具体的违反制度的事例进行说明。

（2）每个员工按照制度自主实行5S管理办法。

（3）企业对于无法遵守制度的人进行个别指导，帮助其查找原因。

（4）检查实施及改进的状况，将相关人员集合在一起，再次教育培训。

4.利用各种机会提升员工的素养

企业要充分利用各种机会提升员工的素养。例如，晨会是个非常好的提升员工文明礼貌素养的场合。很多企业的晨会的最后一个项目是宣讲文明礼貌，通过提倡"早上好""谢谢""对不起"等礼貌用语的使用，可以提升员工的文明礼貌素养。

（三）提升素养的要领

5S管理小游戏

1.提高思想认知

首先，提升素养的对象是全体员工。无论是管理人员，还是现场工作人员，大家都是提升素养的对象，领导要以身作则。

其次，自己一个人不遵守也无妨这种想法是致命的。企业是靠全体员工的共同努力才得以正常运行的。团队协作非常重要，哪怕有一名员工不遵守规则，都有可能出大问题。

最后，自己是提升素养的老师。要培养自觉主动的意识，从不起眼的小事做起，于细微处见精神。

2.打造符合可视化标准的示范区

在大多数情况下，设立示范区对于5S管理办法的推行具有非常关键的作用，可以选取具有代表性的区域推行5S管理办法，打造符合可视化标准的示范区。示范区的成功能够让所有员工在短时间内看到推行5S管理办法的成效，可以增强所有员工的信心，不断提升员工的素养。

3.建立以人为本、全员参与的企业管理平台

良好的管理平台不仅能够激发员工参与5S管理活动的热情，提高员工的能动性，还能充分激发员工的创造性，深入实践5S管理办法。

【同步思考】

1.请说出5S管理办法中的"整理"指什么，整理的作用有哪些？

2.生产现场不需要品的判别标准是什么？

3.整顿中的"三定"是指什么？怎么理解。

4.为何说清扫等于点检？

5.清洁的基本含义是什么？

6.推行5S管理办法时强调团队精神，这会不会限制个人聪明才智的发挥？

7.为什么要推行5S管理办法，其作用有哪些？

8. 推行 5S 管理办法的步骤有哪些？

9. 你本人在推行和实施 5S 管理办法的过程中应该做些什么？请根据自己的岗位性质和工作内容进行描述。

要点巩固

参考答案

一、选择题

1. 下列哪一项不是整顿的目的？（　　）

A. 腾出空间，活用空间　　　　　　　B. 防止误用、误送

C. 塑造清爽的工作场所　　　　　　　D. 发现一切微小缺陷

2. 下列哪一项不是整顿中三要素的内容？（　　）

A. 场所　　　　　B. 方法　　　　　C. 颜色管理　　　　　D. 标识

3. 清扫应细心，要具备"不容许有（　　）存在"的观念。

A. 污秽　　　　　B. 干净　　　　　C. 不良之处　　　　　D. 解决脏污对策

4. 公司应如何推行 5S 管理办法？（　　）

A. 随时随地都做，靠大家持续做下去

B. 第一次靠有计划地大家做，以后靠领导指挥着做

C. 做三个月就可以了

D. 车间做就行了

5. 公司的什么地方需要整理、整顿？（　　）

A. 生产现场　　　B. 办公室　　　　C. 公司的每个地方　　D. 仓库

6. 整顿中的"三定"是指（　　）。

A. 定点、定方法、定标示　　　　　　B. 定点、定容、定量

C. 定容、定方法、定量　　　　　　　D. 定点、定人、定方法

7. 整理是根据物品的（　　）来决定取舍的。

A. 购买价值　　　B. 使用价值　　　C. 是否占空间　　　D. 是否能卖好价钱

8. 在推行 5S 管理办法的过程中，下面哪个最重要？（　　）

A. 人人有素养　　B. 地、物干净　　C. 工厂有制度　　　D. 生产效率高

9. 我们对 5S 管理办法应有的态度是（　　）。

A. 口里应付，做做形式　　　　　　　B. 积极参与行动

C. 事不关己　　　　　　　　　　　　D. 看别人如何行动再说

10. 区分工作中要与不要的东西属于 5S 管理办法中的哪一项？（　　）

A. 整理　　　　　B. 整顿　　　　　C. 清扫　　　　　D. 清洁

二、简答题

1. 整顿的三要素是什么？

2. 什么是清洁？清扫和清洁的主要区别是什么？

三、案例分析题

分析海尔的 6S 管理：海尔为什么实施 6S 管理办法？

极富特色的 6S 管理办法成为海尔的一张名片

在企业的资源中，人力资源是最重要的。在现代企业的管理中，如果能充分调动人的积极性，协调好人与人之间的关系，便可以形成良好的企业风气。6S 管理办法通过对工作场所的清扫、整理等工作，使人流、物流、信息流清晰流畅，使环境变得安全、文明、温馨，从而激发员工的士气和责任感。

1. 6S 管理办法以"安全为天"的理念作为出发点和落脚点

"疏忽带来痛苦，安全创造幸福。"降低安全事故发生的可能性是生产的重要目标。6S 管理办法的重中之重便是安全问题。实施 6S 管理办法，可以使工作场所宽敞明亮、井然有序，各项安全措施落到实处，将异常情况发生的概率降到最低。

2. 6S 管理办法始终贯彻着"制度高于一切"的规范管理理念

企业合理地制订和有效地贯彻制度是管理工作中的重点和难点问题。6S 管理办法提供了良好的具有操作性的思路。6S 管理办法将各项工作都纳入了制度化和规范化的管理过程之中；实行制度约束和经济激励机制，一切按制度办，该奖的奖，该罚的罚，赏罚分明。企业推行 6S 管理办法的宗旨就是使每个人"改掉个人的不良习惯，养成事事讲究、遵守规则的良好习惯"。

3. 6S 管理办法是海尔精细化管理活动的深入发展

"细节决定成败"，"小事成就大事"。6S 管理办法注重从小事做起。这里的小事就是我们通常所说的细节问题。海尔从"细化管理"发展到"精细化管理"，直至现在的 6S 管理办法，是源于对细节的深刻认识。可以说，6S 管理办法是基于认真处理细节问题而形成的管理办法。

6S 管理办法是海尔企业管理文化的品牌

今天的企业文化就是明天的经济效益。6S 管理办法对企业的经济建设具有先导推动力，对企业的效率和效益具有增效力。它对企业的发展具有非常重要的推动作用，能够塑造优秀的企业文化。

1. 6S 管理办法是始于素养、终于素养的管理办法

企业的竞争力表现在多个方面，员工的素养是其中最重要的一个方面。推行 6S 管理办法是全面提升员工素质的一个重要途径。"勿以善小而不为，勿以恶小而为之。"6S 管理办法看似简单，但要持之以恒地坚持下来却并不容易。海尔总裁张瑞敏说过："什么是不简单？把每一件简单的事做好就是不简单。什么是不平凡？把每一件平凡的事做好就是不平凡。在海尔厂区上下班的工人全部靠右边走，完全遵守交通规则，这就是不简单。难吗？不难。行人靠右走这是小学生都懂的规则，可很多企业都没有做到，海尔做到了。"这就是素养。从更深刻的意义层面上讲，员工的素养水平决定了企业的发展水平。

2. 6S 管理办法是进一步增强团队协作精神、培育自我管理意识的有效途径

建设良好的工作环境不能单靠添置设备，也不能指望别人，应当充分依靠现场人员，自己动手自己创造。员工在改造客观世界的同时，也改造着自己的主观世界，逐步养成了自我管理意识。6S 管理办法强调协作观、服务观、安全观，这就客观地要求人们具有团队

协作精神。在有效推行 6S 管理办法的过程中，员工将形成关爱集体、珍惜荣誉的意识，营造"拼搏、创新、协作、服务"的良好氛围。随着 6S 管理办法的大力推行，员工发现问题与解决问题的能力也必将增强，员工的创意和工作热情也都会被激发出来。

3. 6S 管理办法是以人为本的企业文化的具体体现

以人为本是科学发展观的核心，也是海尔公司文化的核心理念。6S 管理办法是科学合理的管理方法，它涉及行为习惯、工作意识、文化建设等多个方面。具体来说，应用这种管理理念，可以规范现场管理，减少浪费，提高工作效率，保障安全，创造安全、文明、整洁、高效而温馨的工作环境，提升员工的执行力。它是人与环境、人与物、人与人之间高度和谐的具体体现，对于塑造企业良好形象、构建企业和谐文化、创造企业文化品牌具有举足轻重的作用。

如果说企业是一棵大树，那么其根系就是企业的职业素养，枝、干、叶就是企业展现出来的核心竞争力，要想枝繁叶茂，首先必须根系发达。只有将 6S 管理理念融入各个方面，并长期坚持不懈地实施，企业才能有效地增强核心竞争力。优秀的企业管理办法和企业文化是宝贵的无形资产，能够为企业带来高适应性、高凝聚力、高美誉度。

（材料来源：https://www.sohu.com/a/42711371_198328，有改动。）

设备管理与全员生产维护制度

项目八

学习目标

1. 理解现代设备管理的基本概念；
2. 了解全员生产维护制度的产生和发展；
3. 掌握全员生产维护制度的推行过程及方法；
4. 掌握如何具体实施全员生产维护制度。

先导案例

TPM 让我们进步——陕钢龙钢公司轧钢厂运行作业区全员生产维护制度成果分享

随着全员生产维护制度现场管理工作的有序推进，陕钢龙钢公司轧钢厂运行作业区在学习与实践中取得了阶段性成果，整洁的现场、整齐的备件区、醒目的看板、创意的工具架、"靓丽"的设备……彻底提升了作业区的"颜值"，带给人们全新的视觉感受，实现了旧貌换新颜的华丽转身。

教育培训先行，筑牢全员生产维护制度理论根基，根深才能叶茂

培训是开启新知识的第一把钥匙，为了更好地将精益设备管理思路及方法贯彻下去，该单位自上而下地开展了倒金字塔式专项培训，即每周由作业长、技术员组织班组长以上管理人员进行系统性的培训，然后由班组长对班组员工进行一次培训，由关键少数到辐射全员，以点带面，确保参培率达到100%。

培训为后期工作的具体推进提供了可靠的理论依据，同时将各级责任落到了实处，促进了各区域的分工协作、共同发力，为广大干部职工在现场攻坚战中勇立新功、争创佳绩提供了有力保障。

广泛集思集智，亮点与成果饱含着全员的智慧与创意

如何选择标线位置才能使标识与现场整体相契合、管道怎样标识才更醒目、看板怎样设计、内容如何选择、位置应该怎样确定……针对一系列问题，职工们各抒己见、献计献策，诸多金点子、新想法竞相迸发。知为先公司的老师多次深入现场进行指导，答疑解惑，提出了很多宝贵的意见。作业长身先士卒，与职工相互讨论，为员工注入了创新的动力。

新型人性化拖把架的制作、消防器材放置点的全新设计、维修工具柜的大胆改造，诸如此类的创意与设计从视觉上彻底刷新了职工们对全员生产维护制度的认识，来自全员的智慧在这些喜人的成果中得到了充分的展现。

成功实现从"对标先进"到"成为标杆"的角色转变

俗话说：取人所长、补己之短，采他山之玉为我所用，纳百家之长解我所困。为了顺利开展现场管理工作，该单位组织相关人员多次到炼铁3#、4#高炉，炼钢新区进行现场对标，在充分学习兄弟单位现场管理思路及优秀成果的同时，融会贯通，将对标成果充分运用到了现场治理工作之中。

30天，5个泵房，150台设备，经过作业区全员的共同努力，他们最终顺利通过了相关部门的验收。如今，该单位运行作业的区水泵房已经成了全厂乃至全公司的亮点区域，前来参观与学习的单位也越来越多，基层员工的笑脸中满溢着骄傲与自豪。全员生产维护制度现场推进工作终于开花结果了，大家用实际行动交出了一份令人满意的答卷。

（材料来源：http://www.csteelnews.com/qypd/gl/201905/t20190522_8040.html，有改动。）

思政导言

全员生产维护制度着眼的不是企业的外部管理，它所着眼的是顾客看不到的企业内部的组织能力，也就是生产现场的能力。通过对现场的持续改善，可以形成具有自律精神的组织机制，促进企业在竞争中获得更强的成本竞争能力、变动对应能力、开发能力、质量保证能力，从而占据优势地位。"工欲善其事，必先利其器。"TPM 的三大管理思想(预防哲学、"0"目标、全员参与和小集团活动)对于培养精益求精的工匠精神具有特殊的意义。

理论精讲

设备管理

任务一　现代设备管理与全员生产维护制度

先进的设备管理系统是制造型企业生产系统的最有力的支持工具之一，能够保证生产计划的如期执行，及时响应客户的市场需求，同时能够有效地降低企业的制造成本，如库存积压成本、维修维护成本及其他管理(人工、时间)成本，而且能够有效降低不良品的产生概率，最终提高企业的收入水平。

一、设备管理概述

1. 什么是设备

设备是人们在生产或生活中所需的机械、装置和设施等可供长期使用，并在使用中基本保持原有实物形态的物质资料。现代企业中的设备是主要的生产工具，也是企业现代化水平的重要标志，是社会生产力的重要组成要素。

现代设备具有大型化或超小型化、高速化、精密化、功能高级化、控制自动化等特点。

2. 什么是设备管理

设备是企业存在与发展的硬件设施，设备管理担负着企业所有设备的运行和维护责任，是公司正常营运的基础。设备如同家里的婴儿一样，需要细心呵护，方能健康运作。设备管理是以设备为研究对象，追求提升设备综合效率的科学型管理。图 8-1 表现了设备管理的具体含义。

从广义上说，设备管理指的是以企业生产经营目标为依据，以提高设备效能为目的，在调查研究的基础上，运用各种技术、经济和组织措施，对设备从规划、设计、试制、制造、选型、安装与调试、使用与运行、维护与修理、改造、更新直至报废的整个寿命周期进行全过程的科学管理。

取得过程(计划及建设)					使用过程(设备维护)		
调查	研究	设计	制造	设置	操作	维护	废弃

设备投资计划过程	建设过程	作业过程
	设备的一生	狭义的设备管理

广义的设备管理

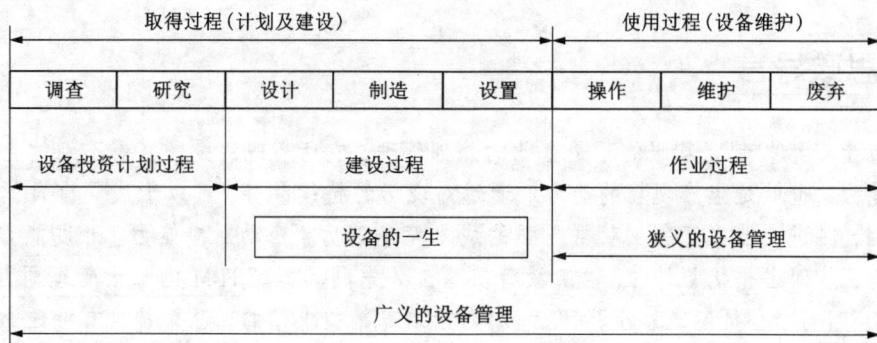

图 8-1 设备管理的含义

从狭义上讲,设备管理主要指设备安置完成后的设备保养、维修活动。

3.设备管理的主要内容

一般来说,设备管理应当包含以下主要内容:

(1)依据企业的经营目标、生产需要制订设备规划;

(2)选择、购置、安装、调试所需设备;

(3)合理、正确地使用投入运行的设备;

(4)精心维护保养、及时检查设备,保证设备的正常运行;

(5)适时改造和更新设备。

4.设备管理的影响

设备管理对企业运营的影响巨大,主要体现在以下几个方面:

(1)影响生产经营的连续性和均衡性;

(2)影响产品成本和企业的经营效益;

(3)决定或影响产品的产量和质量;

(4)与企业的生产安全息息相关;

(5)决定和影响企业的环保水平;

(6)有利于企业节约资源。

二、设备管理的模式及其发展历史

下面我们重点讨论设备管理的模式及其发展历史,其发展历史可分为事后修理、预防维修、生产维修、全员生产维护四个阶段。

1.事后修理阶段(1950 年以前)

事后维修是指设备发生故障后再进行维修。这种维修方法事先不知道故障在什么时候发生,缺乏维修前的准备,因此停歇时间较长。此外,因为维修是无计划的,所以常常打乱生产计划,影响交货时间。事后维修经历了操作工等同于维修工的兼修阶段和操作工与维修工分工清楚的专修阶段,但总的来说,设备出故障了才考虑维修,不坏不修。目前,除了部分小型、不重要的设备还采用事后维修以外,其他的设备维修制度已经代替了事后维修。

2.预防维修阶段(1950—1960 年)

预防维修以预防为主,在设备运用过程中要做好维护保养工作,加强日常检查和定期检查,根据零件的磨损规律和检查结果,在设备发生故障之前就有计划地进行修理。加强日常维护保养工作,能使设备的有效寿命延长,而且修理具有计划性,便于做好修理前的准备工作,使设备修理停歇的时间大为缩短,提高了设备的有效利用率。预防维修主要有两种:一种是苏联实施的计划预修制,强调按定好的维修计划进行维修,其缺点是容易造成维修上的过剩;另一种是美国等国家采用的预防维修制,定期检查设备,对设备进行预防性维修,但经常会造成维修上的不足。

3.生产维修阶段(1960—1970 年)

生产维修要求以提高企业的经济效益为目的来组织设备维修。其特点是根据设备的重要性选用维修保养方法,重点设备采用预防维修,对生产影响不大的一般设备采用事后维修。这样,一方面可以集中力量做好重要设备的维修保养工作,另一方面可以节省维修费用。

4.全员生产维护阶段(1970 年至今)

1970 年,英国首创了综合工程学,随后便流行于欧洲各国。它强调寿命周期,强调多部共管。这是设备管理方面的一次革命。日本在引进、学习的过程中,结合生产维修的实践经验,创造了全员生产维护制度,它是强调全员参与,强调基础保养的设备综合管理制度。这一全员生产维护制度,既有对美国生产维修制度的继承,又蕴含着英国综合工程学的思想,还吸收了中国鞍钢的工人参加、群众路线、合理化建议及劳动竞赛的做法。

改革开放 40 多年来,中国已逐渐成为世界的制造业中心。中国于 20 世纪 90 年代中期开始导入全员生产维护制度。全员生产维护制度已成为一项不可缺少的现场技能训练课程。

三、设备管理的发展趋势

设备管理的发展有如下趋势:

1.设备管理全员化

设备管理全员化,指以提高设备的全效率为目标,建立以设备一生为对象的设备管理系统,实行全员参加管理的设备管理和维修制度。

2.设备管理信息化

设备管理信息化是现代社会发展的必然,是以丰富、发达的全面管理信息为基础,通过先进的计算机、通信设备及网络技术设备,充分利用社会信息服务体系和信息服务业务为设备管理服务。

3.设备维修专业化、网络化

设备管理的专业化、网络化的实质是建立设备维修供应链,提高设备的维修效率,减少设备使用时的单位备品配件储存,减少维修人员,从而提高设备的使用效率,降低资金占用比例。

4.预测设备的工作状态

通过研究设备的初始参数在使用过程中的变化，可以预测设备的工作状态，进而估计设备在常规使用条件下的可靠性，从而避免设备意外停止作业造成的重大损失或灾难性事故。

5.设备故障维修时预防为先

设备的预知维修管理是现代设备科学管理发展的方向，通过状态监测技术和故障诊断技术，可以在设备正常运行的情况下，进行整体的设备维修和保养。

任务二　全员生产维护制度的推行

实行全员生产维护制度，可以使企业获得良好的经济效益和广告效应，可以充分发挥设备的生产潜力，并树立起良好的社会形象。自从全员生产维护制度在世界各国的企业中推行以来，它给企业创造了可观的经济效益，同时增加了企业的无形资产。

TPM思想

一、全员生产维护制度概述

(一)什么是全员生产维护制度

全员生产维护制度的英文缩写是"TPM"，英文全文为"total productive maintenance"。"total"可以理解为"全员、全面、全过程"，"productive"意为"生产"，"maintenance"意为"维护、保全"，合起来就是"全员生产维护"，也可以翻译为"全员生产保全"。这是日本在20世纪70年代提出的一种全体人员参加的生产维修、维护体制。其要点是"全员参与"与"生产维修"。

为了更好地理解全员生产维护制度的含义与作用，我们可以把设备比作人体，将传统设备管理和全员生产维护制度进行对比。采用传统的设备管理方法相当于给生病的人做手术，使病人康复，而做手术可能有很多的弊端，非不得已一般不会采用。而采用全员生产维护制度相当于在人没有生病时就进行预防，通过加强自我锻炼，实施自我保健，提升身体的免疫力，预防疾病的发生，还要在医院进行定期的诊断，有问题就可以早发现早治疗。

全员生产维护制度通过对设备进行加油、清扫、调整、点检等日常保全工作，预防设备劣化的发生；通过定期进行劣化测定，提早发现问题；对早发现的问题设备尽快进行修理，做到事前修理。这样就能使设备在良好的状态下长时间运行。

全员生产维护制度将维修变成了企业中必不可少的、极其重要的工作，维修停机时间成了企业工作日计划表中不可缺少的一项，而维修也不再是一项没有效益的作业。在某些情况下，可将维修视为整个制造过程的组成部分，而不是在设备出现故障后才进行的工作，其目的是将应急的和计划外的维修最小化，直至变为零。

(二)企业推行全员生产维护制度的目的

【案例】

某公司是一家印刷企业,主要经营包装用的瓦楞纸箱、丝网印刷和传统的胶印业务。两年前,公司引进了一套全自动针喷式印刷设备,在竞争非常激烈的印刷市场上,这套设备确实发挥了很大的作用。于是,公司高层决定再引进几台。

后来,该公司与某海外公司洽谈的合资项目遇到了意想不到的问题。对方对该公司的工厂管理提出了很多让人觉得无法接受的问题:设备太不干净、设备老是出问题、维修人员忙得不可开交、员工站在旁边等。

在合作条款里,合作公司执意将"引入现代的全员生产维护制度"作为一个必要条件写进合同。

刚开始的时候,该公司管理层觉得对方有点"多管闲事"。"有货给你就行了,你管怎么整出来的!"公司管理层觉得这些事情太没必要了,设备不干净与制造产品有什么关系呢?

不过,为了合作能顺利进行,公司还是满口答应了下来。几个月过去了,公司做了这些"闲事",之后竟然有一种脱胎换骨的感觉。

设备天天都要擦洗,它的故障变少了,员工工作的积极性也提高了。每日都要检查设备,有几位员工的设备知识比维修工还要丰富,他们一听到声音异常就知道故障出在哪里。

经过这件事之后,该公司决定在全公司大力推行全员生产维护制度。

全员生产维护制度要求从最高层的管理人员到基层的员工都参与进来;以小组为基础,开展5S管理活动、自主维护、单点课程、改善提案、看板管理等活动,打造一个良好的工作环境,提升员工士气,培养多技能的复合型员工;通过对设备的"六大损失"(故障损失、工艺调整损失、突停和空转损失、速度损失、废次品损失、开工损失)和生产现场的一切不良因素进行持续的控制,建立包括设备整个寿命周期的生产维修系统;努力实现"零事故、零故障、零不良"的目标,从而达到最佳的设备综合效率,提高企业的市场竞争能力和应变能力,最终成为令员工满意、顾客满意、社会满意的可持续发展的企业。全员生产维护制度的内涵如图8-2所示。

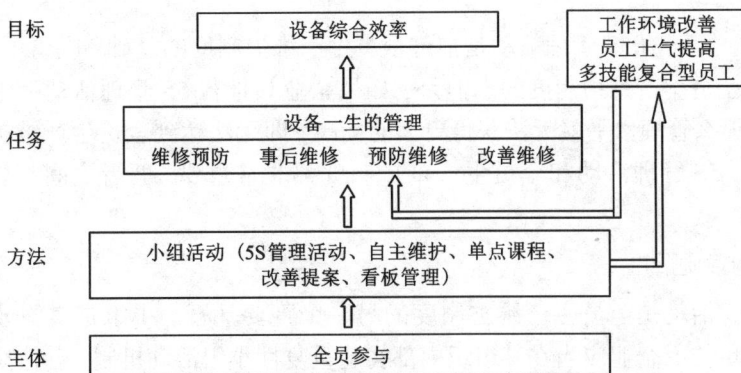

图8-2　全员生产维护制度的内涵

二、全员生产维护制度的精髓

全员生产维护制度是一个可以让设备处于最佳状态且能够为企业增加效益的系统。有了全员生产维护制度，在维护上投入适量的资金就可以对总体的成本、生产效率和设备的使用寿命产生积极的影响，进而提高整个组织的效率。

如果把全员生产维护制度的推进工作比作搭建一座房子，那么首先就得有一个坚实的基础，而这个坚实的基础就是 5S 管理活动和重复性小组活动。有了坚实的基础之后，就需要有结实的支柱来支撑这间房子。"八大支柱"支撑起了全员生产维护制度，从而创造了高效率的生产系统，培养了专家级的操作员工，实现了保全员的专业化，极大地提升了企业的竞争力。全员生产维护制度工作如图 8-3 所示。

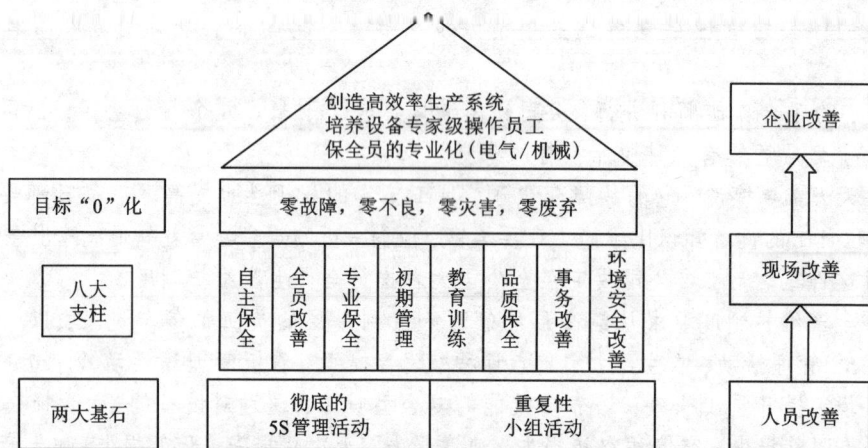

图 8-3　全员生产维护制度的推进

(一) 全员生产维护制度的两大基石

1.5S 管理活动

一般说来，彻底的 5S 管理活动是推进全员生产维护制度的基础，脱离了 5S 管理活动是不可能实现全员生产维护制度的。但是，如果企业只推行 5S 管理活动而不推行全员生产维护制度，那么管理水平就无法获得更大的提高，即无法达到全员生产维护制度的零消耗目标。因此，5S 管理活动和全员生产维护制度都非常重要，两者之间相辅相成，缺一不可。

2.重复性小组活动

重复性小组活动是全员生产维护制度的另一个重要基石。小组是实施改善项目或革新项目的基本单位。企业应当在其组织内部构建重复性小组活动机制，创造全员参与改善的氛围，倡导员工参与到一个或多个改善团队中去。如果缺乏这种重复性小组活动机制，企业的全员生产维护制度也就失去了活动基础，很难成功。

（二）全员生产维护制度的八大支柱

1. 自主保全（自主管理）

自主保全，指生产系统操作人员的自主点检、自主维护、自主管理活动，实现"我的设备我负责"的目标。

2. 全员改善（改善活动）

全员改善，指员工立足于现场情况，围绕治理"六源"、减少浪费、降低成本、提高质量、提高操作技能和效率而提出合理化建议，改进工艺、技术、设备，优化流程，创新工具和方法。

3. 专业保全（专业维修）

专业保全，指通过专业队伍对设备系统实施专业的点检和专项维修。

4. 初期管理（前期管理）

初期管理，指技术部门对设备在设计、制造、安装过程中的管理，设计时要有针对性地满足用户和现场实际的需求。

5. 教育训练（教育培训）

教育训练，指培训部门对员工的培训活动，包括员工的业务和技能学习，全面提升素质和能力。

6. 品质保全（品质改善）

品质保全是所有支柱的最后成果。为了提高质量，保证体系运行的有效性，要有效地控制生产过程中的诸多因素。

7. 事务管理（事务改善）

事务管理，指为了提高设备的综合效率而进行的活动，包括理顺管理流程、消除部门障碍、提高工作效率、改进服务等。

8. 安全环境改善

安全环境改善，指围绕创造安全、绿色、和谐、可持续的人机工作环境所进行的改善活动。

（三）设备综合效率

全员生产维护制度主张以设备综合效率（overall equipment effectiveness，OEE）来度量企业的设备管理水平。目前，我国很多企业用的还是传统的设备效能的度量方法，采用设备完好率、故障率指

OEE指标

标作为标准。设备管理虽然也是围绕保证设备完好、控制设备故障展开的，但它们具有一定的局限性，不能全面反映设备的使用效率。而使用设备综合效率比传统的度量方法更加科学，这种方法是以提高设备的使用效率，开展设备管理，降低设备效能损失为目的的。

按照国际统一的标准，一个优秀的制造企业，其设备综合效率的指标应大于85%。从目前国内企业的不完全统计资料来看，尽管不同行业的设备综合效率差别较大，但总体来

说，仍处于较低的水平，设备综合效率在 70% 左右。

1.设备综合效率的计算公式

设备综合效率=时间稼动率×性能稼动率×良品率

时间稼动率=开动时间÷负荷时间

负荷时间=每天工作时间-计划停机时间

开动时间=负荷时间-非计划停机时间

性能稼动率=净开动率×速度开动率

净开动率=加工数量×理论加工周期÷开动时间

速度开动率=理论加工周期时间÷实际加工周期时间

良品率=合格品数量÷加工数量

2.设备综合效率的计算案例

某企业每天的工作时间为 8 小时，生产输出 588 件优良产品，理论加工周期时间为 0.5 分钟，实际加工周期时间需要 0.62 分钟，整修 3 件产品，放弃 7 件产品，计划停工时间 40 分钟，未在计划内停工 40 分钟。请计算该企业的设备综合效率。

解：

按照上述计算公式整理得出：

(1)时间稼动率=开动时间÷负荷时间

每天工作时间=8×60=480(分钟)

负荷时间=每天工作时间-计划停机时间=480-40=440(分钟)

开动时间=负荷时间-非计划停机时间=440-40=400(分钟)

时间稼动率=开动时间÷负荷时间=400÷440≈90.91%

(2)性能稼动率=净开动率×速度开动率

加工数量=688+3+7=698(件)

净开动率=加工数量×理论加工周期÷开动=698×0.5÷400≈87.25%

速度开动率=理论加工周期时间÷实际加工周期时间=0.5/0.62≈80.65%

性能稼动率=净开动率×速度开动率

=87.25%×80.65%≈70.37%

(3)良品率=合格品数量÷加工数量=688÷698≈98.57%

(4)全员生产维护制度=时间稼动率×性能稼动率×良品率=90.91%×70.37%×98.57% ≈63.06%

全员生产维护制度能准确地告诉我们生产设备的效率如何、哪个环节存在多少损失，并指明下一步改善的方向。长期实施全员生产维护制度，企业可以轻松地找到制约生产效率的瓶颈，并对其进行改进和跟踪，以达到提高生产效率的目的。

全员生产维护制度要求企业的设备可动率不低于 90%，运行效率不低于 95%，良品率不低于 99%，这样，企业的设备综合效率才不会低于 85%，这是推行全员生产维护制度所要达成的目标。

三、全员生产维护制度的内涵

全员生产维护制度的特点是"三全"，即全效率、全系统和全员参加。

全效率：指设备寿命周期费用评价和设备综合效率。

全系统：指生产维修系统的各个方面都要被包括在内，即 PM、MP、CM、BM 等都要包含。

全员参加：指设备的计划、使用、维修等所有部门都要参加，尤其注重操作者的自主小组活动。

全员生产维护制度的核心在于保证生产设备的整体效率而非维修，在于全体员工的积极参与而不仅仅是管理人员的参与。全员生产维护制度不仅涉及维护和操作人员，还应包括研发人员、采购人员及工长在内的全体员工。

1. 强调全员的参与意识

全员的参与意识是推行全员生产维护制度时最核心的指导思想。上到经营层，下至第一线的员工都要形成从小事做起的风气，人人都要将公司的生存和发展视为自己的事情，积极参与全员生产维护制度的推进活动。

2. 形成全员生产维护制度管理理念

实施全员生产维护制度的最终目的不仅是维修设备，而是通过全员参与和共同劳动，使工作场所变得更加安全可靠，排除影响生产效率和质量的不利因素，给员工提供清洁、整齐、优美的工作环境，给顾客带来深刻印象和充分信心，创建良好的企业文化，使员工为一个共同的目标，即企业的持续发展做出应有的贡献。

3. 员工要养成自律习惯

全员生产维护制度的重要思想之一是"从小事做起，从我做起，认真地做好每一件事情"，这种思想促使员工形成人人做好事的习惯，养成遵守每一项规则的习惯。

4. 要求员工成为复合型人才

传统的生产运作主要依靠详细的劳动分工，如操作员只会操作机器，如果机器出了故障，生产就会停止，等到维修员修好机器后才能重新开始操作，这样势必要影响企业的产量和经济效益。而全员生产维护制度的基本要求是动员全员，使全员都掌握设备的操作和维修知识，以高水平的设备操作技术和经常性的设备维护相结合的方式来提高企业生产效率。这些要求自然促使每个员工成为能够熟练操作机器和维护机器的复合型人才。

5. 追求"零化管理"

在全员生产维护制度中，"零化管理"意味着追求在现场现物的条件下，实现"零灾害、零不良、零故障"，将所有损失在事先就进行预防。在质量管理活动中，"零化管理"意味着以完美无缺的制品质量向顾客提供"无缺陷"的产品；在间接部门的工作中，"零化管理"意味着在所有的业务内容中都要实现"零出错"。"零化管理"的思想要求企业的所有员工树立"零错误"的思想，追求"十全十美"。

四、推行全员生产维护制度的 4 阶段和 12 步骤

推行全员生产维护制度要在实现三大要素方面下功夫，即提高(操作、工作)技能、改进(工作、精神)面貌、改善(企业、运行)环境。

推行全员生产维护制度不是一件容易的事情，需要企业的领导层下定决心，还要有一套适合企业实际情况的流程。推行全员生产维护制度大体上可分成 4 个阶段和 12 个具体步骤，详见表 8-1。

表 8-1 推行全员生产维护制度的 4 阶段和 12 步骤

阶段	步骤	要点
准备阶段	1.宣布决定，全面引进全员生产维护制度	企业领导在全体员工大会中宣讲、散发关于全员生产维护制度的宣传资料
	2.全员生产维护制度导入教育和培训活动	实施分级导入式的教育培训(经营者、管理者、现场小组)
	3.建立全员生产维护制度推进组织	推进全员生产维护制度委员会、专门分科委员会、事务局、车间小组，层层指定负责人，赋予相关权利、责任
	4.形成全员生产维护制度的基本策略和目标	什么时候在哪些指标上达到什么水平? 总目标里包括故障率、非运行操作时间、生产率、废品率、节能标准、安全标准及合理化建议等
	5.制订全员生产维护制度推进计划	从企业全局考虑，建立中心计划，从导入教育阶段开始准备，逐一落实
导入阶段	6.召开全员生产维护制度启动会	企业全员参与，同时邀请客户、相关合作公司，甚至有关媒体参加
实施推进阶段	7.提高设备效率、生产效率 (1)重点改善 (2)自主管理 (3)专业保全 (4)教育培训	追求生产部门设备效率、生产效率的最大化 (1)项目团队活动、小组活动 (2)分步骤实施，层层递进 (3)改良保全、定期保全、预知保全 (4)对领导进行集中教育，对员工进行专门培训
	8.形成适合操作者的自主、自动维修程序	在 5S 管理的基础上推行自主保全七步法
	9.维修部门的日程化维修	与生产部门的自主维修小组活动协同配合，实施有特色的预防维修，重在强化设备的基础保养
	10.针对维修与操作技能进行培训	分层次、分对象地进行员工培训
	11.构筑安全、卫生和保护环境的管理体系	以整个生产系统为对象，构筑零故障、零不良、防患于未然的管理体系
落实巩固阶段	12.全员生产维护制度得到完全实施，企业生产水平提高	全面推进全员生产维护制度，向更高水平前进

任务三 全员生产维护制度的具体实施

一、自主保全0~7步活动

想要全面实施全员生产维护制度，培养出能熟练驾驭设备的操作人员，形成自主保养体制，一方面要注重人才的培养，另一方面要根据实际情况切实提高工作水平，以取得真正的、能够维持的效果。

在推行全员生产维护制度，实现设备的自主保养时，不可寄希望于一次就解决所有问题，需要稳扎稳打、有条不紊地推进。传统的自主保全活动分为7步。在此基础上，我们加入"第0步：安全确保"，将自主保全活动的目标和内容整理为0~7步，自主保全0~7步活动如表8-2所示。

表8-2 自主保全0~7步活动

步骤	目的	主要内容
步骤0 确保安全	清除不需要物品，清除浪费	清除不需要的物品，实现需要物品的"三易""三定"
步骤1 初期清扫	培养发现缺陷的能力	运用"五感"（听、触、嗅、视、味）找到缺陷
步骤2 减少困难的发生	培养改善的能力	改善设备清扫困难的地方，改善点检困难的地方，找到并改善问题的发生源
步骤3 制作自主保养基准书	培养防止老化的能力	作业者要遵守设备管理制度，制作保养、清洁、修理基准书
步骤4 设备总点检	熟悉设备构造	熟悉设备的机能、构造
步骤5 自主点检	能够判断设备是否异常	正确地处理异常情况，具备修理小故障的能力
步骤6 工程品质保证	形成管理能力	理解产品品质和设备的关系，在不良情况发生以前采取措施
步骤7 自主管理	构筑设备和现场管理体制	0~6步的体制化、习惯化

全员生产维护制度中的自主保养可以使企业员工自主地对企业实施全面的管理、维护和保养。自主保养的关键之处在于真正做到"自主"，使现场设备的保养、维护成为操作人

员的自觉行为，使之成为工作人员的工作习惯和内在素质。要实现步骤7的自主管理(形成不断改善的意识，不断地进行计划，执行，检查，总结，处理，即 PDCA 循环，结合公司的方针、目标，制订出适合自己的新的小组活动目标，做到彻底的自主管理)并不容易，它是一个相对漫长的过程。要从步骤0开始，彻底地做到每一步，达到一定程度之后，再进入下一步。下面我们主要讨论步骤0、步骤1如何具体实施。步骤0、步骤1这两个阶段通过整理、整顿、清扫(点检)发现设备的缺点并对其进行处理，从而减少设备的故障和不良情况的发生，改善现场设备的状态。只有彻底完成这两个步骤，步骤7的自主管理才有可能真正实现。

二、自主保全步骤0的具体实施

步骤0是生产活动中实现安全作业所不可缺少的一步。

步骤0活动的目标可用一句话概括：安全确保，确保活动空间的安全，包含设备、人员两方面的安全，具体如图8-4所示。

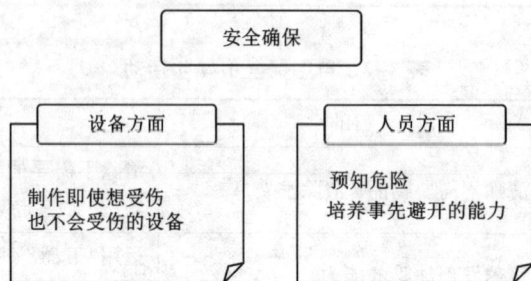

图8-4　步骤0安全确保的含义

(一) 步骤0的实施流程

步骤0的实施流程如图8-5所示。

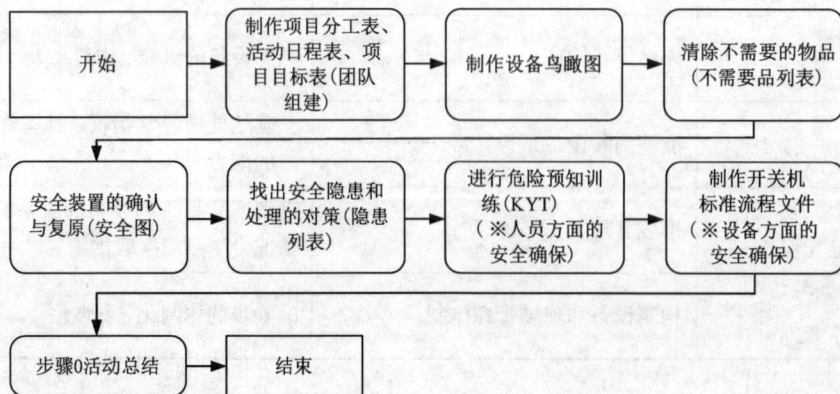

图8-5　步骤0的实施流程

1. 制作设备鸟瞰图

(1)设备鸟瞰图的定义：以鸟类在飞行过程中的视角，向下倾斜 45 度角看到的设备图像就是设备鸟瞰图，它比平面图更有真实感。图 8-6 为某设备的鸟瞰图。

(2)目的：将各步骤应该实施的项目列入鸟瞰图中。

(3)制作工具：相机、打印机、描图纸(拓片纸)。

(4)鸟瞰图的应用场合：用于推行全员生产维护制度、用于制作设备安全图、用于制作开机关机标准流程文件、用于分析异常停机情况、用于设备状态显示、用于制作现场的单点课程(OPL)。

2. 清除不需要的物品

与 5S 的整理目的类似，主要针对设备进行整理，详细流程见项目七的 5S 整理部分。

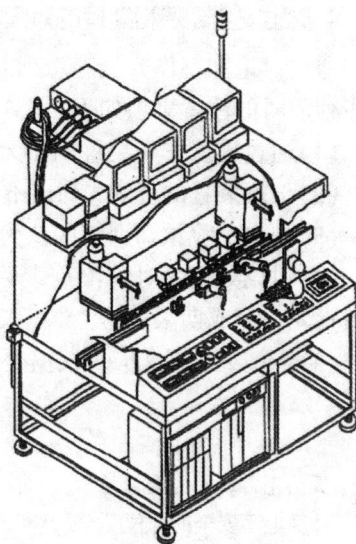

图 8-6 某设备鸟瞰图范例

3. 安全装置的确认与复原

安全装置，指保护人员的安全装置和保护设备的安全装置，如表 8-3 所示。

表 8-3 常见的安全装置

保护人员的安全装置	保护设备的安全装置
紧急停止开关	
安全开关键	电流过大：过电流继电器
安全杆	电压过大：过电压继电器
安全罩、区域传感器	超负荷保护：扭矩限位装置
气压、油压系统残留压力排出阀	压力安全阀
气压检测机	温度传感器开关
溶液系统、残留液体排出阀	

安全装置的确认与复原包括逐个确认保护人员的安全装置的状态、明确认识安全装置的动作范围、复原不能正常动作的安全装置。

通过制作设备安全图，可以实现安全装置的确认与复原。下列内容在安全图中必须有所体现：

①安全装置的位置与名称；

②受每个安全装置制动影响的范围；

③等待复原的安全装置的位置与复原日期；

④存在安全隐患的不安全位置与完成处理的期限；

⑤危险预知训练中指出的不安全位置与完成处理的期限。

4.找出安全隐患和处理的对策

通过讨论和制作安全隐患列表(表8-4)可以找出安全隐患和处理的对策。制作安全隐患列表时的注意事项如下:

(1)通过确认安全装置列出无法正常动作的装置,记入列表,记录为"等级A";

(2)根据装置的外观,列出不安全的部位,记入列表,记录为"等级B";

(3)列出危险预知训练中认为不安全的部位,记入列表,记录为"等级C";

(4)讨论处理的对策:①对策实施的顺序;②讨论对策的详细内容;③明确实施对策的负责人与完成期限;

(5)实施处理对策:①根据处理对策的时间计划实施;②跟踪进度和结果。

表8-4 安全隐患列表

A级:无法正常动作的装置

B级:外观上不安全的部位

C级:危险预知训练中认为不安全的部位

范围: 小组名称:

No.	指出日	安全隐患点	等级	对策	担当	期限	完了	OPL No.

5.进行危险预知训练(KYT)

危险预知训练(KYT)是针对生产的特点和作业工艺的全过程,以其中的危险性为对象,以作业班组为基本组织形式开展的一项安全教育和训练活动。它是一种群众性的自我管理活动,目的是控制作业过程中的危险,预测和预防可能发生的事故。

进行危险预知训练有4个步骤,详见表8-5。

表8-5 推行危险预知训练的4个步骤

步骤	各步骤的目标	各步骤要思考的问题	实施事项
步骤1	把握事实 (现状把握)	隐藏着什么样的危险?	小组内的每一个人要逐一找出隐藏在生产现场及作业过程中的危险因素,通过讨论思考该危险因素将引起的后果
步骤2	探究根本原因 (本质追究)	这是危险的要点!	将危险因素打上记号○,将最危险的因素打上记号◎
步骤3	列出对策 (对策立案)	如果让你处理,你会怎么办?	针对有着记号◎的危险因素,考虑应该怎么处理,列出具体的对策

续表8-5

步骤	各步骤的目标	各步骤要思考的问题	实施事项
步骤4	决定行动计划（目标设定）	我们这么做！	从对策中选出重点的实施项目，打上记号＊，将其设定为小组行动目标。（设定指定项目，用手指指明，并全员呼喊目标）

要注意的是，在进行危险预知训练时，一定要在现场、人员、设备的常规状态下进行，对重要的危险因素与相应的对策进行重点的教育及训练。表8-6为实施危险预知训练的具体表格。

表 8-6　危险预知训练实施表

示范设备名称：		领队：	书记员：		参加者：		课题/录像编号：

第1步骤：隐藏着什么样的危险？（大家互相讨论，发现没有用危险要因）
第2步骤：这是危险的要点！（给最重要的危险打上记号◎）

No.	评价	写下经推测得出的危险要因，以及其引起的现象（因为……所以……）	No.	评价	评价经推测得出的危险要因，以及其引起的现象（因为……所以……）
1			16		
2			17		
3			18		
4			19		
5			20		
6			21		
7			22		
8			23		
9			24		
10			25		
11			26		
12			27		
13			28		
14			29		
15			30		

第3步骤：如果让你处理，你会怎么做？（考虑如何处理重要危险）
第4步骤：我会这样做。（提出重点对策，打上记号＊，决定行动目标）

No.	重要危险（第2步骤记号◎）	No.	评价	对策	【目标】第3步骤：为实施处理的对策，设定标语化的目标	【意见】

6.制作开关机标准流程文件

(1)目的：保证设备安全。

①安全关闭设备，使能量进入零状态；

②安全启动设备，进入生产状态。

(2)所谓能量零状态即设备进入完全停止的状态。

①电压为零(拉下闸刀)；

②气压为零(关紧气阀)。

(3)制作开关机标准流程文件时的注意事项。

①进行每一项操作时，都必须确认；

②在设备图中体现出操作点、确认点；

③在设备的操作面板上体现出操作点、确认点；

④制作完成，请全员试用并提出修改意见；

图8-7所示为开关机标准流程文件。

开关机标准流程文件	目的 明确设备的安全开机、关机流程		要点 1.开机时，电源→气，以此作为标准流程 2.关机时，气→电源，以此作为标准流程 3.识别操作点、确认点，使之易懂 4.使操作点、确认点在设备正面得以反映，作为标准流程 (根据需要进行改善)			用语的说明				
关机流程										
设备图	序号N O.	操作点	操作方法	确认点	确认方法	日期姓名				
			开机标准流程							
	1									
	2									
	3									
	4									
	5									
	6									
			关机标准流程							
	1									
	2									
	3									
	4									
	5									
	6									

图8-7　开关机标准流程文件

三、自主保全步骤1 初期清扫的具体实施

初期清扫就是以设备为中心进行彻底的清扫。我们要将清扫变为检查，才能发现问题，发现设备的潜在缺陷，并及时进行处理，使设备故障、异常停机的概率接近于"0"。清扫有助于促使操作人员对设备产生爱护之心，培养员工发现缺陷的能力。为此，员工需要学习设备的构造，明确设备各部位的作用。

(一)步骤1的目标:通过分解清扫,使清扫变为检查

1.设备方面的目标

设备方面的目标包括:

(1)去除垃圾、污垢,使设备潜在的缺陷显现出来;

(2)复原老化、缺陷的地方;

(3)寻找垃圾、污垢的发生源。

2.员工方面的目标

员工方面的目标包括:

(1)通过简单的清扫工作,熟悉小组活动;

(2)提高员工的团队管理能力;

(3)通过"五感"(听、触、嗅、视、味)对设备进行检查,保持对设备的疑问和好奇心。

3.管理者的作用

管理者有如下作用:

(1)模范带头作用;

(2)告知员工清扫的重点及清扫的重要性。

(二)步骤1初期清扫的实施流程(表8-7)

表 8-7　步骤1初期清扫的实施流程

流程	内容	成果
1.清扫	实施全体清扫,去除设备上的污迹,并测定清扫时间。(拍成视频,之后解析)	清扫时间测定值、异物样本
2.劣化、不良点(微缺陷)的寻找与处理	边清扫边发现并处理螺丝松动,设备部件污染、伤痕、偏心磨损等微缺陷	劣化不良点列表、微缺陷部件样品
3.疑问点的寻找与处理	寻找无法判断是否正常的疑问点	疑问点列表
4.查看与排除不需要的物品	寻找设备中不需要的物品(丧失功能的部件等)并将其排除	不需要物品列表、不需要物品样本
5.寻找发生源	列出有污染的位置、部件掉落的位置(假如清扫两次后仍发生污染,则可以判定为发生源)	发生源列表、掉落部件列表
6.寻找清扫(调整)困难的位置	列出需要花时间清扫、需要花时间调整的位置	清扫困难位置列表、调整困难位置列表
7.制作清扫(调整)标准流程文件	列出清扫(调整)的步骤,记录使用的时间、使用的道具、清扫完成时的状态(清扫基准)	清扫临时基准书、调整临时步骤书
8.制作清扫时间表	制作清扫(调整)时间表	清扫时间表、调整时间表
9.点检要点	明确微缺陷与异常停机的关系,发现异常停机的点检要点、点检周期	异常停机点检要点列表

1.清扫与微缺陷

微缺陷,指平时不注意,即使注意也容易忽视的微小缺陷,例如垃圾、污染、松动、磨损、生锈、漏气、伤痕、变形等。一个微缺陷单独发生不会产生损害,但当几个缺陷同时发生时,会对品质、稼动率等造成损害。图8-8所示是微缺陷"金字塔法则"。

(1)清扫是为了找出并清除微缺陷。

清扫前要对微缺陷进行定义,在头脑中边考虑"什么是微缺陷"边进行清扫。

(2)不要放过不起眼的异常。

即使是一个螺丝的松动也应将其视为一个微缺陷,要思考如何找出微缺陷。

(3)找出微缺陷并当场清除。

①将找出的微缺陷列入表中,当场清除。

②对于团队全体共同确认的微缺陷,要经过全员的确认之后再清除。

③对于有代表性的微缺陷,要做好定点摄影工作(拍下发现时和处理后的对比照片)。

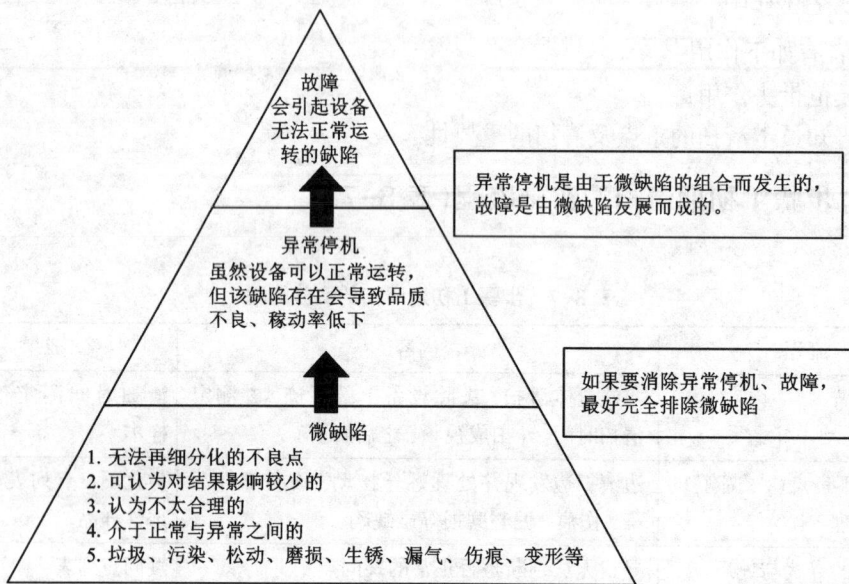

图8-8 微缺陷"金字塔法则"

(4)清扫的流程。

要真正地将清扫与设备点检紧密结合起来。清扫的流程如图8-9所示。

2.异常停机与劣化、不良点

异常停机指的是设备本身没有损坏,但因零部件卡住、产品堆积等不良现象导致的机器停止、空转的情况。

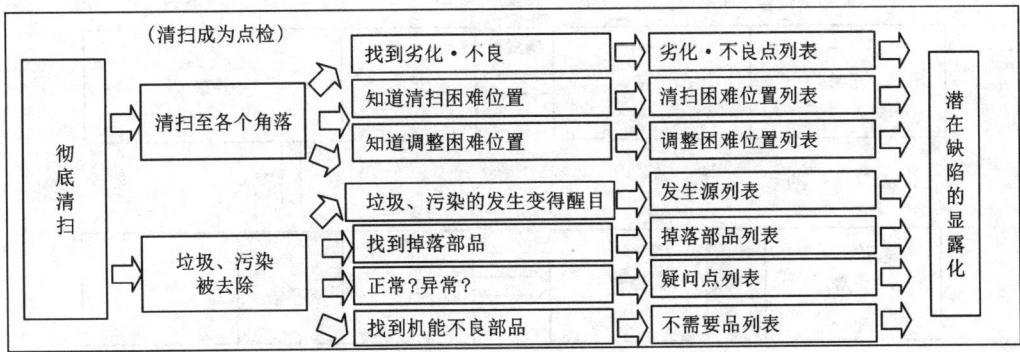

图 8-9　清扫的流程

（1）异常停机现象与原因（表8-8）。

表 8-8　异常停机现象与原因

异常停机现象	产生原因
堆积、堵住	异物混入
挂住	磨损
卡住	磁化、黏着物附着
粘住	传送带的滑移
产品反向	滑板的表面状态、伤痕、污染、毛刺、接口处的平坦度、匹配状况
重叠	零部件料斗的振幅、供给量、安装状态
落下	治具的精度、组装精度
夹取失误	调整的不正确
插入出错	时间偏差
供给量不足	轴心偏移
传感器未检出	振动
传感器误检	传感器不当的安装方法、位置……

（2）通过处理劣化、不良点排除异常停机。

①分解、清扫设备，彻底找出微缺陷。

②彻底处理劣化、不良点。

③从设备、单元、零部件三个维度对调整进行设备，找出不良点。

④制订处理不良点的对策。

⑤理解异常停机与劣化、不良点之间的关系，总结异常停机的点检要点。

3. 设备应有的状态

设备应有的状态，指设备发挥最佳状态、维持最佳机能的条件。

（1）正确地认识设备的正常、异常，设备正常、异常状态关系如图 8-10 所示。

（2）了解如何处理异常状态。

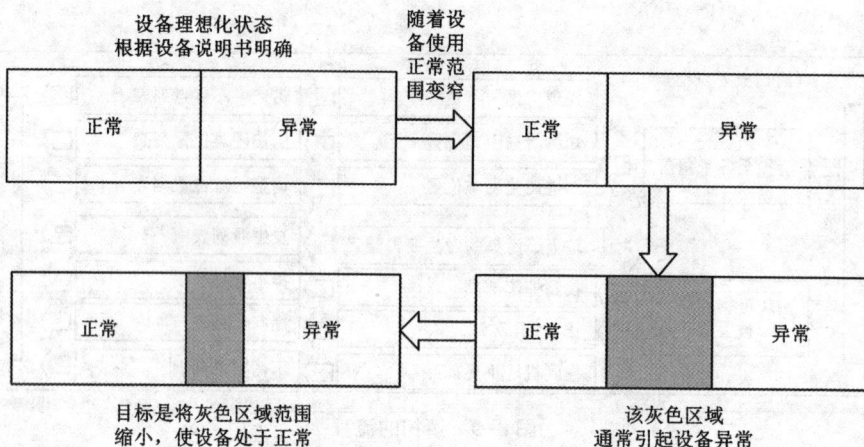

图 8-10　设备正常、异常状态关系图

①本来就明白如何处理——这是管理上出了问题，要改正管理上的问题。

②通过学习可以知道如何处理——学习相关资料，咨询相关工作人员。

③无论谁都不知道如何处理——征询相关人员。

（3）不清楚设备是否正常时，要进行调查并找出疑问点。

①阅读供应商提供的图纸、使用说明书，进行调查。

②讨论该设备所具有的机能、应具备的条件、理想的状态，推定出设备应有的状态。

4. 全员生产维护制度应有的 6 个姿态

（1）将坦率、彻底进行到底。

（2）不学习就没有成果。

在现场有许多需要先进的设备，今后会更加先进，为改善这些设备，就有必要对之进行专门的学习。另外，即便是普通设备，如不掌握规格条件等知识就无法进行真正的改善，所以，经常保持学习姿态是最重要的。

（3）答案在现场。

异常停机并非发生在会议室里，而是发生在现场。并非仅靠在会议室里就能解决头脑里的问题。到现场去正确处理才是最重要的，一旦发生异常停机，应马上去现场。

（4）认真的失败是巨大的财产。

认真的失败不是指由于偷工减料引起的失败，而是指认真考虑采取对策后的失败，这种失败是巨大的财产，因为认真所以要认真接受失败，下次才会成功。

（5）不要说没有时间。

不以没有时间作为借口，对于未达成的目标，不讲"没有时间""设备不好"等借口，而是应该反省自己的努力、热情、学习不足。

（6）要求要高，不满足于现状。

上司对部下的要求如果较低的话，部下即使不努力也能够达到要求，这样部下就不会成长。

5. 设备的分解、清扫、复原

从过往的经验来看，常年使用的设备经过分解、清扫、复原之后，80%的不良情况可以被解决。

（1）分解、清扫、复原的定义。

①分解，指将设备上的某一单元拆卸至零件状态，但对于标准品（马达、气缸），仅限于从单元上拆离。

A.准备照相机、录像机，对于重要部位和困难部位，边摄影边拆；

B.处理很脏的部位、零部件容易掉落的地方（掉落的零部件、垃圾，用透明胶带等收集起来，作为样品保管）；

C.将拆解的零部件按位置分装到塑料容器中，避免与其他零部件混杂；

D.气缸和电机等市场上可买到的成品不必拆（拆后厂家不保修）。

②清扫，指逐一目视检查所分解的零件，用手触摸，边去除污垢、锈迹，边确认有无微缺陷，故清扫也可称为点检。

用抹布擦拭，观察磨损部位和变形部位。

③复原，指将设备恢复到理想的状态。

A.将变形、损坏的零部件换成新品；

B.将设备恢复到图纸、规格书要求的状态。

（2）分解、清扫、复原的目的。

①要改善设备的不良状态，就要了解设备。分解、重新组装是了解设备的有效途径。

②长时间使用的设备，可能所有的部位均存在着微缺陷。即便单一的微缺陷不会引发大问题，但多个微缺陷汇集起来就会引起大问题，所以有必要排除这些微缺陷。

（3）分解、清扫时要用到的图纸、工具。

①设备组装图（了解设备的基准位置、基准尺寸）；

②加工部件的图纸；

③设备上的滑动部品（气缸、凸轮、直线导轨、轴承等）；

④分解、修理工具（各种规格的螺丝刀、扳手等）；

⑤测量工具（游标卡尺、千分尺、直尺、量块、间歇量块等）；

⑥清扫用具（抹布、酒精、无尘纸等）；

⑦各种表格：不良点列表（表8-9）、疑问点列表（表8-10）、清扫（调整）困难部位列表（表8-11）、清扫时间表（表8-12）；

⑧摄像机、照相机、三脚架；

⑨润滑油。

表8-9 不良点列表

范围：   小组名称：

序号	查找日期	安全不良点		初步处理方案	发生原因分析	永久对策	负责人员	改善期限	实际改善日期	OPL序号
		地点	描述							

表 8-10　疑问点列表

范围：　　　　　　　　　　　　　　　　　　　　　　　　　　小组名称：

序号	找出日期	疑问点	解答	负责人	预计完成时间	实际完成时间	OPL序号

表 8-11　清扫(调整)困难部位列表

范围：　　　　　　　　　　　　　　　　　　　　　　　　　　小组名称：

序号	找出日期	什么机器	什么部位	具体描述	清扫(调整)时间	OPL序号

表 8-12　清扫时间表

范围：　　　　　　　　　　　　　　　　　　　　　　　　　　小组名称：

序号	清扫部位	清扫工具	清扫方法	清扫基准	清扫时间	时间表	发生原因	清扫困难部位

6.制作清扫(调整)困难位置表、清扫时间表

通过制作清扫(调整)困难位置表、清扫时间表,可以完成清扫(调整)的标准流程文件(明确记录花去的时间、清扫中使用的道具、清扫完成时的状态),详见图 8-11。

清扫位置	清扫用具	清扫方法	清扫基准	清扫时间	时间表	发生源	
装置表面(上部)	• 无尘纸 • 酒精	用蘸有酒精的无尘纸擦拭	无灰尘、污染	10分钟			
钢板驱动部	• 无尘纸 • 酒精 • 清扫棒 • 吸尘机	1.用吸尘机吸取链条的铁粉 2.清洗室情况	无铁粉、灰尘、污染	38分钟		○ 链条上的铁粉	○ 细微作业

图 8-11　清扫(调整)的标准流程文件范例

(1)找出清扫困难、耗时多的位置(即清扫困难处)。

①对清扫困难的地方进行彻底清扫,还要确定清扫的时间;

②确定清扫困难的位置,将其记入清扫困难位置列表(例如,需要清扫 10 分钟以上的

位置就可列为清扫困难位置）；

③把握清扫所用的时间，记入清扫困难位置列表。

（2）找出需要花时间组装、调整的位置（调整困难处）。

①把握调整所用的时间，记入调整困难位置列表；

②设备需要再次调整时，也要将其记入调整困难位置列表。

（3）归纳清扫（调整）的顺序，并制成时间表。

①将清扫（调整）的流程拍成视频，精准掌握时间；

②分析视频，形成清扫（调整）作业的标准流程；

③制作整体的清扫时间表与分部的部分清扫时间表。

7. 推进步骤 1 时的注意要点

推进步骤 1 时应注意以下要点：

（1）清扫前明确分解、清扫的重点位置（异常停机的发生位置）；

（2）明确清扫的责任人、清扫范围、清扫时间；

（3）清扫开始时，进行清扫过程中的危险预知训练；

（4）理解"使清扫成为点检"的重要意义；

（5）留存不良部品、劣化部品、不需要物品作为样品；

（6）尽可能地当场复原劣化点、不良点。

（7）拍摄异物污染的照片前，用胶带进行采集；

（8）用视频记录清扫（调整）过程；

（9）完整记录活动的结果；

（10）进行自我诊断并总结残留的问题。

【同步思考】

1. 广义的设备管理和狭义的设备管理有什么差别？

2. 什么是设备综合效率？

3. 自主保全的 0~7 步活动包含哪些内容？

4. 什么是微缺陷？

5. 安全确保的真正含义是什么？

6. 推行全员生产维护制度强调团队精神，这会不会限制个人聪明才智的发挥？

7. 为什么要推行全员生产维护制度，全员生产维护制度的作用有哪些？

8. 什么叫设备应有的姿态？

9. 你本人在推行和实施全员生产维护制度的过程中可以做些什么？（根据各自的岗位性质和工作内容进行描述）

要点巩固

一、选择题

1. 什么是全员生产维护制度？（　　　）

A. 质量管理　　　　　　　　　　　　B. 全员质量管理

参考答案

C.设备管理　　　　　　　　　　D.全员生产设备保养管理

2.全员生产维护制度有着"零目标"的特色,下列不在"零目标"范围内的是(　　)。

A.零机械故障　　B.零产品不良　　C.零人员缺勤　　D.零意外事故

3.全员生产维护制度的目标是努力实现事故为零、故障为零、损失为零、(　　)为零。

A.缺陷　　　　　B.在制品　　　　C.废品　　　　D.以上全部

4.全员生产维护制度的特点是(　　)的自主保全,日常维修(清扫、注油、点检)由(　　)来做。

A.维修人员、操作人员　　　　　　B.操作人员、操作人员

C.维修人员、管理人员　　　　　　D.维修人员、保洁人员

5.推进全员生产维护制度时,第一阶段的目的是(　　)。

A.培养发现缺陷的能力

B.培养改善的能力

C.培养防止设备老化的能力,熟悉设备的构造

D.培养判断设备是否正常的能力

6.全员生产维护制度是(　　)的小团队活动,是经营层、中层、现场全员全体参与的小团队活动。

A.操作人员参与　　B.维修人员参与　　C.全员参与　　D.保洁人员参与

7.为了生产系统效率的最大化,全员生产维护制度以(　　)为目标。

A.设备综合效率最大化　　　　　　B.合格品率最高

C.产能最大化　　　　　　　　　　D.生产效率最大化

8.全员生产维护制度的核心思想是(　　)。

A.预防哲学

B."0"目标

C.全员参与和小集团活动　　　　　　D.以上都正确

9.只使用设备而不维护,一直到设备出现故障时再进行维修,这一做法属于(　　)。

A.事后保养　　　B.预防保养　　　C.改良保养　　　D.预知保养

10.以下哪一项是对"微缺陷"的正确理解?(　　)

A.微缺陷对结果影响极小,可以忽略不计

B.微缺陷积累起来就是大问题

C.微缺陷可以变为重大缺陷

D.以上都包括

二、简答题

1.全员生产维护制度的八大支柱和两大基石分别是指什么?

2.推行全员生产维护制度之后,有形的效果有哪些?

▶ 即学即用

设计实践任务:学习全员生产维护制度之后,请你结合自身情况谈一下如何对各类机械设备开展全员生产维护工作。

课堂延伸

标杆企业之海尔：实施全员生产维护制度的成功典型

全员生产维护制度的基础和精髓是全员参加，全员参与生产维修是实施全员生产维护制度的切入点和重心。

在推行全员生产维护制度的过程中，海尔紧紧围绕着全员参与这个核心，通过创新管理和灵活运用，打造了推行全员生产维护制度的成功典型。

1. "OEC 管理法"

海尔独创了一套管理理论——"OEC 管理法"。O(overall) 意为"全面的"，E(everyone, everything, everyday) 意为"每个人、每件事、每一天，C(control and clear) 意为"控制和清理"。OEC 管理法要求全方位地对每个人每一天所做的每件事进行控制和清理，做到"日事日毕，日清日高"，今天的工作今天必须完成，今天的效果应该比昨天更好，明天的目标要比今天的目标更高。

具体地讲，就是企业每天的事都有人管，做到控制不漏项；所有的人均有管理、控制的内容，并依据工作标准、按照规定的计划执行各自的控制项目，每日把实施结果与预定的计划指标进行对照检查，然后总结、纠偏，达到对企业全系统、全过程、全方位的控制，确保企业向预定的目标前进。

OEC 管理法由三部分构成：目标体系、日清控制体系和有效激励机制。这三部分形成了一个完整的管理过程：目标体系确定目标，然后由日清体系保证完成目标的基础工作，为了使基础性工作能朝着对企业有利的方向运动，必须对日清的结果进行正负激励，这便是有效激励机制所起的作用。

OEC 管理法强调对全员、全方位、全过程的控制，将对结果的管理转变为对瞬间状态的控制。通过日清管理法，可以把所有的目标分解到每个人身上，每个人的目标每天都有新的提高，这样就可以使整个工作有条不紊地、不断地推进。海尔的每个员工都有一张"三E卡"(everyone, everyday, everything)。每个员工干完当天的工作后要填写卡片，其收入会跟这张卡片直接挂钩。这张日清卡使海尔把整个工作大目标分解落实到每个人身上。

比方说海尔冰箱的制造共有 156 道工序，有 545 个责任区，这都要落实到每个人。海尔的冰箱仓库共有 1964 块玻璃，每一块玻璃都有责任人，这就使得企业的产品质量得到了保证。

所以，在海尔，全员参与不再是一句空洞的口号，而变成了实实在在的行为，变成了效益。海尔的 OEC 管理是海尔的基础管理，为海尔营造了严、细、实、恒的管理风格，使海尔上下形成了一个有机的、积极向上的系统。

2. 员工的市场链理念与设备管理

在 OEC 管理的基础上，海尔又辅以市场链这一有效的调节机制。所谓市场链，是指把市场经济中的利益调节机制引入企业内部，围绕海尔集团的战略目标，把企业内部的上下流程、上下工序和岗位之间的业务关系由原来的单纯的行政机制转变成平等的买卖关系、服务关系和契约关系，通过这些关系把外部市场订单转变成一系列内部市场订单，形成以订单为驱动力、上下工序和岗位之间相互咬合、自行调节运行的业务链。

在这个业务链中，海尔内部的不同部门互为客户，本岗位、本客户不接受上一道工序传来的缺陷，同时自己也不能产生失误和差错，如果产生失误和差错，下一个工位有权拒绝。

市场链要把外部市场目标转化成内部目标，把内部目标转化成每个人的目标，把市场链完成的效果转化为每个人的收入。在实际的操作中，海尔通过索酬、索赔和跳闸手段，形成了岗位市场链。

索酬，指通过建立市场链为服务对象提供满意的服务，从市场（服务对象）中取得报酬。索赔体现出了市场链管理流程中部门与部门、上道工序与下道工序之间互为咬合的关系，如果不能履约，就要被索赔。跳闸发挥闸口的作用，如果既不索酬，也不索赔，第三方就会自动"跳闸"，从而"闸"出问题来。

例如：技术装备本部和产品事业部是紧密相关的两个部门，产品事业部是技术装备本部的市场，技术装备本部为产品事业部提供设备管理服务，技术装备本部时刻要考虑产品事业部的要求，根据市场需求做出迅速反应。海尔的订单很多，海尔的产品事业部就要求设备尽可能地减少停机或不停机，以保证机器的完全有效运行。

技术装备本部根据产品事业部的这一要求，制订了以减少设备停机时间为主项目标的设备管理收费标准。收费标准是经过技术装备本部和产品事业部协商，以合同形式确定下来的。合同中有这样一条规定：如果产品事业部的设备的停机时间超过指标 1 分钟，就说明技术装备本部的工作做得不好，那么产品事业部就有权向它索取赔偿。

相反，如果产品事业部的设备少停机 1 分钟，就说明技术装备本部的工作做得到位，那么技术装备本部就可以向产品事业部索取报酬。这就是市场链的直观体现。

海尔通过市场链将整个集团内部各部门、各工序、每个人都纳入了市场链体系之中。受到市场这只无形的手的控制，海尔的各个部门、工序和员工都积极地面对着市场的挑战，因为任何工作都要得到下一部门、工序和个人的认可，这样才会得到相应的报酬。

这就改变了传统的习惯：只要正常出工，不管工作质量如何，企业都应该发工资。在海尔，员工的报酬完全来源于市场，只有你的工作被市场认可和接受了，才能获得报酬；如果用户不满意，不但拿不到报酬，而且还要被用户索赔。这样就形成了一种观念：每个人都有一个市场，每一个人都与市场是零距离的，每一个人的收入都由市场支付。在市场的压力下，每个员工都积极地参与到工作之中，市场链也提高了全员的积极性。

3. 全员参与和设备管理

海尔通过 OEC 管理法和市场链两大管理手段使员工积极主动地参与到企业生产管理过程之中。在全员参与成为企业的一种习惯、文化的基础上，海尔在设备管理方面坚持了三级维修保养制，并结合企业实际发展了"6S 大脚印"，开展了"节拍经理""设备远程诊断""维修工人星级技能评定""外聘尖端技术维修专家"等活动，着重解决了生产设备的节拍和生产保障问题，以设备的高效率保证产品订单的响应速度，通过"全员生产维护制度互动小组""集团内部技术专家评定""设备绿色机台评选""资源存折"等活动提高了设备的综合效率，使整个集团的整体维修水平和管理水平得到了提高。

海尔的经验表明，全员生产维护制度是有效的设备管理方法，企业在引进全员生产维护制度时要注意与实际情况相结合，不可生搬硬套。成功推行全员生产维护制度最关键的一点就是要在企业内部培养全员参与的精神，在全员参与的基础上再进行接下来的工作，只有这样才能水到渠成。如果只是一部分人在做，就违背了推行全员生产维护制度的初衷，必然会失败。

（材料来源：http://www.chinatpm.net/IndustryNews/3461.html，有改动。）

其他先进生产方式

学习目标

1. 了解精益生产的主要思想；
2. 掌握准时生产的主要内容；
3. 了解敏捷制造的要素；
4. 了解最优生产技术的基本内容。

先导案例

长春第一汽车集团公司走上精益化之路的经验之谈

中国精益生产的先驱者是长春第一汽车集团公司(简称一汽集团),早在1978年,公司就派出以厂长为首的专家小组去日本考察学习汽车工业的管理经验。1981年,丰田生产方式的创始人之一大野耐一到一汽集团授课,介绍管理经验。

在20世纪80年代中期,一汽集团一度因生产成本高,劳动生产率低,设备老化,产品、资金断档而陷入困境。一汽集团高层领导决心改变当时的状况,借鉴国外的精益生产方式,向管理要效益。从此,一汽集团便走上了精益化之路,经过多年的努力,精益生产方式为企业带来了丰厚的利润。更重要的是,公司上下已达成共识,都在积极地探索和实践,形成了一股全员性变革生产方式的力量。其主要经验有以下几点。

1. 推行精益生产方式是振兴汽车工业的必由之路

在汽车工业发展史上,从单件生产方式变革为大批量生产方式,再从大批量生产方式变革为精益生产方式,这是一个不以人们意志为转移的客观规律。美国人之所以要在丰田生产方式的基础上实践和发展精益生产方式,是因为他们犯有"肥胖病",需要进行"消肿减肥"运动。一汽集团的生产方式是20世纪50年代从苏联搬过来的,是大批量生产方式加上计划经济体制的产物,也需要进行一次"消肿减肥"运动。

精益生产方式不仅对一汽集团,而且对其他制造型企业都有着普遍的意义,精益生产方式是竞争的产物,是一个弱者战胜强者,在逆境中拼搏、开创出来的路子。日本人依靠丰田生产方式加快了本国汽车工业的发展,赶超了美国,获得了汽车工业的大发展。之后,美国人在逆境中学习、总结了日本的经验,提出了精益生产的新概念,经过十多年的卧薪尝胆,又超越了日本。中国则是一个后起的汽车工业国家,如何在激烈的市场竞争中,与比我们强大的竞争对手较量?推行精益生产方式,就成了我们最好的选择。过去,我们一提出要发展汽车生产,想到的往往都是物质资源的投入。其实精益生产方式也是一种投入,而且是一种不花钱或者少花钱的投入。

据西方专家的调查,精益生产方式与大批量生产方式相比,可以使人力、设备、工厂面积都减半,新产品开发时间大大缩短,库存储备大量减少。一汽集团许多专业厂推行精益生产方式的实践经验就证明了这一点。

2. 推行精益生产方式,领导干部必须亲自带头

精益生产作为生产方式的一次重大变革,在思想观念上遇到的阻力是不能低估的。在推行精益生产方式的变革过程中,企业的领导干部必须带好头。

一汽集团的实践证明,如果"一把手"做得不到位,精益生产方式是实行不了的,最多只是小规模实践,根本无法完全推行。

在精益生产中,一汽集团对领导干部提出了以下四条标准。

(1)对精益生产方式要有浓厚的兴趣,成为"精益迷"。

(2)要选择一条最困难的道路去走,自讨苦吃,自己给自己施加压力,把自己推到不得不背水一战的境地。

(3)苦练内功，提高企业素质，提高企业在市场竞争中的适应能力和竞争实力。

(4)善于学习，厂长、书记要带头学习，而且要组织职工学习，形成一支精益化管理队伍。

3.推行精益生产方式要与企业的改造、改制、改组密切结合

一汽集团开始推行精益生产方式时，由于外部环境和分配政策的制约，许多成果项目没有得到普及和推广，有些甚至没有坚持下来。但是，企业近年来经过深化改革，跟过去相比有了更大的活力，部分员工又开始忽视内部管理。所以，一汽集团提出转换经营机制必须同推行精益生产方式相结合。转换经营机制要解决的是企业与政府的关系，而精益生产方式则是要解决企业的市场适应能力和竞争实力的问题。如果只注重经营机制转换，而不在生产方式上进行变革，即使搞活了企业，也是无法进入市场的。所以，要用经营机制的转换保证生产方式的变革，用生产方式的变革促进经营机制的转换、巩固经营机制转换的成果，两者是相辅相成的。

一汽集团不断壮大，每年都会兼并、融合一批新的伙伴。这些企业的管理基础工作一般都比较薄弱，所以一汽集团在许多轻型车及零部件厂家中开展了管理基础工作的整顿，即把一汽集团本部行之有效的管理基础工作移植过去，建立起良好的轻型车生产和质量管理体系，在此基础上再向高标准的精益化管理迈进。这种整顿与精益相结合、从整顿走向精益的做法，在一些轻型车组装厂和零部件生产厂家那里已取得了明显的效果。

（资料来源：https://www.bilibili.com/read/cv14649788，有改动。）

思政导言

精益生产既是先进的生产技术，也是先进的管理理念，从一汽集团精益化生产的成功案例来看，先进的生产技术必然带动先进、科学的管理理念和思想，先进的管理思想又促进了生产技术的进步，生产活动必须符合客观的事物发展规律。

理论精讲

任务一　精益生产的推广

为什么要进行精益生产

一、精益生产的产生与推广

精益生产又称精良生产，是美国麻省理工学院在一项名为"国际汽车计划"研究项目中对日本丰田生产方式进行了大量调查和对比后，于1990年提出的一种生产管理方法。其核心是追求消灭包括库存在内的一切"浪费"，并围绕此目标发展了一系列具体方法，逐渐形成了一套独具特色的生产经营管理体系。

20世纪初，自美国福特汽车公司创立了第一条汽车生产流水线以来，大规模生产流水线一直是现代工业生产的主要特征。大规模生产方式以标准化、大批量生产来降低生产成本、提高生产效率，美国汽车工业也由此迅速成长为美国的一大支柱产业，并带动和促进了钢铁、玻璃、橡胶、机电、交通服务等产业的发展。1950年，日本的丰田英二考察了美国底特律的福特公司的轿车厂。当时这个厂每天能生产7000辆轿车，比日本丰田公司一年的产量还要多。但丰田英二在他的考察报告中却写道："那里的生产体制还有改进的可能。"

丰田英二和大野耐一进行了一系列的探索和实验，根据日本的国情，经过30多年的努力，终于形成了完整的丰田生产方式，使日本的汽车工业超过了美国，其产量达到了1300万辆，占世界汽车总量的30%多。

丰田生产方式是日本工业竞争战略的重要组成部分，它反映了日本在重复性生产过程中的管理思想。丰田生产方式的指导思想是通过生产过程整体优化，改进技术，理顺物流，杜绝超量生产，消除无效劳动与浪费，有效利用资源，降低成本，改善质量，达到用最少的投入实现最大的产出的目的。

精益生产是通过系统结构、人员组织、运行方式和市场供求等方面的变革，使生产系统能很快适应用户需求的不断变化，并能使生产过程中一切无用、多余的东西被精简，最终达到生产各方面都有最好结果的一种生产管理方式。简单来说，精益生产是指在必要的时间内，针对必要的产品，生产必要的数量。其中"精"表示精良、精确、精美，即少而精，不投入多余的生产要素，只是在适当的时间内生产必要数量的市场急需产品（或下道工序急需的产品）；"益"表示利益、效益等，即所有经营活动都要有益有效，具有经济性。精益生产是运用多种现代管理方法和手段，以社会需求为依据，以充分发挥人的作用为根据，有效配置和合理使用企业资源，最大限度地为企业谋取经济效益的一种新型生产方式。精益生产是一种管理哲学，是一种生产运行管理的理念，它贯穿了生产管理活动各个阶段。精益生产体系如图9-1所示。

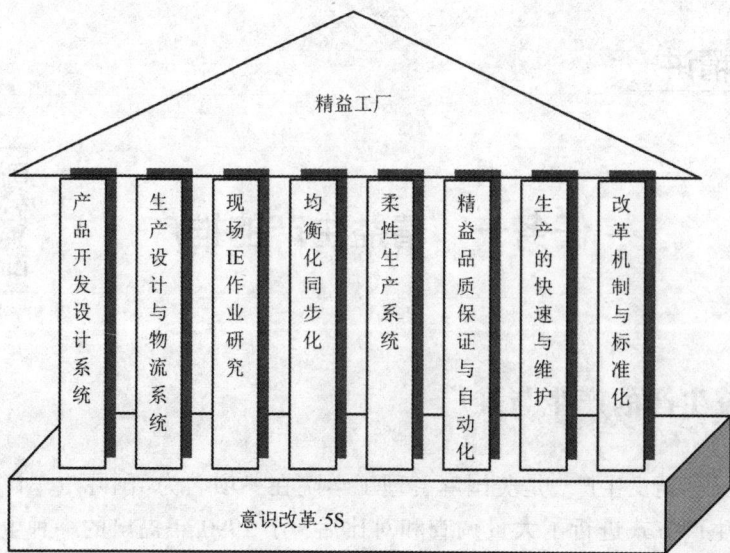

图9-1　精益生产体系

理解精益生产的内涵时，要注意以下几点：

(1)精益生产的目标。

精益生产的目标是降低生产成本，提高生产过程的协调度，杜绝企业中的一切浪费现象，从而提高生产效率。

(2)精益生产的核心内容。

精益生产的核心内容是及时制造，消灭故障，消除一切浪费，向零缺陷、零库存进军。

(3)精益生产的重要手段。

准时生产和全面质量管理是实现精益生产的重要保证手段。

二、精益生产的实质

精益生产的实质是对管理过程进行优化改革，包括组织结构扁平化、生产运作环节优化和质量保证。

精益生产

1.组织结构扁平化

原来的生产方式往往实行层级管理，不适应精益生产快速反应的要求。进行精益生产要求每个工人、岗位的安排是必须增值的，为此，首先要进行人事组织结构的改革，大力精简中间管理层，进行组织扁平化改革，减少非直接生产人员。

2.生产运作环节优化

精益生产力争把最大量的工作任务和责任转移到生产过程中真正能增值的环节之中，因此，在具体的生产过程中，要推行生产同步化，努力实现零库存与柔性生产，提高生产对需求的快速反应能力。

3.质量保证

质量永远是企业的第一保证。在精益生产中，要推行全生产过程(包括整个供应链)质量保证体系，实现产品零不良率；进而减少任何环节上的浪费，实现零浪费；最终实现拉动式、准时化生产方式。

以上措施可以使精益生产方式生产出来的产品品种尽量满足顾客的要求，而且通过杜绝一切浪费(人力、物力、时间、空间)的方法满足顾客对价格的要求，并能以最优的品质、最低的成本和最高的效率对市场需求做出最迅速的响应。

三、精益生产的核心思想

精益思想是精益生产的核心思想，它包括精益生产、精益管理、精益设计和精益供应等一系列思想，其核心是以较少的人力、较少的设备，在较短的时间和较小的场地内创造出尽可能多的价值，同时越来越接近客户，给他们提供确实需要的东西。

精益思想要求企业找到最佳的方法明确提供给顾客的价值，明确每一项产品的价值流，使产品在从最初的概念到到达顾客手中的过程中流动顺畅，让顾客成为生产的拉动者，在生产管理过程中精益求精、尽善尽美。价值观、价值流、流动、拉动和尽善尽美的概念进一步发展成为应用于产品开发、制造、采购和服务顾客各个方面的精益方法。

（一）价值观

精益思想认为企业产品（服务）的价值只能由最终用户来确定，价值也只有能够满足用户的需求才有存在的意义。精益思想重新定义了价值观与现代企业原则，它同传统的制造思想，即主观、高效率地大量制造既定产品，然后向用户推销，是完全对立的。

（二）价值流

价值流是指产品生产过程中赋予价值的全部活动。识别价值流是实行精益思想的起点。符合精益思想的企业价值创造过程包括从概念到投产的设计过程、从订货到送货的信息流动过程、从原材料到产品的生产过程、全生命周期的支持和服务过程。

（三）流动

精益思想要求创造价值的各个活动（步骤）流动起来，强调的是"动"。传统观念是"分工和大量才能高效率"，但是精益思想却认为成批、大批量生产经常意味着等待和停滞。精益思想将所有的停滞看作企业的浪费。精益思想把产业链中的浪费归纳成以下几种：

1. 过量生产浪费

对外部市场而言，过量生产浪费指生产的产品超过了顾客所需数量，或比需要时间提前生产出产品。对内部组织生产过程而言，过量生产浪费指在制品库存过多，或在制品提前送到下一道工序等待加工。过量生产占用了制造资源（人、机器、场地和资金），减缓了生产流程，增加了在制品、半成品和成品的库存，需要过量的搬运、过多的空间、附加的利息支出、多余的机器和过多的劳动力占用，因而造成资金周转率低、资源浪费。这可能是因为企业不了解顾客（包括下道工序）的需求，鼓励提前、超额完成任务，或是因为企业按领导者的个人经验和思维方式制定的不符合市场需求的计划生产。解决过量生产浪费的途径是建立牵引式系统，实行准时生产。

2. 等待浪费

等待浪费是指工件等待加工、顾客等待服务、机器等待任务、服务台等待顾客造成的浪费。在生产过程中，在制品因等待机器、工具不能及时加工，因零部件不配套而不能进行装配，机器等待材料、工具或维修等都是等待浪费；在服务过程中，顾客等待服务台、服务台等待顾客等造成的浪费都是等待浪费。等待浪费的造成可能是作业计划安排不当或其他原因（如机器故障、工人缺勤等）。要减少、消除等待浪费，就要实行均衡生产，实现工序同期化，适当扩充生产或服务能力，建立 U 形生产单元。

3. 移动浪费

移动浪费是指不为顾客增加价值的移动造成的浪费，包括运输和搬运。搬运不仅不增加价值，反而会因磕碰损坏物品而减少价值。运输和搬运还需要增加设备的使用。造成移动浪费的原因是设施布置不当、过程缺乏协调、定置管理不到位、工作地组织差等。例如：多点存储，造成物料过多移动；按功能布置设备（机群式布置），加工零件的搬运路线过长；计划不周，造成搬运次数过多、空车率高等。要消除移动浪费需要减少物料存储点，变机群式布置为流水线布置，建立 U 形生产单元，实行 5S 管理，改善作业计划。

4.库存浪费

库存浪费包括原材料、在制品、成品的库存以及所有资源闲置造成的浪费。库存不仅需要库存费用(如占用资金、修建仓库、配备设备和人员等),而且会造成管理方面的问题。造成库存浪费的原因包括调整准备时间长、设备不可靠、物料流不平衡、供应不及时、预测不准、批量大等。按照精细生产的思想,库存是应该不断降低的。降低库存提高了企业对顾客的响应性,也能改进管理办法。要减少在制品的库存,需要进行准时生产;要减少原材料的库存,需要实行准时采购;要减少成品的库存,需要实行平准化生产。

5.加工浪费

加工浪费是指不必要或无效的加工造成的浪费。不必要的加工是与增加产品价值没有关系的加工;无效的加工是指加工设备、切削工具或方法不当造成的不合格的加工。不必要的加工浪费主要是由工艺设计造成的,如生产工序设计不合理,对人的功能、机器的功能的分析不够;无效的加工主要由模具、工具不完善或维修不当,员工技术水平不高等造成。要减少加工浪费,需要完善工艺设计,加强对工具的管理,加强对工人的技术培训。

6.动作浪费

动作浪费是指不能为产品或服务创造价值的人或机器的动作造成的浪费。不增加价值的活动:点数、寻找零件和工具,操作过程中多余、笨拙的动作,不合理的操作动作等。造成动作浪费的原因有工作场地缺乏组织、现场布置不合理、工作方法不一致、机器设计水平不高。要减少动作浪费就要实行定置管理、5S 管理和可视化管理。

7.缺陷浪费

缺陷浪费是指缺陷造成的鉴定成本和故障成本。鉴定成本是按照质量标准对产品质量进行测试、评定和检验所发生的各项费用,是在结果产生之后,为了评估结果是否满足要求进行测试活动而产生的成本,这是应该减少和消除的。故障成本是在结果产生之后,通过质量测试活动发现项目结果不满足质量要求,为了纠正错误,使其满足质量要求而产生的成本。故障成本分为内部损失和外部损失。内部损失是指产品出厂前的废次品损失、返修费用、停工损失和复检费等;外部损失是指在产品出售后质量问题造成的各种损失,如索赔损失、违约损失和"三包"损失等。要减少缺陷浪费,就要从根源上保证质量,向零缺陷挑战。

精益思想号召所有的人都必须和部门化的、批量生产的思想做斗争,因为如果产品按照从原材料到成品的过程连续生产的话,工作几乎总能完成得更为精确有效。

(四)拉动

"拉动"的本义是让用户按需要拉动生产,而不是把用户不太想要的产品强行推给用户。拉动生产通过正确的价值观念和压缩提前期,保证用户在要求的时间内得到需要的产品。

实现了拉动生产的企业具备这样的能力——当用户需要时,能立即设计、计划和制造出用户真正需要的产品,最后可以抛开预测,直接按用户的实际需要进行生产。流动和拉动将使产品的开发周期、订货周期、生产周期缩减 50%~90%。

(五)尽善尽美

精益制造的目标是通过尽善尽美的价值创造过程(包括设计、制造,对产品、服务的全生命周期的支持)为用户提供尽善尽美的价值。精益制造的尽善尽美有三层含义:用户满意、无差错生产和企业自身的持续改进。

四、精益生产的主要特征

精益生产方式的实质是管理过程,包括人事组织管理的优化,大力精简中间管理层,进行组织扁平化改革,减少非直接生产人员;推行生产均衡化、同步化,实现零库存与柔性生产;推行全生产过程(包括整个供应链)的质量保证体系,实现零不良生产;减少和降低任何环节上的浪费,实现零浪费;实现拉动式、准时化的生产方式。

精益生产的主要特征:对外以用户为"上帝",对内以"人"为中心,在组织机构上以"精简"为手段,在工作方法上采用综合工作组和并行设计,在供货方式上采用准时生产方式,最终目标为"零缺陷"。

1.以用户为"上帝"

产品面向用户,与用户保持密切的联系,将用户纳入产品开发过程,以多样化的产品、尽可能短的交货期来满足用户的需求,真正体现用户是"上帝"的精神。企业不仅要向用户提供周到的服务,而且要洞悉用户的思想和要求,只能这样才能生产出适销对路的产品。产品的适销性、适宜的价格、优良的质量、快的交货速度、优质的服务是面向用户的基本内容。

2.以"人"为中心

人是企业一切活动的主体,应以人为中心,大力推行独立自主的小组化工作方式。应充分发挥一线职工的积极性和创造性,使他们积极为改进产品的质量献计献策,使一线工人真正成为"零缺陷"生产的主力军。为此,企业要对职工进行爱厂如家教育,并从制度上保证职工的利益与企业的利益挂钩。应下放部分权力,使人人有权、有责任、有义务,随时解决碰到的问题。企业还要满足人们学习新知识和实现自我价值的愿望,形成独特的、具有竞争意识的企业文化。

3.以"精简"为手段

企业应在组织机构方面实行精简化,去掉一切多余的环节和人员。纵向上要减少层次,横向上要打破部门壁垒,将层次细化分工,将管理模式转化为分布式平行网络的管理结构。在生产过程中,应采用先进的柔性加工设备,减少非直接生产工人的数量,使每个工人都能为产品增值。另外,要采用准时生产方式管理物流,大幅度减少库存甚至实现零库存,减少库存管理人员、设备和场所。此外,精益不仅指降低生产过程中的复杂性,还包括在降低产品复杂性的同时,提供多样化的产品。

4.综合工作组和并行设计

精益生产强调以综合工作组的工作方式进行产品的并行设计。综合工作组是指由企业各部门专业人员组成的多功能设计组,对产品的开发和生产具有很强的指导和集成能力。综合工作组全面负责一个产品型号的开发和生产，包括产品设计、工艺设计、编制预算、材料购置、生产准备及投产等工作，并需要根据实际情况调整原有的设计和计划。

5. 采用准时生产的供货方式

准时生产的供货方式可以保证最少的库存和最少的在制品数。为了实现这种供货方式，应与供货商建立良好的合作关系，相互信任，相互支持，利益共沾，从而确保物料的准时供应。

6. "零缺陷"工作目标

精益生产所追求的目标不是"尽可能好一些"，而是"零缺陷"，即最低的成本、最好的质量、无废品、零库存与产品的多样性。当然，这样的境界只是一种理想境界，但应无止境地去追求这一目标，才会使企业永远保持进步，永远走在他人的前头。

五、精益生产在中国企业中的推广

（一）国内企业实行精益生产的状况

20世纪90年代以后，随着我国市场经济体制的建立、健全，再加上市场竞争的加剧，国内更多的企业逐渐意识到了精益生产的重要性及其广大的应用前景，纷纷在抓紧研究、应用。

目前，汽车、电子、医疗器械、机械等行业是精益生产普及程度较高的几个行业，也是精益生产较领先的行业。这些行业具有一些共同的特征：需求变化大、物料种类多、品种多、管理成本高、物料管理复杂。表现最为明显的是汽车行业，汽车行业也一直走在精益生产的前列，从整车装备开始，到汽车组装线，甚至汽车零配件供应商都较早地贯彻了精益生产的思想，如一汽、奇瑞、三一重工、东风、上海大众汽车、青岛四方机车、康达油泵油嘴等汽车企业。

电子行业，如联想电子、华为、海尔电器等都导入了精益生产体系，并结合我国国情和各自的实际情况，摸索出了一条适合自身的精益生产方式，取得了丰富的经验，创造了较高的经济效益。但也有相当数量的企业并未获得预想的成功，甚至产生了相当的负面效应。究其原因，非常复杂，有对精益生产理解不深，急功近利、急于求成的思想，有不能持之以恒的问题等。

（二）推行精益生产模式的重要意义

推行精益生产模式对于促进中国企业改革有着非常重要的意义。

第一，精益生产有利于实现两个根本性的转变。一方面，精益生产的出发点是强调顾客的确定价值和拉动顾客，而市场经济的基本动力是用户的需求；另一方面，粗放模式与集约模式最本质的区别是是否能够最大限度地减少各种形式的浪费，合理利用社会资源，提高国民经济的整体效益。

第二，精益生产有利于企业运行模式的改革。在国有企业中，浪费现象严重，产品开发周期长，成功率低，生产过程中的库存过多，物资积压，造成资金沉淀。运用精益生产方法,将有助于企业改革原有的运行模式,消除浪费,使之高效地运转起来。

第三,精益生产有利于企业集团战略的实施,发展企业集团是国有企业改革的一个重要战略。企业集团往往由处在生产过程中的上、中、下游的一组企业形成,在企业集团中运用精益生产,可以使每一个企业之间的协作关系更和谐、更紧密,使每个企业都减少库存、提高资金效率。

(三) 在中国企业推行精益生产应注意的问题

在中国企业推行精益生产模式时,需要明确以下几个问题:

1. 革新观念,树立精益生产意识

中国有些企业过分重视扩大生产规模,在引进国外先进技术装备时,片面追求高自动化和高生产效率,而不考虑整个生产过程和需求的均衡性。而且,中国企业重技术、轻管理的现象也比较普遍。只有革新观念,树立精益意识,企业才能有效地遏制浪费,提高资金的运用效率,增强竞争能力。

2. 加强对精益思维的学习和研究

精益思维是精益生产的核心。西方国家曾建立示范中心,推广精益生产模式。中国许多企业对精益生产比较陌生,政府和社会应积极引导企业,鼓励企业运用精益生产方法,建立精益生产的企业研究中心和示范中心,举办培训研讨班,灌输精益生产思想,让企业结合自身情况,按照精益思维进行改进和改造活动。

3. 推行精益生产模式应循序渐进

精益生产不是企业管理活动的全部,它应与企业其他的管理活动相协调。同时,不同行业、不同企业的客观环境不一样,适宜企业管理的方法也不一致。精益生产只是生产管理中的一种较好的模式,具体实施时要因地制宜。每一个企业都有自己的“精益原则”,才能真正得到精益生产的精髓。

(四) 精益生产的实施

精益生产的研究者总结出了实施精益实施的五个步骤。

1. 选择要改进的关键流程

精益生产的实施不是一蹴而就的,它强调持续的改进。首先应该先选择关键的流程,力争把它建成一条样板线。

2. 画出价值流程图

价值流程图是一种用来描述物流和信息流的方法。在绘制出目前状态的价值流程图后,可以描绘出一个精益远景图。在这个过程中,要用更多的图标来表示连续的流程及各种类型的拉动系统,均衡生产,缩短工装的更换时间,生产周期由此被细分为增值时间和非增值时间。

3. 开展持续改进研讨会

精益远景图必须被付诸实施,否则规划得再巧妙的图表也只是一张废纸。应明确实施计划中包括什么、什么时候和谁来负责,并且在实施过程中要设立评审节点。在价值流程图、精益远景图的指导下，流程上的各个独立的改善项目被赋予了新的意义，使员工十分明确实施该项目的意义。持续改进生产流程的主要方法：减少质量检测环节，消除返工，消除零件不必要的移动，消灭库存，合理安排生产计划，减少生产的准备时间，减少停机时间，提高劳动利用率。

4.营造企业文化

虽然在车间现场发生的显著改进能引发随后的一系列企业文化的变革，但是如果想当然地认为通过车间布置和生产操作方式上的改进就能自动建立和推进积极的企业文化，显然是不现实的。文化的变革要比生产现场改进的难度更大，两者都是必须完成并且相辅相成的。许多项目的实施经验证明，项目成功的关键是公司领导身体力行地把生产方式的改善和企业文化的演变结合起来。

传统企业要向精益化生产方向转变，不能单纯地采用相应的"看板"工具及先进的生产管理技术，必须使全体员工的理念发生改变。精益生产之所以产生于日本，而不是诞生在美国，也正因为两国的企业文化有相当大的不同。

5.推广到整个企业

精益生产利用各种工业工程技术来消除浪费，着眼于整个生产流程，而不只是个别的工序。所以要把样板线的成功推广到整个企业，缩短操作工序。

总而言之，精益生产是一个永无止境的精益求精的过程，它致力于改进生产流程和其中的每一道工序，尽最大的可能消除价值链中的一切不能增加价值的活动，提高劳动利用率，消除浪费，最大限度地降低库存。

由传统企业向精益企业进行转变不可能一蹴而就，需要付出一定的代价，并且有时候还可能出现意想不到的问题。但是，企业只要坚定不移地走精益之路，才能在一定的时间内收回全部的改造成本，享受精益生产带来的好处。

任务二　准时生产的应用

JIT

准时生产方式又称无库存生产方式，是日本丰田汽车公司在20世纪60年代实行的一种生产方式。

一、准时生产方式的诞生

准时生产方式的发展离不开世界汽车工业的发展。在20世纪后半期，整个汽车市场进入了一个市场需求多样化的新阶段，而且对质量的要求也越来越高，给制造业提出的新课题是如何有效地组织多品种小批量生产。1953年，日本丰田公司的副总裁大野耐一综合了单件生产和批量生产的特点和优点，创造了一种在多品种小批量混合生产条件下高质量、低消耗的生产方式，即准时生产（just in time，JIT）。准时生产方式在推广、应用的过程中不断发展完善，为日本汽车工业的腾飞插上了翅膀，提高了生产效率。随着日本企业在国际市场竞争中的胜利,准时生产方式被看作日本企业成功的秘诀并受到了广泛的关注。现在准时生产方式已在许多国家推广、运用,被世界工业界所注目,被视为当今制造业中最理想、最具有生命力的新型生产系统之一。

二、准时生产方式的实质

准时生产方式的基本思想可概括为"在需要的时候,按需要的量生产所需的产品",也就是通过对生产的计划、控制及对库存的管理,追求一种无库存或使库存达到最少的生产系统。

准时生产方式的实质是一组活动的集合,是一种浓缩各种精华的哲理。它将运作管理中的5P——people(人力)、plants(工厂)、parts(部件)、processes(工业流程)、planning & control system(计划控制系统)集成到一个能提供高质量产品、服务的流水线生产中,其目的在于实现原材料、在制品及产成品在保持最少库存的情况下进行大批量生产。准时生产方式的基本实现方式是当一件产品卖出时,市场就从系统的终端(如总装线)拉动一个产品,形成一个订单。生产线中的下游工人从上游工位拉动一个新产品(在制品)补充被取走的产品(在制品)时,这个上游工位又从更上游的工位拉动产品。重复这个过程,直至原材料投入生产工序。整个过程几乎都是按时按量地生产需要的产品,不会有任何的浪费,使得整个生产过程的成本达到最低,效率达到最高。

三、准时生产方式的主要内容

准时生产方式是一种理想的生产方式,涉及企业生产运作过程中的各个方面,要理解准时生产方式,必须先注意库存、看板、质量管理这三大核心部分。

1.库存

准时生产方式认为库存是"恶魔",因为它不仅占用大量的资金,引起修建仓库、保管、变质处理等一系列不增值的活动,造成浪费,而且还将许多管理不善造成的问题掩盖起来,使问题不能得到及时的解决。准时生产方式努力降低库存水平,让问题尽早暴露出来,有利于企业及早解决问题,持续运营下去。有一个很形象的比喻,船行驶在暗藏大礁石的水域里。礁石代表阻碍生产的种种问题,水域中的淹没了礁石的水则是生产系统中的存货。因为库存的存在,企业的很多问题被掩盖了,企业看似可以正常运作,而一旦存货降低,企业立刻就会由于本已存在的问题而陷入危险的境地。当水面慢慢下降时,最上面的礁石最先露出来(一些问题最先被人识别出来),这时,应采取措施把礁石从水中移走(解决问题)。完成之后,再继续将水移走,露出下一层的礁石,然后再把它们移走。同样,随着生产问题逐渐被解决,对存货的依赖也越来越少,使得企业越来越接近准时准确供货的目标。

2.看板

看板是在大量重复性生产中实现准时生产方式的一种简单而有效的工具,能够帮助企业达到均衡生产的目的。看板的思想最早来源于美国的超级市场。超级市场经理准备上架货物时，主要依据的是顾客要什么、什么时候要、要多少。丰田公司借鉴了这套做法，把超级市场视为作业线上的一道工序，把顾客当成后一道工序。顾客(后工序)来到超级市场(前工序)，在必要的时候就可以买到必要数量的必要商品(零部件)。将这一做法用到生产上就可以降低库存、缩短生产周期、提高生产率，后来形成了一套完整的生产模式。看板管理主要使用卡片和容器对生产过程进行控制，所以看板又称为"口令""指令卡"。在无纸控制系统中，可以只使用容器代替卡片。一般来说，看板可以分为领取看板、生产看板、供应看板、采购看板、转包看板和辅助看板。

3.质量管理

准时生产方式应采用全面质量管理。全面质量管理基于员工对自身工作负责的理论假设，将质量要求加入运作的过程之中，而不是通过检验来确认质量。当员工对其工作质量负责时，准时生产方式的运行状态最佳，因为此时只有高质量的产品在系统中流动。一旦发现异常或不良产品，就可以自动停止设备运行，找出发生异常的原因并有针对性地提出改善措施，从而防止不良产品的重复出现或累积出现，避免可能出现的大量浪费。当所有产品都合格时，则不需要有库存存在。因此，企业可以获得高质量的产品，实现高生产率，保证准时生产方式的实现。

四、准时生产方式的主要目标

准时生产方式的目标是彻底消除无效劳动和浪费，具体要达到以下目标：

1.废品量最低(零不良)

准时生产方式要求消除各种引起不合理的原因，在加工过程中，要求每一工序都达到最好的水平。

2.库存量最低(零库存)

准时生产方式认为，库存是生产系统设计不合理、生产过程不协调、生产操作不良的证明。

3.准备时间最短(零切换)

准备时间长短与批量选择相联系，如果准备时间趋于零，准备成本也将趋于零。

4.生产提前期最短(零停滞)

短的生产提前期与小批量相结合的系统，其应变能力强、柔性好。

5.减少零件搬运，搬运量低(零搬运)

零件的搬运是非增值操作，如果能降低零件和装配件的运送量，减少搬运次数，可以节约装配时间，减少装配中可能出现的问题。

6.机器损坏低(零故障)

全员设备管理能够使设备的损坏率达到最低，保持设备的高可动率。

7.事故降低(零事故)

生产中的事故包含人员事故、设备事故、安全事故等。

准时生产方式的目标可以简称为上面的 7 个零，7 个零最终归结为零浪费。

五、准时生产方式的实现方式

实现准时生产方式需要做到适时适量生产，弹性配置作业人数和看板控制。

(一) 适时适量生产

适时适量生产就是在需要的时候，按需要的量生产所需要的产品或提供所需要的服务。它强调的是"准时"和"准量"，这是由当前顾客至上的市场环境决定的。现在是竞争的时代，企业生产的产品数量必须能够对市场做出灵活的反应，生产过剩将会导致库存积压，造成人、财、物的浪费。而要实现适时适量生产，可以采用生产同步化和流程均衡化等生产方式。

1. 生产同步化

所谓生产同步化，就是工序间不设置仓库，前一工序加工结束后，立即转到下一工序，装配线与机械加工几乎平行进行，产品被一件一件、连续地生产出来。理想的状态就是尽量缩短作业更换时间来缩小生产批量，做到生产一件，运输一件，主要通过"后工序领取"这样的方法来实现：以制造工序的最后一道，即总装配线，作为生产的出发点，生产计划只下达给总装配线，以装配为起点，在需要的时候向前工序领取必要的加工品，而前工序提供该加工品后，为了补充生产被领走的量，必须向再前一道工序领取物料，以此类推，这样就可以把各个工序都连接起来，实现同步化生产。这种由后向前的"牵引式"具有自动连续反应的特征，使生产系统有较快的恢复能力。

与之相适应，同步化生产还需采取与之相适应的设备配置。通常，设备布置方式一般按照车、铣、刨等工业专业化的组织形式布置。这种布置形式的工序之间缺少连接，各工位加工出来的产品堆积在机床旁，易产生生产过剩现象，使工序间的生产联系和管理工作复杂化，导致生产周期过长。而在准时生产方式下，设备按照加工工件的工序来布置，形成了相互衔接的生产线，做到了工序间的平衡。这种方式可缩短作业更换时间，从而使生产批量缩小，工序间的在制品存储量减少，生产周缩短，并降低了资金占有率，节省了保管空间，降低了成本，减少了次品。

2. 生产均衡化

生产均衡化是实现适时适量生产的前提条件，具体是指总装配线在向前一工序领取零部件时应均衡地使用各种零部件，生产各种产品。为此在制订生产计划时，就必须对此加以考虑，然后将其体现于产品生产顺序的计划之中。在制造阶段，均衡化通过专用设备通用化和制定标准作业来实现。所谓专用设备通用化，指通过在专用设备上增加一些工具的方法使之能够加工多种不同的产品。标准作业，指将作业节拍内一个作业人员所应担当的一系列作业内容标准化。

生产中将一周或一日的生产量按分秒时间进行平均计算，所有生产流程都按此来组织生产。这样，流水线上每个作业环节在单位时间内必须完成多少、完成何种作业就有了标准定额，所在环节都按标准定额组织生产。因此，要按此生产定额均衡地组织物质的供应，安排物品的流动。

因为准时生产方式的生产是按周或日平均计算，所以与传统的大生产、按批量生产的方式不同，准时生产方式的均衡化生产中没有批次生产的概念。而实现均衡化生产的主要方法是标准化作业。标准化作业主要是指每一位多技能作业员所操作的多种不同机床的作业程序，即在标准周期内，把每一位多技能作业员所承担的一系列多种作业标准化。它主要包括三个内容：标准周期、标准作业顺序和标准在制品存量，它们均用"标准作业组合表"来表示。

（二）弹性配置作业人数

弹性配置作业人数、降低劳动费用是降低成本的一个重要途径。达到这一目的的方法是"少人化"，即根据生产量的变动，弹性地增减各生产线中的作业人数，以及尽量用较少的人力完成较多的生产。弹性配置作业人数的关键在于能否将生产量减少了的生产线上的作业人员数减下来。"少人化"有别于传统生产系统中的"定员制"，它是一种全新的人员配置方式，其意义体现在两个方面：一是按照每月生产量的变动，弹性地增减各生产线以及作业工序中的作业人数，通过保持合理的作业人数来降低成本；二是通过不断减少原有的作业人数来降低成本。

要实现"少人化"，就要做到合理配置设备，对作业人员进行专门的训练，使其成为具有技艺的"多面手"，并且要经常审核、定期修改标准的作业组合。其中，要特别注意以下两个问题。

1.弹性配置的是人数，不是人工

在弹性配置作业人数时，弹性配置的是人数，而不是人工。但在实际运作中，有很多人区分不清人数和人工的概念。例如，在实际运作过程中，将工作量从1个人工减少到0.5个人工，并不会带来人数的减少，达不到降低人工费用的目的。因为0.5个人工仍需要1个人来做，和1个人工需要的人数是一样的。此时付给工人的各项薪金水平并没有改变，成本并没有降低。只有将"人数"而不是"人工"降下来，才有可能降低成本。

2."多面手"的培养

从作业人员的角度来说，实现"少人化"意味着生产节拍、作业内容、作业范围、作业组合、作业顺序等的变更。为使作业人员能够适应这种变更，必须根据可能变更的作业内容对他们进行培训。最理想的状态是大家都成为"多面手"，即作业人员能熟悉各个工序，这样的作业人员的职务扩大被称为"作业人员多能化"。

对"多面手"的培养常采用职务定期轮换的方法来实现。职务定期轮换主要包括以年为周期的工作场所的变动，它带动着职务内容、人事关系、所属关系的定期调动。通过职务定期轮换，不仅能实现作业人员的多能化，使弹性配置作业人数成为可能，而且采用以小时为单位的作业轮换，可以减少作业人员的身体疲劳，有利于安全生产。职务定期轮换扩大了作业人员之间的交流和沟通，有利于改善作业现场中的人际关系，容易形成一种相互理解、相互教学的关系，有利于知识技能的扩大和积累。另外，定期职务轮换还可以使全体作业人员与作业现场的各个工序都发生关系，能拓宽作业人员视野，提高作业人员对整个作业流程的关心程度和参与管理的积极性，从而带动企业发展。

(三)看板控制

准时生产方式要求将传统生产过程中的前一工序向后一工序送货,改为后一工序根据"看板"向前一工序取货,因而看板系统是准时生产方式生产现场控制技术的核心。整个看板系统的内外运行过程好像是由一些无形的传送带(看板)连在一起的信息流(看板流),把各个部门联系在一起。

看板控制一般根据零件类型,用生产看板来规约物料传送,每道工序上的生产则由整个排队长度来进行规约。按物料传送系统的不同,可以把生产分为多种控制类型,如单看板系统、双看板系统、多看板系统等。在实际生产运作过程中,以双看板系统最为常用。

1. 看板管理的作用

看板管理是一种生产现场物流控制系统,它是通过看板的传递或运动来控制物流的一种方法。看板是准时生产方式现场控制的核心,其主要功能体现在以下方面:

(1)生产以及运送的工作指令。

看板中记载着生产量、时间、方法、顺序以及运送量、运送时间、运送目的地、放置场所、搬运工具等信息,从装配工序逐次向前工序追溯,装配线将所使用的零部件上所带的看板取下,以此再去向前一工序领取。"后工序领取""适时适量生产"就是这样通过看板来实现的。

(2)防止过量生产和过量运送。

看板必须按照既定的规则来使用。其中的一条规则是"没有看板不能生产,也不能运送"。根据这一规则,看板数量减少,则生产量也相应减少。看板所表示的只是必要的量,因此通过看板的运用能够做到自动防止过量生产和过量运送。

(3)进行"目视管理"的工具。

看板的另一条运用规则是"看板必须在实物上存放","前一工序按照看板取下的顺序进行生产"。根据这一规则,作业现场的管理人员能够对生产的优先顺序一目了然,易于管理,并且只要一看看板,就能知道后一工序的作业进展情况、库存情况等。

(4)改善的工具。

在准时生产方式中,通过不断减少看板数量来减少在制品的中间储存。在一般情况下,在制品库存较多,即使设备出现故障、不良品数目增加也不会影响到后一工序的生产,所以容易把这些问题掩盖起来。而且即使有人员过剩的情况,也不易察觉。根据看板的运用规则"不能把不良品送往后一工序",后一工序所需得不到满足,就会造成全线停工,问题会立即暴露,从而必须立即采取措施来解决问题。准时生产方式的目标是实现无储存生产系统,而看板提供了一个朝着这个方向迈进的工具。

2. 看板的分类

实际生产管理中使用的看板的形式很多,常见的有塑料夹内装的卡片或标识牌,例如运送零件小车、工位器具或存件箱上的标签,流水生产线上各个颜色的小球、信号灯及电视图像等。

根据功能和应用对象的不同,可以对看板进行分类,具体如图9-2所示。

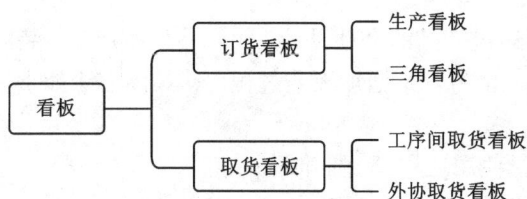

图 9-2 看板的分类

（1）订货看板。

订货看板，指在一个工厂内，指示某一工序加工制造规定数量所用的看板，它又分两种类型：一般的生产看板和三角看板。一般的生产看板指出需加工件的件号、件名、类型、工序存放位置、工件存放位置、工件背面编号、加工设备等。三角看板指出加工工件号、名称、存放位置、批量及货盘数、再订购点及货盘数、加工设备等。

（2）取货看板。

取货看板是指后一工序的操作者按看板上所列件号、数量等信息，到前一工序（或协作厂）领取零部件的看板。取货看板又可分为两种类型：工序间取货看板、外协取货看板。工序间取货看板指出应领取的工件件号、件名、类型、工件存放位置、工件背面编号、紧前加工工序号、紧后加工工序号等，是厂内工序间的取货凭证。外协取货看板除了指出有关外协件的特征信息外，还指出本企业名称、外协厂名、交货时间、数量等，它是向固定的协作厂取货的凭证。

随着时代的发展，制造资源计划（MRP Ⅱ）被用来协助看板管理，进一步提高生产效率。准时生产方式是一个理想的过程，也是一个永无止境的改善过程。在实现操作的过程中，需要把问题摆在每个人面前，让大家一起解决问题。这是一个不断持续的过程，它使人们永不会自满，永远面临新问题，也是准时生产方式的实质所在。

六、准时生产方式的应用

1. 准时生产方式在我国的应用

准时生产方式在 20 世纪 70 年代末期从日本引入我国。长春第一汽车制造厂最先开始应用看板系统控制生产现场作业。到了 1982 年，长春第一汽车制造厂采用看板取货的零件数，已达其生产零件总数的 43%。20 世纪 80 年代初，中国企业管理协会组织推广现代管理方法，看板管理被视为现代管理方法之一，在全国范围内得到了宣传推广，并被许多企业采用。20 世纪 90 年代，在我国的汽车工业、电子工业、制造业等实行流水线生产的行业中应用准时生产方式获得了明显效果，长春第一汽车制造厂、长春第二汽车制造厂、上海大众汽车有限公司等企业结合厂情创造性地应用准时生产方式，取得了丰富的经验，创造了良好的经济效益。准时生产方式的实现手段因具体企业和生产方式的不同而不同，企业只有在实践中不断地进行探索，才能确立自己的准时生产方式，真正把握准时生产方式的精髓。

2. 准时生产方式的实施方法

准时生产方式试图通过产品的合理设计，使产品易生产、易装配，当产品范围扩大时，即使不能减少工艺过程，也力求不增加工艺过程，其具体方法如下：

(1)模块化设计；

(2)设计的产品尽量使用通用件、标准件；

(3)设计时要考虑容易实现生产自动化。

3. 准时生产方式的实施步骤

准时生产方式的实施步骤如下：

(1)在企业开展认识准时生产方式的学习。

(2)在认识准时生产方式的基础上，发动大家开展认识现状，对照准时生产方式找差距、找问题，讨论如何改进的活动。

(3)在认识准时生产方式的同时，逐级成立实施准时生产方式的推进组织，以便在组织上得到保证。

(4)现场进行 5S 管理活动和看板管理，为准时生产方式的实施打下基础。

(5)调整生产线，实行一个流的生产方式或多品种混流的生产方式。

(6)试验运行，在运行过程中不断改进、调整，使之逐步规范化、标准化和制度化。

任务三　敏捷制造的应用

敏捷制造

20 世纪 80 年代以前，中国的航空工业以研制军用飞机为主，民用飞机发展缓慢。随着中国经济的快速发展，民用航空运输业突飞猛进，对民用飞机的需求量也越来越大。为了满足民众对民用飞机的需求，西飞公司加大了对民用飞机的投入。

2005 年，西飞公司将首批的 3 架新舟 60 飞机出口到了津巴布韦，并与尼泊尔、刚果、古巴、印尼、菲律宾等国家签订了购机合同。同时，还开拓了国内的航空市场，与奥凯、幸福等航空公司签订了购机合同，累计订单已达到 156 架。因此，新舟 60 飞机的生产已成为西飞公司的发展战略重点。与法国航空、意大利航空、巴西航空等大公司的成熟支线飞机相比，新舟 60 飞机在产品性能、知名度等方面还存在一定的差距。为了抓住市场大量需求涡桨支线飞机的机遇，提高新舟 60 飞机的市场占有率，同时保证新舟 60 飞机在厂内的连续生产、均衡交付目标的实现，西飞公司必须改变现行的生产和管理模式。面对这种情况，西飞公司实施了现代化的敏捷制造，不仅提高了自己的市场反应速度，而且还最大限度地满足了客户的需求，全面提高了自己的民用飞机制造水平和产能，促进了民用飞机的大发展。

一、什么是敏捷制造

对于敏捷制造，目前尚无统一、公认的定义。美国的 Agility Forum(敏捷制造的研究组织)将敏捷制造定义为：制造企业采用现代通信手段，快速配置各种资源(包括技术、管理和人)，以有效和协调的方式响应用户需求，以此实现制造的敏捷性。国内学者将敏捷制造定义为：以柔性生产技术和动态联盟结构为特点，以高素质、协同良好的工作人员为核心，实施企业间的网络集成，形成的能够快速响应市场的社会化制造体系。敏捷制造是大量生产时代之后的一种制造产品、分配产品和提供服务的新的制造模式。敏捷制造具体体现出以下几个新的理念：

1. 新的企业概念

动态的"虚拟企业"，没有任何时空限制，有别于传统的实体企业。

2. 新的组织管理概念

职权下放到基层，只要能完成任务，一切中间过程都可以完全自主。

3. 新的产品概念

从产品开发到投入市场，直到报废为止，还包括产品的更新换代。

4. 全新的生产概念

产品生产高度柔性化、模块化。

随着生活水平的日益提高，人们对产品、服务的需求和评价标准表现出多维性。因此，企业需要具备敏捷性，必须能在无法预测、不断变化的市场环境中保持并不断提高企业的竞争能力。具备敏捷性的生产方式即敏捷制造。敏捷性是企业生产的核心，它是企业在不断变化、不可预测的经营环境中善于应变的能力。敏捷制造强调将许多柔性的、先进的、实用的制造技术，高素质的劳动者以及企业之间和企业内部灵活的管理有机地结合起来，以此对顾客的需求做出快速的响应。敏捷性具体表现在产品的需求、设计和制造上。

二、敏捷制造的起源

20 世纪后半期，全球的市场竞争越来越激烈。新知识、新概念的不断涌现和新产品、新工艺的迅速更迭加速了市场的变化。企业面临着更严峻的挑战。世界市场由过去传统的相对稳定的状态逐步演变成动态多变的状态，由过去的局部竞争演变成全球范围内的竞争。同行业之间、跨行业之间的相互渗透、相互竞争日益激烈。为了适应变化迅速的市场，为了提高竞争力，企业必须解决 TQCS 难题，即以最快的上市速度(time to market)、最好的质量(quality)、最低的成本(cost)、最优的服务(service)来满足不同顾客的需求。与此同时，信息技术取得了极快的发展，特别是计算机技术、计算机网络技术、信息处理技术等取得了人们意想不到的进步。

在市场持续高速变化的 21 世纪，企业不仅要能针对市场的变化迅速进行必要的调整，包括组织上和技术上的调整、对市场中的变化做出快速响应，而且要有不断通过技术创新和产品更新来开拓市场、引导市场的能力。只有这样才能及时抓住一瞬即逝的市场机遇，立于不败之地。

相比日本的迅速进步，曾经一度领先的美国制造业风光不再。由于片面强调第三产业而忽视了制造业对国民经济健康发展的保障作用，美国的制造业严重衰退，逐步丧失了其世界霸主的地位。1986 年，在美国国家科学基金会和企业界的支持下，美国麻省理工学院的工业生产率委员会开始深入研究衰退的原因和振兴对策。研究的结论是"一个国家要生活得好，必须生产得好"，他们重申了基础产业和制造业的社会功能，提出以技术先进、有强大竞争力的制造业夺回生产优势，振兴经济的对策。为了应对日本企业的挑战，重振美国制造业的雄风，1988 年，美国通用汽车公司与美国里海大学的几位教授共同提出了一种新的制造企业战略——敏捷制造。多年来的实践证明，将信息技术应用于制造业，进行传统制造业的改造，是现代制造业发展的必由之路。20 世纪 80 年代初，以信息集成为核心的计算机集成制造系统开始应用；20 世纪 80 年代末，以过程集成为核心的并行工程技术进一步提高了制造水平；20 世纪 90 年代，先进制造技术进一步向更高水平发展，出现了虚拟制造、精益生产、敏捷制造、虚拟企业等新概念。

三、敏捷制造的内涵

(一)敏捷制造的要素

敏捷制造主要包括三个要素：生产技术、管理技术、人力资源。

1. 敏捷制造的生产技术

敏捷制造通过将技术、管理和人员三种资源集成为一个协调的、相互关联的系统来实现。

首先，具有高度柔性的生产设备是创建敏捷制造企业的必要条件(但不是充分条件)。敏捷制造所必需的生产技术在设备上的具体表现为：由可改变结构、可测量的模块化制造单元构成的可编程的柔性机床组；"智能"制造过程控制装置；用传感器、采样器、分析仪与智能诊断软件相配合，对制造过程进行闭环监视；等等。

其次，在产品开发和制造过程中，能运用数字计算方法设计复杂产品，能可靠地模拟产品的特性和状态，能精确地模拟产品的制造过程。各项工作是同时进行的，而不是按顺序进行的，即同时开发新产品，编制生产工艺规程，进行产品销售。设计工作不只属于工程领域，也不只是工程与制造的结合。从用材料制造成品到产品报废的整个产品生命周期内，每一个环节的代表都要参加产品设计工作。技术在缩短新产品的开发与生产周期上可充分发挥作用。

再次，敏捷制造企业是一种高度集成的组织。信息在制造、工程、市场研究、采购、财务、仓储、销售、研究等部门之间连续流动，而且还要在敏捷制造企业与其供应厂家之间连续流动。在敏捷制造系统中，用户和供应厂家在产品设计和开发中都应起到积极作用。每一个产品都可能要使用具有高度交互性的网络。同一家公司的在实际上分散、在组织上分离的人员可以彼此合作，并且可以与其他公司的人员合作。

最后，把企业中分散的各个部门集中在一起，靠的是严密的通用数据交换标准、坚固的"组件"(许多人能够同时使用同一文件的软件)、宽带通信信道(传递需要交换大量的信息)。把所有这些技术综合到企业现有的集成软件和硬件中去，就标志着敏捷制造时代的开始。

2. 敏捷制造的管理技术

首先，敏捷制造在管理上所提出的最创新的思想之一是"虚拟公司"。敏捷制造认为，新产品投放市场的速度快是当今最重要的竞争优势。推出新产品最快的办法是利用不同公司的资源，使分布在不同公司内的人力资源和物资资源能随意交换，然后把它们综合成单一的靠电子手段联系的经营实体——虚拟公司，以完成特定的任务。也就是说，虚拟公司可以专门完成特定计划，只要市场机会存在，虚拟公司就存在；特定计划完成了，市场机会消失了，虚拟公司就会解体。经常地形成虚拟公司的能力将成为企业的强有力的竞争武器。

只要能把分布在不同地方的企业资源集中起来，敏捷制造企业就能随时构成虚拟公司。有些公司总觉得独立生产比合作生产要好，这种观念必须破除。应当把克服与其他公司合作的组织障碍作为首要任务。此外，解决因为合作而产生的知识产权问题，开发管理公司、调动人员工作主动性的管理技术，寻找建立与管理项目组的方法，建立衡量项目组绩效的标准，这些都是艰巨的任务。

其次，敏捷制造企业应具有组织上的柔性。因为，先进工业产品的激烈竞争环境已经开始形成，越来越多的产品要进入瞬息万变的世界市场中去参与竞争。产品的设计、制造、分配、服务将用分布在世界各地的资源（组织、人才、设备、物料等）来完成。制造公司日益需要满足各个地区的客观条件。这些客观条件不仅反映着社会、政治和经济价值，而且还反映出了人们对环境安全、能源供应等问题的关心。在这种环境中，采用传统的纵向集成形式，"关起门来"什么都自己做，是注定要失败的，必须采用具有高度柔性的动态组织结构。根据工作任务的不同，有时可以采取内部多功能团队的形式，请供应者和用户参与到团队中来，有时可以采用与其他公司合作的形式，有时可以采取虚拟公司的形式。能够有效地运用这些手段，就能充分利用各地的资源。

3. 敏捷制造的人力资源

在人力资源方面，敏捷制造认为，在动态竞争的环境中，最关键的因素是人员。柔性生产技术和柔性管理使得敏捷制造企业的人员能够实现他们自己提出的发明和合理化建议。没有一个一成不变的原则来指导敏捷制造企业的运行，唯一可行的长期指导原则是提供必要的物质资源和组织资源，以此支持人们的创造性和主动性。

在敏捷制造时代，产品和服务不断创新和发展，制造过程不断改进，这是竞争优势的同义语。敏捷制造企业能够最大限度地发挥人的主动性。有知识的人员是敏捷制造企业中宝贵的财富。因此，不断对人员进行教育，不断提高人员素质，是企业的管理层应该积极支持的一项长期投资。每一个企业人员吸收消化信息、对信息做出创造性响应的能力越强，企业可能取得的成功就越大。

敏捷制造企业中的每一个人都应该认识到柔性可以使企业转变为一种通用工具，这种工具发挥的效力大小仅仅取决于人们使用这种工具进行工作时的想象力。大规模生产企业的生产设施是专用的，因此，这类企业是一种专用工具。与此相反，敏捷制造企业是连续发展的制造系统，该系统的能力仅受人员的想象力、创造性和技能的限制，而不受设备限制。敏捷制造企业的特性支配着它在人员管理上所特有的、完全不同于大批量生产企业的态度。管理者与雇员之间的敌对关系是不能容忍的，这种敌对关系限制了雇员接触企业运行状态的有关信息。信息必须完全公开，管理者与雇员之间必须建立相互信赖的关系。

（二）敏捷制造的特点

1.产品生产全周期满足用户要求

敏捷制造采用柔性化、模块化的产品设计方法和可重组的工艺设备，使产品的功能和性能可根据用户的具体需要进行改变，并借助仿真技术让用户更方便地参与设计，从而能够很快地生产出满足用户需要的产品。它对产品质量的概念是，保证在整个产品生产周期内使得用户满意，企业的质量跟踪将持续到产品报废之时，甚至直到产品更新换代之时。

2.采用多变的动态组织结构

21世纪，衡量企业竞争优势的标准是企业对市场反应的速度和满足用户的能力。而要提高这种速度和能力，必须以最快的速度把企业内部的优势和企业外部的优势集中在一起，组成灵活的经营实体，即虚拟公司。

所谓虚拟公司，是一种利用信息技术打破时空阻隔的新型企业组织形式。它一般是某个企业为完成一定任务项目，与供货商、销售商、设计单位或设计师，甚至与用户组成的企业联合体。选择这些合作伙伴的依据是他们的专长、竞争能力和信誉。这样，虚拟公司能把与任务项目有关的各领域的精华力量集中起来，形成单个公司所无法比拟的绝对优势。当既定任务完成时，虚拟公司即行解体。当出现新的市场机会时，再重新组建新的虚拟公司。

虚拟公司这种动态组织结构大大缩短了产品的上市时间，加速了产品的改进进程，使产品质量不断提高，也能大大降低公司的开支，增加收益。

3.战略着眼点在于长期获取经济效益

传统的大批量生产企业的竞争优势在于规模生产，即依靠大量生产同一产品，减少每个产品所分摊的制造费用和人工费用，以此降低产品的成本。敏捷制造采用先进的制造技术和具有高度柔性的设备进行生产，这些具有高柔性、可重组的设备可用于多种产品，不像大批量生产那样需要在短期内回收专用设备的费用。而且高柔性的设备变换容易，可在一段较长的时间内获取经济效益，所以它可以使生产成本与批量无关，做到完全按订单生产，充分把握市场中的每一个获利时机，使企业长期地获取经济效益。

4.建立新型的标准基础结构，实现技术、管理和人的集成

敏捷制造企业可以充分利用分布在各地的各种资源，把这些资源集中在一起，把企业中的生产技术、管理和人集合到一个相互协调的系统之中。

5.最大限度地调动、发挥人的作用

敏捷制造提倡以"人"为中心的管理，强调用分散决策代替集中控制，用协商机制代替递阶控制机制。它的基础组织是"多学科群体"，这是一种以任务为中心的动态组合，即把权利下放到项目组，提倡统观全局的管理模式，要求各个项目组都能了解全局，胸怀企业全景，明确工作目标和任务的时间要求，但完成任务的中间过程由项目组自主决定，以此发挥人的主动性和积极性。

（三）敏捷制造的关键技术

在敏捷制造系统中，人、管理和技术是三个最基本的要素。敏捷制造模式的构筑和实

施需要多种技术的支持，制造模式要和先进技术相匹配才能充分发挥优势。因此，要解决关键问题首先要有关键技术作为基础，敏捷制造中主要有如下的关键技术：

1. 并行工程技术

工作流程的并行进行，并非常见的串行反馈循环工作方式。敏捷制造强调团队工作精神，要求与工作项目有关的各方面专家协调一致、解决问题，求得各方面都满意的最佳方案。产品的设计过程、生产准备过程甚至加工过程都可以同步进行，这样不仅可以缩短新产品的开发周期，还可以及早发现并修改设计方案中存在的问题，从而有效地降低成本，提高产品质量。

2. 虚拟制造技术

虚拟制造技术的基本做法是将企业的一切活动，如设计过程、加工过程、装配过程、生产管理等，建成与现实中完全相同的计算机模型，然后利用该模型模拟运行企业的一切活动并进行调整，在求得最佳运行参数后再进行实际的生产活动，以确保最佳状态。虚拟制造技术对提高产品质量，降低产品成本，缩短设计、制造周期，改进设计运行状态都有着十分重要的作用。

3. 网络技术

为了实现敏捷制造，企业需要有通信连通性，按照企业网—全国网—全球网的步骤实施企业的网络建设。利用企业网实现企业内部工作小组之间的交流和并行工作，利用全国网、全球网共享资源，实现异地设计和异地制造，及时、最优地建立动态联盟。基于网络基础的企业资源计划管理系统和商品供应链系统为敏捷制造的实施提供了必需的信息。

4. 模块化技术

模块化技术主要有组织机构的模块化、工艺系统的模块化、产品的模块化。组织机构的模块化通过多功能小组来实现。根据市场需求的不同，企业能够动态地重构其组织结构，用多功能小组，动态、快速地重新组织设计队伍、生产队伍和管理机构，从而实现组织机构的敏捷化。工艺系统的模块化利用模块化部件构造企业的工艺装备，可以根据生产需求的变化重新使用这些模块化部件，升级生产系统，或重新配置加工设备。用户可以预先对产品进行模块化设计，根据自己的喜好提出色彩、造型和功能等方面的要求，制造企业可以选用合适的模块迅速地组装产品并将产品交给用户。

5. 系统集成技术

信息及信息交换的标准化和开放式体系结构是实现系统整体集成的关键。敏捷制造的系统集成所要面对的是连续变化的动态系统，在系统集成运行的条件下，能够保证系统各部分功能的独立性，旨在在不影响系统其他部分运行的情况下，独立地进行系统的改进和升级。

6. 动态联盟

动态联盟是面向产品经营过程的一种动态组织结构和企业群体集成方式。作为实现敏捷制造的重要组织手段，动态联盟的实质是综合社会各方面的优势，实现企业间的动态集成。它使企业开发新产品的能力大大提高，能充分发挥企业内不同部门的最佳水平，减少资源的浪费。

7. 产品数据管理技术

各种商业信息、制造信息、研究信息等要有相应的合适的数据库系统进行管理，使企业的管理更完善、更符合全球化的发展形势和竞争需求。产品数据管理技术是一种在数据库的基础上发展起来的信息集成技术，能管理所有与产品相关的信息和所有与产品相关的过程。它可以覆盖产品的市场需求、研究与开发、产品设计、工程制造、销售、服务与维护等所有领域及全生命周期中的产品信息。

四、我国企业的敏捷制造之路

在当前我国企业建立现代企业制度的过程中，研究先进的敏捷制造理论和各种应用技术，结合我国企业的实际情况实施，对提高我国企业的综合竞争力有重要的作用。虽然实施敏捷制造是一个漫长的过程，有许多现实问题尚在探索之中，但从众多企业根据自身情况不断向敏捷制造迈进的实践中，可以概括出实施敏捷制造的一般步骤与方法。

(一) 评估环境、确定策略

在实施敏捷制造模式之前，我国企业首先要评估外界的竞争环境和自身的特点，确定企业应该采用什么样的方式来实施敏捷制造策略。

我国企业面临着复杂的经营环境，要考虑经营机会、风险、竞争对手、自身条件等一系列问题。我国企业应该学会如何对外部竞争环境、用户需求和竞争对手进行评估，关键是要分清用户的现实需求和潜在需求。需要强调的是，分析竞争对手不是为了击败对手而独占市场机会，而是通过企业间的联合，共同赢得市场机会。

对于内部环境，企业需要定义企业所具有的核心条件，分析企业存在的不足，确定适当的经营策略。具体来说，企业要考察和诊断自己的产品设计与制造过程，充分收集信息并加以分析，以便决定企业在哪一阶段应该采用什么样的经营策略，同时考虑在实施选定策略时，如何为应对环境变化和新的机遇留下余地。企业可举办研讨会，吸纳全体员工参加，讨论可选方案，进行财务分析或估算，以确定成本和收益，利用计算机系统对组织结构方案、工厂布局、工作设计方案进行仿真设计，模拟信息系统的运行状态，以此确定实施敏捷制造的方式。

(二) 流程和组织结构的重组

当今的企业，尤其是规模生产的大企业，沿袭了大批量生产的组织模式——部门分块、多层结构、分工过细。这种缺乏柔性的组织方法与结构难以适应灵活多变的市场形势。因此，企业重构是提高组织敏捷性的重要途径。许多事实说明，企业内部流程的再造或优化，对企业制造模式的转型有巨大作用。美国福特汽车公司通过名为"福特2000"的组织重构计划，顺畅了跨组织部门的流程，创新产品开发的能力大为增强。此外，在企业经营活动中，通过对一些关键过程进行重构，也会大大提高敏捷性。

近十几年来，我国不少企业采用了高新制造技术，尤其是计算机集成制造系统。但是，近年来，人们发现在计算机集成制造系统的使用过程中，很少有企业能按既定的计划实施并取得效益。随着实践的深入，人们逐渐认识到一个非常重要的情况，就是企业管理体制和组织结构的不合理。

我国企业现有的组织体制工作效率较低，无人监察全过程，无人对全过程负责，组织僵化，缺乏柔性；企业的管理方式以人工为主，靠经验制订生产计划和物料需求计划，使得计划多重制订，不能保证计划的周密性和系统性，不合理的计划造成了生产能力的不均衡，生产时断时续；企业库存不能保证处于最佳状态，物料管理有一定的盲目性；报表不准确、不及时；等等。

因此，要转变制造模式，企业首先应该进行内部改革，比如改革生产模式，从传统的顺序工作方式向并行工作方式转变；改革组织结构，从按功能划分部门的固定组织形式向动态的、柔性的小组工作组织形式转变。只有改革企业传统的管理体制，才能合理、优化地使用企业资源。

（三）利用信息技术的集成能力

随着信息时代的到来和计算机网络的全球化，国际合作在全球范围内日益加强，我国企业可以通过互联网将供需链上分散的、小型化的、专业化的制造企业有效地组织起来，合理、优化地使用资源，走共同发展的道路。

据专家分析，产品开发时间每增加 10%，企业的年收入将损失 25%~30%。而在当前我国企业的设计系统中，产品信息生成、交换和处理常常由互不兼容的信息系统支持，不能实现完全和无异义的产品信息交换，信息处理的冗余和延迟不可避免。所以，企业要形成集成的产品开发环境，应用并行工程、虚拟产品开发、虚拟现实技术，实现制造的一次成功。集成平台和集成框架提供了实现这一目标的工具。随着全球一体化进程的发展，任何一家企业都无力完全垄断或单独地满足市场需求，我国企业必须改变过去"大而全"的模式，转而建立由市场机遇决定的、由任务导向组建的动态联盟的虚拟企业，可以考虑利用信息技术平台协同工作，以缩短产品开发时间、降低成本、减少风险。

（四）改进物流管理

物流对企业生产制造系统的影响不言而喻。从内部来讲，物料运储系统是企业系统的重要元素，改进物料运储系统是大批量生产向敏捷制造转变的必要环节。当今，我国许多企业的物料运储系统是按大批量、单一品种的情况设计的，它不能适应动态变化的环境。企业物料运储系统的改革方向应集中在资源的优化配置上，它应是柔性的、自适应的，同时能通过设备和人员的共享全面降低运储成本。

除了改善企业内部的物流系统以外，改进外部供应链也是很重要的。当企业生产个性化强、技术指标复杂、交货期短的产品时，需要从其他企业那里快速获取资源，而光靠企业的后勤部门可能难以在全球范围内适时、适价地获得所需资源。于是，一个具有先进通信工具、能集成多种运输方式的全球物流网应运而生，这样的全球物流网已初步联结了北美、欧洲和亚洲市场，其后勤供应商能为企业提供世界范围内的后勤运作支持。有关人员认为，通过这一系统可做到 48 小时内交货。显然，我国企业加入全球竞争，完全可以充分利用全球物流网。

(五) 企业文化的改变

人员对变化响应的快慢是企业敏捷性高低最重要的标志。只有给员工进行授权，才能使他们具有敏捷性。给员工授权有两个方面的意义：一个方面是使员工具有对其工作范围内甚至整个企业中的事务进行决策的能力；另一个方面是在实现企业目标的途径不明确的情况下，获得授权的员工能根据企业目标自行确定职责。比如，某五星级饭店会给员工一定限额内的现金的自主支配权，员工有权用这笔钱去做他们认为必要的事，以安抚不满的顾客，或者为有着特殊需求的顾客提供服务。因此，我国的企业应该大力加强对员工的教育和培训，树立"培训是最好的福利"的意识，培训内容不仅要包括技术方面，而且还应包括思想观念方面，从而使企业员工成为具有敏捷特性的劳动力。

总之，每个企业应该因地制宜地走自己的敏捷制造之路。每个企业有不同的情况，如有的企业是组织结构不适应快速变化的市场，有的企业是产品开发能力差，有的企业是物料运储上存在瓶颈、阻碍生产。企业应该根据自身情况采用上面提到的一种策略或几种策略的组合，以提高企业的敏捷性。

任务四　最优生产技术的应用

最优生产技术是一种改善生产管理的技术，它是以色列物理学家艾利·高德拉特博士于20世纪70年代提出的，用于安排企业生产人力和物料调度。它最初被称作最佳生产时间表，在20世纪80年代才改称为最优生产技术。后来，高德拉特又进一步将它发展成为约束理论。

一、最优生产技术的主要内容

最优生产技术的指导思想是集中精力优先解决主要矛盾，比较适应单件小批的生产类型。这类企业的产品种类多、产品结构复杂、控制对象多，因此必须分清主次，抓住关键环节。

1. 物流平衡是企业制造过程中的关键

产品需求是企业的外部因素，时刻都在变化。为适应市场，企业必须以尽可能的低成本、短周期生产出顾客需要的产品。因此，制造问题主要是物流平衡问题，要努力实现物流的同步化。

2. 瓶颈资源是产品制造的关键制约因素

在制造过程中，影响生产进度的就是瓶颈环节。瓶颈资源的满负荷运转是保证企业物流平衡的基础。瓶颈资源损失或浪费1小时，制造系统即损失或浪费1小时。因此，瓶颈资源是制造系统控制的重点，为使其达到最大的产出量，可采取以下措施：

（1）在瓶颈工序后设置质量检查点，避免瓶颈资源做无效劳动。

（2）在瓶颈工序前设置缓冲环节，使瓶颈工序不受前面工序生产率波动的影响。

（3）采用动态的加工批量和搬运批量。对瓶颈资源来说，加工批量通常是较大的，要减少瓶颈资源的装设时间和次数，提高其利用率；而对于较小的运输批量，可以使工件分批到达瓶颈环节，可减少工件在瓶颈工序前的等待时间，减少在制品的库存。

3.瓶颈资源决定着制造系统其他环节的利用率和生产效率

瓶颈资源在制造系统中有举足轻重的作用，影响着系统内的其他资源，就像劳伦斯·彼得提出的短板原理，一只木桶盛水的多少，并不取决于桶壁上最长的那块木板，而恰恰取决于桶壁上最短的那块。瓶颈资源决定着制造系统其他环节的利用率和生产效率。

4.针对瓶颈工序的前导和后续工序采用不同的计划方法，提高计划的可执行性

根据最优生产技术的原理，企业在生产计划的编制过程中，首先应编制关键件的生产计划，在确认关键件的生产进度的前提下，再编制非关键件的生产计划。

最优生产技术的倡导者强调，任何企业的真正目标是现在和未来都营利，要实现这个目标，必须在增加产销率的同时，减少库存和营运费用。

最优生产技术吸收了制造资源计划和准时生产方式的长处，它以相应的管理原理和软件系统为支柱，以提高产销率、减少库存。最优生产技术不仅提供了一种新的管理思想，它还提供了软件系统。

二、最优生产技术的核心概念

（一）瓶颈资源

任何一个制造组织都可以被看作将原材料转化为产品的系统。在这个系统中，制造资源是关键部分。通常，制造资源指的是生产产品所需的全部资源，如机器、工人、厂房和其他固定资产等。按照通常的假设，在设计一个企业时，可以使生产过程中各阶段的生产能力相等，即能达到能力的平衡，但这只是一个理想的状态。因为，生产是一个动态的过程，随机的波动时时存在，这使得能力的平衡在现实中极难实现，甚至可以说是达不到的。因此，生产过程中必然会出现有的资源负荷过多，成为"卡脖子"的地方，变为瓶颈。这样，一个企业的制造资源就有着瓶颈与非瓶颈的区别。

按最优生产技术的定义，所谓瓶颈资源指的是实际生产能力小于或等于生产负荷的资源。这一类资源限制了整个企业出产产品的数量。其余的资源则为非瓶颈资源。要判别一种资源是否为瓶颈资源，应考察该资源的实际生产能力与它的生产负荷（或对其的需求量）。这里所说的需求量不一定是市场的需求量，而可能是为了保证生产，其他相关资源对该资源的需求量。通过以下的例子可以说明瓶颈资源的特点。例子中新产品 P 的生产流程如图 9-3 所示。

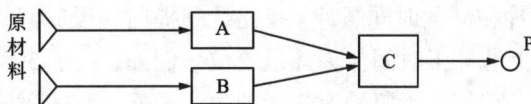

图 9-3 产品 P 的生产流程

假定产品 P 的市场需求为每周 28 个单位,机器 A 的生产能力为每周生产 15 个单位,机器 B 的生产能力为每周生产 25 个单位,机器 C 的生产能力为每周生产 20 个单位。这时,相对市场需求来说,机器 A、B、C 都应该是瓶颈。但根据最优生产技术的定义,当前只有机器 A 为瓶颈,因为机器 C 的生产能力虽然是每周生产 20 个单位,但每周只能接到机器 A 所能生产的 15 个单位,其生产能力超过了对其的需求量,所以机器 C 不是瓶颈。机器 B 的生产能力达不到市场的要求,但它产出的中间品已经在机器 C 前积压了,其生产能力超过了后续环节对其的需求量,也不是瓶颈。这时,只有将机器 A 的生产能力提高,才能更好地满足市场需求,盲目地改进机器 B、机器 C 是于事无补的,而且会产出更多的积压在制品。

值得注意的是,如果企业新购买一台机器 A,则机器 C 将成为新的瓶颈,它将整个生产流程的能力限制在每周 20 个单位。若通过出包加工的方法将 C 的产出提高 50%,即达到每周 30 个单位,那么瓶颈将转移到机器 B 上。如果继续改进下去,不难发现,市场需求可能成为新的瓶颈。

分析这个简单的例子,可以看出最优生产技术的一些管理思想:

(1)按最优生产技术的定义,生产能力小于市场需求的资源不一定是瓶颈。

(2)最优生产技术首先要抓"重中之重",使最严重的制约因素凸现出来,从技术上消除"避重就轻""一刀切"等管理弊端发生的可能。这样一来,短期的效果是"抓大放小",长期的效果是大问题、小问题都没忽略,而且企业整体的生产水平和管理水平将日益提高。

(3)瓶颈资源是动态转移的,这给管理者敲了警钟。

(二)计划与控制系统

最优生产技术的计划与控制系统称为 DBR 系统(drum-buffer-rope approach,DBR,即"鼓""缓冲器"和"绳子")。

1. 鼓

"鼓",指生产系统中的控制点。如果系统中存在瓶颈,那么瓶颈就是最好的控制点。"鼓"是一个企业运行最优生产技术的开端,它可以识别一个企业的瓶颈在哪里。瓶颈控制着企业同步生产的节奏——"鼓点"。如果系统没有瓶颈,则要识别出次瓶颈资源。如果一个系统既没有瓶颈,又不存在次瓶颈资源,那么可以任意选择控制点的位置,但最好的位置是物流分叉点。从计划和控制的角度来看,"鼓"反映了系统对约束资源的利用情况。

2. 缓冲器

"缓冲器",指在瓶颈前面设置的缓冲库存。缓冲器是一种时间缓冲,设置它是为了保证加工中心总有工作做,至于何种产品正在被加工并不重要。

一般来说,缓冲器分为时间缓冲和库存缓冲。库存缓冲就是保险在制品,其位置、数量的确定原则与时间缓冲相同。时间缓冲,指比计划提前一段时间提交所需的物料,以防止随机波动,它以瓶颈上的加工时间作为计量单位。例如,一个 3 天的时间缓冲表示一个等待加工的在制品队列,它相当于瓶颈上 3 天的生产任务。时间缓冲的长度可通过平时的观察与实验确定,然后通过实践,进行必要的调整。在设置时间缓冲时,一般要考虑以下几个问题:

（1）要保证瓶颈上产出率相对较高的工件在加工过程中不致因为在制品少而停工。

（2）应考虑加工过程中出现的波动。如瓶颈上的实际产出率比原来估计的要高，或者瓶颈前的加工工序的产出率比原来估计的要低，或者出现次品。有时，还要考虑前面的机器是否出现故障。因为，如果要对发生故障的机器进行维修，则维持后续工序所需的在制品库存是难以估计的。所以，在设置时间缓冲时一般要设置一定的安全库存。

（3）根据最优生产技术的原理，瓶颈上的加工批量是最大的，而瓶颈上游工序中则是小批量多批次的。瓶颈前的加工工序的批次又和各道工序的调整及准备时间有关。如果上游工序的调整及准备时间少，或瓶颈上的加工时间和前一台机器的加工时间相差很大，则批次可以增多，批量可以减少。反之，批次则可以减少，甚至和瓶颈上的批次相同，加工批量也可以和瓶颈上的批量相同。

（4）要考虑在制品库存费用、成品库存费用、加工费用和各种人工费用。要在保证瓶颈上加工持续的基础上，使整个加工过程的总费用最少。

3. 绳子

"绳子"，指将瓶颈加工的情况传递给上游工序，其目的是保证按需生产，以避免库存增加。绳子既可以是正式的，也可以是非正式的。如果说"鼓"的目标是使产销率达到最大，那么，"绳子"的作用便是使库存达到最小。我们知道，瓶颈决定着生产线的产出节奏，而在其上游的工序实行拉动式生产模式，等于用一根看不见的"绳子"把瓶颈与这些工序串联起来，有效地使物料依照产品出产计划快速地通过非瓶颈工序，以保证瓶颈的需要。所以，"绳子"起的是传递作用，以驱动系统的所有部分按"鼓"的节奏进行生产。在DBR 的实践中，"绳子"作用由一个涉及各车间的详细作业计划来实现。

"绳子"控制着物料的进入（包括瓶颈的上游工序与非瓶颈工序），其实质和看板相同，即由后一工序根据需要向前一工序领取必要的零件进行加工，而前一工序只能对已取用的部分进行补充，实行的是一种受控生产方式。

通过"绳子"的控制，瓶颈前的非瓶颈工序均衡生产，加工批量和运输批量减少，可以减少提前期和在制品库存，同时又保证瓶颈工序不会停工待料。"绳子"是瓶颈工序对其上游工序发出生产指令的媒介，没有它，生产就会混乱。

"绳子"的控制作用如图 9-4 所示。

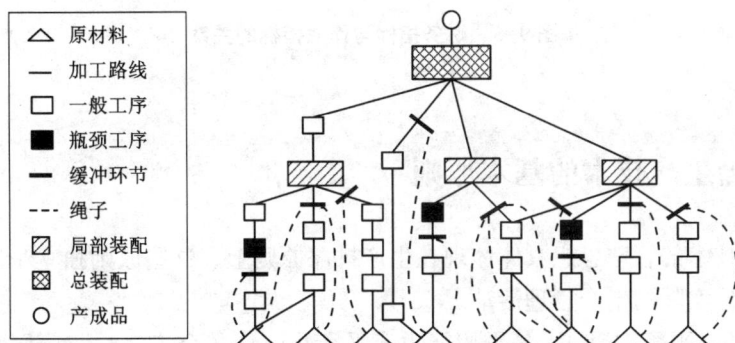

图9-4 "绳子"的控制作用

三、最优生产技术的目标

最优生产技术认为，任何制造公司的真实目标只有一个，即在此刻和未来都能赚钱，通常采用三个财务指标进行衡量：

①净利润，即一个企业赚多少钱的绝对量。净利润越高的企业，其效益越好。

②投资收益率，表示一定时期的收益与投资比。

③现金流量，表示短时间内收入和支出的钱。

但是，以上三个指标不能直接用于指导生产，因为它们太一般了，因此需要一些作业指标作为桥梁。

按照最优生产技术的观点，在生产系统中，作业指标有三个：

①产销率，即单位时间内生产出来并销售出去的量，即通过销售活动获取金钱的速率。生产出米且销售出去的产品只是库存。

②库存，指一切暂时不用的资源。库存占用了资金、产生机会成本及一系列维持库存所需的费用。

③运行费，指生产系统在将库存转化为产销量的过程中的一切花费，包括所有的直接费用和间接费用。

财务指标与作业指标的关系如图9-5所示。

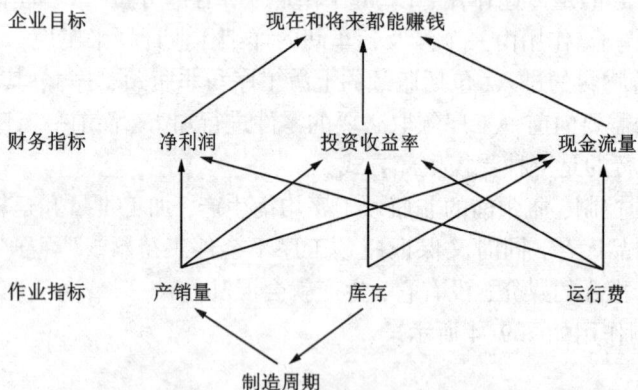

图9-5　财务指标与作业指标的关系

四、最优生产技术的基本原则

最优生产技术的管理思想具体体现在生产排序原则上。这些原则独立于软件之外，可以直接用于指导实际的生产管理活动。

（1）重要的是平衡物流，不是平衡能力。平衡物流使各个工序与瓶颈同步，平衡能力使生产能力充分开动。

（2）制造系统的资源可分为瓶颈和非瓶颈两种。非瓶颈资源的利用率是由系统的其他约束条件决定的，而不是由其本身的能力决定的，只有瓶颈资源制约着系统的产销率。

(3)资源的"利用"和"开动"不是同义的。应该反对盲目地使所有的机器或工人忙起来。

(4)瓶颈资源损失一小时相当于整个系统损失一小时，而且是无法补救的。重点应该是提高瓶颈的利用率。

(5)想方设法地在非瓶颈资源上节约时间以提高生产率只是一种幻想，非瓶颈资源不应满负荷工作。

(6)产销率和库存量是由瓶颈资源决定的。为保证瓶颈资源负荷饱满，保证企业的产出，在瓶颈工序和总装配线前应有供缓冲用的物料储备。瓶颈工序前可采用拉式作业模式，其后可采用推式作业模式。

(7)转移批量可以不等于加工批量，甚至多数情况应该不等于加工批量。

(8)加工批量是可变的，而不是固定不变的。每个工序的批量应按实际情况动态决定。

(9)提前期应该是可变的，而不是固定的。考虑系统中所有的约束条件后，才能决定计划进度的优先级。提前期只是排进度的结果。

五、最优生产技术的运用

(一) 实施最优生产技术的要求及条件

1. 实施最优生产技术的要求

(1)注重现场管理。

最优生产技术强调车间现场，其着眼点在于根据车间现场的判断标准来实现对生产的计划与控制。其基本做法是使用一些重要的判定标准来决定每一作业的先后顺序，就是使用一组管理系数的加权函数来确定每个作业的优先权数及批量，并制订出一个合理的生产计划。这些管理系数涉及理想的产品组合、交货期、安全库存水平、瓶颈资源的使用等。

(2)实施最优生产技术的关键是制订计划后的落实、工作绩效的考评。

在落实计划的过程中，传统的许多做法是有害的，其中最大的威胁来自传统的成本会计的考核体系。因为成本会计体系忽视了瓶颈与非瓶颈的区别，其考核一般是通过考察设备和操作工人的利用率及生产成本，而不是通过考察整个系统的有效性来进行的。它着重于局部的优化，这必然助长了人们盲目生产的做法，其结果是无论对瓶颈资源还是对非瓶颈资源都力求充分地使用。人们为了完成工时和提高设备利用率会盲目生产，最终必然导致高库存和浪费。针对这些情况，最优生产技术力求从全局的视野进行考核，从原材料的采购一直追踪到产品销售。其考核体系对瓶颈与非瓶颈是分别对待的，认为对非瓶颈的考核不应以生产量为标准，而应以它生产的有效的产品量为标准。按最优生产技术的观点，成本会计注重的是"活力"而非"利用"，而正确的做法应该是注重"利用"而非"活力"。

(3)需要大量的精确数据支撑。

最优生产技术软件的具体运行需要大量的数据作为支持，例如产品结构文件、加工工艺文件、精确的加工时间、调整准备时间、最小批量、最大库存、替代设备等。同时，要成功地实施最优生产,还要求管理者必须对最优生产计划有信心,改变一些旧的作业方式。

2.实施最优生产技术的条件

最优生产技术的实践经验表明,它比较适合于一些零件种数较少、批量大的产品,而在单件生产的车间中效果不佳。实施最优生产技术的条件如下:

(1)瓶颈要相对稳定;

(2)瓶颈要保证达到100%的负荷能力;

(3)需求是相对稳定的;

(4)员工愿意而且能够服从计划的调度安排。

(二)最优生产技术的计划与控制步骤

最优生产技术认为,企业计划与控制的目标是寻求顾客需求与企业能力的最佳配合,一旦一个被控制的工序(即瓶颈)形成了一种动态的平衡,其余的工序应相继地与这一被控制的工序同步。最优生产技术的计划与控制是通过 DBR 系统实现的,其具体实施程序如下。

(1)找出系统中存在哪些约束。

企业要增加有效产出,一般要在以下方面提出应对措施:

①原料。增加生产过程的原料投入。

②资源。如果某种生产资源不足导致了市场需求无法满足,就要考虑增加资源。

③市场。如果市场需求不足导致了生产能力过剩,就要考虑开拓市场需求。

④政策。要找出企业内部和外部约束有效产出的各种政策规定。

(2)最大限度地利用瓶颈,即提高瓶颈的利用率。

这是解决第一步中所提出的各种问题的具体方法,可以实现有效产出的增加。例如,某台设备的利用率不高,它成为一种约束因素,具体的解决方法如下。

①设置时间缓冲。时间缓冲多用于单件小批量的生产类型,即在瓶颈设备前一工序的完工时间与瓶颈设备的开工时间之前设置一段缓冲时间,以保证瓶颈设备的开工时间不受前一工序生产率波动和发生故障的影响。缓冲时间的设置与前一工序生产率波动的幅度、出现故障的概率以及企业排除故障恢复正常生产的能力有关。

②在制品缓冲。在制品缓冲多用于成批生产的类型,其位置与数量确定的原则、方法与单件小批量的生产类型相同。

③在瓶颈设备前设置质检环节。

④统计瓶颈设备产出产品的废品率。

⑤找出产出废品的原因并将其根除。

⑥研究并改进返修或返工的方法。

(3)使企业的所有其他活动服从第二步中提出的各种建议。

很多企业在解决生产系统中的瓶颈问题时没有明确这一点,对那些非约束环节追求百分之百的利用率,但这带给企业的不是利润,而是更多的在制品。因此,企业要按照瓶颈工序的生产节拍来协调整个生产流程。

(4)打破瓶颈,设法解决第一步中找出的瓶颈。

(5)重返第一步,持续改善。

【同步思考】

1. 精益生产的主要思想是什么?
2. 什么是准时生产制? 它的目标是什么?
3. 最优生产技术遵循哪些基本原则?
4. 敏捷制造有哪些要素?

【同步业务】

戴尔的精益生产

戴尔经营管理的核心是按订单生产的策略。顾客直接订购个人计算机,订单按信用证的途径发送,然后直接按订单进行生产,产品不经过经销商直接送到顾客手中。从订单的确认、核查,到产品送达顾客,整个过程在订单发出的 5~7 天内完成。

这种策略给戴尔带来了很多优势。第一,省却经销商这一中间环节。戴尔不仅能够将成本降低的好处带给顾客,更重要的是还能快速掌握顾客的需求信息,从而可以比竞争对手更快地采取措施以面对市场的变化。第二,戴尔实行准时生产制。装载着供应商零部件的卡车在工厂停下,货物一卸下就直接送进生产线,根据顾客订单装配成型并装箱。这些零部件在抵达工厂并开始卸货的那一刻才刚成为戴尔公司的财产,而且每几个小时就会到达一批。第三,信息系统将整个公司连接起来,并向各道工序发出命令,从而控制整个业务流程,这样就消除了非自动化系统中的等待、库存积压和损失等问题。

1998 年,戴尔公司在其得克萨斯州的生产中心雇用了 1.6 万名员工,装配工厂的占地面积为 20 万平方英尺(约 18580.61 平方米),规模为当地最大,是高效生产的典范。戴尔通过准时生产和精益生产降低了 5 亿美元的成本。戴尔自己的员工及其供应商每个小时都在不断地检查库存情况,将在制品数量控制在最低水平。戴尔的员工 6 人组成一个小组,每小时可组装 18 台计算机,零部件通过头顶的传送链运送到装配线上。如果某个工作单元出现问题,零部件则将自动移动到下一个工作单元,避免了装配线的全线停工。

戴尔把顾客分成三类:大型企业、中小型企业和个人消费者。各类顾客会受到不同的对待。大型企业的订单由专门销售人员来处理。销售人员同时处理多个中小型企业的订单,确保客户的需求得到满足。对戴尔产品感兴趣的个人消费者则可以通过电话或者网上销售系统来得到服务。顾客可以拨打免费电话询问产品信息,发出订单。内部销售人员坐在办公室里的计算机前接听电话,提供服务。内部销售人员接到订单是整个按单生产(buid-to-order,BTO)流程的第一步。

1996 年,戴尔公司将其直销模式延伸到了网上。1997 年第一季度,戴尔的在线销售业务就创造了每天 10 万美元的销售额。第二季度,创造了每天 20 万美元的销售额,并持续着这一势头。1998 年第一季度末,戴尔创造了每天 50 万美元的销售额,在第三季度末,在线业务的日销售额增长到 100 万美元。

戴尔以其率先使用直销模式销售个人计算机而著名。它的 BTO 策略给戴尔公司带来了一系列超越竞争对手的优势,如低库存成本、零中间商成本、能够即时生产使用最新技术的产品。传统观点认为,企业需要维持一定的库存以满足顾客的各种需求,企业需要中间商来降低分销工作的复杂性,消除顾客的购买烦恼。与此相反,戴尔只在顾客订单发出后才组织生产,传统观念认为这样做要么成本很高,要么生产周期很长,但戴尔有能力保证在订单发出后的 5~7 天内交货。

结果,戴尔和顾客实现了双赢。戴尔的工厂库存期最多为 3 天,这主要是因为与传统生产系统相比,戴尔的供应商每次的运货量更少了,但频率更高了。这样,下游企业的库存就变成了零,因为产品生产出来后将直接送给顾客。

戴尔成功的核心是用信息代替库存。戴尔用关于订单、需求和预测的信息代替了工厂里、仓库里和分销商手中的库存货物。戴尔首先预测将会接到的订单量,再告诉供应商预测的所需零部件品种和数量。这样做为戴尔在市场竞争中带来了很多优势。信息比货物更容易储存,信息比货物更容易运送,信息比货物更容易废弃,而且存储信息的成本远比存储货物的低。总之,戴尔的管理者找到了有效降低库存的方法,就是用信息代替库存。只要需求预测有变化,有关变化的信息就会被发送到其他组织,做到信息充分共享。

自从戴尔用信息代替库存,其反应速度得到了提高。速度是戴尔管理层关注的焦点。为了应对顾客需求的变化和技术变化对产品的影响,戴尔必须快速高效地进行响应。

戴尔的库存周转率比竞争对手高好几倍,这样其对供应商零部件的需求量就大而平稳。此外,戴尔的系统能及时了解顾客的需求,这使得戴尔有机会在与供应商的谈判中获得优势。

思考:

1. 戴尔是怎样实现在 5~7 天内按订单交付产品的?

2. 从戴尔公司的实践来看,企业要推行精益生产,需要具备什么条件?

3. 精益生产与准时生产有何联系?

▶ 要点巩固

参考答案

一、选择题

1. 实现准时生产的重要工具是(　　)。

A. 自动化机器　　　　　　　　　　B. 看板

C. 时间测定　　　　　　　　　　　D. 工作分析

2. 在人力资源方面,敏捷制造的基本思想是在动态竞争的环境中,最关键的因素是(　　)。

A. 柔性设备　　　B. 以顾客为本　　　C. 远程办公系统　　　D. 人员

3. 准时生产的核心是追求(　　)。

A. 零库存生产方式　　B. 柔性生产方式　　C. 大量产出方式　　　D. EOQ 方式

4. 敏捷制造的目的可概括为:将(　　)生产技术,有技术、有知识的劳动力与灵活的管理集成起来,以便快速响应市场需求。

A. 大量　　　　　B. 柔性　　　　　C. 负荷距离法　　　D. 批量

5. 大量生产方式与精益生产方式的最大区别之一,可以说在于对(　　)的开发和使用上。

A. 人力资源　　　B. 设备　　　　　C. 库存　　　　　D. 物料

6. 准时生产与传统生产系统对库存存在不同的认识,体现在(　　)。

A. 准时生产将库存视为缓冲器

B. 准时生产将库存视为资产

C. 准时生产认为库存占用资金和空间

D. 准时生产认为库存掩盖了生产、管理上的问题

7. 准时生产方式的目标是(　　)。

A. 彻底消除无效劳动所造成的浪费

B. 坚决拒绝生产过程中的在制品

C. 彻底清除无效劳动造成的不良品

D. 大量推销社会所需要的产品

8. 精益生产方式的核心是(　　)。

A. 看板管理　　　　B. 精益制造　　　　C. 世界级制造　　　　D. 准时化生产

9. 准时生产是按照什么方式组织生产的?(　　)。

A. 推动式　　　　B. 拉动式　　　　C. 移动式　　　　D. 流动式

10. 精细生产的内容不包括(　　)。

A. 产品精细　　　　B. 布置精细　　　　C. 组织精细　　　　D. 管理复杂化

二、判断题

1. 未来的敏捷制造企业能够迅速推出全新产品。(　　)

2. 看板分为传送看板和生产看板,生产看板用于指挥零部件在前后两道相邻工序之间的移动。(　　)

3. 在生产组织结构方面,精益生产方式采用专业化协作化形式。(　　)

4. 准时生产是对人的行为进行有效控制的系统,让人消耗最少的能量,完成最佳的工作。(　　)

5. 准时生产运作的典型是非重复制造。(　　)

6. 精益生产方式使管理更加复杂。(　　)

7. 精益生产方式的库存管理强调"库存是必要的恶物",大批量生产方式的库存管理强调"库存是万恶之源"。(　　)

三、简答题

1. 简述最优生产技术的基本思想。

2. 简述准时生产的实现方式。

3. 简述敏捷制造的特点。

> 即学即用

选择你所在城市的一家企业,调查该企业采用先进生产方式的情况。根据收集的资料写一篇调查报告。

图书在版编目(CIP)数据

生产与运作管理／习波，刁爱华，熊璐主编. —长沙：中南大学出版社，2022.8
ISBN 978-7-5487-5008-6

Ⅰ. ①生… Ⅱ. ①习… ②刁… ③熊… Ⅲ. ①企业管理－生产管理－高等职业教育－教材 Ⅳ. ①F273

中国版本图书馆 CIP 数据核字(2022)第 135913 号

生产与运作管理
SHENGCHAN YU YUNZUO GUANLI

习波　刁爱华　熊璐　主编

□出 版 人　吴湘华
□责任编辑　杨 贝　郑 伟
□责任印制　唐 曦
□出版发行　中南大学出版社
　　　　　　社址：长沙市麓山南路　　　　邮编：410083
　　　　　　发行科电话：0731-88876770　传真：0731-88710482
□印　　装　湖南省众鑫印务有限公司

□开　　本　787 mm×1092 mm　1/16　□印张 19.5　□字数 480 千字
□互联网+图书　二维码内容　字数 3.3 千字　图片 2 张　视频 6 小时 22 分钟 21 秒
□版　　次　2022 年 8 月第 1 版　　　□印次 2022 年 8 月第 1 次印刷
□书　　号　ISBN 978-7-5487-5008-6
□定　　价　56.00 元